Tractatus Logico-Philosophicus

논리-철학 논고 연구 |

논리-철학 논고 연구

박정일

한국문화사

머리말

　이 책은 비트겐슈타인의『논리-철학 논고』를 둘러싼 여러 쟁점들과 문제들을 해결하고자 했던, 지난 7년간의 나의 노력들을 모은 논문모음집이다. 이 연구를 시작할 당시,『논리-철학 논고』에 대한 연구자들의 해석들과 학설들은 혼란스럽고 실망스러운 양상을 보이고 있었다. 여러 학자들의 노력에도 불구하고, 양립 불가능한 상충하는 해석들, 피상적이고 허술한 해석들, 자의적이고 설득력 없는 해석들과 주장들이『논리-철학 논고』에 관한 논문들과 저서들을 채우면서, 오히려『논리-철학 논고』에 대한 논의들은 표류하고 있었다─적어도 내 눈에는 그렇게 보였다. 나는 이러한 상황을 극복하기 위해서는 무엇보다도 그 저작으로부터 파생되는, 가능한 한 모든 주요 쟁점을 조명하고 여러 수수께끼와 문제들을 정확하게 해결하는 것이 중요하며, 이와 함께 객관적인 검증을 거치는 것이 반드시 필요하다고 생각하였다. 그리하여 나는 일련의 논문들을 쓰고 여러 학자들의 심사를 통과해야만 그 결과물이 최소한의 객관적인 힘을 갖출 수 있을 것이라고 생각하였다.

　그러나 이 14편의 논문들을 쓰는 것은 결코 쉽지 않았다. 한 편 한 편 논문을 쓸 때마다 나는 항상 전체적인 일관성과 방향을 생각해야만 했다. 때로는 잘못된 생각에 빠져들어 한참 나아가다가 다시 방향을 돌려 제자리로 돌아와야 했던 경우도 있었다. 그렇게 옳지 않은 길로 나아갔던 경우에는 어김없이 게재불가 판정을 받았는데, 이는 나에게는 행운이었다. 어떤 문제들은 나로서는 도저히 넘어설 수 없는 그런 벽처럼 다가오기도 하였는데, 그때에도 나는 최선을 다하고자 노력하였다.

14편의 논문들이 차례대로 출판되고 이를 한데 모으는 과정에서 나는 가능한 한 원문을 그대로 둔 채 명백한 오자와 오류, 그리고 어색한 표현을 바로 잡거나 삭제하였다. 다소 불완전한 부분이 있는 경우에도 나는 가급적 그대로 두었다. 소제목이 없는 논문들에는 새롭게 소제목을 첨가했으며, 이러한 과정에서 "얼룩점 비유"와 같은 새로운 용어를 도입한 경우도 있다.

　독자들은 이 책을 읽으면서 청년 비트겐슈타인의 사유의 깊이에 놀라게 될 것이다. 프레게와 러셀의 철학에 대한 비트겐슈타인의 비판은 참으로 치열하다. 더구나 그 비판과 더불어 새로운 대안을 모색하면서 자신의 독자적인 철학으로 나아가려는 그의 노력은 철학하는 사람에게는 실로 의미심장한 귀감이 될 것이다.

　나는 이 책을 쓰는 과정에서 여러 도움을 받았다. 먼저 친구 장환명에게 감사드린다. 친구는 전문 철학자가 아니기 때문에 나는 항상 문제들과 나의 생각들을 쉬운 말로 표현해야만 했다. 그런 과정은 대단히 유익했다. 다음으로 권병진 선생님께 깊이 감사드린다. 우리는 프레게의 철학과 『논리-철학 논고』에 대해서 많은 토론을 했는데, 그러한 과정에서 나는 프레게의 철학을 이해할 수 있었고, 비트겐슈타인이 프레게의 철학을 어떻게 비판했는지를 정리할 수 있었다. 또한 이 14편의 논문과 게재불가 판정을 받은 논문들을 심사해 주신 심사위원 선생님들께 머리 숙여 깊이 감사드린다. 이 책은 나 혼자만 쓴 것이 아니라 오히려 그 선생님들과 함께 호흡을 하며 쓴 것이다. 이 책이 의미가 있다면, 선생님들의 날카로운 지적과 비판, 그리고 격려가 있기에 가능했을 것이다. 마지막으로 이영철 선생님께 감사의 말씀을 전한다. 비트겐슈타인의 저작들에 대한 선생님의 일련의 번역이 없었다면 이 책은 불가능했거나 훨씬 더 지연되었을 것이다. 또한 사적으로 나에게 해주었던 격려의 말씀이 지금도 떠오른다.

　이제 나는 14편의 논문들을 한데 모아 책으로 출판한다. 하지만 이 연구는 아직 끝나지 않았다. 무엇보다도 『논리-철학 논고』의 수학철학과 6.54

의 "사다리 비유"에 대한 해명을 위한 연구가 나를 기다리고 있다. 말하자면 이 책은 『논리-철학 논고』라는 산의 정상 바로 아래에서 그 정상에 오르기 위하여 마지막으로 숨을 고르는 작업이다. 이 책에는 물론 오류들이 있을 수 있으며, 있을 것이다. 따라서 나는 여러 학자들의 날카롭고 혹독한 비판을 기대한다.

2020년 2월 11일
박정일

목차

1
전기 비트겐슈타인의 프레게 의미이론 비판

1. 들어가는 말

　잘 알려져 있듯이, 프레게는 현대 논리학과 분석철학의 창시자이다. 그는 『개념 표기법』(1879)에서 최초로 수학의 함수 개념을 일상 언어와 논리학에 적용하고 양화사를 발명함으로써 새로운 논리학을 체계화하였고, 『산수의 기초』(1884)에서 최초로 수에 대한 정의를 엄밀하게 제시함과 동시에 최초로 "논리주의"라는 수학철학의 입장을 제시하였으며, 「뜻과 지시체에 관하여」(1892)에서 "뜻"과 "지시체"를 구분함으로써 최초로 의미의 문제를 정교하게 다루었다. 그의 『산수의 근본 법칙 Ⅰ』(1893)과 『산수의 근본 법칙 Ⅱ』(1903)는 그의 그러한 노력을 집결한 결정체였지만, 러셀의 역설이 그 기념비적 저작을 좌초시켰다는 것도 잘 알려진 사실이다.

　프레게는 또한 비트겐슈타인이 일생에 걸쳐 "위대한 사상가"라는 호칭을 부여한 유일한 철학자이기도 하다. 그만큼 비트겐슈타인의 철학은 프레게의 철학으로부터 깊은 영향을 받았으며, 프레게의 철학은 비트겐슈타인에게는 가장 중요한 비판의 대상이기도 하였다. 실제로 『논리-철학논고』(이하 '『논고』'로 약칭함)를 보면, 비트겐슈타인은 도처에서 프레게 철학의 어떤 점들을 인정하고 있고 동시에 여러 점들을 비판하고 있다. 그렇다면 청년 비트겐슈타인은 『논고』에서 프레게의 철학의 어떤 부분을 수용하였으며, 또 어떤 부분을 어떻게 비판하고 있는가?

프레게의 철학은 논리학, 수학, 논리주의, 의미 이론 등 폭넓은 영역에 걸쳐 있기 때문에 프레게의 철학에 대한 비트겐슈타인의 비판 또한 이 모든 영역을 대상으로 할 수밖에 없다. 이 광범위한 영역을 다루는 것은 한 편의 논문으로는 불가능하다. 나는 대신 이 글에서 프레게의 의미 이론에 초점을 맞추어 비트겐슈타인이 이를 어떻게 비판했는지를 살펴보고자 한다. 프레게의 의미 이론은 뜻-지시체 이론으로 요약된다. 그렇다면 비트겐슈타인은 뜻-지시체 이론에 대해서 어떻게 비판하고 있는가? 우리는 바로 이러한 비판과 관련된 비트겐슈타인의 생각을 추적하는 과정에서, 비트겐슈타인이 『논고』의 "근본 사상"이라고 밝힌 내용이 **왜 근본적인 것인지**, 그리고 왜 그의 "그림 이론"이 본질적으로 중요했는지를 이해하게 될 것이다.

나는 다음과 같은 순서로 논의하고자 한다. 우리의 논의를 위해서는 무엇보다도 프레게의 의미 이론을 살펴보아야 할 것이다. 프레게는 모든 언어적 표현에 대해서 뜻과 지시체를 구분한다. 특히 그는 고유명사뿐만 아니라 문장도 뜻과 지시체를 지닌다고 간주한다. 그런데 이러한 구분은 소위 동일성 문장으로부터 발생하는 철학적 문제로부터 제기된 것이다(2절). 『논고』의 "근본 사상"은 프레게의 뜻-지시체 이론에 대한 직접적인 비판의 단초이다. 특히 그것은 한 문장의 지시체는 진리치이며 진리치는 (프레게의 의미에서) "대상 자체"라는 생각에 대한 공격이다. 비트겐슈타인에 따르면 그러한 대상은 실재하는, 또는 현실 세계에 존재하는 것이 아니며, (그림 이론에 따르면) 이름과 명제의 기능은 근원적으로 상이하다(3절). 그런데 프레게의 (또는 프레게를 옹호하는) 입장에서는 이러한 비판이 불충분하다고 정당하게 응수할 수 있다. 요컨대 프레게의 "뜻", "지시체", "진리치", "사상" 등은 모두 전문 용어인 것이다. 그리하여 비트겐슈타인의 프레게 의미 이론에 대한 결정적인 비판은 프레게의 이론 체계의 논리적 허점 또는 비정합성을 추궁하는 것으로 이루어진다. 프레게가 한 문장의 뜻과 지시체를 도입하는 또 다른 경로가 있다. 그는『개념 표기법』에서는 판단선과 내용선에 대한 논의에서, 그리고「함수와 개념」이후에는 판단선과 수평선에 대한 논의에서 한 문장의 뜻과 지시체를 다룬다(4절). 비트겐슈타인은 바로 이러한 프레게의 규정에 의해서는 복합문장의 뜻은 결코 해명될 수 없다고 비판한다(5절).[1]

2. 프레게의 의미 이론

프레게가 현대 논리학을 발명한 것은 자신의 수학철학에서 원대한 기획을 실현하고자 하였기 때문이다. 그는 수학과 논리학이 정신의 내적 과정을 다룬다는 소위 심리주의와 관념론 철학을 배격하고, 수학을 확고한 기초 위에 올려놓기 위해 수학은 논리학으로부터 도출된다는 "논리주의"를 주장하였다. 이러한 수학철학적 작업에서 그는 수학적 대상이 실재한다는 수학적 실재론을 옹호하였다. 또한 이를 엄밀하게 논의하기 위해 그는 최초로 "뜻"과 "지시체"를 구분하게 된다. 그렇다면 프레게는 무엇 때문에 뜻과 지시체를 구분해야 했는가?「뜻과 지시체에 관하여」의 시작 부분을 보면 그의 문제의식이 무엇이었는지를 알 수 있다.

> 동일성은 전적으로 대답하기 쉽지 않은 도전적인 물음들을 불러일으킨다. 그것은 관계인가? 대상들 간의 관계인가, 또는 대상들의 이름들이나 기호들 간의 관계인가? 나는 나의『개념 표기법』에서 후자일 것으로 추정했다. 이를 지지하는 것처럼 보이는 이유들은 다음과 같다.[2]

이 인용문을 보면, 프레게는 동일성이 무엇들 간의 관계인지를 묻고 있다. 그러면서 자신은『개념 표기법』에서 기호들 간의 관계로 파악했다는

---

1) 이 책에서는『논고』에 대한 번역은 이영철 교수의 번역, 비트겐슈타인(2006a)를 대부분 따르고 있으며, 프레게의 번역에서는 최원배 교수의 번역, 안토니 케니(2002)를 참조하거나 따르고 있다.
2) Frege (1997), p. 151.

것을 지적하고 있다. 그러나 이러한 파악이 그의 수학적 실재론과 상충한다는 점은 분명하다. 왜냐하면 동일성이 기호들 간의 관계라면, 수많은 등식으로 이루어진 수학의 문장들은 기호들에 대해서 말하는 것일 뿐 수학적 대상을 다루는 것은 아닐 것이기 때문이다. 따라서 이 지점에서 우리는 프레게가 자신의 이전 생각에 만족하지 않았으며 오류가 있었다는 점을 시인하고 있다는 것을 알 수 있다. 특히 그는 『개념 표기법』 §8의 다음 구절에 대해 만족하지 않았을 것이다.

> 내용의 동일성은 내용들이 아니라 이름들에 관계됨으로써, 조건 (conditionality) 및 부정과 다르다. 다른 곳에서는 기호들은 단순히 그것들의 내용들을 대표하고 그리하여 그 기호들이 나오는 각각의 결합은 모두 단지 그것들 각각의 내용들 간의 관계를 표현하는 반면에, 그것들이 내용의 동일성을 나타내는 기호에 의해 결합되면 곧바로 그 자신들을 대표한다. 왜냐하면 이는 두 개의 이름들이 동일한 내용을 지니는 상황을 가리키기 때문이다. 따라서 내용의 동일성을 나타내는 기호의 도입과 함께 모든 기호들의 의미에서 분기(bifurcation)가 필연적으로 일어나게 된다. 즉 기호들은 한때는 그것들의 내용을, 또 다른 때는 그것들 자신을 대표하게 되는 것이다.[3]

프레게에 따르면, 동일성 기호를 제외한 다른 기호들은 그것들의 내용들을 대표하는데, 반면에 동일성 기호가 등장하게 되면 동일성 기호로 연결된 기호들은 그 기호들 자신을 대표한다. 그러면서 그는 앞에서 스스로 지적했듯이, 자신은 『개념 표기법』에서 동일성 문장이 기호에 관한 것이라고 간주했다고 말하고 있다. 그렇다면 왜 프레게는 동일성 문장이 기호에 관한 것이라고 간주했는가?

이에 대한 프레게의 설명은 이렇다. "A = A"와 "A = B"는 둘 다 동일성 문장임에도 불구하고 인식적 내용에서 중요한 차이를 지니고 있다. 가령 '샛별'과 '개밥바라기'는 둘 다 금성을 가리킴에도 불구하고, "샛별은 샛별

---

3) Frege (1997), p. 64.

이다"는 어떤 정보도 제공하지 않는 사소한 문장인데 반해, "샛별은 개밥바라기이다"는 천문학적 발견을 기록한 것이며 우리에게 중요한 정보를 제공해 준다. 그런데 만일 그 동일성 문장들이 모두 내용들에 관한 것이라면 '샛별'과 '개밥바라기'는 둘 다 금성을 가리키므로(둘 다 금성이라는 내용을 대표하므로) 그 둘은 어떤 차이도 없게 된다. 따라서 그러한 인식적 내용에서의 차이를 보이고자 한다면 동일성 기호로 결합된 문장에 나오는 양변의 기호들은 그 기호들 자신을 대표하는 것으로 간주되어야 한다.

프레게는 이제 「뜻과 지시체에 관하여」에서 다른 해결책을 제시하고 있다. 즉 '샛별'과 '개밥바라기'는 **지시체**는 동일하지만 **뜻**은 상이하다. 그리하여 "샛별은 샛별이다"와 "샛별은 개밥바라기이다"는 둘 다 참이지만, 그 뜻이 다르다. 더 나아가 동일성 문장은 기호에 관한 것이 아니라 대상에 관한 것이다.[4] 동일성 문장이 기호에 관한 것일 수 없는 이유는 기호와 지시체 간의 관련이 자의적이기 때문이다. "어느 누구도 자의적으로 산출 가능한 사건이나 대상을 어떤 것에 대한 기호로서 사용하는 것을 금지할 수 없다." 즉 동일성 문장이 기호에 관한 것이라면 기호는 자의적이기 때문에 "샛별 = 개밥바라기"는 (케니(A. Kenny)가 지적하듯이) "천문학적 사실이라기보다는 사전상의 사실을 기록하는 것이 될 것"[5]이기 때문이다.[6]

그리하여 프레게는 가령 "$5 + 3 = 2^2 + 4$"에서 '$5 + 3$'과 '$2^2 + 4$'는 각각 8이라는 동일한 지시체를 가리키지만, 양자는 제시 방식(the mode of presentation)이 다르고 그리하여 뜻이 다르다. 프레게에 따르면, "고유 이름(단어, 기호, 기호들의 결합, 표현)은 그것의 뜻을 **표현하고**, 그것의 지

---

4) 동일성 문장이 뜻에 관한 것일 수는 없다. 왜냐하면 "샛별은 개밥바라기이다"는 참인데, 만일 뜻에 관한 것이라면 이 동일성 문장은 ('샛별'과 '개밥바라기'는 뜻이 다르므로) 거짓이라고 간주될 것이기 때문이다.
5) 안토니 케니 (2002), p. 182.
6) 참고: Linsky (1983), p. 7 또한 동일한 지적을 하고 있다.

시체(Bedeutung)를 **지시하거나**(*bedeutet*) **지칭한다**(*bezeichnet*). 우리는 기호를 사용함으로써 그 뜻을 표현하고 그 지시체를 지칭한다."[7] 그에 따르면, "한 고유 이름의 지시체는 그것을 사용하여 우리가 지시하는 대상 자체이다. 우리가 그 경우에 지니는 관념은 전적으로 주관적이다. 뜻은 고유 이름과 관념 사이에 놓여 있다. 뜻은 관념과 같이 주관적이지는 않지만 그러나 대상 자체도 아니다."[8]

그렇다면 프레게가 말하는 "대상"이란 무엇인가? 프레게는 먼저 함수와 논항(Argument)을 구분한다. 예를 들어, $2 \times 1^2 + 1$, $2 \times 4^2 + 4$, $2 \times 5^2 + 5$라는 표현에서 공통된 내용이 바로 함수인데, 이는 "$2 \times (\ )^2 + (\ )$"로 표현할 수 있다. 이때 1, 4, 5는 논항이다. 논항은 함수의 일부가 아니며, 함수와 결합하여 완전한 전체를 만든다. 함수 자체는 불완전한, 불포화된 것이며, 논항으로서의 1, 4, 5는 자립적인 대상이다. 더 나아가 우리는 이러한 함수-논항의 구분을 일상 언어에도 적용할 수 있다. 프레게는 「함수와 개념」(1891)에서 다음과 같이 말한다.

> 우리는 "시저는 가울을 정복했다"는 문장을 '시저'와 '는 가울을 정복했다'로 나눈다. 두 번째 부분은 불포화되어 있다. 그것은 빈자리를 포함하고 있다. 이 자리가 고유 이름으로 혹은 고유 이름을 대체하는 표현으로 채워질 때에만 완전한 뜻이 나타난다. 여기에서도 나는 이 불포화된 부분의 지시체에 '함수'라는 이름을 부여한다. 이 경우에 논항은 시저이다.[9]

케니(A. Kenny)가 지적하듯이, 프레게는 『개념 표기법』에서 '함수'와 '논항'을 일종의 언어적 표현으로 간주하였다.[10] 그러나 「함수와 개념」

---

7) Frege (1997), p. 156.
8) Frege (1997), p. 155.
9) Frege (1997), p. 139.
10) 프레게는 『개념 표기법』에서 '함수'와 '논항'에 대한 일반적 정의를 다음과 같이 제시하고 있다. "한 표현에서 단순 기호나 복합 기호가 하나 혹은 그 이상의 자리에 나타난다고 가정하자. (…) 만약 우리가 이들 기호가 나오는 한 자리나 여러 자리를 (그 경우마다 동일한) 다른 기호로 대체할 수 있다고 가정한다면, 그렇게 대체할 경우에도 변하

(1891)에서 비로소 '함수'와 '논항'은 모두 **지시체**나 **대상**으로 규정되고 있다. 이 인용문에서 알 수 있듯이, 프레게는 그 불포화된 부분의 **지시체**를 함수라고 부르고 있으며, 논항은 '시저'라는 이름이 아니라 **대상** 시저이다. 그렇다면 대상이란 무엇인가? 프레게는 이 물음에 대해 다음과 같이 언급한다.

> 그리하여 우리가 제한 없이 대상들을 논항들과 함수의 값으로 받아들였을 때, 우리가 여기에서 대상이라고 부르는 것이 무엇인가 하는 물음이 생겨난다. 나는 어떤 정규적인 정의가 불가능하다고 여기고 있다. 왜냐하면 우리는 여기에서 너무 단순해서 논리적 분석을 허용하지 않는 어떤 것을 지니게 되기 때문이다. 의미된 것이 무엇인지 지적하는 것이 가능할 뿐이다. 여기에서 나는 간략하게 다음과 같이 말할 수 있을 뿐이다. 한 대상은 함수가 아닌 어떤 것이며, 그리하여 그것에 대한 표현은 어떤 빈자리를 포함하지 않는다.[11]

그런데 프레게는 '샛별'과 같은 이름, 또 '5 + 3', '영국의 현 왕'과 같은 기술구뿐만 아니라 모든 언어적 표현에 대해서도 일관성 있게 뜻과 지시체를 구분하였다. 가장 특이한 것은 그가 한 문장에 대해서도 뜻과 지시체를 구분하였다는 점이다. 그에 따르면, 한 문장의 지시체는 **진리치**(truth value)이고 그 문장의 뜻은 **사상**(Gedanke, thought)이다. 가령, "샛별은 샛별이다"와 "샛별은 개밥바라기이다"는 둘 다 참(The True)이라는 대상을 가리키며 따라서 두 문장의 지시체는 동일하다. 반면에 두 문장의 뜻, 즉 사상은 상이하다.

그러나 어떻게 한 문장이 지시체를 지닐 수 있는가? 프레게에 따르면,

지 않는 표현의 부분을 함수라 부르고, 바뀔 수 있는 부분을 그 함수의 논항이라 한다." 여기에 대해 케니는 다음과 같이 논평하고 있다. "『개념 표기법』에서 함수와 논항 및 그 값은 모두 일종의 언어, 즉 단순 이름이거나 복합 이름인 이름이며 빈자리를 갖거나 갖지 않는 문장이라는 사실은 비교적 분명하다. 프레게가 제시한 정의는 명시적으로 표현에 내용이나 의미를 부여하는 언어 바깥의 사물이 아니라 표현을 가리키고 있다."(안토니 케니 (2002), p. 35)

11) Frege (1997), p. 140.

가령 "샛별보다 작은 궤도를 지니는 태양계의 행성"이라는 표현에 대해서 '샛별'과 지시체가 동일한 '개밥바라기'를 대치시킬 때 얻어지는 "개밥바라기보다 작은 궤도를 지니는 태양계의 행성"은 원래의 표현과 지시체가 동일하다. 즉 한 표현에 대해서 그 부분 표현에 대해 지시체가 동일한 다른 표현을 대치시킬지라도 지시체는 동일하게 남는다. 마찬가지로 그에 따르면, "만일 한 문장의 지시체가 그 문장의 진리치라는 우리의 가정이 옳다면, 그 문장의 지시체는 그 문장의 한 부분이 동일한 지시체를 지니는 다른 표현에 의해 대치될 때 변하지 않아야 한다." 그리고 실제로 한 문장에 대해서 그 부분 표현을 지시체가 동일한 다른 표현으로 대치시켜도 동일한 것으로 남는 것이 있는데, 바로 그것이 그 문장의 진리치라는 것이다.[12] 더 나아가 프레게는 우리의 학문적인 탐구 태도, 즉 진리추구가 뜻으로부터 지시체로 나아갈 것을 요구한다고 주장한다.[13] 이러한 논의를 한 후 프레게는 다음과 같이 말한다.

> 그리하여 우리는 어떤 문장의 진리치는 그 문장의 지시체라는 것을 의심 없이 받아들이게 되었다. 어떤 문장의 진리치란 그 문장이 참이거나 거짓이게 되는 상황이다. 이것 이외의 다른 진리치란 없다. 간단히 말해 나는 그 하나를 **참**(The True)이라고 부르고 다른 하나를 **거짓**(The False)이라고 부르겠다. 단어들의 지시체들이 중요한 모든 서술적 문장은 하나의 고유 명칭으로 간주되어야 하며 그 서술적 문장의 지시체는 참이거나 거짓이다.[14]

진리추구의 과정에서 기본적인 단위는 프레게에 따르면 판단이다. 그에 따르면, "판단은 사상에 대한 단순한 파악이 아니라 그 사상의 진리에 대한 수용이다."[15] 그리하여 프레게는 「뜻과 지시체에 관하여」를 다음과

---

12) Frege (1997), pp. 158-159.
13) Frege (1997), p. 157.
14) Frege (1997), pp. 157-158.
15) Frege (1997), p. 158, 각주.

같은 언급으로 끝맺고 있다.

> 우리의 출발점에로 되돌아가 보자. 만일 우리가 'a = a'와 'a = b'가 상이한 인
> 식적 가치를 지닌다는 것을 알게 되었다면, 이는 다음과 같이 설명된다. 지
> 식을 획득하고자 하는 목적에 대해서, 문장의 뜻, 즉 그것에 의해 표현된 사
> 상은 그 지시체, 즉 그것의 진리치 못지않게 관련이 있다. 만일 'a = b'라면,
> 실제로 'b'의 지시체는 'a'의 지시체와 동일하며, 따라서 'a = b'의 진리치는 'a
> = a'의 진리치와 동일하다. 그럼에도 불구하고 'b'의 뜻은 'a'의 뜻과 다를 수
> 도 있으며, 그리하여 'a = b'에 의해 표현된 사상은 'a = a'에 의해 표현된 사
> 상과 다를 것이다. 그 경우에 두 문장은 동일한 인식적 가치를 지니지 않는
> 다. 만일 이 논문에서 제시된 것처럼 우리가 '판단'이라는 말을 사상으로부
> 터 그것의 진리치에로의 나아감으로 이해한다면, 우리는 그 판단들이 상이
> 하다고 또한 말할 수 있다.[16]

한편, 프레게는 「함수와 대상에 관하여」(1892)에서 술어 또는 개념어
의 지시체는 개념이라고 간주한다. 그에 따르면, "우리는 '주어'와 '술어'
를 언어적 의미로 간주하고 간단히 다음과 같이 말할 수 있다. 개념은 술
어의 지시체이다. 대상은 술어의 전체 지시체는 절대 될 수 없지만, 주어
의 지시체는 될 수 있는 무엇이다."[17] 또한 프레게의 미발표 저작 「논리학
입문」("Introduction to Logic")에 따르면, 술어가 문장의 불포화된 부분이
듯 술어의 뜻은 문장의 뜻인 사상의 불포화된 부분이다. 그는 다음과 같이
말한다. "고유 이름이 나타나는 고유 문장(sentence proper)은 단일한 사상
을 표현하며, 이것에서 우리는 완전한 부분과 불포화된 부분을 구분한다.
전자는 고유 이름에 대응하지만, 그것은 그 고유 이름의 지시체가 아니며,
오히려 그것의 뜻이다. 우리는 그 사상의 불포화된 부분 또한 뜻이라고 간

---

16) Frege (1997), p. 171.
17) Frege (1997), pp. 186-187.

주한다. 이것은 고유 이름을 넘어선 문장의 부분의 뜻이다."[18]

3. 『논고』의 근본 사상과 그림 이론

앞에서 우리는 프레게가 모든 언어적 표현에 대해서 뜻(Sinn)과 지시체 (Bedeutung)를 구분했으며, 특히 문장에 대해서 문장의 지시체가 진리치이고 그 뜻은 사상이라고 주장하였다는 것을 확인하였다. 이제 우리에게 자연스럽게 떠오르는 물음은 다음과 같다. 과연 한 문장(명제)은 어떤 것을 **지시**하는가? 과연 한 문장은 진리치를 지시하는가? 그리고 참과 거짓은 프레게가 주장하듯 "대상 자체"인가? 더 나아가 한 문장은 고유 이름인가?

한 문장의 지시체가 진리치이고 또 진리치 참과 거짓이 (프레게의 의미에서) 대상이라는 프레게의 주장에 대해서 비트겐슈타인이 『논고』에서 자신의 비판을 집약한 것이 바로 "근본 사상"이다. 먼저 "근본 사상"이 언급되는 맥락을 살펴보기로 하자.

명제 속에서 상황은 말하자면 시험적으로 조립된다.
우리는 "이 명제는 이러이러한 뜻을 가지고 있다"고 하는 대신에 바로, "이 명제는 이러이러한 상황을 묘사한다"고 말할 수 있다. (4.031)

하나의 이름은 하나의 사물을 대리하고, 다른 하나의 이름은 다른 하나의 사물을 대리한다. 그리고 그 이름들은 서로 결합되어 있으며, 그래서 그 전체는—하나의 활인화처럼—사태를 표상한다. (4.0311)

명제의 가능성은 기호들이 대상들을 대표한다는 원리에 의거한다.
나의 근본 사상은, "논리적 상항들"은 대표하지를 않는다는 것이다. 즉, 사실들의 **논리**는 대표될 수가 없다는 것이다. (4.0312)

---

18) Frege (1997), p. 294.

먼저 이렇게 묻도록 하자. 『논고』에서 "근본 사상"은 왜 근본적인가? 한 가지 **가능한** 매력적인 대답은 다음과 같다: "『논고』에서 이름은 대상을 대표하며, 이름의 Bedeutung(의미, 지시체)은 대상이다. 그런데 '∼'이나 '∨'와 같은 논리적 상항들은 4.0312에 따르면 "대표하지를 않는다." 따라서 논리적 상항들은 Bedeutung을 **지니지 않는다.** 그리고 이러한 생각은 프레게의 견해에 대한 비판에서 근원적이다. 왜냐하면 가령 지금 밖에 비가 오고 있을 때, "지금 밖에 비가 오지 않는다"("∼q")라는 문장을 생각해 보자. 이 경우에는 "q"는 프레게의 견해에 따르면 참을 지시하며, 그리하여 "q"의 Bedeutung은 진리치 참이다. 그리고 프레게의 견해에 따르면 "∼q"의 Bedeutung은 거짓이라는 대상이다. 반면에 『논고』에서 논리적 상항들은 Bedeutung을 지니지 않으므로, "∼q"는 Bedeutung을 갖지 않는다. 더 나아가 『논고』에서는 한 요소 명제는 모든 논리적 상항들을 포함하고 있다.[19] 그런데 논리적 상항들은 Bedeutung을 지니지 않으므로, 요소 명제도 Bedeutung을 지닐 수 없다. 즉 4.0312에 따르면, 명제는 어떤 것도 지시하지 않으며 따라서 어떤 Bedeutung도 지니지 않는다. 다시 말해, 4.0312는 한 문장의 Bedeutung은 진리치이고 진리치는 대상이라는 프레게의 견해에 대한 직접적인 비판이다."[20]

그러나 나는 이 매력적인 대답은 옳지 않다고 생각한다. 왜냐하면 『논고』에서 "∼"과 같은 논리적 상항들은 Bedeutung을 지니고 있기 때문이다. 물론 "∼"은 현실 세계에 속하는 사물이나 대상을, 또는 (어떤 의미에서) 실재하는 것을 대표하지 않는다. 따라서 그러한 사물이나 대상은 현실 세계에 **없다.** 하지만 "∼"은 Bedeutung을 **가지고 있다.** 요컨대 『논고』에 따르면, 우리는

---

19) "요소 명제에는 실로 이미 모든 논리적 연산들이 포함되어 있다. 왜냐하면 "fa"는 "(∃x).fx.x=a"와 동일한 것을 말하기 때문이다. 합성이 있는 곳에는 논항과 함수가 있으며, 또 이것들이 있는 곳에는 이미 논리적 상항들이 있다."(5.47b, 5.47c)

20) 실제로 포겔린과 앤스컴은 『논고』에서 논리적 상항은 "Bedeutung"을 지니지 않는 것으로 보고 있다. 참고: Fogelin (1987), pp. 31-2, Wittgenstein (1961), p. 37e, 옮긴이 각주, Anscombe (1959), p. 118.

"∼"에 Bedeutung을 부여한다. 5.451에는 "부정의 Bedeutung"이라는 표현이 등장하는데,[21] 여기에서 비트겐슈타인은 명제 논리와 양화 논리에서 도입된 "∼"이 동일한 의미(Bedeutung)를 지녀야 한다는 것을 언급하고 있다. 요컨대 "∼"의 Bedeutung은 "∼p", "∼∼∼p", "∼p∨∼p", "∼p.∼p" 등등을 (무한히) 형성할 때 따라야 하는 "공통적 규칙"을 가능케 하는 것으로서[22], 바로 그 공통적인 것이 상징으로서의 "∼"에 의해 지칭된 것(das Bezeichnete), 즉 "∼"의 Bedeutung이다.[23] 또는 "∼"의 Bedeutung은 "∼p"로 하여금 "p"와 대립적인 뜻을 지니게끔 하는 부정 명제들의 형성에 공통적인 것이다.

따라서 이제 우리는 다음과 같이 대답해야 한다. "∼"과 같은 논리적 상항은 현실 세계에 속하는 사물이나 대상을, 또는 (어떤 의미에서) 실재하는 것을 대표하지는 않지만, 우리의 뜻 있는 사용이나 논리-구문론적 사용에 의해 우리가 부여하고 지칭하는 Bedeutung을 지니고 있다.[24] 이제 프레게의 견해에 따라 "q"의 지시체가 참이라는 대상이라고 하자. 그럼에도 불구하고 "∼"은 실재하는 어떤 대상을 가리키는 것이 아니므로, "∼q"는

---

21) "(…) 예컨대 부정이 도입되어 있다면, 이제 우리는 그것을 "∼p" 형식의 명제들과 "∼(p∨q)", "(∃x).∼fx" 등의 명제들에서 꼭 같이 이해해야 한다. 우리는 그것을 먼저 한 부류의 경우들에 도입하고, 그 다음 다른 부류의 경우들에 도입해서는 안 된다. 왜냐하면 그렇게 되면 그 두 경우에 **부정의 의미(Bedeutung)**가 같을지는 의심스러운 채로 남을 것이며, 그 두 경우에 동일한 기호 결합 방식을 이용할 아무런 이유가 없을 것이기 때문이다." (5.451)

22) ""p"가 거짓이면 "∼p"는 참이다. 그러므로 참인 명제 "∼p"에서 "p"는 거짓인 명제이다. 그런데 어떻게 "∼"이란 선이 그 명제를 현실과 맞게 만들 수 있는가? 그러나 "∼p"에서 부정하는 것은 "∼"이 아니라, 이러한 표기법 중 p를 부정하는 모든 기호들에 공통적인 것이다. 그러므로 "∼p", "∼∼∼p", "∼p∨∼p", "∼p.∼p" 등등을 (무한히) 형성할 때 따라야 하는 공통적 규칙이다. 그리고 이 공통적인 것이 부정을 반영한다." (5.512)

23) 『논고』 3.317을 주의 깊게 읽으면 한 상징의 Bedeutung은 그 상징에 의해 지칭된 것 (das Bezeichnete)이라는 것을 알 수 있다. "그 규정은 그러므로 오직 상징들만을 다루지, 그 의미(Bedeutung)는 다루지 않을 것이다. 그리고 오직 이것, 즉 그 규정은 상징들에 관한 기술일 뿐 그 상징들에 의해 지칭된 것에 관해서는 아무것도 진술하지 않는다는 것만이 그 규정에 본질적이다." (3.317c, d)

24) 더 자세한 내용은 5장을 참고할 것.

결국 어떤 실재하는 대상을 가리킬 수 없다. 또한 요소 명제에는 모든 논리적 상황들이 포함되어 있으므로, 요소 명제 또한 어떤 대상을 가리킬 수 없다. "～"은 "～q"의 뜻을 특징짓는 상징이며, "～q"가 뜻을 지니는 데 기여하는 Bedeutung을 지닐 뿐이다.

결국 명제는 이름과 달리 어떤 대상을 가리키거나 대표하지 않는다. 다시 말해 양자는 본질적으로 그 기능이 상이하다. 이름은 한 대상을 명명(nennen)하거나(3.221) 대표(vertreten)하거나(3.22) 대리(stehen für)하는(4.0311) 반면, 명제는 한 상황을 표상(vorstellen)하거나(4.0311) 기술(beschreiben)하거나(3.144) 묘사(darstellen)하거나(4.031) 전달(mitteilen)한다(4.03). 그리고 그 점을 분명하게 표현하는 것이 "명제는 논리적 그림이다"라는 소위 그림 이론이다. 명제는 현실의 그림(4.01)으로서 상황을 묘사하지만, 이름이나 이름들의 집합은 상황을 묘사할 수 없다(한 명제의 뜻을 표현할 수 없다)(3.142). "오직 명제만이 뜻을 지닌다. 오직 명제 연관 속에서만 이름은 의미(Bedeutung)를 가진다."(3.3)

그렇다면 "근본 사상", 즉 논리적 상황들이 대표하지를 않는다는 주장의 근거는 무엇인가? 비트겐슈타인은 먼저 함수와 연산을 구분한다. 함수는 그 자신의 논항이 될 수 없는 것(3.333)인 반면에, 연산의 결과는 그 자신의 토대가 될 수 있다(5.251). 그 다음으로 비트겐슈타인은 부정과 같은 논리적 상황을 연산으로 파악한다(5.2341). 가령 "～～p"는 "～"이라는 연산을 두 번 "p"에 적용한 결과이다(5.32). 그런데 비트겐슈타인에 따르면, 연산은 사라질 수 있다.[25] 요컨대 ～～p는 p와 논리적으로 동등하다. 따라서 "～"이 사라진다는 것은 "～"이 실재하는 대상이 아니라는 것, 또는 실재하는 대상을 가리키는 것이 아니라는 것을 말해준다. 더 나아가 "만일 "～"이라고 불리는 대상이 존재한다면, "～～p"는 "p"와는 다른 어떤 것을 말하지 않으면 안 될 것이다. 왜냐하면 그 경우 전자는

---

25) "연산은 사라질 수 있다(예를 들면 "～～p"에서의 부정: ～～p=p)." (5.254)

~을 다루는데, 후자는 그것을 다루지 않게 될 것이기 때문이다."(5.44b) 또한 "~"나 "⊃" 등에 대해서 교차적 정의가 가능하다는 것은 그것들이 (왼쪽이나 오른쪽과 같은) 진정한 관계가 아니라는 점을 보여준다.[26] 다시 말해 "p⊃q"와 "~p∨q"가 동치라는 점, 또 "p∨q"와 "~p⊃q"가 동치라는 점은 "⊃", "∨" 등이 실제로 성립하는 관계가 아니라는 것을 보여준다. 마지막으로, 어떤 규약이나 사용에 따라 "~p"라는 기호가 p를 뜻하고 "p"라는 기호가 ~p를 뜻하게 되는 것은 가능하다. "그러나 "p"라는 기호와 "~p"라는 기호가 같은 것을 말**할 수 있다**는 것은 중요하다. 왜냐하면 그것은 "~"이라는 기호에는 현실 속에서 아무것도 대응하지 않음을 보여주기 때문이다."(4.0621) 그리하여 "여기서 (프레게와 러셀의 뜻에서의) "논리적 대상들"이나 "논리적 상항들"은 존재하지 않는다는 것이 드러난다."(5.4)

4. 프레게의 수평선과 부정

비트겐슈타인은 한 문장의 지시체는 진리치이며 진리치는 대상이라는 프레게의 주장에 대해서, 논리적 상항들은 대표하지 않으므로 명제는 실재하는 대상을 대표할 수 없으며, 이는 명제의 기능이 이름과 달리 대표하거나 명명하는 것이 아니라 상황을 기술하는 것이기 때문이라고 비판하고 있다. 요컨대 프레게는 명제와 이름의 근원적인 상이한 기능을 간과하고 있으며, 결국 명제와 고유 이름을 혼동하고 있다는 것이다.

그러나 이러한 비판에 대해 프레게를 옹호하는 입장이라면 다음과 같

---

26) "∨, ⊃ 등등이 왼편, 오른편 따위와 같은 뜻에서의 관계들이 아니라는 것은 자명하다. 프레게와 러셀의 논리적 "원초 기호들"에 대한 교차적 정의의 가능성은 그것들이 원초 기호들이 아니라는 것, 더구나 그것들이 관계들을 지칭하지 않는다는 것을 이미 보여주고 있다. 그리고 우리가 "~"과 "∨"에 의해서 정의하는 "⊃"는 우리가 "~"과 함께 "∨"를 정의하는 "⊃"과 동일하다는 것, 그리고 이 "∨"는 처음의 "∨"와 동일하다는 것 등등은 명백하다." (5.42)

이 쉽게 응수할 수 있다: "프레게가 규정한 '뜻'과 '지시체'라는 용어는 전문적인 과학적 용어이다. 물론 일상 언어의 관점에서 보면 한 문장이 한 대상을 지시한다는 말은 기이하게 보일 것이다. 마찬가지로 일상 언어의 관점에서 보면 '무한 집합'이라는 표현은 기이하게 보일 것이다. 어떻게 무한하게 많은 원소를 한 곳에 모을 수 있느냐고 혹자는 질문할 수도 있을 것이다. 그러나 여기에서 '집합'은 더 이상 일상용어가 아니며, 마찬가지로 '지시체'도 그러하다. 그것은 엄밀하게 규정된 전문적이고 과학적인 용어이다. 따라서 비트겐슈타인의 그러한 비판은 불충분한 것이고 과녁을 빗나간 것이다."

따라서 비트겐슈타인이 프레게의 의미 이론에 대한 비판을 완결 짓고자 한다면 다른 방식의 비판이 필요하다. 그렇다면 그 다른 방식의 비판이란 무엇인가? 그는 프레게의 전체 이론의 논리적 완결성과 정합성을 문제 삼는다. 이제 이 점에 대해 논의하기로 하자.

프레게가 한 문장의 지시체는 진리치이고 그 뜻은 사상이라는 생각에 도달하는 또 다른 경로가 있다. 앞에서 다룬 그 한 가지 경로는 한 단어에 대해서 뜻과 지시체를 구분한 후 이를 문장으로 확장하는 것이었다. 다른 한 가지는 "판단 가능한 내용"과 관련이 있다. 프레게는 「개념과 대상에 관하여」에서, 그리고 『산수의 근본 법칙 Ⅰ』 서문에서 각각 다음과 같이 말한다.

> 내가 『산수의 기초』를 쓸 때 나는 아직 뜻과 지시체를 구분하지 않았다. 그래서 '판단 가능한 내용'이란 표현으로 지금은 내가 '사상'과 '진리치'라는 서로 다른 말로 지시하는 것을 둘 다 뭉뚱그리고 있었다.[27]

예전에 나는 외적인 형식이 서술적 문장인 것에서 두 가지 요소를, 즉 1) 진

---

27) Frege (1997), p. 186.

리의 인정과, 2) 진리라고 인정되는 내용을 구분했다. 그 내용을 나는 판단 가능한 내용이라고 불렀다. 나는 이제 이것을 내가 사상(Gedanke)과 진리치라고 부르는 것으로 나눈다. 이는 한 기호의 뜻과 지시체 간의 구분의 결과이다. 이 경우에 문장의 뜻은 사상이고 그것의 지시체는 진리치이다.[28]

이 인용문에서 프레게는 『개념 표기법』에서의 "판단 가능한 내용"이 문장의 뜻인 사상과 그것의 지시체인 진리치로 분화되었음을 말하고 있다.[29] 따라서 이제 우리는 "판단 가능한 내용"이 바로 사상과 진리치의 구분에 도달하는 다른 경로라는 것을 알 수 있다. 그렇다면 "판단 가능한 내용"이란 무엇인가? 먼저 프레게는 『개념 표기법』에서 다음과 같이 말하고 있다.

판단은 항상 다음 기호에 의해 표현될 수 있다.

⊢

이 기호는 판단의 내용을 제시하는 기호나 기호들의 복합 왼편에 위치한다. 만일 우리가 수평선의 맨 왼쪽에 있는 조그만 수직선을 생략하면, 그 판단은 단순히 관념의 복합으로 변형된다. 화자는 그것이 참임을 받아들이거나 받아들이지 않음을 표현하지 않는다. 예를 들어

⊢ A

가 "서로 다른 자극은 서로 끌어당긴다"는 판단을 의미한다고 하자. 그러면

—— A

는 이 판단을 표현하지 않을 것이다. 그것은 단순히 독자에게 서로 다른 자극의 상호 끌어당김이란 관념을 환기시킬 뿐이다. 아마 그렇게 함으로써 그는 그 사상으로부터 추리를 할 수 있고 그것의 타당성을 검토하기 위해 그것을 사용할 수 있다. 우리는 이 경우에 **'라는 상황'** 또는 **'라는 명제'**라는 말로 다시 **고쳐 쓸** 수 있다.

---

28) Frege (1997), p. 198.
29) 이는 프레게가 후설에게 보낸 1891년 5월 24일 편지에서도 확인된다. "내가 판단 가능한 내용이라고 불렀던 것은 이제 사상과 진리치로 나뉘어져 있다."(Frege (1997), p. 150)

모든 판단이 그것의 기호 앞에 ⊢을 놓음으로써 하나의 판단이 될 수 있는 것은 아니다. 예컨대 '집'이라는 관념은 그럴 수 없다. 우리는 그러므로 **판단 가능한 내용들**과 **판단 불가능한 내용들**을 구분한다.

기호 ⊢가 형성된 것에서 **수평선은 그것을 뒤따르는 기호들을 하나의 전체로 결합하고, 수평선의 왼쪽에 있는 수직선에 의해 표현된 주장은 이 전체와 관련된다.** 수평선은 **내용선**이라고 불릴 수 있고, 수직선은 **판단선**이라고 불릴 수 있다. 내용선은 어떤 기호든 그 선을 뒤따르는 기호들에 의해 형성된 전체와 관련된다. **내용선을 뒤따르는 것은 항상 판단 가능한 내용을 갖고 있어야만 한다.**[30]

여기에서 프레게는 "판단 가능한 내용"과 "판단 불가능한 내용"을 구분하고 있다. 기호 '⊢' 다음에 나오는 것이 서술적 문장에 해당하는 것일 경우에만 판단 가능한 내용이고, 가령 '집'이나 '2'와 같은 것은 판단 불가능한 내용으로서 '⊢ 집'이나 '⊢ 2'는 적법하게 형성된 표현이 아니며, 마찬가지로 '── 집'이나 '── 2' 또한 적법하게 형성된 표현이 아니다. 또한 프레게는 『개념 표기법』 §7에서 부정을 설명하기 위해서 기호 '┬'를 도입하면서 다음과 같이 언급하고 있다.

만일 작은 수직선이 내용선의 아래쪽에 부착되면, 이것은 **그 내용이 성립하지 않는다**는 상황을 표현하기 위해 의도된 것이다. 따라서 예를 들어

　　　⊢┬A

는 'A는 성립하지 않는다'를 의미한다. 나는 이 작은 수직선을 **부정선** (*negation stroke*)이라고 부른다. 부정선의 오른쪽에 있는 수평선의 부분은 A의 내용선이고, 반면에, 부정선의 왼쪽에 있는 부분은 A의 부정의 내용선이다. 그리고 『개념 표기법』에 다른 곳에서와 마찬가지로, 판단선 없이는 어떤 판단도 이루어지지 않는다.

　　　┬A

는 이 관념(idea)이 참인지 여부를 표현함 없이, A가 성립하지 않는다는 관

---

30)　Frege (1997), pp. 52-53.

념의 형성을 이끌어 들일 뿐이다.[31]

여기에서도 '⊢─ A'와 '─┬ A'는 'A'가 판단 가능한 내용일 때에만 적법하게 형성된 표현이다. 따라서『개념 표기법』에서는 '⊢─ 집'이나'⊢─ 2'는 '─┬ 집'이나 '─┬ 2'와 마찬가지로 적법하게 형성된 표현이 아니다.

그런데 바로 이러한 프레게의 생각은「함수와 개념」부터 바뀐다. 이제 그는 '⊢─ 집'이나 '⊢─ 2'가 성립하며, '── 4'는 거짓이고 '─┬ 4'는 참이라고 말한다. 그러면서 "판단 가능한 내용"이라는 표현은 포기된다. 자, 그렇다면 어떻게 그렇게 바뀌었을까? 프레게는 먼저「함수와 개념」에서 함수 "── x"를 제시하면서 다음과 같이 말한다.

> 나는 이 함수의 값은 만일 참(the True)이 논항으로 취해지면 참이 되고, 반대로, 다른 모든 경우에는—즉 그 논항이 거짓이고 또 그것이 진리치가 아닐 때 두 경우 모두—이 함수의 값은 거짓(the False)이라고 규정한다. 따라서 예컨대
>
> $$\text{────── } 1 + 3 = 4$$
>
> 는 참이고, 반면에 다음은 둘 다 거짓이다.
>
> $$\text{────── } 1 + 3 = 5$$
> $$\text{────── } 4$$
>
> 그리하여 이 함수는 그 논항이 진리치일 때, 그것의 값으로서 그 논항 자체를 갖는다. 나는 이 수평선을 내용선이라고 불렀는데, 이제 이 이름은 나에게는 더 이상 적절해 보이지 않는다. 이제 나는 그것을 단순히 수평선이라고 부르고자 한다.
>
> (…) 따라서 우리는 어떤 것을 주장하기 위해서 어떤 한 특수한 기호가 필요하다. 이러한 목적으로 나는 수평선의 왼쪽 끝에 수직선을 사용한다. 그리하여 예컨대
>
> $$\vdash\text{───── } 2 + 3 = 5$$

---

31) Frege (1997), p. 60.

라고 적음으로써 우리는 2 + 3은 5와 같다고 주장한다. 그리하여 여기에서 우리는

    2 + 3 = 5

에서와 같은, 한 진리치를 적고 있을 뿐만 아니라, 그것이 참이라고 동시에 말하고 있는 것이다.

  다음으로 가장 단순한 함수라고 할 수 있는 것은 —— x의 값이 참이게끔 하는 바로 그러한 논항들에 대해서만 그 값이 거짓이고, 역으로, —— x의 값이 거짓이게끔 하는 논항들에 대해서는 참인 함수이다. 나는 이것을 다음과 같이 기호화하며,

    $\top x$

여기에서 나는 그 작은 수직선을 부정선이라고 부른다. 나는 이것을 논항 —— x를 지니는 함수로 파악하고 있다. (…) 따라서 예컨대,

    $\top 2^2 = 5$

는 참을 가리키며[bedeutet], 우리는 다음과 같이 판단선을 덧붙일 수 있는데,

    $\vdash\!\!\!-\, 2^2 = 5$

여기에서 우리는 $2^2 = 5$가 참이 아니라는 것을, 또는 2^2이 5가 아니라는 것을 주장한다. 또한 게다가

    $\top 2$

는 —— 2가 거짓이므로 참이며, 다음이 성립한다.

    $\vdash\!\!\!-\, 2$

즉, 2는 참이 아니다.[32]

  이 인용문을 보면, 이제 프레게는 『개념 표기법』에서의 "내용선"이라는 용어를 포기하고 있으며 그 대신에 "수평선"이라는 용어를 사용하고 있다. 왜냐하면 이제 그는 —— x라는 함수에서 논항 x를 대상으로 간주하고 있기 때문이다. 2나 집과 같이 『개념 표기법』에서 "판단 불가능한 내용"

---

32) Frege (1997), pp. 142-143.

이라고 불렀던 것도 이제 논항 x로 허용된다. 그리하여 그는 '⊢— 2'가 성립하고 '—— 4'는 거짓이라고 말함으로써 "내용선을 뒤따르는 것은 항상 판단 가능한 내용을 갖고 있어야 한다"라는 『개념 표기법』의 규정을 포기하고 있다. 그에 따르면, "—— x"는 만일 x가 참이라면 참이고, 만일 x가 참이 아니라면(논항이 거짓이거나 진리치가 아닐 때에는) 거짓이다. 또한 ⊤x는 —— x가 참일 때 거짓이며 —— x가 거짓일 때 참인 함수로서 논항 —— x를 지니는 함수이다.[33]

5. 복합 명제의 뜻

프레게의 함수 "—— x"는 수학적인 관점에서 보면 대단히 경제성 있는 매혹적인 것이다. 즉 그것은 진리치뿐만 아니라 다른 논항들도 허용함으로써 복잡한 내용들을 매우 단순하고 깔끔하게 처리할 수 있도록 한다. 반면에 철학적인 관점에서 보면 뭔가 불길한 징조를 보이는 함수이다. 왜냐하면 그것은 ⊤x라는 함수를 가능케 함으로써 뭔가 철학적으로 이해할 수 없는 것을 양산하기 때문이다. 그러니까 우리는 가령 "3"을 부정하는가? 우리는 한 단어를, 또는 한 단어가 가리키는 것을 부정하는가? 실제로 비트겐슈타인은 바로 이 점을 염두에 두고 있다. 그는 1914년에 작성된 「노르웨이에서 무어에게 구술한 단상들」에서 다음과 같이 말한다.

---

33) 이 점은 『산수의 근본 법칙 Ⅰ』에서도 다시 반복되고 있다. "나는 그것[수평선]을 다음과 같이 함수 이름으로 간주한다. 즉 —Δ는 Δ가 참이라면 참이고, 만일 Δ가 참이 아니라면 거짓이다. 마찬가지로 — ξ는 그 값이 항상 진리치인 함수이다. 즉 우리의 어법에 따르면, 한 개념이다. 이 개념에는 참이 그리고 오직 참만이 속한다. 따라서 '—— 2^2 = 4'는 '2^2 = 4'와 동일한 것 즉, 참을 가리킨다(bedeutet). 함수 ⊤ξ의 값은 함수 — ξ의 값이 참이게끔 하는 각각의 모든 논항에 대해 거짓이며, [그 외의] 다른 모든 논항에 대해서는 참이라고 규정된다. 그러므로 우리는 ⊤ ξ에서 그 값이 항상 진리치인 함수를 얻게 되는데, 그것은 오직 참을 제외한 모든 대상들이 그 아래에 속하는 개념이다. (…) 우리의 규정에 따르면 ⊤ 2^2 = 5는 참이다. 따라서 ⊢ 2^2 = 5이며, 이를 말로 바꾸면 다음과 같다: 2^2 = 5는 참이 아니다. 또는: 2의 제곱은 5가 아니다. 마찬가지로: ⊢ 2 이다."(Frege (1997), pp. 215-217)

~x가 의미가 없는 이유는, 단순히 우리가 기호 ~ξ에 어떤 의미도 주지 않았기 때문이다. 즉 Φx와 Φp가 마치 그것들이 동일한 유형인 것처럼 보이는 반면에, 그것들은 그러하지 않은데, 왜냐하면 ~x에 한 의미를 부여하기 위해서는 우리는 어떤 **속성** ~ξ를 가져야만 하기 때문이다. Φξ에서 기호화된 것은 Φ가 한 고유 이름의 왼쪽에 나온다는 **것**(that)이고, 명백하게도 이는 ~p에서는 그렇지 않다.[34]

그러나 이미 지적했듯이 이러한 비판도 "—— x"가 엄밀하게 전문적인 개념이라는 응수에 대해서는 효과적이지 않다. 이제 비트겐슈타인은 『논고』에서 프레게의 의미 이론에 대해 다음과 같은 결정적인 비판을 가한다.

요소 명제들의 진리 가능성들과의 일치 및 불일치의 표현은 명제의 진리 조건들을 표현한다.
　명제는 그것의 진리 조건들의 표현이다.
(그러므로 프레게가 그의 개념 표기법의 기호들에 대한 설명으로서 진리 조건들을 맨 먼저 내놓은 것은 전적으로 옳다. 다만 프레게에서 진리 개념의 설명은 잘못되어 있다: 만일 "참"과 "거짓"이 실제로 대상들이고 ~p 등에서 논항들이라면, "~p"의 뜻은 프레게의 규정에 따라서는 결코 확정되지 않을 것이다.) (4.431)

먼저 프레게의 견해에 대해서 비트겐슈타인이 "전적으로 옳다"고 한 것부터 검토해 보자. 그는 "프레게가 그의 개념 표기법의 기호들에 대한 설명으로서 진리 조건들을 맨 먼저 내놓은 것은 전적으로 옳다"고 말하고 있다. 여기에 해당하는 프레게의 언급은 (앤스컴과 블랙이 지적하듯이)[35] 『산술의 근본 법칙 Ⅰ』§32의 다음 내용이다.

따라서 우리의 8개의 원초적 이름들(primitive names)이 **지시체**를 갖는다는

---

34) Wittgenstein (1961), p. 115.
35) Anscombe (1959), pp. 106-107. Black (1964), pp. 222-223.

것과 그리하여 그것들로부터 적법하게 구성된 모든 이름들에 대해서도 동일한 것이 성립한다는 것이 드러난다. 그렇지만, 우리의 기호들로부터 적법하게 형성된 모든 이름들에는 **지시체**뿐만 아니라 뜻도 속한다. 각각의 그러한 진리치의 이름은 하나의 뜻, 하나의 **사상**을 **표현한다**. 즉, 우리의 규정에 의해, 그 이름이 어떤 조건 하에서 참(the True)을 가리키는지(bedeutet)가 확정된다. 이 이름의 뜻, 즉 그 **사상**은 이 조건들이 충족되어 있다는 사상이다.[36)]

여기에서 프레게에게 "진리치의 이름"은 한 문장이다. 가령 "1 + 2 = 3"이라는 문장은 참이라는 진리치의 이름이고, "눈은 검다"는 거짓이라는 진리치의 이름이다. 프레게는 자신이 다루고 있는 진리치의 이름이 참을 가리키며 더 나아가 사상을 표현한다는 것을 지적하고 있다. 자, 그렇다면, 그 "전적으로 옳다"는 것, 즉 "프레게가 그의 개념 표기법의 기호들에 대한 설명으로서 진리 조건들을 맨 먼저 내놓은 것"은 무엇인가? "진리 조건들을 맨 먼저 내놓는다는 것"은 무슨 뜻인가?

프레게는 물론 어떤 새로운 기호들을 도입할 때 (가령 앞에서 확인했듯이 함수 —— x와 함수 ⊤x를 도입할 때) 어떤 경우에 그 기호가 포함되어 있는 문장이 참이고 또 어떤 경우에 거짓인지를 밝히고 있다. 그런데 이러한 것은 새로운 기호를 도입하고 설명하려는 상황에서는 누구나 하는 일이다. 즉 어느 누구든 자신이 도입한 새로운 기호를 포함하는 문장이 어떤 조건 하에서 참이고 또는 거짓인지를 설명해야 하며, 이는 프레게도 예외가 아니다. 따라서 "진리 조건을 맨 먼저 내놓은 것"이 뜻하는 것은 새로운 기호를 도입할 때 어느 누구든 해야 하는 일을 뜻하지 않는다. 왜냐하면 만일 그러한 것을 뜻한다면, "진리 조건을 맨 먼저 내놓은 것"은 하나마나한 말이 될 것이기 때문이다.[37)]

---

36) Frege (1997), p. 221.
37) 앤스컴과 블랙의 설명은 바로 이 수준의 것으로서 대단히 피상적이다. 앤스컴은 다음과 같이 말한다. "프레게는 그의 명제들의 진리**치들**을 진리 **조건들**을 명시함으로써 명

오히려 "진리 조건을 맨 먼저 내놓은 것"이 뜻하는 것은 바로 위의 인용문에 잘 나타나 있다. 프레게는 한 문장의 진리치뿐만 아니라 사상을 겨냥하고 있다. 한 문장은 사상을 표현한다. 그리고 한 문장 즉 진리치의 이름이 "사상을 표현한다"는 것은 "그 이름이 어떤 조건 하에서 참을 가리키는지가 확정된다"는 것을 뜻하며, "이 이름의 뜻, 즉 사상은 이 조건들이 충족되어 있다는 사상이다." 요컨대 진리치의 이름이 어떤 조건 하에서 참을 가리키는지가 확정될 때 비로소 "개념 표기법의 **기호들에 대한 설명**"이 주어진다. 즉 그러한 설명은 단지 진리치의 이름의 지시체만으로는 달성될 수 없으며, 그리하여 프레게는 그것의 뜻과 '진리 조건'을 내세우고 있는데, 비트겐슈타인에 따르면 바로 이 점이 전적으로 옳다는 것이다.

그러나 비트겐슈타인에 따르면, 프레게에게서 전적으로 옳은 것은 바로 거기까지이다. 이어서 그는 프레게의 생각에 대해서 다음과 같이 비판하고 있다. "다만 프레게에서 진리 개념의 설명은 잘못되어 있다: 만일 "참"과 "거짓"이 실제로 대상들이고 ∼p 등에서 논항들이라면, "∼p"의 뜻은 프레게의 규정에 따라서는 결코 확정되지 않을 것이다." 자, 그렇다면 이 언급을 통해서 비트겐슈타인은 무엇을 어떻게 비판하고 있는가?

앞에서 우리는 프레게가 문장의 진리치와 사상으로 나아가는 두 가지 경로를 살펴보았다. 하나는 단어의 뜻과 지시체에 대한 논의로부터 문장에로 확장해 나가는 방식이고, 다른 하나는 "판단 가능한 내용"이 진리치와 사상으로 분화하는 방식이다. 전자의 방식에서는 문장 연결사가 없는 문장뿐만 아니라 문장연결사를 지니는 복합 문장에 대해서도 그 지시체가

시하였는데, 왜냐하면 그의 명제들은 논리적 진리들이기 때문이다. 그러한 명제들의 진리치들이 그것들의 진리 조건들을 확정함으로써 확정된다는 것은 논리적 진리들(또는 다시 논리적 거짓들)의 특징이다. 그러나 그는 또한 그의 명제들의 뜻이 이것, 즉 "그것들의 진리 조건들이 충족되어 있다는 것"의 뜻이라고 말했다. 그리고 이러한 방식으로 그는 그의 명제들이 과학적으로 완벽하다고 확신했던 것이다. 그는 그것들에 대해서 하나의 뜻과 하나의 지시체를 보증했고, 어느 진리치를 그것들이 갖는지를 결정했다."(Anscombe (1959), p.107) 또한 Black (1964), p. 223 참조.

진리치이고 그 뜻은 사상이라는 것이 당연한 것으로 전제된다. 실제로 프레게는 「뜻과 지시체에 관하여」에서 "만일 쇠가 물보다 밀도가 낮았더라면 그것은 물 위에 떴을 것이다"라는 조건문을 다루면서, "여기에서 우리는 쇠는 물보다 밀도가 낮다는 것과 **만일 어떤 것이 물보다 밀도가 낮으면 그것은 물 위에 뜬다**는 두 사상을 갖는다."라고 말한다.[38] 이러한 방식으로 프레게는 어떤 복합 문장이든 그 사상을 지니는 것으로 간주했을 것이다.

반면에 (엄밀하게 전문적이고 과학적인) 두 번째 경로에서는 심각한 문제가 발생한다. 앞에서 살펴보았듯이 함수 —— x는 x가 참이면 참이고 x가 참이 아니면 거짓이다. 또한 ┬x는 — x가 참이면 거짓이고 —— x가 거짓이면 참이다. 그런데 이 경우에 논항은 **대상**이다. 즉 가령 "—— 2 + 3 = 5"에서 논항은 "2 + 3 = 5"라는 문장이나 그 표현이 아니라 "2 + 3 = 5"라는 문장의 지시체, 즉 **참**이라는 대상이다.[39] 마찬가지로 ┬x에서도 논항은 대상이며, 그 함숫값도 항상 진리치이다. 더 나아가 프레게의 논리체계는 부정과 조건을 원초적인 것으로 삼아 다른 모든 진리함수적 복합 명제가 정의되는 방식으로 구성되어 있다. 따라서 이 두 번째 경로에서는 복합 명제에 관한 한, 진리치라는 대상만을 다루고 있을 뿐 사상에 대해서는 전혀 다루는 바가 없다![40]

---

38) Frege (1997), p. 170.
39) 이 점은 앞에서 인용된 프레게의 다음 언급에서도 잘 나타나 있다. "우리는 "시저는 가울을 정복했다"는 문장을 '시저'와 '는 가울을 정복했다'로 나눈다. 두 번째 부분은 불포화되어 있다. 그것은 빈자리를 포함하고 있다. 이 자리가 고유 이름으로 혹은 고유 이름을 대체하는 표현으로 채워질 때에만 완전한 뜻이 나타난다. 여기에서도 나는 이 불포화된 부분의 지시체에 '함수'라는 이름을 부여한다. 이 경우에 논항은 시저이다." 여기에서 논항은 '시저'라는 시저의 이름이 아니라 시저 즉 **대상**이다.
40) 앤스컴은 이와 관련해서 다음과 같이 말하고 있다. "따라서 만일 프레게가 부정 명제 '∼p'를 갖는다면, 그것의 뜻은 또한 그것의 진리 조건들의 충족의 뜻이어야만 한다. 그러나 그의 부정에 대한 설명은 다음과 같다: 그는 새로운 함수 ┬x를 도입하는데 그것의 값은 —— x의 값이 참이게끔 하는 논항들에 대해서만 거짓이고, 또 역으로도 그러하다. 따라서 '∼p'에서 우리는 주어진 논항들에 대해 그 값이 주어지는 한 함수를 논항 'p'로 완성하는 결과를 표현하는 것으로 확정된 함수를 갖게 되는 것이다. 그러나 '∼p'의 **뜻**은 어디에 있는가? '∼p'는 사실상 그 지시체가 어떤 상황에서는 참이고 다

만일 그렇지 않다고 간주하면 어떻게 되는가? 실제로 프레게는 『산술의 근본 법칙 Ⅰ』§32에서 복합 명제의 뜻에 대해 거론하지 않았는가? 그는 다음과 같이 말하고 있다.

> 그렇게 되면 그러한 명제 [판단선과 진리치의 이름으로 구성된 명제]에 의해, 이 이름이 참(the True)을 가리킨다는 것이 주장된다. 동시에 그 이름은 한 사상을 표현하므로, 우리는 적법하게 형성된 모든 『개념 표기법』 명제에서 한 사상이 참이라는 판단을 지니게 되며, 한 사상이 결여되는 어떤 가능성도 존재하지 않는다. (…)
> 단순하든 그 자체로 복합적이든 이름은, 이것들로 진리치의 이름이 이루어지는데, 사상의 표현에 기여하며, 한 개별 이름이 하는 기여가 그것의 **뜻**이다. 만일 한 이름이 진리치의 이름의 부분이라면, 전자의 뜻은 후자에 의해 표현되는 사상의 부분이다.[41]

이 인용문을 보면, 프레게는 진리치의 이름에 이중적인 역할을 부여하고 있다. 하나는 판단선의 오른쪽에 위치하면서 진리치라는 대상이 논항임을 나타내는 역할이고, 다른 하나는 그와 동시에 그 이름이 한 사상을 표현한다는 역할이 그것이다. 가령 다음의 경우를 생각해 보자.

$$\vdash 2 + 3 = 7$$

프레게는 $\vdash 2 + 3 = 7$에서 논항인 것은 진리치의 이름 "$2 + 3 = 7$"이 아니라 "$—— 2 + 3 = 7$", 다시 말해 거짓이라는 진리치, 즉 대상이라고 말할 것

른 상황에서는 거짓인 그러한 명제로 정의된 것처럼 보인다. 그러나 프레게 자신의 원리에 따르면 당신은 하나의 지시체를 명시함으로써 하나의 뜻을 명시할 수 없다. 따라서 비트겐슈타인은 프레게 자신의 원리들에 따르면 '〜p'의 뜻은 확정되지 않는다고 말한다."(Anscombe (1959), p. 107) 비록 나는 앤스컴의 이러한 언급이 만족스러울 만큼 명확하다고 생각하지 않지만 그럼에도 그녀가 전체적으로 의도하는 바는 나의 설명과 거의 일치한다고 생각한다.
41) Frege (1997), p. 222. 대괄호와 그 안에 있는 내용은 필자가 첨가한 것이며, 이하 대괄호도 마찬가지이다..

이다. 또한 프레게는 위의 진리치의 이름 "2 + 3 = 7"을 통하여 그 이름이 한 사상, 즉 2 더하기 3은 7이라는 사상을 표현하고 있다고 말하게 될 것이다.

그렇다면 "∼(2 + 3 = 7)"이라는 복합 명제에 대해서는 어떻게 되는가? 이 경우에 그 복합 명제의 진리치는 아무 문제없이 결정된다. 즉 프레게의 부정 함수 ⊤x에 의해 그것의 진리치는 참이다. 그렇다면 그 복합 명제의 사상은 어떠한가? 프레게에 따르면, 진리치의 이름 "⊤2 + 3 = 7"이 한 사상을 표현하므로, 그 사상은 "2 + 3 = 7의 부정"이나 "2 + 3 = 7이 아니다"가 될 것이다. 그러나 우리는 과연 이 사상을 이해하고 확정할 수 있는가? 왜냐하면 우리가 여기에서(즉, 프레게의 엄밀한 체계에서) '부정'이나 '아니다'를 **엄밀하게** 이해하고 확정하기 위해서는 그의 부정 함수 ⊤x에로 되돌아가야 하기 때문이다. 그러나 그 함수가 말해주는 것은 그 함수에서 논항은 **대상**이라는 것이다. 즉 이 상황에서 우리는 결코 사상에로 나아갈 수 없다.

비트겐슈타인은 프레게의 이러한 생각에 대해 프레게가 '논항'과 '지표'를 혼동하고 있다고 진단한다.

함수의 논항들은 이름의 지표들과 혼동되기 쉽다. 왜냐하면 나는 지표에서와 마찬가지로 논항에서도 그것을 포함하는 기호의 의미를 인식하기 때문이다.

예컨대 러셀의 "+ₑ"에서 "c"는 그 기호 전체가 기수에 대한 더하기 기호임을 지시하는 지표이다. 그러나 이러한 지칭은 자의적인 약정에 의거하고 있고, 우리들은 "+ₑ" 대신에 하나의 단순한 기호를 선택할 수도 있을 것이다. 그러나 "∼p"에서 "p"는 지표가 아니라 논항이다: "∼p"의 뜻은 "p"의 뜻이 미리 이해되지 않고서는 이해될 **수 없다.** (율리우스 카이사르라는 이름에서 "율리우스"는 하나의 지표이다. 우리가 대상의 이름에 붙이는 지표는 언제나 그 대상 기술의 일부이다. 예컨대, 율리우스 가(家)의 **그** 카이사르.)

내가 오류를 범하고 있는 게 아니라면, 명제와 함수의 의미에 관한 프레게의 이론 밑바닥에는 논항과 지표에 대한 혼동이 놓여 있다. 프레게에게는

논리학의 명제들은 이름들이었고, 그것들의 논항들은 이러한 이름들의 지표들이었다. (5.02)

비트겐슈타인에 따르면, "～p"에서 "p"는 논항이며 지표가 아니다. 또한 "～p"의 뜻은 "p"의 뜻이 미리 이해되지 않고서는 이해될 **수 없다**. 반면에 지표의 경우에는 우리가 한 지표를 미리 이해하지 않고서도 어떤 대상을 대강이라도 이해할 수 있다. 우리는 지표 c가 무엇인지 모르면서도 "+$_c$"를 대강 이해할 수 있고, 율리우스라는 지표를 모르면서도 율리우스 카이사르를 어느 정도 이해할 수도 있고, 심지어 잘 알 수도 있다.

마찬가지로 비트겐슈타인에 따르면, 우리는 "2 + 3 = 7"을 이해하지 않고서는 결코 복합 명제 "～(2 + 3 = 7)"을 이해할 수 없다. 반면에 프레게의 부정 함수 ⊤x에 따르면, x가 참이 아닌 경우에 그 값은 항상 참이다. 요컨대 우리는 x를 이해하지 못하더라도 그것이 참이 아니라는 것만 알면 ⊤x를 알 수 있다. 가령 우리는 "소크라테스는 동일하다"를 이해하지 못하지만, "⊤소크라테스는 동일하다"는 참이다. 마찬가지로 복합 명제 ⊤2 + 3 = 7의 사상이 이해되고 확정된다고 하면(실제로는 그럴 수가 없는데), 이는 논항을 "2 + 3 = 7"이라는 명제로 간주하는 것이 아니라, "2 + 3 = 7"을 이름 "⊤2 + 3 = 7"의 지표로 간주하는 것이다.

비트겐슈타인에게는 "～p"에서 "p"(즉, 명제 p)는 지표가 아니라 논항이다. 반면에 프레게에게는 "⊤p"에서 논항은 "p"(즉, 명제 p)가 아니라 "──p", 즉 진리치라는 대상이다. 비트겐슈타인에게는 "p의 진리함수의 뜻은 p의 뜻의 함수이다."(5.2341) 그리하여 복합 명제의 뜻은 자연스럽게 확정된다. 반면에 프레게에게는 p의 진리함수의 뜻을 확정할 방법이 없다. 따라서 "만일 "참"과 "거짓"이 실제로 대상들이고 ～p 등에서 논항들이라면, "～p"의 뜻은 프레게의 규정에 따라서는 결코 확정되지 않을 것이다."(4.431) 마찬가지로 프레게의 규정에 의해서는 "～p"뿐만 아니라 문장 연결사를 포함하는 모든 복합 명제의 뜻도 결코 해명되지 않을 것이다.

6. 맺는 말

프레게가 「함수와 개념」 이래로 새롭게 도입한 함수 "── x"와 "┬ x"는 비록 수학적으로는 매우 명쾌하고 우아한 것이지만 철학적으로는 불운한 것이었다. 그 함수들의 논항은 프레게에 따르면 대상이기 때문에, 또한 그 함숫값들도 대상이기 때문에, 그것들은 결국 지시체라는 대상만을 다룰 수 있을 뿐이지, 전혀 문장의 뜻, 즉 사상을 다룰 수 없다. 프레게는 『개념 표기법』의 "판단 가능한 내용"이 "진리치"와 "사상"으로 분화되었다고 하였지만, 복합 명제에 관한 한, 그러한 분화는 없었고 오직 "진리치"만을 다루고 있을 뿐이라는 점이 드러난다. 프레게가 자신의 기호를 설명하기 위해 한 문장의 지시체뿐만 아니라 뜻을 거론함으로써 진리 조건을 내세운 것은 옳다. 그러나 바로 거기까지만 옳다. 그는 그러한 함수들에 대한 규정에 의해서는 더 이상 문장 연결사가 포함된 복합 명제의 뜻을 확정할 수도, 해명할 수도 없다.

프레게의 뜻-지시체 이론에 대한 비트겐슈타인의 이러한 비판은 이제 자신의 독자적인 해결책을 제시함으로써 완결된다. 그것은 다름 아니라 『논고』의 "근본 사상"과 그림 이론이다. "근본 사상"에 따르면 명제는, 특히 복합 명제는 더 이상 실재하는 대상을 가리키지 않는다. "∼"은 실재하는 대상을 가리키지는 않지만 우리의 "뜻 있는 쓰임"이나 논리-구문론적 사용에 따른 의미(Bedeutung)를 지닌다. 그리고 명제는 이름과 그 기능이 완전히 상이하다. 명제는 논리적 그림이며, 상황을 묘사한다.

이제 나는 다음 두 가지 문제를 간략하게 다루고 이 글을 맺고자 한다. 첫째, 프레게의 뜻-지시체 구분은 애초에 동일성 문장 문제로부터 제기된 것이다. 그렇다면 바로 이 문제에 대해서 비트겐슈타인은 어떻게 대답하고 있는가? 둘째, 프레게는 이러한 비트겐슈타인의 비판에 대해 어떻게 반응했는가?

동일성 문장 문제에 대한 『논고』의 대답은 다음과 같다. 동일성 기호는

(프레게와 러셀의 개념 표기법의 결점이 완전히 제거된 이상적인) 올바른 개념 표기법에서는 본질적인 구성요소도 아니고, 동일성 문장은 사이비 명제로서 뜻이 있는 기호도 아니며 아예 적힐 수조차 없다. 따라서 그 문제는 제기조차 할 수 없는 사이비 문제이다.[42]

그렇다면 동일성 기호가 개념 표기법의 본질적 구성 요소가 아니며, 더나아가 동일성 문장이 사이비 명제인 이유는 무엇인가? 비트겐슈타인은 동일성은 대상들 간의 관계가 아니라고 간주한다. "대충 말해서, **두 개**의 사물에 관하여 그 둘이 동일하다고 말하는 것은 뜻이 없는 것(Unsinn)이다. 그리고 **하나의** 사물에 관하여 그것이 그 자체와 동일하다고 말하는 것은 전혀 아무것도 말하는 바가 없다."(5.5303)[43] 또한 그는 동일성 기호가 올바른 개념 표기법에서 항상 제거될 수 있음을 보인다. "나는 대상의 동일성을 기호의 동일성에 의해서 표현하고, 동일성 기호를 써서 표현하지 않는다. 대상들의 상이성은 기호들의 상이성에 의해 표현한다."(5.53) "그러므로 나는 "f(a,b).a=b"라고 쓰지 않고, "f(a,a)"(또는 "f(b,b)")라고 쓴다. 그리고 "f(a,b).~a=b"라고 쓰지 않고, "f(a,b)"라고 쓴다."(5.531)[44]

마지막으로 비트겐슈타인의 비판에 대해 프레게가 어떤 반응을 보였는지를 살펴보기로 하자. 사망하기 2-7년 전 프레게는 세 편의 논문, 즉「사상」(1918),「부정」(1919),「복합 사상」(1923)을 출판한다. 이 세 편의 논문은 그가 『산수의 근본 법칙 Ⅱ』(1903) 이후 (러셀의 역설을 통보 받은 후 오랜 침묵을 깨고) 공식적으로 출판한 저작이다. 그런데「부정」(1919)에서 그는 다음과 같은 놀라운 언급을 한다.

> '3이 5보다 더 크다는 사상의 그 부정'('*the* negation of the thought that 3 is greater than 5')이라는 표현에서 정관사 '그'('*the*')는 이 표현이 어떤 단일한

---

42) 참고: 4.23, 5.533, 5.534, 5.535.
43) 참고: 5.5301.
44) 참고: 5.532, 5.5321. 더 자세한 내용은 9장을 참고할 것.

것을 지칭하도록 의도되었음을 보여준다. 이 단일한 것이 우리의 경우에는 사상이다. 그 정관사가 이 전체 표현을 단칭 이름, 즉 고유 이름의 대용물로 만들어 준다.[45]

이 인용문에 이어 그는 "한 사상의 부정은 그 자체로 사상이고, 다시 부정을 완성하기 위해 사용될 수 있다."고 말한다. 다시 말해 이 인용문에서 프레게는 (어떤 대상이 아니라) **사상**에 대해서 부정을 말할 수 있음을 주장하고 있다. 또한 그는 다음과 같이 언급한다. "사상은 그것의 구조상 보충이 필요하지 않다. 그것은 그 자체로 충족되어 있다. 반면에 부정은 사상에 의해 완성될 필요가 있다. 이 두 구성 요소—만일 우리가 이런 표현을 쓰기로 한다면—는 종류상 아주 다르고 전체를 구성하는 데 아주 다른 역할을 한다. 하나는 완성하고 다른 하나는 완성된다."[46] 요컨대 지금 그는 「함수와 개념」이래로 새롭게 도입한 함수 "⊤ x"에 대한 자신의 규정과는 **완전히 다른 것**을 말하고 있는 것이다. 즉 "⊤ x"에서 논항은 대상이지만, 이제 「부정」(1919)에서는 사상이 논항인 표현을 문제 삼고 있는 것이다. 더구나 위의 인용문을 보면, (케니가 지적하듯이) 프레게는 한 문장이 진리치의 이름이 아니라 사상의 이름이라고 간주하고 있는 것처럼 보인다.[47]

그러나 "⊤ x"에서 논항은 대상인데, 이제 "한 사상의 부정"을 논의하고 있다면, 사상이 대상이라는 것인가? 프레게는 「뜻과 지시체에 관하여」에서 "뜻은 대상 자체가 아니다"라고 말하지 않았는가? 그렇다면 어떻게 한 문장의 뜻인 사상이 대상일 수 있단 말인가? 또한 이제 "⊤ x"에 대한 논의는 어떻게 수정되어야 하는가? 여기에서 우리는 프레게가 처한 곤경을 확인하게 된다. 그렇다면 이 사실은 어떻게 설명될 수 있을까?

---

45) Frege (1997), p. 359.
46) Frege (1997), p. 358.
47) 안토니 케니 (2002), p. 280, 각주.

레이 몽크(2000)에 따르면 『논고』는 1918년 여름에 완성되었으며, 비트겐슈타인은 세 권의 책을 만들어 세 사람에게 보냈다. 그 세 사람은 프레게, 러셀, 엥겔만이었다. 이후 프레게는 비트겐슈타인에게 편지를 보냈지만, 비트겐슈타인에게는 대단히 실망스러운 것이었다. 프레게가 『논고』의 첫 페이지만을 읽었다는 것이 분명했다. 그런데 프레게와 비트겐슈타인 사이에 지속적인 서신왕래가 있었고, 특히 프레게가 1916년에 비트겐슈타인에게 편지를 보내어 철학적 견해를 교류하자고 제안한 것을 보면 이는 그가 비트겐슈타인의 비범한 철학적 재능을 알고 있었다는 것을 뜻한다. 그는 『논고』에서 자신의 이름이 거명되는 부분을 꼼꼼하게 읽지 않을 수 없었을 것이다. 하여 그는 『논고』의 4.431에서 눈길을 멈추었을 것이다. 이제 우리는 이렇게 **추측**할 수 있다: 『논고』의 4.431은 프레게에게는 러셀의 역설에 이은, 또 그것에 버금가는 두 번째 중대한 타격이었다. 또한 「부정」에서 보여준 프레게의 마지막 투혼은 "위대한 사상가"의 바로 그것이었다.[48]

---

48) 물론 이 추측이 옳은지를 (또는 그른지를) 확정하고자 한다면 프레게의 철학에 대한 다른 해석 가능성, 비트겐슈타인의 프레게 철학에 대한 오해 가능성, 그리고 다른 객관적 증거에 대한 논의가 더 필요할 것이다. 그럼에도 불구하고 나는 이 추측이 결국 옳을 것이라고 믿고 있다. 왜냐하면 그렇지 않다면 이와 관련된 사실들을 설명할 수 있는 다른 방도가 없을 것처럼 보이기 때문이다. 이 점과 관련하여 소중한 논평을 해주신 세 분의 심사위원께 이 자리를 빌려 깊이 감사드린다. 또한 이 논문을 쓰는 과정에서 함께 토론을 해주었고 초고를 읽고 부족한 부분을 정확하게 지적해준 권병진 선생님께도 깊이 감사드린다.

2
『논리-철학 논고』의 '부정적 사실'에 관하여

1. 문제: 세계와 현실의 개념

비트겐슈타인의 『논리-철학 논고』(이하 『논고』로 약칭함)를 체계적으로 이해하고자 할 때 보통 처음 부딪히는 수수께끼는 '긍정적 사실'과 '부정적 사실'이 무엇이며, 그리하여 '세계'와 '현실'의 개념을 어떻게 파악해야 하느냐 하는 문제와 관련이 있다. 더 정확하게 말하면 이러하다: 우리는 다음의 언급들을 어떻게 이해해야 하는가?

2.04 존립하는 사태들의 총체가 세계이다.
2.06 사태들의 존립과 비존립이 현실이다.
　　(우리는 사태들의 존립을 긍정적 사실, 비존립을 부정적 사실이라 부르기도 한다.)
2.063 전체 현실이 세계이다.

『논고』의 존재론에 따르면, 세계는 사실들의 총체(1, 1.2)이고, 사실은 사태들의 존립(2)이며, 사태는 대상들의 결합(2.01)이다. 그런데 2.06에 따르면 사태들의 존립은 긍정적 사실이다. 따라서 사실과 긍정적 사실은 둘 다 사태들의 존립이다. 그리고 2.04에 따르면, 존립하는 사태들의 총체가 세계이므로, 세계는 사실들 또는 긍정적 사실들로 이루어져 있는 것으로 보인다. 반면에 2.06에서는 현실은 긍정적 사실들과 부정적 사실들을 모두 포함하는 것으로 규정되어 있다. 따라서 '현실'은 '세계'보다 더 넓은 개념인 것으로 보인다. 그러나 2.063에 이르면 우리는 도저히 헤어날 수 없는 것처럼 보이는 미궁에 도달하게 된다. '현실'은 '세계'보다 더 넓은 개념인 것처럼 보였는데, 2.063에서는 "전체 현실이 세계이다"라고 말하고 있기 때문이다. 자, 그렇다면 이 문제를 어떻게 해결할 것인가?

이 문제에 대해 주어질 수 있는 한 가지 대답은 비트겐슈타인이 2.063에서 현실과 세계를 동일화한 것은 "실수"였다고 간주하는 것이다. 이러한 생각을 최초로 표명한 학자는 아마도 그리핀(J. Griffin)이라고 여겨지는데, 그는 다음과 같이 말한다.

'세계'에 대한 이러한 언급들을 어떻게 해석하든지간에, 딜레마가 생겨난다. 비트겐슈타인은 『논고』에서 암묵적으로, 그리고 러셀에게 보낸 편지에서는 명시적으로, 요소 명제들은 항상 긍정적이라고 말한다. 그는 또한 이 편지에서, 그리고 『논고』에서도 마찬가지인데, 한 사태는 한 요소 명제가 참일 때 그것에 대응하는 것이라고 말한다. 이로부터 사태들이 항상 긍정적이라는 것이 따라 나온다. 그런데, 사태들은 일종의 경우인 것들이다. 따라서 세계는 경우인 것들의 전부이므로, 세계는 모든 존립하는 사태들이다. 그러나 세계는 또한 사실들의 총체이다. 그러므로 사실들은 존립하는 사태들과 동일해야만 한다. 그렇다면, 사태들은 긍정적이므로, 마찬가지로 사실들로 그러해야만 한다. 따라서 세계는 사실들(긍정적 사실들)의 총체이다. 그렇지만, 우리가 2.0번 대의 마지막 명제들에 주목하면, 그것들이 주는 인상은 아주 다르다. 2.06은 '현실'이라는 낱말을 도입하고 있고, 우리가 듣게 되는 바 현실은 사태들의 존립과 비존립이다. 사태들의 존립은 긍정적 사실이고, 비존립은 부정적 사실이다. 그러므로 현실은 긍정적 사실들과 부정적 사실들을 둘 다 포함한다. 그런데 이는 그 자체로 어떤 어려움도 만들지 않는다. 우리는 비트겐슈타인이 두 개의 용어, 즉 '세계'와 '현실'을 사용하고 있고, 전자를 그는 긍정적인 사실들의 총체를 가리키기 위하여 사용하고 있으며 후자를 긍정적인 사실들과 부정적인 사실들의 총체를 가리키기 위해 사용하고 있다고 말할 수도 있는 것이다. 달리 말하면, '현실'은 더 포괄적인 용어이다. 그러나 난점이 2.063에서 생기는데, 여기에서 비트겐슈타인은 현실의 전체가 세계라고 말한다. 그 등식은, 명백하게도, 완전하다. 단어 '전체'('gesamt')는 현실이 세계보다 더 넓을 수도 있을 사소한 가능성조차도 남기지 않는다. 따라서 세계는, 현실의 전체로서, 사실들(긍정적 사실들과 부정적 사실들)의 총체이다.

    우리는 이 모순을 실수(slip)인 것으로 다룰 수 있다. 우리는 2.0번 대에서 현실과 세계를 동일화하면서 비트겐슈타인이 그가 1번 대에서 세계를 긍정적 사실들에로 제한했던 것을 말했다는 점을 잊었다고 말할 수 있다.[1]

이 인용문에서 그리핀은 앞에서 우리가 지적한, 외견상으로는 도출될 것처럼 보이는 모순에 대해 서술하고 있다. 2.063 이전에는 '현실'은 '세계'보다 더 넓은 개념인 것처럼 보인다. 그러나 2.063에서는 '현실'과 '세계'는 동일한 개념이다. 그리고 그리핀에 따르면, 이는 모순이다. 더 나아가, 그에 따르면, 2.063은 비트겐슈타인의 실수(slip)일 수 있고, 비트겐슈타인은 『논고』 1번 대에서 자신이 했던 언급을 2번 대에서 잊어버렸을 가능성도 있다.

포겔린(R. J. Fogelin)은 이러한 그리핀의 생각을 받아들이면서 다음과 같이 주장한다.

비트겐슈타인의 용어들이 비일관적인 것으로 보인다는 것은 몇몇 주석가들에 의해 지적되었다. 다음의 명제들은 양립 불가능한 것으로 보인다.

2.04 존립하는 사태들의 총체가 세계이다.
2.06 사태들의 존립과 비존립이 현실이다.
2.063 전체 현실이 세계이다.

문제는 투명하다. 2.04는 **세계**(world)를 존립하는(existing) 사태들과 동일화

---

1)   Griffin (1964), pp. 36-37.

하고 있다. 반면에, 2.06은 **현실**(reality)을 사태들의 존립과 비-존립과 동일화하고 있다. 마지막으로, 2.063은 최소한 **세계**와 **현실**을 동일화하는 것으로 보인다. 따라서 존립하는 사태들의 집합은 존립하는 **또** 존립하지 않는 사태들과 동일화되고 있는 것으로 보인다.

　　나는 텍스트에 완벽한 용어법의 일관성을 복원하는 어떤 방법도 존재한다고는 생각하지 않으며, 오히려 이 실수(slip)가 아주 자연스럽고, 그리하여 결국에는 깊은 체계적 중요성을 지니지 않는다는 것을 보이는 것이 가능하다고 생각한다.[2)]

포겔린은 이 인용문에서, 그리핀보다 한 술 더 떠서[3)], 자신은 『논고』라는 텍스트에서는 이와 관련된 문제의 용어법과 관련하여, 완벽한 용어법의 일관성을 복원하는 어떤 방법도 존재하지 않는다는 것, 더 나아가 그 실수는 아주 자연스러워서 무시해도 무방한 것으로 간주하고 있다.

　　그러나 과연 이러한 그리핀의 암시와 포겔린의 주장은 옳은가? 나는 결코 그렇지 않다고 생각한다. 하여 나는 이 글에서 다음을 보이고자 한다. 비트겐슈타인은 그리핀이 암시하고 포겔린이 주장하는 바와는 달리, 2.063에서 실수를 저지르지 않았다. 오히려 '실수'는 그들의 몫이다. 또한 우리는 포겔린의 주장과는 달리, 『논고』라는 텍스트에서 이와 관련된 용어를 일관성 있게 이해할 수 있다. 더 나아가 2.063은 『논고』의 어떤 다른 중요한 언급들과 마찬가지로 "깊은 체계적인 중요성"을 지니고 있다.

2. 사태들의 존립과 존립하는 사태들

　　그리핀과 포겔린이 비트겐슈타인의 '실수'를 거론한 것은 우리가 2.063

---

2)　Fogelin (1987), p. 13.
3)　그리핀은 비트겐슈타인이 실수를 범한 것**일 수도 있다**는 가능성을 언급했을 뿐, 실제로 실수를 범한 것이라고 단정하지는 않는다. 반면에 포겔린은 비트겐슈타인이 실수를 범했다고 단정하고 있으며, 나아가 그 실수가 아주 자연스러운 것이라고 주장하고 있다. 참고: Griffin (1964), pp. 37-38.

에 이르러 모순에 봉착하는 것처럼 보인다는 점에 있다. 그렇다면 그들이 정확하게 그 모순을 무엇이라고 파악했는지를 검토하는 것이 필요하다. 이미 지적했듯이, 모순인 것처럼 보이는 것은 2.063 이전에는 '현실'이 '세계'보다 더 넓은 개념인 것으로 보였는데, 2.063에서는 그 양자가 동일한 개념인 것으로 언급되고 있다는 점에 있었다. 그리하여 포겔린은 (앞의 인용문에서) 그 모순을 다음과 같이 규정하고 있다: "따라서 존립하는 사태들의 집합은 존립하는 **또** 존립하지 않는 사태들과 동일화되고 있는 것으로 보인다."[4] 만일 포겔린이 추론하는 바와 같이, 이러한 결론이 나온다면 이는 분명 모순이다. 자, 그러나 과연 이러한 포겔린의 추론은 옳은가?

포겔린의 그 추론이 가능했던 것은 그가 2.04의 "존립하는 사태들"과 2.06의 "사태들의 존립"을 동일한 것으로 보았기 때문이다. 다시 말해 그가 "따라서 존립하는 사태들의 집합은 존립하는 **또** 존립하지 않는 사태들과 동일화되고 있는 것으로 보인다."라고 말했을 때, "존립하는 사태들의 집합"은 2.04의 "존립하는 사태들의 총체"로부터 끌어낸 것이고, "존립하는 **또** 존립하지 않는 사태들"은 2.06의 "사태들의 존립"과 "사태들의 비존립"으로부터 끌어낸 것이었다. 그리고 이 점은 그리핀도 마찬가지이다.[5] 또한 피처는 이 점을 다음과 같이 간명하게 말하고 있다.

가장 분명한 대답은 다음의 두 구절에서 제시되어 있다.

1.1 세계는 사실들의 총체이지, 사물들의 총체가 아니다.
2.04 존립하는 사태들의 총체가 세계이다.

---

4) 글록(H. J. Glock) 또한 이와 대등한 주장을 한다. 그는 다음과 같이 말한다. "더 나쁜 것은, 또 다른 불분명한 점이 있다는 것이다. 『논고』는 세계를 성립하는(obtaining) 사태들의 총체로 정의하고, 현실을 사태들의 성립과 비-성립(non-obtaining)으로 정의하고 있지만, 또한 "전체 현실이 세계이다"라고 주장한다. 이와 함께, 이 구절들은 긍정적 사실들의 집합을 긍정적 사실들과 부정적 사실들의 집합과 동일화하는 것으로 보인다."(Glock (1996), p. 117)
5) 앞 절의 인용문을 보면, 그리핀은 (1) 사실과 존립하는 사태들, (2) 사실과 사태들의 존립, (3) 긍정적 사실과 사태들의 존립을 각각 동일한 것으로 간주하고 있다.

이 구절들로부터 사실들과 존립하는 사태들의 동일성이 산출된다.[6]

피처는 존립하는 사태들이 사실들과 동일하다고 보고 있다. 그런데 "사실은 사태들의 존립"(2)이므로, 이제 그는 존립하는 사태들과 사태들의 존립이 동일하다고 간주하고 있는 것이다.

그러나 과연 그 둘은 동일한가? "존립하는 사태들"은 "사태들의 존립"과 동일한가? 가령 "아름다운 사람"은 "사람의 아름다움"과 동일한가? 또는 "세포들의 모임"은 "모여 있는 세포들"과 동일한가? 우리는 가령, 축구팀은 "축구 선수들의 모임"이라고는 말하지만 "모여 있는 축구 선수들"이라고는 말하지 않는다. 신체는 "세포들의 모임"이라고 말할 수는 있지만 "모여 있는 세포들"이 신체인 것은 아니다. 전체 자연수의 집합 N은 "자연수들의 모임"이지만 "모여 있는 자연수들"이 아니다

그렇다면 왜 우리는 N이 "자연수들의 모임"이라고 말하지만 "모여 있는 자연수들"이라고는 말하지 않는가? 먼저 눈에 띄는 것은 N은 단수인 반면에, "모여 있는 자연수들"은 복수이기 때문이다. 따라서 그 둘을 동일화하는 것은 어색하다. 마찬가지로 사실과 "사태들의 존립"을 동일화하는 것은 둘 다 단수이기 때문에 자연스럽지만, 사실과 "존립하는 사태들"을 동일화하는 것은 전자가 단수이고 후자가 복수이기 때문에 어색하다. 그렇다면 "사태들의 존립"과 "존립하는 사태들"은 동일한 것이 **아니다**. 이는 "자연수들의 모임"과 "모여 있는 자연수들"이 상이한 것과 같다.

그렇다면 2.04, 즉 "존립하는 사태들의 총체가 세계이다"는 무엇을 뜻하는가? 2.04가 뜻하는 것은 정확하게 말하면, "**사실의** 총체가 세계이다"가 아니라 오히려 "**모든 사실들의** 총체가 세계이다"이다. 마찬가지로 2.05,

---

6) Pitcher(1964), p. 47. 또한 그는 다음과 같이 말한다: "그[비트겐슈타인]가 주장해야 하는 것은, 그렇다면 이렇게 보이는데, 부정적 사실, 또는 최소한 가장 기본적인 종류의 부정적 사실(즉 [참인] 요소 명제의 부정에 의해 진술된 부정적 사실)은 존립하지 않는 사태, 즉 비-존립의 조건에 있는 사태라는 것이다."

즉 "존립하는 사태들의 총체는 어떤 사태들이 존립하지 않는가를 또한 확정한다."에서도 "존립하는 사태들의 총체"는 "**모든** 사실들의 총체"로 파악되어야 한다. 요컨대, 한 "사실"은 어떤 "사태들의 존립"이지만, "존립하는 사태들"은 문맥에 따라서는 한 사실을 가리킬 수도 있고 또 모든 사실을 뜻할 수도 있는 것이다. 특히 "존립하는 사태들의 총체"의 경우에는 "존립하는 사태들"은 "한 사실"이 아니라 "**모든** 사실들"을 뜻한다.

그러나 이 지점에서 혹자는 다음과 같이 정당하게 의문을 제기할 수 있다. 사실이 사태들의 존립이라고 하자. 그런데 '사실'은 『논고』에서는 '대상', '사태', '세계'와 같이 존재론적 개념이다. 반면에 "사태들의 존립"은 **존재론적** 개념이 아니라 **추상적인** 개념인 것으로 보인다. 그렇다면 어떻게 사실이 사태들의 존립일 수 있는가?

나는 이렇게 생각하는데, 이는 N의 경우를 생각해 보면 자연스럽게 해결될 수 있다. N이 "모든 자연수들의 모임"이라고 할 때 우리가 뜻하는 것은 "모든 자연수들이 모여 있을 때 그 **전체**"이다. 신체가 세포들의 모임이라고 할 때 우리가 뜻하는 것은 세포들이 모여 있을 때 그 전체이다. 마찬가지로 사실은 (그것을 이루는) 사태들이 존립할 때 그 **전체**를 뜻한다. 그렇게 되면 우리는 양자가 둘 다 존재론적 개념이라는 것을 확인하게 된다.

따라서 우리는 "존립하는 사태들"과 "사태들의 존립"을 동일화하는 것은 매우 소박한 오류에 불과하다는 결론에 이르게 된다. 또 이 점을 분명하게 보게 되면, 그리핀과 포겔린이 주장하는 바 그 모순은 현재로서는 분명하지 않다는 것, 포겔린의 추론이 옳지 않다는 것, 그리하여 포겔린이 자신의 그러한 오류를 비트겐슈타인에게로 돌리는 것은 매우 부당한 처사라는 것을 알 수 있다.

3. 부정적 사실 (1): 2.06

그렇다면 이제 우리는 2.06을 어떻게 이해해야 하는가?

2.06 사태들의 존립과 비존립이 현실이다.
　　(우리는 사태들의 존립을 긍정적 사실, 비존립을 부정적 사실이라 부
　　르기도 한다.)

앞에서 논의했듯이 사실은 "사태들의 존립"이다. 비트겐슈타인은 이제 "사태들의 존립"을 "긍정적 사실"이라고 부르고 있으며, (당혹스럽게도) "사태들의 비존립"을 "부정적 사실"이라고 부르고 있다. 이제 우리의 의문은 이러하다: 위의 2.06은 "긍정적 사실"과 "부정적 사실"에 대한 **엄밀한 정의**인가? 그리하여 우리는 2.06으로부터 무엇이 긍정적 사실이고 무엇이 부정적 사실인지 알 수 있는가?

　우리의 해석에 따르면, 사실이란 (그것을 이루는) 사태들이 존립할 때 그 전체이다. 마찬가지로 부정적 사실이란 "사태들의 비존립"이므로, 부정적 사실은 "(그것을 이루는) 사태들이 비존립할 때 그 전체"가 될 것이다. 그러나 도대체 우리는 이 말을 명료하게 이해할 수 있는가? 가령 누군가가 "축구팀은 축구 선수들의 모임이다"라고 말하고 나서

　"우리는 축구 선수들의 모임을 긍정적 축구팀, 비모임을 부정적 축
　　구팀이라 부르기도 한다."

라고 말했다면, 과연 우리는 "부정적 축구팀"이 무엇인지를 알 수 있는가? "부정적 축구팀"은 우리의 해석에서는 "(그 팀을 이루는) 축구 선수들이 모여 있지 않을 때 그 전체"를 뜻하게 될 것이다. 그러면 우리는 도대체 어떤 축구 선수들이 모여 있지 않다는 것인지, 그리고 왜 어떤 축구 선수들이 모여 있지도 않은데도 그것을 축구팀이라고(부정적 축구팀이라고) 부르는지 의아해 할 것이다.

　마찬가지로 2.06 또한 그러하다. 부정적 사실이란 사태들의 비존립이고, 이는 우리의 해석에 따르면 "(그것을 이루는) 사태들이 비존립할 때 그 전체"이다. 그렇다면 어떤 사태들이 비존립한다는 것인가? 또 어떤 사태들이 비존립하는데도 왜 그것을 사실이라고(부정적 사실이라고) 부르

는가?

우리는 이제 이 지점에서 2.06만으로도 어떤 것이 긍정적 사실이고 또 어떤 것이 부정적 사실인지를 결정할 수 있는지를 확인하기 위해 구체적인 사례를 생각해 보아야 할 것이다. 지금 내 앞에 있는 책상은 갈색이다. 그렇다면 이 책상이 갈색이라는 것은 사실이고 또 긍정적 사실이다. 이 점에 대해서는 재론의 여지가 **없다**. 자, 그렇다면 부정적 사실인 것은 무엇인가? 부정적 사실을 표현하는 것은 다음 세 가지 중 어느 것인가?

(1) 이 책상은 갈색이 아니다.
(2) 이 책상은 회색이다.
(3) 이 책상은 회색이 아니다.

여기에서 (1)에 해당되는 사실은 없다. 따라서 (1)에 해당되는 **가능한** 사실을 이루는 사태들은 존립하지 않는다. 이 점은 (2)도 마찬가지이다. 즉 (2)에 해당되는 가능한 사실을 이루는 사태들은 존립하지 않는다. 그런데 (1)과 (2)는 거짓이다. 반면에 (3)은 참인데, (3)은 어떤 사태들, 즉 "이 책상은 회색이다"를 이루는 사태들이 존립하지 않는다는 것을 말하고 있다. 요컨대 (1), (2), (3)은 **모두** 어떤 사태들이 존립하지 않는다고 함으로써 "사태들의 비존립"에 해당되는 것을 말하고 있다. 다만 각각 거론하고 있는 "존립하지 않는 사태들"이 상이할 뿐이다. 따라서 우리는 2.06만으로는 (1), (2), (3) 중 어느 것이 부정적 사실인지 결정할 수 없다. (1), (2), (3) 모두 **어떤** 사태들의 비존립을 말할 수 있기 때문이다.

그렇기 때문에, 2.06은 왜 어떤 사태들이 존립하지 않는데도 (부정적) 사실이라고 부르는지, 그리고 어떤 사태들이 존립하지 않는다는 것인지 하는 물음에 대해서는 아무런 대답도 하지 않는다. 그렇다면 이제 우리는 2.06이 "긍정적 사실"과 "부정적 사실"에 대해 엄밀한 정의를 제시하고 있다는 생각을 경계하고 버려야 한다.

4. 부정적 사실 (2): 4.063 & 5.5151

따라서 이제 우리는 『논고』에서 "긍정적 사실"과 "부정적 사실"이 등장하는 다른 언급들을 살펴보아야 한다. 『논고』에서는 "긍정적 사실"은 두 번(2.06, 4.063) 나오고, "부정적 사실"은 세 번(2.06, 4.063, 5.5151) 나온다. 이제 4.063과 5.5151을 차례대로 살펴보기로 하자.

> 진리 개념을 설명하기 위한 하나의 비유: 흰 종이 위의 검은 얼룩점; 그 얼룩점의 형태는 그 평면 위의 모든 점이 각각 흰가 검은가를 진술함으로써 기술될 수 있다. 어떤 한 점이 검다는 사실은 긍정적 사실에, 어떤 한 점이 희다(검지 않다)는 사실은 부정적 사실에 대응한다. 내가 그 평면 위의 한 점(프레게적인 진리치)을 지칭한다면, 이는 판정 받기 위해 세워진 가정에 해당된다. 등등. (4.063a)

4.063a에서는 흰 종이 위의 검은 얼룩점을 묘사하는 상황이 설정되어 있다. 비트겐슈타인에 따르면, 그 얼룩점은 그 평면 위의 모든 점들에 대해서 각각 그 점이 흰지 또는 검은지를 진술함으로써 기술될 수 있다. 이때 "한 점이 검다는 사실은 긍정적 사실에, 어떤 한 점이 희다(검지 않다)는 사실은 부정적 사실에 대응한다." 이제 이 언급에 대해서 우리가 주목해야 하는 것은 긍정적 사실과 부정적 사실을 나타내는 명제가 **모두** 참이라는 점이다. 즉 검은 점을 가리키면서, "이 점은 검다"라고 말하면 이 명제는 참이고 또 그것이 기술하는 사실은 긍정적 사실이다. 또한 흰 점을 가리키면서, "이 점은 검지 않다"(또는 "이 점은 희다")라고 말하면 이 명제는 참이고 또 그것이 기술하는 사실은 부정적 사실이다. 그런데 이 비유에서는 **흰 종이 위의 검은 얼룩점**을 묘사하는 상황이 서술되고 있다는 점을 주목하자. 바로 이러한 상황이기 때문에 "이 점은 검다"는 긍정적 사실을 기술하고, "이 점은 희다"는 부정적 사실을 기술하게 되는 것이다. 만일 검은 얼룩점이 있는 흰 종이에서 **흰 부분**을 묘사하는 상황이라면, "이 점은 검다"는 부정적 사실을 기술하고 또 "이 점은 희다"는 긍정적 사실을

기술하는 것이 될 것이다.

이제 이 비유를 통해 (1), (2), (3) 중 어느 것이 부정적 사실을 묘사하는지를 결정할 수 있는지 살펴보기로 하자. 이 비유에서는 흰 종이 위의 검은 얼룩점을 묘사하는 상황에서, 검은 점을 가리키면서 "이 점은 검다"라고 말할 때 이것이 묘사하는 것이 긍정적 사실이고, 부정적 사실을 지적하기 위해서는 그 검은 점이 아니라 **하얀 점**을 가리켜야 하는 것으로 서술되어 있다. 만일 그렇다면 "이 책상은 갈색이다"가 긍정적 사실을 묘사하는 것이라면, 이제 부정적 사실을 묘사하기 위해서는 이 책상이 아닌 **다른 사물**을 가리켜야만 할 것이다. 가령 내가 앉고 있는 의자가 회색일 때, "이 의자는 갈색이 아니다"라는 참 명제를 말하면 이 명제가 묘사하는 사실이 부정적 사실이 될 것이다. 그런데 위의 비유에서는 각각의 점에 대해 "이 점은 검다", "이 점은 검지 않다"라고 말하면서 흰 종이 위에 있는 검은 얼룩점이 묘사되고 있다. 그렇다면 우리는 "이 책상은 갈색이다", "이 의자는 갈색이 아니다" 등등을 말하면서 무엇을 묘사하고 있는가? 그 대답은 **이 방에 있는 갈색의 물체들**일 수밖에 없다! 마찬가지로 이제 이 방에 있는 회색의 물체들을 묘사하는 상황이라고 하자. 그러면 "이 의자는 회색이다"는 긍정적 사실을 묘사하고, "이 책상은 회색이 아니다"는 부정적 사실을 묘사하는 것이 될 것이다. 따라서 이제 우리는 (1), (2), (3) 중에서 부정적 사실에 해당되는 것은 (3)이라는 것을 알 수 있다.

그러므로 『논고』에서 부정적 사실이 무엇인지가 결정되는 것은 2.06이 아니라 4.063a에서이다. 그리고 이 지점에서 긍정적 사실과 부정적 사실을 묘사하는 명제들이 모두 참이어야 한다는 점은 충분히 주목할 필요가 있다. 그러면 이제 우리의 이러한 파악이 과연 옳은지를 검증하기 위해 『논고』에서 "부정적 사실"이 세 번째로 거론된 5.5151을 살펴보기로 하자.

> 부정적 명제의 기호는 긍정적 명제의 기호로 형성되어야 하는가? 어째서 부정적 명제가 부정적 사실에 의해 표현될 수 없단 말인가? (가령 이렇게: "a"가 "b"에 대해 어떤 일정한 관계에 있지 않다면, 그것은 aRb가 사실이 아님

을 표현할 수도 있다.) (5.5151a)

5.5151a에서는 "어째서 부정적 명제가 부정적 사실에 의해 표현될 수 없단 말인가?"라는 질문에 대해서 ""a"가 "b"에 대해 어떤 일정한 관계에 있지 않다면, 그것은 aRb가 사실이 아님을 표현할 수도 있다."라는 대답이 주어져 있다. 이제 이 물음과 이 대답을 대조하면서 주의 깊게 살펴보면, "a"가 "b"에 대해 어떤 일정한 관계에 있지 않다는 것이 부정적 사실에 해당되고, 또 부정적 명제는 "aRb는 사실이 아니다"(또는 "~aRb")임을 알 수 있다. 또한 역으로 "~aRb"는 "a"가 "b"에 대해 관계 R에 있지 않다는 부정적 사실을 묘사할 수 있다. 가령 "서울은 대전 남쪽에 있지 않다"는 서울은 대전 남쪽에 있지 않다는 부정적 사실을 묘사할 수 있다. 또한 서울이 대전 남쪽에 있지 않다는 부정적 사실은 "서울은 대전 남쪽에 있지 않다"는 것을 표현할 수도 있다.[7]

마지막으로 우리는 이러한 우리의 해석과 분석이 옳다는 것을 비트겐슈타인이 "긍정적 사실들"과 "부정적 사실들"에 대해 최초로 언급한 것을 살펴봄으로써 확인할 수 있다. 그는 1913년에 작성된 「논리에 관한 단상들」("Notes On Logic, September 1913")에서 다음과 같이 말한다.

> **긍정적인 사실들과 부정적인 사실들**이 있다: 만일 명제 "이 장미는 빨갛지 않다"가 참이라면, 그 명제가 지칭하는(signifies) 것은 부정적이다. 그러나 단어 "아니다(not)"의 나타남(occurrence)은 이 점을, 만일 우리가 명제 "이 장미는 빨갛다"가 지칭하는 것(signification)이 (그 명제가 참일 때) 긍정적이라는 것을 알고 있지 않다면, 가리키지(indicate) 않는다. 우리가 전체 명제의 지칭(signification)의 성격에 대해서 결론을 내릴 수 있는 것은 오직 부정과 부정된 명제, 둘 다를 통해서이다. (우리는 여기에서 **일반** 명제들, 즉 외관 [속박] 변항들(apparent variables)을 포함하는 것의 부정들에 대해 말하고 있

---

7) 혹자는 어떤 한 부정적 사실이 부정적 명제를 표현한다는 것이 무슨 뜻인지 의아해 할 수도 있다. 이 점과 관련된 문제는 8절에서 논의된다.

지 않다. 부정적 사실들은 오직 원자 명제들의 부정들을 정당화할 뿐이다.)
긍정적인 사실들과 부정적인 사실들은 있지만, 참인 사실들과 거짓인 사실
들은 없다.[8]

이 인용문을 통해서 알 수 있는 것은 부정적 사실은 참인 명제 가령, "이
장미는 빨갛지 않다"가 묘사하는 사실이라는 점이다. 결론적으로 우리는
(1), (2), (3) 중에서 부정적 사실을 묘사하는 명제는 (3)이라는 것을 알 수
있다. 요컨대 이 책상이 회색이 아니라는 것, 이 책상이 파랗지 않다는 것,
이 책상이 얼음으로 되어 있지 않다는 것은 모두 부정적 사실이다.

5. 부정적 사실과 비존립하는 사태들

이 책상이 회색이 아니라는 것이 부정적 사실이라는 점이 밝혀졌으므
로, 우리는 이제 왜 그것을 사실이라고 부르는지 대답할 수 있다. 요컨대
긍정적 사실을 묘사하는 명제가 참인 것처럼, 부정적 사실을 묘사하는 명
제도 참이다. 우리는 바로 이 유사성을 주목하면서 이 책상이 회색이 아니
라는 것이 "사실"이라고, 특히 "부정적 사실"이라고 부를 수 있다. 따라서
우리는 이러한 방식으로 "이 책상은 갈색이거나 이 의자는 회색이다"라는
명제가 묘사하는 사실을 (물론 비트겐슈타인은 이러한 용어를 결코 사용
하지 않았지만) "선언적 사실"이라고 부를 수도 있고, "이 책상이 갈색이
라면 이 의자는 회색이다"라는 명제가 묘사하는 것을 "조건적 사실"이라
고 부를 수도 있을 것이다. 즉 그 명제들이 참인 한에서 그것들이 묘사하
는 것은 사실들, 즉 긍정적 사실들과 유사하며, 그리하여 우리는 바로 그
것들에 "사실"이라는 딱지를 붙일 수 있는 것이다.[9]

---

8) Wittgenstein (1961), p. 94.
9) 물론 나중에 다시 논의되겠지만, 그러한 사실들—부정적 사실, 선언적 사실, 조건적 사
   실 등—은 존재하지 않는다. "사실들의 **논리**는 대표될 수 없다."(4.0312)

다음으로 우리는 이 책상이 회색이 아니라는 부정적 사실이 "(그것을 이루는) 사태들이 비존립할 때 그 전체"와 동일하다면, 그 비존립하는 사태들이 무엇인지 질문할 수 있다. 먼저 우리는 다음과 같이 대답할 수 있다: "이 책상이 회색이 아니라는 것에서 그것을 이루는 존립하지 않는 사태들은 이 책상이 회색이라는 것을 이루는 사태들이다. 이 책상이 회색이라는 것을 이루는 사태들은 존립하지 않는다." 그러나 이 대답은 다음의 물음을 불러일으키게 될 것이다: "이 책상이 회색이라는 것은 도대체 사실인가? 만일 그것이 사실이 아니라면 그것을 이루는 "사태들"을 거론하는 것 자체가 어불성설 아닌가?" 사실상 이 책상이 회색이라는 것은 긍정적 사실도 아니고 부정적 사실도 아니다. 왜냐하면 "이 책상은 회색이다"는 참이 아니기 때문이다. 따라서 혹자는 이 책상이 회색이라는 것은 사실이 아니며, 그러므로 그것을 이루는 사태들에 대해서 거론하는 것은 옳지 않다고 정당하게 주장할 수 있다.

비트겐슈타인은 이 문제에 대해서 『일기 1914-1916』(이하, '일기'로 약칭함)에서 다음과 같이 말하고 있다.

> 만일 한 그림이 앞에서 언급한 방식으로 경우가-아닌-것(was-nicht-der-Fall-ist)을 묘사한다면, 이는 오직 그것이 경우가 아니라는 **것**(*that* which *is* not the case)을 묘사함으로써만 일어난다.
>
> 왜냐하면 그 그림은 말하자면 "**그렇게** 그것은 그렇지 **않다**"라고 말하고, "**어떻게** 그렇지 않은가?"라는 물음에는 그저 긍정적인 명제가 그 대답이다.[10)]
>
> 물론 우리가 한 부정적 명제를 지니게 될 때마다 다음과 같이 질문하는 것은 가능해야만 한다: "경우가 **아닌** 것이란 **무엇인가**?" 그러나 이에 대한 대답은, 물론, 다시 한 명제일 뿐이다. (이 언급은 불완전하다.)[11)]

---

10) Wittgenstein (1961), p. 23.
11) Wittgenstein (1961), p. 32.

따라서 이러한 비트겐슈타인의 생각에 따르면, 우리가 "이 책상은 회색이 아니다"에 대해서 "경우가 아닌 것이란 무엇인가?"라고 질문을 하면 이에 대한 대답은 "이 책상은 회색이다"라는 명제이다. 그런데 "이 책상은 회색이다"는 『논고』에 따르면 하나의 논리적 그림이다. 그리하여 그 논리적 그림은 어떤 가능한 사태들을 묘사하고 있다. 다시 말해 우리는 어떤 가능한 사태들에 대해 그림을 그릴 수 있으며, 이는 그러한 가능한 사태들이 생각될 수 있다는 것을 뜻한다.

> 3.001 "어떤 한 사태가 생각될 수 있다"가 뜻하는 것은, 우리는 그 사태에 관해 그림을 그릴 수 있다는 것이다.[12]

따라서 이제 우리는 최종적으로 "이 책상은 회색이 아니다"가 묘사하는 부정적 사실에서 존립하지 않는 사태들이 무엇이냐 하는 물음에 대해 "이 책상은 회색이다"라는 명제를 통해 우리가 생각할 수 있는 가능한 사태들이라고 대답할 수 있다.

6. 부정적 사실 (3): 세계와 현실

그렇다면 『논고』에서 부정적 사실은 이 세계에 실재하는가? 또한 부정적 사실은 현실에 존재하는가? 더 나아가 '세계'와 '현실'은 동일한가 아니면 후자가 전자보다 더 넓은 개념인가? 이 물음에 대해서 세 가지 대답이 가능하다. 첫째, 부정적 사실은 세계에는 실재하지 않지만 현실에는 어떤 방식으로 존재한다. 따라서 '현실'은 '세계'보다 더 넓은 개념이다. 둘째, '현실'과 '세계'는 동일한 개념이다. 왜냐하면 현실뿐만 아니라 세계에도

---

12) 비트겐슈타인은 이 언급에 해당되는 것을 『일기』에서는 다음과 같이 말하고 있다. ""한 사태가 생각 가능하다"("상상 가능하다"(vorstellbar, imaginable))는 것은, 우리는 그 사태에 관해 그림을 그릴 수 있다는 것을 뜻한다." (Wittgenstein (1961), p. 24)

부정적 사실은 **실재하기** 때문이다. 셋째, '전체 현실'과 '세계'는 동일한 개념이다. 왜냐하면 현실뿐만 아니라 세계에도 부정적 사실은 **실재하지 않기** 때문이다.

첫 번째 대답은 비트겐슈타인이 2.063에서 현실과 세계를 동일한 것으로 파악했을 때 실수를 범했다고 보는 견해와 병행하게 될 것이다. 포겔린의 견해에 따르면 현실과 세계는 동일한 개념일 수 없다. 현실은 세계보다 더 넓은 개념이어야 한다. 피처 또한 이 견해를 옹호한다. 그는 다음과 같이 말한다.

> 그렇다면 세계는 모든 긍정적인 원자적 사실들, 즉 존립의 상태에 있는 모든 존립하는 사태들을 포함한다. 현실은 더 넓고. 모든 긍정적 사실들**과** 부정적 사실들, 즉 각각 존립의 상태와 비존립의 상태에 있는 모든 존립하는 사태들**과** 비-존립하는 사태들을 포함한다. 만일 이 해석이 옳다면, 비트겐슈타인은 분명하게도 비실재적인(nonactual) 사태들에 그림자 같은 종류의 존재(being)를 부여한 것이다. 그것들[비실재적 사태들]에 완전한 존재(existence)가 부여되지는 않았지만, 오히려 비존재라는, 한갓 가능성이라는 이상한 영역에서의 모종의 존립(subsistence)을 부여한 것이다. 요컨대 비트겐슈타인의 언급은, 이렇게 보이는데, 다음을 함축한다. 사태들—앞으로 주어질 이유로 해서, 모두 긍정적인 사태들—은 다음 두 영역 중의 하나에 거주할 수 있다. 존립의 영역이거나 비존립의 영역이거나인데, 전자의 경우 그것들은 긍정적인 원자적 사실들이고 세계의 부분들이다. 후자의 경우 그것들은 세계의 부분들이 아니고, 단지 현실 일반의 부분들이다.[13]

여기에서 피처는 비트겐슈타인이 비실재적 사태들에 대해 "비존재라는, 한갓 가능성이라는 이상한 영역에서의 어떤 그림자 같은 종류의 존재를 부여하였다"고 주장하고 있다. 그러나 과연 비트겐슈타인은 비실재적 사태들에 대해 어떤 종류의 존재를 부여하였는가? 앞에서 우리가 확인한

---

13) Pitcher (1964), pp. 47-48.

바에 따르면, "이 책상은 회색이 아니다"에 대해서 우리는 우리가 "이 책상은 회색이다"라는 명제를 통해 생각할 수 있는바 가능한 사태들이 존립하지 않는다고 간주하였다. 그러나 그렇다면 이때 우리는 우리가 생각할 수 있는바 그러한 가능한 사태들에 대해서 모종의 존재를 부여하였는가? 그렇지 않다. 만일 우리가 이러한 상황에서 존립하지 않는 사태들에 대해서 모종의 존재를 부여하였다면, 가령 우리가 어떤 것을 상상하든 그것에 대해 모종의 존재를 부여하는 것이 될 것이다. 반면에 우리는 어떤 것을 상상할 때 그것에 어떤 존재를 보통 부여하지 않는다.

두 번째 대답은 현실과 세계가 모두 긍정적 사실뿐만 아니라 부정적 사실도 포함하고 있고 그리하여 그 외연들이 동일하다는 주장이다. 가령 블랙은 다음과 같이 말한다.

> 여기에서 가장 새로운 점은 현실(die Wirklichkeit)이라는 당혹스러운 (puzzling) 개념을 도입했다는 것이다. 2.04와 2.06의 동격(apposition)은 '세계'와 '현실' 간의 어떤 의도된 대조를 암시하고 있다. 전자는 원자적 사실들의 총체로 보이는 반면, 후자는 다른 것들(어떤 원자적 사실들의 '존립')의 실재화(actualization)뿐만 아니라 어떤 원자적 상황들(situations)의 비-실재화 (non-actualization)(어떤 원자적 사실들의 '비존립')에 의해 구성된다. 세계는, 혹자는 이렇게 말하는 쪽으로 기울 수도 있는데, '전체 현실'의 긍정적인 핵심이다. 불행하게도, 2.063은 이러한 그럴듯한 주석(gloss)을 반박한다. 2.05의 관점에서 보면, 아마도 옳은 대답은 '세계'와 '전체 현실'이 동의어라는 것이다. 세계는 부정적 측면들과 긍정적 측면들을 둘 다 지니고 있고, 이것들 중 전자는 '전체 현실'이라는 표현을 사용함으로써 강조된다. '현실'의 사용은 나중에 비-요소 명제들의 진리 조건들에 대해 이야기하는 상황에서 특히 적절하다.[14]

여기에서 블랙은 『논고』의 세계가 부정적 측면들과 긍정적 측면들을 둘

---

14) Black (1964), pp. 69-70.

다 지니고 있다고 보고 있으며, "아마도 옳은 대답은 '세계'와 '전체 현실'이 동의어라는 것이다"라고 말하고 있다. 그렇다면 그 근거는 무엇인가? 그가 제시하는 것은 "2.05의 관점"이다. 즉 "존립하는 사태들의 총체는 어떤 사태들이 존립하지 않는가를 또한 확정한다."(2.05) 그러나 도대체 어떻게 2.05가 '세계'와 '전체 현실'이 동의어라는 것의 근거일 수 있는가? 블랙은 그 근거에 대해서는 함구하고 있는데, 왜냐하면 (이 점은 앞으로 논의되겠지만) 블랙의 주장은 애초부터 성립할 수 없는 것이기 때문이다. 그의 논의는 그저 피상적인 것에 불과하다.[15]

이 점은 남경희(2005)에서도 확인된다. 남경희는 "세계는 긍정 사실과 부정 사실들의 총체"이며, 부정 사실은 "실재적"이라고 주장한다. 그는 다

---

15) 블랙이 "2.05의 관점"을 언급한 것은 아마도 그리핀의 생각을 염두에 두었기 때문이다. 그리핀은 다음과 같이 말한다. "긍정적인 사실들과 부정적인 사실들은 종류에서 다르다. 긍정적인 사실들을 고려해 보자. 세계는 그것들의 총합, 즉 존립하는 사태들의 총체이다. 물론, 우리가 모든 존립하는 사태들을 모을 때 우리는 세계를 지니게 된다. 어떤 것도 덧붙일 필요가 없다. 따라서 긍정적 사실들의 전체는 전체 세계이고, 단일한 긍정적 사실은 세계의 한 부분이다. 그런데 이는 부정적 사실에는 해당되지 않는다. 만일 우리가 긍정적 사실들의 한 집단에 부정적 사실들의 전체 집합을 덧붙이면, 이는 심지어 하나의 긍정적 사실을 더 덧붙이는 것과 전혀 같지 않다. 부정적 사실들은 세계의 부분이 아니다ㅡ내가 위에서 사용했던 '부분'의 의미에서는 말이다. 이와 반대로, 부정적 사실들은 일단 우리가 긍정적 사실들의 한 집합을 갖게 되면 우리가 부정적 사실들의 한 집합을 말하자면 자동적으로 갖게 되는 그러한 것들이다. 이러한 뜻에서 우리는 부정적 사실들이 긍정적 사실들로부터 분리될 수 없다고 이야기할 수 있다. 따라서 비트겐슈타인이 세계가 긍정적 사실들의 총체라고 말할 때, 이는 세계가 존립하는 사태들에 의해 완전하게 구성되어 있다는 것을 의미하는 것으로 간주될 수 있다. 그가 세계는 긍정적인 사실들과 부정적인 사실들을 둘 다 포함한다고 말할 때, 이는 그것들의 분리 불가능성을 가리키고 있는 것으로 간주될 수도 있다. 그리고 사실들이 존립하는 사태들로 완전하게 구성되어 있다는 것과 긍정적 사실들과 부정적 사실들이 분리 불가능하다는 것은 서로를 배제하지 않기 때문에, 비트겐슈타인의 세 가지 주장은 양립 불가능할 필요는 없다."(Griffin (1964), pp. 37-38) 그러나 이러한 그리핀의 생각은 미봉책에 불과하다. 그러한 '분리 불가능성'을 아무리 거론한다고 해도, 이와 관련된 문제는 결코 해결되지 않는다. 또한 이 지점에서 이와 관련된 그리핀의 전체 생각이 매우 어정쩡한 것임은 지적될 필요가 있다. 그는 한편으로는 비트겐슈타인이 실수를 범했을 가능성을 거론하면서 이와 함께, 블랙의 주장과 유사한 것도 용인하고 있고, 또 위의 세 언급(2.04, 2.06, 2.063)이 양립 가능하다는 주장도 하고 있다. 참고: Griffin (1964), pp. 36-38.

음과 같이 말한다.

> 사태가 부재함도 실재의 일부인가? 사태의 부재는, 즉 부정 사실은 세계의 일부이므로 분명 실재한다. 그러면 부재하는 사태, 가령 "5 + 7 = 13"은 세계의 일부로서 실재적인가? 그렇지 않다. 사태의 부재는, 즉 부정 사실은 부재하는 사태로부터 구분되어야 한다. 부재하는 사태는 논리적으로 가능한 사태이기는 하나 부재하므로, 세계의 일부가 아니다. "5 + 7 = 12"이라는 긍정 사실은 "5 + 7 ≠ 13"이라는 부정 사실을, 그리고 "5 + 7 = 13"이라는 사태가 부재함을 함축한다. 그러므로 "5 + 7 ≠ 13"이라는 부정 사실과 "5 + 7 = 13"이라는 사태가 부재함은 실재하는 사실의 일종이나, 부재하는 사태 "5 + 7 = 13"은 비실재적이다. 부정 사실과 부재하는 사태는 전혀 다르다. 전자를 기술하는 명제는 진리인 의미 명제로서 세계의 일부임에 반해, 후자를 묘사하는 것은 의미는 있으나 허위인 명제로서 세계의 일부가 아니다.[16]

남경희는 "부정 사실은 세계의 일부이므로 분명 실재적이다"라고 말한다. 그러나 도대체 그 근거는 무엇인가? 도대체 비트겐슈타인이 『논고』어디에서 그러한 주장을 하고 있는가? 남경희는 이 물음에 대한 대답을 할 수 없는데, 왜냐하면 (앞으로 논의되겠지만) 애초에 그럴 수 없기 때문이다. 따라서 그의 논의 또한 블랙과 마찬가지로 겉돌고 있을 뿐이다.

이러한 블랙과 남경희의 주장이 명백하게 오류라는 것은 그저 『논고』의 "근본 사상"을 확인하는 것으로 충분하다. 즉 "나의 근본 사상은, "논리적 상항들"은 대표하지를 않는다는 것이다. 즉 사실들의 **논리**는 대표될 수가 없다는 것이다."(4.0312b) 다시 말해 '~', '∨', '⊃'와 같은 논리적 상항들은 이 세계에 실재하는 어떤 대상을 가리키지 않는다. 따라서 "이 책상은 회색이 아니다"라는 명제가 있을 뿐이지, '~'이 가리키는 것을 지니고 있는 사실이 있는 것은 아니다. 존재하는 사실은 그저 "이 책상은 갈색이다"가 묘사하는 사실일 뿐이며, 다시 말해 긍정적 사실일 뿐이다. 요컨대 부

---

16) 남경희 (2005), p. 77.

정적 사실이 세계에 존재한다는 것은 "이 책상은 회색이 아니다"에서 '아니다', 즉 '~'이 대표하는 것이 세계에 존재한다는 것을 함축하는데, 이는 『논고』의 "근본 사상"에 정면으로 위배된다.[17]

그리하여 이제 우리는 비로소 이 글의 서두에서 제기한 물음에 대해서 대답할 수 있는 지점에 이르렀다. 다시 문제가 되는 『논고』의 언급들을 살펴보기로 하자.

> 2.04 존립하는 사태들의 총체가 세계이다.
> 2.06 사태들의 존립과 비존립이 현실이다.
>   (우리는 사태들의 존립을 긍정적 사실, 비존립을 부정적 사실이라 부르기도 한다.)
> 2.063 전체 현실이 세계이다.

자, 이 세 언급으로부터 우리는 **무엇을** 추론할 수 있는가? 이미 지적하였듯이, 2.063 이전에는 '현실'은 '세계'보다 더 넓은 개념인 것으로 보였다. 그러나 비트겐슈타인은 2.06, 즉 "사태들의 존립과 비존립이 현실이다"라고 말한 후, 2.063에서 "전체 현실이 세계이다"라고, 즉 '전체 현실'과 '세계'가 동일하다고 말하고 있다. 자, 그렇다면 우리는 이제 무엇을 알 수 있는가?

그 대답은 명백하다. 즉 부정적 사실이 세계에, 또 현실에 존재하지 않는다는 것이다! 다시 말해, 2.063에서와 같이 전체 현실이 세계와 동일하려면, 세계는 (긍정적) 사실들의 총체이므로, 부정적 사실은 존재하지 않는다는 결론이 추론되는 것이다! 요컨대 이 부분에서 비트겐슈타인이 말하고자 하는 것은 다음과 같다: "모든 사실들의 총체가 세계이다. 그리고 사실은 사태들의 존립이다. 그런데 우리는 사태들의 존립을 긍정적 사실, 사태들의 비존립을 부정적 사실이라고 부를 수 있다. 그리하여 현실에는

---

17) 그렇기 때문에 블랙과 남경희는 결코 그러한 자신들의 주장에 대해 어떤 정당한 근거도 제시할 수 없다.

긍정적 사실과 부정적 사실이 존재한다고 말할 수도 있을 것이다. 그러나 부정적 사실은 존재하지 않는다. 그렇기 때문에 전체 현실은 세계와 같다. 그리고 "존립하는 사태들의 총체는 어떤 사태들이 존립하지 않는가를 또한 확정한다."(2.05) 따라서 현실에서는 사태들은 존립하거나 존립하지 않거나 할 뿐이다."

7. 이원론: 긍정적 사실들과 부정적 사실들

그러므로 이제 우리는 『논고』에서는 부정적 사실이 세계나 현실에 존재하지 않으며, 그리하여 세계와 전체 현실은 동일하다는 세 번째 대답이 옳다는 것을 알 수 있다. 그러나 이 지점에서 자연스럽게 떠오르는 의문은 다음과 같다. 만일 부정적 사실이 세계나 현실에 존재하지 않는다면, 왜 비트겐슈타인은 『논고』에서 "부정적 사실"에 대해 세 번 (또는 세 번씩이나) 언급했는가? 존재하지도 않는 것에 대해, 그는 무엇 때문에 혼동과 오해를 불러일으킬 위험을 감수하면서까지 2.06, 4.063, 5.5151에서 그것에 대해 논의하고 있는가?

나는 이렇게 생각하는데, 왜냐하면 비트겐슈타인 자신이 『논고』의 집필을 준비하면서 실제로 그러한 혼동 과정을 겪었기 때문이다. 또 "부정적 사실"에 대한 논의가 곧바로 『논고』의 근본 사상에 대한 논의와 직결되며, 『논고』의 근본 사상을 서술하는 가장 효과적인 방법이 "부정적 사실"에 대한 논의를 경유하는 것이기 때문이다. 이제 이 점에 대해 논의하기로 하자.

비트겐슈타인이 자신의 근본 사상에 도달한 때는 1914년 12월 25일이었다. (『논고』는 1918년 여름에 완성되었다.) 그런데 그는 그 근본 사상에 도달하기 약 두 달 전인 1914년 10월 18일 『일기』에서 다음과 같이 적고 있다. "대충 말하자면, 어떤 명제든 도대체 뜻을 지닐 수 있기 전에, 논리적 상황들은 의미(Bedeutung, 지시체)를 지녀야만 한다." 이 두 달 동안 그의 생각은 중요한 변화를 겪은 것으로 보인다. 12월 25일을 기준으로 약 두 달 전에는 논리적 상항들은 의미(Bedeutung, 지시체)를 지녀야만 한다고 했는데, 두 달이 지난 후에는 논리적 상항들은 "대표하지 않는다"고 말하고 있는 것이다. 그런데 이 기간 동안 그가 가장 고민했던 문제는 부정적 사실과 관련된 것이었다.

부정적 사실에 대한 비트겐슈타인의 번민은 1914년 11월 25일 『일기』에 잘 나타나있다. 그는 다음과 같이 기록하고 있다.

> 나에게 전혀 평화를 주지 않는 것은 이원론(Dualismus), 긍정적 사실들과 부정적 사실들이다. 왜냐하면 그러한 이원론은 존재할 수 없기 때문이다. 그러나 어떻게 그것으로부터 빠져나올 것인가?[18]

여기에서 비트겐슈타인은 긍정적 사실들과 부정적 사실들의 이원론을 말하고 있다. 그렇다면 구체적으로 그 이원론이란 무엇인가? 그는 이 점에 대해서 다음과 같이 말한다.

> 여기에서 문제는 이렇다: 긍정적 사실은 일차적이고 부정적 사실은 이차적인가, 아니면 그것들은 동일한 수준에 있는가? 그리고 만일 그렇다면, 사실들 $p \lor q$, $p \supset q$, 등은 어떠한가? 이것들은 $\sim p$와 동일한 수준에 있지 않은가? 그러나 그렇다면 **모든 사실들**은 동일한 수준에 있어**야만 하지** 않는가? 그 물음은 실로 이렇다: 긍정적 사실들 외에도 사실들이 있는가? (왜냐하면 경우가 아닌 것과 그것 대신에 경우**인** 것을 혼동하지 않는 것은 어렵기 때문이다.)[19]

즉 긍정적 사실들 외에도 부정적 사실이 (이차적인 것이 아닌 것으로서) 긍정적 사실들과 "동일한 수준"에 있다는 것이 바로 이원론인 것이다. 이제 그 이원론이 성립한다고 가정해 보자. 그렇게 되면, "이 책상은 갈색

---

18) Wittgenstein (1961), p. 33.
19) Wittgenstein (1961), pp. 32-33.

이다"라는 긍정적 사실에 대해서 "이 책상은 회색이 아니다"가 동일한 수준에 있는 것이며, 그리하여 "이 책상은 회색이 아니거나 이 의자는 갈색이다"나 "이 책상이 회색이 아니라면 이 의자는 갈색이다"와 같은 것에 해당되는 사실들도 모두 동일한 수준에 있어야 한다. 그러나 과연 "이 책상은 회색이 아니거나 지구는 정육면체다"와 같은 것에 해당되는 사실이 존재하는가? 비트겐슈타인은 다음 날(11월 26일) 다음과 같이 쓰고 있다.

> 내가 두려워했던 긍정과 부정이라는 그 이원론은 존재하지 않는다. 왜냐하면 (x)φx 등은 긍정도 아니고 부정도 아니기 때문이다.[20]

비트겐슈타인은 이제 그 이원론을 부정하고 있다. 즉 그는 11월 25일의 물음, 즉 "긍정적 사실들 외에도 사실들이 있는가?"라는 물음에 대해 그렇지 않다고 대답하고 있는 것이다. 한편 위의 언급은 이해하기가 쉽지 않다. 사실상 나는 위의 언급만으로 비트겐슈타인이 정확히 무엇을 염두에 두고 있는지 파악하는 것이 과연 가능할지 의문이다. 다만 이 지점에서 분명한 것은 (x)φx를 어떤 연언 명제로 이해한다면, 거기에는 이미 "&"라는 논리적 상항이 포함되어 있는데, 이렇게 논리적 상항이 포함되어 있는 경우 우리는 긍정적 사실인지 부정적 사실인지 말할 수 없는 경우가 있다는 것이다. 예를 들면 "이 책상은 갈색이고 이 의자는 갈색이 아니다"나 "이 책상은 갈색이거나 이 책상은 회색이 아니다"는 긍정적 사실도 묘사하지 않고 부정적 사실도 묘사하지 않는다.

8. 부정적 사실과 『논고』의 근본 사상

그러면 이제 11월 26일의 비트겐슈타인의 생각을 추정하기 위해, 그리고 『논고』의 근본 사상에 도달하기 위해 왜 부정적 사실에 대한 논의가 필

---

20) Wittgenstein (1961), p. 33.

요했는지에 대해 논의하기로 하자.

먼저 우리는 『논고』의 다음의 언급을 주목할 필요가 있다. "명제 기호는 하나의 사실이다."(3.14b) 상징이 아니라 기호로서의 명제, 즉 명제 기호는 하나의 사실이다. 그리고 "오직 사실들만이 뜻을 표현할 수 있고, 이름들의 집합은 그렇게 할 수 없다."(3.142) 그리하여 파리 법정에서 재현된 여러 모형들, 즉 모형 자동차, 모형 건물, 모형 길 등은 자동차 사고를 묘사할 수 있다. 요컨대 그러한 모형들이나 명제 기호와 같은 사실들은 뜻을 표현할 수 있는 것이다. 그렇다면 명제 기호나 모형들뿐만 아니라 **현실에 존재하는 사실 자체들**도 뜻을 표현할 수 있다. 즉 우리는 세계에 존재하는 어떤 사실을 뜻을 표현하는 기호로 **간주할 수 있다.** 바로 이 점을 비트겐슈타인은 『일기』에서 1914년 11월 24일과 그 다음날에 각각 다음과 같이 언급하고 있다.

> 부정적 명제의 기호는 긍정적 명제의 기호에 의해 구성되**어야 하는가?** (나는 그렇다고 믿는다.)
> 왜 부정적 명제는 부정적 사실에 의해 표현될 수 없어야 하는가? 이는 마치 우리가 비교의 대상으로서 자 대신에 자의 밖에 있는 공간을 취하는 것과 같다.[21]

> 물론 한 기호로서 역할을 하는 그 부정적 사실(Tatbestand)은 그것을 다시 표현하는 명제 없이도 완벽하게 잘 존재할 수 있다.[22]

11월 25일의 생각, 즉 부정적 사실이 완벽하게 잘 존재할 수도 있다는 생각이 11월 26일에 포기되었다는 점은 앞에서 지적되었다. 소위 긍정적 사실과 부정적 사실이라는 이원론은 없으며, 세계에는 오직 사실들, 즉 긍정적 사실들만 존재할 뿐이다. 그리고 11월 25일의 생각에서 위의 인용문

---

21) Wittgenstein (1961), p. 32.
22) Wittgenstein (1961), p. 32.

은 매우 중요한데, 그는 "**한 기호로서 역할을 하는** 그 부정적 사실"에 대해 언급하고 있다. 그리고 바로 이 점, 즉 사실이, 특히 부정적 사실이 기호로서 역할을 할 수 있다는 생각은 11월 26일에도 여전히 유효하게 남아 있다. 이러한 생각은 『논고』 5.5151에서 다시 집약해서 나온다.

> 부정적 명제의 기호는 긍정적 명제의 기호로 형성되어야 하는가? 어째서 부정적 명제가 부정적 사실에 의해 표현될 수 없단 말인가? (가령 이렇게: "a"가 "b"에 대해 어떤 일정한 관계에 있지 않다면, 그것은 aRb가 사실이 아님을 표현할 수도 있다.)
>
> 그러나 실은 여기서도 역시 부정적 명제는 긍정적 명제를 통해 간접적으로 형성되어 있다.
>
> 긍정적 **명제**는 부정적 **명제**의 존재를 전제하지 않으면 안 되며, 그 역도 마찬가지이다. (5.5151)

가령 서울이 대전의 남쪽에 있지 않다는 사실은 "서울은 대전의 남쪽에 있지 않다"라는 부정적 명제를 표현할 수 있다. 마찬가지로 다음의 사실에서

　　　A　B

A가 B의 오른쪽에 있지 않다는 사실은 "A는 B의 오른쪽에 있지 않다"는 명제를 표현할 수 있다. 그런데 우리는 이 사실을 "A는 B의 왼쪽에 있다"라는 명제로 묘사할 수 있다. 자, 그렇다면 저 사실, 즉 "A　B"에는 논리적 상황이 있는가? 있다면 어디에 있는가? **하나의 사실을 기호로 파악하는 순간,** 우리는 A가 B의 오른쪽에 있지 않다는 사실이 곧 "A　B"라는 것을 알수 있으며, 우리에게 주어져 있는 사실은 그저 "A　B"라는 것을 알 수 있다. 요컨대, 가령 p가 논리적 상황이 없는 명제 기호일 때, ~p는 '~'이라는 논리적 상황을 지니고 있다. 이는 '~'에 대한 우리의 뜻 있는 사용, 또는 논리-구문론적 사용에 따라 우리에 의해 결정된다. 이제 "A　B"라는 사실을 기호로 파악하기로 하자. 그러면 우리의 논리-구문론적 사용에 따르

면, 그것은 '~'을 지니고 있지 **않다**! 『논고』의 "근본 사상"은 이렇게 해서 주어진다.

　마지막으로 5.5151b를 해명해 보자. "그러나 실은 여기서도 역시 부정적 명제는 긍정적 명제를 통해 간접적으로 형성되어 있다."(5.5151b) 먼저 "이 책상은 갈색이 아니다"라는 명제는 "이 책상은 갈색이다"라는 명제를 통하여 직접적으로 형성되어 있다. 그렇다면 "**간접적으로** 형성되어 있다"는 것은 무슨 뜻인가? 앞의 예에 따르면, 부정적 명제는 "A는 B의 오른쪽에 있지 않다"이다. 이 경우 긍정적 명제는 무엇인가? 먼저 우리는 "A는 B의 오른쪽에 있다"를 생각할 수 있다. 그러나 그렇게 되면, "A는 B의 오른쪽에 있지 않다"는 "A는 B의 오른쪽에 있다"를 통하여 **직접적으로** 형성되어 있다고 말해야 한다. 따라서 이는 5.5151b에서 의도하는 바가 아닐 것이다. 이제 남아 있는 유일한 것은 그 긍정적 명제가 "A는 B의 왼쪽에 있다"라는 것이다.

　과연 "A는 B의 오른쪽에 있지 않다"는 "A는 B의 왼쪽에 있다"를 통해 간접적으로 형성되어 있는가? 바로 이 물음과 관련해서 비트겐슈타인은 1914년 11월 26일 『일기』에서 다음과 같이 말한다.

> 만일 긍정적 명제가 부정적 명제에서 나타나**야만 하는** 것이 아니라면, 어쨌든 그 긍정적 명제의 원형은 그 부정적 명제에 나타나지 않아야 하는가?
> 　~aRb와 ~bRa 간의 —우리가 어떤 가능한 표기법에서도 하듯이— 구분을 함으로써 우리는 어떤 표기법에서든 부정적 명제에서 논항과 논항자리 간의 어떤 특정한 연관성을 전제한다. 이 연관성은 관련된 긍정적 명제의 원형이다. [23]

이제 "A는 B의 왼쪽에 있다"를 ALB로 나타내고, "A는 B의 아래에 있지 않다"를 ~AUB로 나타내기로 하자. 그러면 ALB의 원형은 xRy이다. 마찬

---

23)　Wittgenstein (1961), p. 33.

가지로 ~AUB의 원형은 ~xRy이다. 이제 그 긍정적 명제의 원형 xRy는 그 부정적 명제에 나타나고 있다. 그리하여 "A는 B의 아래에 있지 않다"는 "A는 B의 왼쪽에 있다"를 통하여 이 긍정적 명제의 원형 xRy를 매개로 간접적으로 형성되어 있다.

9. 맺는 말

지금까지의 논의를 정리해 보자. 우리는 『논고』에서 "긍정적 사실"과 "부정적 사실"이 무엇인지, 그리고 '현실'과 '세계'의 개념이 동일한 것인지 여부를 문제 삼았다. 포겔린, 피처는 '현실'이 '세계'보다 더 넓은 개념이라고 보았으며, 비트겐슈타인이 2.063에서 그것들을 동일화하는 것을 실수로 간주하였다. 그러나 그들은 "존립하는 사태들"과 "사태들의 존립"을 동일화하는 오류를 범했을 뿐이다. 블랙과 남경희는 『논고』에서 '현실'과 '세계'가 둘 다 부정적 사실들을 포함하는 것이기 때문에 동일하다고 주장하였다. 그러나 그들은 대단히 피상적인 논의를 하고 있을 뿐, 어떤 정당한 근거도 제시하지 않았고 또 제시할 수도 없다. 따라서 옳은 것은 『논고』에서 세계에는, 또 현실에는 부정적 사실이 존재하지 않는다는 것이다. 그리하여 『논고』에서 '전체 현실'과 '세계'는 동일하고, 외연이 같다.

우리는 이 점을 『논고』라는 텍스트에 입각해서 해석하고 해명하였다. 그러므로 포겔린의 주장, 즉 이 문제와 관련하여 어떤 완벽한 용어법의 복원도 가능하지 않다는 주장은 결코 옳지 않다. 더 나아가 『논고』에서 부정적 사실에 대한 논의는 "근본 사상"으로 나아가는 매우 중요한 경로이다. 그렇기 때문에 포겔린의 주장과 달리, 2.063의 언급은 매우 "깊은 체계적 중요성"을 지니고 있다.

3
전기 비트겐슈타인의
프레게 진리 개념 비판

1. 들어가는 말

넓게 말하면, 『논리-철학 논고』(이하 '『논고』'로 약칭함)의 진리 이론은 소위 진리 대응 이론이다. "그림의 참 또는 거짓은 그림의 뜻과 현실의 일치 또는 불일치에 있다."(2.222) 그리고 『논고』에서 '진리 개념'이라는 용어는 4.063과 4.431에서 단 두 번 나온다. 그런데 그 용어가 등장하는 곳에서 두 번 다 비트겐슈타인은 프레게의 진리 개념에 대해 비판하고 있다. 그렇다면 진리 개념에 대한 프레게의 생각이란 무엇인가? 또 이에 대해서 비트겐슈타인은 어떻게 비판하고 있으며, 자신은 진리 개념을 어떻게 파악하고 있는가?

나는 이 물음에 대해서 『논고』의 다음 언급, 즉 4.063을 해명하면서 대답하고자 한다.[1]

진리 개념을 설명하기 위한 하나의 비유: 흰 종이 위의 검은 얼룩점; 그 얼룩점의 형태는 그 평면 위의 모든 점이 각각 흰가 검은가를 진술함으로써 기술될 수 있다. 어떤 한 점이 검다는 사실은 긍정적 사실에, 어떤 한 점이 희

다(검지 않다)는 사실은 부정적 사실에 대응한다. 내가 그 평면 위의 한 점(프레게적인 진리치)을 지칭한다면, 이는 판정 받기 위해 세워진 가정에 해당된다. 등등.

그러나 한 점이 검다거나 희다고 말할 수 있으려면, 나는 우선 언제 우리들이 한 점을 검다고 부르며, 언제 우리들이 한 점을 희다고 부르는지 알아야 한다. 즉 "p"는 참이다(또는 거짓이다)라고 말할 수 있으려면, 나는 내가 어떤 환경 속에서 "p"를 참이라고 부르는지 확정해야 하며, 이로써 나는 그 명제의 뜻을 확정한다.

그런데 우리의 비유는 다음과 같은 점에서는 적절하지 않다. 즉 우리는 희다는 게 무엇이며 검다는 게 무엇인지를 알지 못하고서도 종이 위의 한 점을 가리킬 수 있다. 그러나 뜻이 없는 명제에는 아무것도 대응하지 않는다. 왜냐하면 그것은 가령 "참" 또는 "거짓"이라 불리는 속성을 지니는 어떤 것(진리치)을 지칭하지 않기 때문이다. 명제의 동사는—프레게가 믿은 것처럼—"참이다"나 "거짓이다"가 아니다. 오히려, "참인" 것은 이미 동사를 포함하고 있어야 한다. (4.063)

이 언급은 결코 쉽게 읽히지 않는다. 우리는 이 어려움을 네 가지로 요약할 수 있다. 첫째, 이 인용문에서 비트겐슈타인은 진리 개념을 설명하기 위한 "하나의 **비유**"를 제시하고 있다(이 비유를 "얼룩점 비유"라고 부르자). 자, 그렇다면 이 인용문에서는 무엇이 무엇에 비유되고 있는가? 비트겐슈타인은 무엇을 무엇에 비유하고 있는가? 앤스컴(G. E. M. Anscombe)은 참이 검정에, 그리고 거짓이 하양에 비유되고 있다고 주장한다. 그러나 과연 이러한 주장은 옳은가? 또한 비트겐슈타인은 그 비유가 어떤 점에서 적절하지 않다고 말하고 있다. 그렇다면 구체적으로 무엇이 어떤 점에서 적절하지 않다는 것인가?

둘째, 위의 비유에서는 흰 종이 위에 있는 검은 얼룩점을 묘사하는 상황이 제시되어 있다. 그러면서 비트겐슈타인은 "어떤 한 점이 검다는 사실은 긍정적 사실에, 어떤 한 점이 희다(검지 않다)는 사실은 부정적 사실에 대응한다."고 말하고 있다. 그렇다면 구체적으로 긍정적 사실과 부정적 사실이란 무엇인가?

셋째, 이 인용문에서 비트겐슈타인은 "내가 그 평면 위의 한 점(프레게 적인 진리치)을 지칭한다면, 이는 판정 받기 위해 세워진 가정에 해당된 다."라고 말하고 있다. 그렇다면 여기에서 "프레게적인 진리치"와 '가정' 이란 무엇인가? 블랙(M. Black)은 비트겐슈타인이 "프레게적인 진리치" 라고 말함으로써 실수를 했다고 주장한다. 비트겐슈타인이 프레게의 생각 을 잘못 파악했다는 것이다. 또한 앤스컴은 비트겐슈타인이 "프레게적인 진리치"와 '가정'이라는 용어를 사용한 것은 프레게의 철학에 대해 러셀이 잘못 파악하여 규정한 것을 비트겐슈타인이 그대로 수용했기 때문이라고 주장한다. 그러나 과연 이들의 주장은 옳은가?

넷째, 위의 인용문은 "명제의 동사는—프레게가 믿은 것처럼—"참이다" "나 거짓이다"가 아니다. 오히려, "참인" 것은 이미 동사를 포함하고 있어 야 한다."라는 언급으로 끝나고 있다. 그렇다면 이 언급이 말하고 있는 것 은 무엇인가? 앤스컴은 프레게가 『개념 표기법』에서 "참이다"를 명제의 동사로 파악한 것은 사실이지만 이러한 생각은 「뜻과 지시체에 관하여」에 서 거부되었고, 또 "거짓이다"에 대해서는 전혀 그렇게 생각했던 적이 없 다고 주장한다. 또한 케니(A. Kenny)는 이러한 앤스컴의 생각을 받아들인 다음, 이러한 점이 『논고』의 "유령"과 같은 것이라고 주장한다.

이러한 몇몇 학자들의 논의를 문자 그대로 종합하면 비트겐슈타인은 『논고』 4.063에서 어떤 사소하거나 중대한 실수를 범하고 있는 것처럼 보 인다. 그러나 과연 그들의 주장은 옳은가? 나는 그렇지 않다고 생각한다. 실수나 오류를 범한 것은 비트겐슈타인이 아니라 바로 그들이다.

2. 긍정적 사실과 부정적 사실

우리가 『논고』의 "긍정적 사실"과 "부정적 사실"을 문제 삼을 때 "긍정 적 사실"이 무엇이냐 하는 점에 대해서는 쉽게 합의에 이를 수 있다. 예컨대 내 앞에 있는 책상이 갈색일 때, "이 책상은 갈색이다"는 참이며, 이 명제가 묘사하는 것이 바로 긍정적 사실이다. 이 점에 대해서는 재론의 여지가 **없다**. 문제는 "부정적 사실"이다. 그렇다면 부정적 사실이란 무엇인가? 가령 다음 중 어느 것이 부정적 사실을 묘사하는가?

> (1) 이 책상은 갈색이 아니다.
> (2) 이 책상은 회색이다.
> (3) 이 책상은 회색이 아니다.

『논고』에서는 "긍정적 사실"은 두 번(2.06, 4.063) 나오고, "부정적 사실"은 세 번(2.06, 4.063, 5.5151) 나온다. 먼저 2.06은 위의 물음에 대해 아무런 대답도 하지 않는다.

> 사태들의 존립과 비존립이 현실이다.
> (우리는 사태들의 존립을 긍정적 사실, 비존립을 부정적 사실이라 부르기도 한다.) (2.06)

왜냐하면 2.06에 따르면 "사태들의 비존립"이 부정적 사실인데, 우리는 위의 (1), (2), (3)이 모두 **어떤** 사태들의 비존립을 말하고 있다고 간주할 수 있기 때문이다. 따라서 2.06만으로는 (1), (2), (3) 중 어느 것이 부정적 사실을 묘사하고 있는지 결정되지 않는다. 그렇다면 이제 우리는 4.063에 주목해야 한다.

> 진리 개념을 설명하기 위한 하나의 비유: 흰 종이 위의 검은 얼룩점; 그 얼룩점의 형태는 그 평면 위의 모든 점이 각각 흰가 검은가를 진술함으로써 기술될 수 있다. 어떤 한 점이 검다는 사실은 긍정적 사실에, 어떤 한 점이 희다(검지 않다)는 사실은 부정적 사실에 대응한다. 내가 그 평면 위의 한 점(프레게적인 진리치)을 지칭한다면, 이는 판정 받기 위해 세워진 가정에 해당된다. 등등. (4.063a)

여기에서 비트겐슈타인은 흰 종이 위의 검은 얼룩점을 묘사하는 상황을 제시하고 있다. 그 얼룩점의 형태는 그 평면 위에 있는 모든 점에 대해서 각각 검은지 아니면 흰지를 진술함으로써 기술된다. 이제 점 A가 검고 점 B가 희다고 하자. 이때 비트겐슈타인에 따르면, "A는 검다"에 대응하는 것은 긍정적 사실이고, "B는 검지 않다(희다)"에 대응하는 것은 부정적 사실이다. 여기에서 주목해야 하는 것은 "A는 검다"와 "B는 검지 않다(희다)"는 둘 다 **참**이라는 점이다. 이 점을 염두에 두면 우리는 (1), (2), (3) 중에서 부정적 사실에 대응하는 것은 바로 (3)일 것이라고 추정할 수 있다.

그런데 여기에서 유념할 것은 "A는 검다"에 대응하는 것이 긍정적 사실일 때, 부정적 사실에 대응하는 것은 A가 아니라 B에 관한 문장, 즉 "B는 검지 않다"라는 점이다. 따라서 위의 비유를 그대로 따른다면, 이 책상은 갈색이라는 것이 긍정적 사실일 때 부정적 사실에 대응하는 것은 이 책상이 아니라 이 책상과 다른 물체에 관한 것이어야 한다. 가령 내가 앉아 있는 의자가 회색일 때 "이 의자는 갈색이 아니다"에 대응하는 것이 부정적 사실이다.

이제 위의 비유에서는 "A는 검다", "B는 희다" 등등을 말하면서 **흰 종이 위의 검은 얼룩점**을 기술하는 상황이 설정되어 있다는 점을 주목하자. 만일 우리가 그 종이에서 **그 평면의 흰 부분**을 묘사하는 상황이라면, "A는 검다(희지 않다)"는 부정적 사실에 대응하고, "B는 희다"는 긍정적 사실에 대응하게 될 것이다. 한편 우리는 "이 책상은 갈색이다", "이 의자는 갈색이 아니다" 등등을 말하면서 무엇을 묘사하고 있는가? 그 대답은 이 방 안에 있는 갈색의 물체들이다. 따라서 이 방 안에 있는 갈색의 물체들을 묘사하는 상황에서는 "이 책상은 갈색이다"는 긍정적 사실에 대응하고 "이 의자는 갈색이 아니다"는 부정적 사실에 대응하지만, 이 방 안에 있는 회색의 물체들을 묘사하는 상황에서는 "이 책상은 회색이 아니다"는 부정적 사실에 대응하고 "이 의자는 회색이다"는 긍정적 사실에 대응하게 될 것이다. 따라서 (1), (2), (3) 중에서 부정적 사실을 묘사하는 것은 (3)이다. 요컨대 "이 책상은 파랗지 않다", "이 책상은 얼음으로 만들어있지 않다"

등에 대응하는 것이 부정적 사실인 것이다.[2]

3. 얼룩점 비유

긍정적인 사실을 묘사하는 명제뿐만 아니라 부정적인 사실을 묘사하는 명제도 참이라는 점은 매우 중요하다. 왜냐하면 이 점을 분명하게 염두에 둘 때 우리는 비로소 위의 비유를 이해할 수 있기 때문이다. 그런데 앤스컴은 이 비유에 대해 다음과 같이 말한다.

> 그리고 우리는 이 점을 4.063에서 보게 되는데, 여기에서 그는 흰 종이 위에 있는 어떤 한 검은 얼룩점으로 진리의 개념에 대한 비유(illustration)를 전개하고 있다. 검정(black)은 참에 대응하고, 하양(white)은 거짓에 대응한다. 만일 당신이 그 평면 위의 한 점을 가리킨다면, 이는 프레게가 '사상'이라고 부르는 것, 또는 한 문장의 뜻을 가리키는 것과 같으며, 물론 당신은 사실상 검거나 흰 어떤 것을 가리키고 있다.[3]

이 인용문에서 앤스컴은 4.063의 비유에서 검정은 참에 대응하고 하양은 거짓에 대응한다고 주장하고 있다. 즉 참은 검정에 비유되고 있고 거짓은 하양에 비유되고 있다는 것이다. 그러나 과연 이러한 주장은 옳은가? 앞에서와 같이, A가 검은 점이고 B가 흰 점이라고 하자. 이제 앤스컴은 A나 B와 같은 점이 "프레게가 '사상'이라고 부르는 것, 또는 한 문장의 뜻"에 대응한다고 주장하고 있다. 그렇다면 앤스컴에 따르면 다음이 성립할

---

2) 우리는 이러한 분석과 해석이 옳다는 것을 5.5151에서 확인할 수 있다. "부정적 명제의 기호는 긍정적 명제의 기호로 형성되어야 하는가? 어째서 부정적 명제가 부정적 사실에 의해 표현될 수 없단 말인가? (가령 이렇게: "a"가 "b"에 대해 어떤 일정한 관계에 있지 않다면, 그것은 aRb가 사실이 아님을 표현할 수도 있다.)" (5.5151a) 또한 1913년에 작성된 「논리에 관한 단상들」("Notes On Logic, September 1913")의 다음 언급도 마찬가지이다. "**긍정적인 사실들과 부정적인 사실들**이 있다: 만일 "이 장미는 빨갛지 않다"라는 명제가 참이라면, 그것이 뜻하는(signifies) 것은 부정적이다."(Wittgenstein (1961), p. 94) 참고: 2장.
3) Anscombe (1959), p. 58.

것이다.

    (4) "A는 검다"에 대응하는 것은 "A에 대응하는 사상은 참이다"이다.

    (5) "B는 희다"에 대응하는 것은 "B에 대응하는 사상은 거짓이다"이다.

그러나 앞에서도 지적했듯이, "A는 검다"뿐만 아니라 "B는 희다"도 **참**이다. 따라서 앤스컴이 주장하는 것처럼 A와 B에 프레게의 사상이 대응한다고 하면, 각각의 사상은 모두 참이어야 한다. 따라서 (4)는 성립할 가능성이 있지만, (5)는 결코 성립할 수 없다.

그러므로 4.063에서는 앤스컴이 주장하는 바, 결코 참이 검정에, 또 거짓이 하양에 비유되고 있지 않다. 오히려 이 비유에서 참에 대응하는 것은 긍정적 사실과 부정적 사실을 묘사하는 명제이고, 마찬가지로 거짓에 대응하는 것은 그 명제들의 부정이다.

그렇다면 4.063에서는 무엇이 무엇에 비유되고 있는가? 그 대답은 4.063으로부터 명백하다. 즉 "프레게적인 진리치" 또는 '가정'이 그 종이 위의 한 점에 비유되고 있다. 그런데 앤스컴은 위의 인용문에서 종이 위의 한 점에 대응하는 것은 프레게의 '사상'이라고 간주하고 있다. 그러나 과연 앤스컴의 이러한 주장은 옳은가?

4. 프레게적인 진리치와 가정

따라서 이제 우리가 논의해야 하는 것은 "프레게적인 진리치"와 '가정'이 무엇이냐 하는 점이다. 이를 위해서 우리는 프레게의 생각을 살펴보아야 한다. 프레게는 「함수와 개념」(1891)에서 함수 "── x"를 도입하면서 다음과 같이 말하고 있는데, 이 인용문은 비록 길지만 매우 중요하므로 주의 깊게 읽을 필요가 있다.

나는 이 함수의 값은 만일 참(the True)이 논항으로 취해지면 참이 되고, 반대로, 다른 모든 경우에는—즉 그 논항이 거짓이고 또 그것이 진리치가 아닐 때 두 경우 모두—이 함수의 값은 거짓(the False)이라고 규정한다. 따라서 예컨대

 —— 1 + 3 = 4

는 참이고, 반면에 다음은 둘 다 거짓이다.

 —— 1 + 3 = 5

 —— 4

그리하여 이 함수는 그 논항이 진리치일 때, 그것의 값으로서 그 논항 자체를 갖는다. 나는 이 수평선을 내용선이라고 불렀는데, 이제 이 이름은 나에게는 더 이상 적절해 보이지 않는다. 이제 나는 그것을 단순히 수평선이라고 부르고자 한다.

만일 우리가 한 등식이나 부등식, 예컨대 5 > 4를 쓴다면, 우리는 보통 이와 동시에 하나의 판단을 표현하기를 바란다. 우리의 예에서는, 우리는 5가 4보다 더 크다는 것을 주장하기를 원한다. 내가 여기에서 제시하고 있는 견해에 따르면, '5 > 4'와 '1 + 3 = 5'는 그러한 어떤 주장을 하지 않으면서 진리치들에 대한 표현을 주고 있을 뿐이다. 판단의 주제로부터 그 행위(act, 작용)를 분리시키는 것은 필수불가결해 보인다. 왜냐하면 그렇지 않으면 우리는 한갓 가정에 불과한 것(a mere supposition)—한 경우가 일어나는지 그렇지 않은지에 대한 동시적인 판단이 없이도 그 경우를 상정하는 것—을 표현할 수 없을 것이기 때문이다. 따라서 우리는 어떤 것을 주장하기 위해서 어떤 한 특수한 기호가 필요하다. 이러한 목적으로 나는 수평선의 왼쪽 끝에 수직선을 사용한다. 그리하여 예컨대

 ├—— 2 + 3 = 5

라고 적음으로써 우리는 2 + 3은 5와 같다고 주장한다. 그리하여 여기에서 우리는

 2 + 3 = 5

에서와 같은, 한 진리치를 적고 있을 뿐만 아니라, 그것이 참이라고 동시에 말하고 있는 것이다.

다음으로 가장 단순한 함수라고 할 수 있는 것은 —— x의 값이 참이게끔 하는 바로 그러한 논항들에 대해서만 그 값이 거짓이고, 역으로, —— x의

값이 거짓이게끔 하는 논항들에 대해서는 참인 함수이다. 나는 이것을 다음과 같이 기호화하며,

$$\top x$$

여기에서 나는 그 작은 수직선을 부정선이라고 부른다. 나는 이것을 논항 —— x를 지니는 함수로 파악하고 있다. (…) 따라서 예컨대,

$$\top 2^2 = 5$$

는 참을 가리키며(bedeutet), 우리는 다음과 같이 판단선을 덧붙일 수 있는데,

$$\vdash\!\!\top 2^2 = 5$$

여기에서 우리는 $2^2 = 5$가 참이 아니라는 것을, 또는 2^2이 5가 아니라는 것을 주장한다. 또한 게다가

$$\top 2$$

는 —— 2가 거짓이므로 참이며, 다음이 성립한다.

$$\vdash\!\!\top 2$$

즉, 2는 참이 아니다.[4]

이 인용문에서 프레게는 『개념 표기법』(1879)에서의 "내용선"이라는 용어를 포기하고 있으며 그 대신에 "수평선"이라는 용어를 사용하고 있다. 왜냐하면 이제 그는 —— x라는 함수에서 논항 x를 대상으로 간주하고 있기 때문이다. 2나 집과 같이 『개념 표기법』에서 "판단 불가능한 내용"이라고 불렀던 것도 이제 논항 x로 허용된다. 그리하여 그는 '$\vdash\!\!\top 2$'가 성립하고 '—— 4'는 거짓이라고 말함으로써 "내용선을 뒤따르는 것은 항상 판단 가능한 내용을 갖고 있어야 한다"라는 『개념 표기법』의 규정을 포기하고 있다.[5] 그에 따르면, "—— x"는 만일 x가 참이라면 참이고, 만일 x가 참이 아니라면(논항이 거짓이거나 진리치가 아닐 때에는) 거짓이다. 또한 ⊤x는 —— x가 참일 때 거짓이며 —— x가 거짓일 때 참인 함수로서 논항

---

4) Frege (1997), pp. 142-143.
5) 참고: Frege (1997), pp. 52-53.

—— x를 지니는 함수이다.[6]

또한 프레게는 "**한갓 가정에 불과한 것**"(*a mere supposition*)이라는 표현을 통하여, "어떤 경우가 일어나는지 그렇지 않은지에 대한 동시적인 판단 없이 그 한 경우를 상정하는 것"이라고 명시적으로 말하고 있다. 그는 판단 행위를 판단의 주제와 분리시키고 있는 것이다. "판단의 주제로부터 그 행위(act, 작용)를 분리시키는 것은 필수불가결해 보인다." 따라서 프레게에 따르면, '가정'은 판단의 주제에 해당되며, 판단의 행위가 부가되었을 때 비로소 어떤 판단이나 주장이 이루어진다.

그러므로 이제 우리는 프레게가 진리 개념을 어떻게 파악하고 있는지를 다음과 같이 정리할 수 있다. 첫째, 프레게는 모든 언어적 표현에 대해서 뜻과 지시체를 구분한다. 지시체는 언어 외적 존재자나 대상으로서 실재하는 것이며, 뜻은 관념과는 다르지만 대상이 아니다. 특히 그에 따르면, 한 문장의 지시체는 진리치이고 한 문장의 뜻은 사상이다.[7] 요컨대, 프레게에게 '참'과 '거짓'은 한 문장의 지시체이고 대상이다. 둘째, 프레게는 「뜻과 지시체에 관하여」에서 '판단'은 "사상으로부터 그것의 진리치에로의 나아감"이라고 주장한다.[8] 또한 그는 위의 인용문에서는 어떤 판단 주제에 대해서 판단 행위가 부가되었을 때, 비로소 그 판단 주제에 대해서 "…는 참이다"나 "…는 참이 아니다"라는 술어가 주어지는 것으로 파악하고 있다. 요컨대, 프레게에게 '참이다'는 판단 행위와 더불어 주어진다.

요약하면, 프레게가 진리 개념에 대해 말하는 두 가지 경로가 있다. 그는 한 문장에 대해서 지시체를 거론함으로써 진리 개념에 개입하고 있으

---

6) 이 점은 『산수의 근본 법칙 Ⅰ』에서도 다시 반복되고 있다. 참고: Frege (1997), pp. 215-217.

7) 프레게는 「뜻과 지시체에 관하여」에서 다음과 같이 말한다. "한 고유 이름의 지시체는 그것을 사용하여 우리가 지시하는 대상 자체이다. 우리가 그 경우에 지니는 관념은 전적으로 주관적이다. 뜻은 고유 이름과 관념 사이에 놓여 있다. 뜻은 관념과 같이 주관적이지는 않지만 그러나 대상 자체도 아니다."(Frege (1997), p. 155)

8) Frege (1997), p. 171.

며, 또 어떤 판단 주제에 대해 판단 행위를 문제 삼는 상황에서 진리 개념
에 개입하고 있다. 그렇다면 4.063의 "프레게적인 진리치"란 무엇인가?
"진리치"라는 용어는 프레게가 만들어낸 것이다. 그렇다면 "프레게적인
진리치"는 그저 "진리치"를 뜻하는가?

이 물음에 대답하기 위해서는, 앤스컴이 잘 지적했듯이, 프레게의 철학
에 대한 러셀의 설명을 살펴보아야 한다. 러셀은 다음과 같이 말하고 있
다.

> 프레게는 다음과 같이 말하는데, 판단에는 세 개의 요소들이 있다: (1)
> 진리의 인정(the recognition of truth), (2) 사상(the Gedanke), (3) 진리치
> (*Wahrheitswert*). 여기에서 사상은 내가 주장되지 않은 명제(an unasserted
> proposition)라고 부른 것이다—또는 오히려, 내가 이 이름으로 부른 것은 사
> 상 단독(the Gedanke alone)과 그것의 진리치를 함께 지닌 사상을 둘 다 망라
> 한다. 이 두 개의 상이한 개념들에 대해서 이름들을 부여하는 것이 좋을 것
> 이다. 나는 사상 단독을 **명제적 개념**(*propositional concept*)이라고 부르고, 한
> 사상의 진리치를 **가정**(*assumption*)이라고 부르겠다. 최소한 형식적으로는,
> 하나의 가정은 그것의 내용이 명제적 개념이어야 한다는 것을 요구하지 않
> 는다: x가 무엇이든지, "x의 진리"는 확정적 개념(definite notion)이다. 이것
> 은 만일 x가 참이면 참(the true)을 의미하고, x가 거짓이거나 명제가 아니면
> 그것은 거짓(the false)을 의미한다. 마찬가지로, 프레게에 따르면, "x의 거
> 짓"("the falsehood of x")이 있다. 이것들은 명제들의 주장들과 부정들이 아
> 니며, 단지 참 또는 거짓의 주장들일 뿐이다. 즉 부정은 주장된 것에 속하고
> 주장의 반대(opposite)가 아니다. 그리하여 우리는 먼저 한 명제적 개념을 갖
> 고, 그 다음에 그것의 참 또는 거짓을 (각각의 경우에 따라) 가지며, 마지막
> 으로 그것의 참이나 거짓의 주장을 갖게 된다. 따라서 가언적 판단에서, 우
> 리는 두 판단들의 관계가 아니라, 두 개의 명제적 개념들 간의 관계를 갖는
> 다.[9]

---

9) Russell (1903), p. 503.

여기에서 러셀은 "사상 단독"(the Gedanke alone)과 "그것[그 사상]의 진리치를 함께 지니는 사상"을 구분하고 있으며, 전자를 "명제적 개념", 후자를 ("한 사상의 진리치"라고 말하면서) "가정"이라고 부르고 있다. 그런데 러셀의 이러한 언급에서 매우 주목할 만한 것이 있다. 즉 그는 "그것의 진리치를 함께 지니는 사상"과 "한 사상의 진리치"를 동일시하고 있는 것이다. 그러나 과연 이러한 동일화는 정당한가? 왜냐하면 프레게의 의미 이론에서는 사상은 한 문장의 뜻이고 진리치는 한 문장의 지시체, 즉 대상이며, 뜻과 대상은 엄연히 상이하기 때문이다. 따라서 혹자는 여기에서 러셀이 오류를 범하고 있지 않은가 하고 의혹을 제기할 수 있다.

반면에 나는 이렇게 생각하는데, 러셀이 여기에서 오류를 범했다면(또는 그런 인상을 주었다면), 그 빌미를 제공한 사람은 바로 프레게이다. 즉 프레게는 앞 절의 인용문에서 x가 한 명제일 때, —— x에서 그 x에 이중적인 역할을 부여하고 있다. 가령 —— 1 + 5 = 6에서, 프레게는 한편으로는 "1 + 5 = 6"에 참이라는 대상을 가리키는 '진리치의 이름'이라는 역할을 부여하고 있고, 다른 한편으로는 이 이름이 표현하는 사상, 즉 1 더하기 5는 6이라는 "주장을 하지 않으면서 진리치들에 대한 표현"[10]이라는 역할을 부여하고 있는 것이다. 이 점은 『산술의 근본 법칙 I 』§32에서 잘 나타나 있다. 프레게는 다음과 같이 말한다.

> 그렇게 되면 그러한 명제[판단선과 진리치의 이름으로 구성된 명제]에 의해, 이 이름이 참(the True)을 가리킨다는 것이 주장된다. 동시에 그 이름은 한 사상을 표현하므로, 우리는 적법하게 형성된 모든 『개념 표기법』 명제에서 한 사상이 참이라는 판단을 지니게 되며, 한 사상이 결여되는 어떤 가능성도 존재하지 않는다.[11]

이 인용문을 보면, 프레게는 가령 ⊢ 2 + 3 = 5에서 "2 + 3 = 5"는 판단

---

10) Frege (1997), p. 142.
11) Frege (1997), p. 222.

선의 오른쪽에 위치하면서 참이라는 대상이 논항임을 나타내는 역할을 하고 있고, 다른 하나는 그와 동시에 그 이름이 한 사상을 표현한다는 역할을 하고 있는 것으로 보고 있다. 그리하여 러셀은 이러한 프레게의 생각을 설명하기 위해서 "그것의 진리치를 함께 지니는 사상"과 "한 사상의 진리치"를 병행해서 말하고 있는 것이다.

그렇다면 러셀의 "한 사상의 진리치"란 무엇인가? 그 대답은 위의 인용문에 잘 나와 있다. 러셀은 "최소한 형식적으로는, 하나의 가정은 그것의 내용이 명제적 개념이어야 한다는 것을 요구하지 않는다: x가 무엇이든지, "x의 진리"는 확정적 개념이다. 이것은 만일 x가 참이면 참(the true)을 의미하고, x가 거짓이거나 명제가 아니면 그것은 거짓(the false)을 의미한다."라고 말하고 있다. 이 언급을 보면, 러셀이 말하는 "한 사상의 진리치"는 그가 "x의 진리"라고 다시 부른 것으로서, 프레게의 함수 "── x"라는 것을 알 수 있다. 다시 말해 러셀의 "한 사상의 진리치"는 단순히 '진리치'가 아니다.

앤스컴이 지적하였듯이, 비트겐슈타인은 이러한 러셀의 용어들을 받아들이고 있다. 따라서 이제 우리는 4.063의 "프레게적인 진리치"가 단순히 '진리치'와 동일하지 않다는 것, 러셀의 "한 사상의 진리치"가 4.063의 "프레게적인 진리치"라는 것, 또 러셀의 '가정'이 4.063의 '가정'과 동일하고 프레게가 말한 '가정'("한갓 가정에 불과한 것")과 동일하다는 것을 알 수 있다.

5. 프레게의 수평선 함수 (1)

이제 다소 복잡해 보이는 앞 절의 논의를 정리해 보자. 무엇보다도 먼저 우리는 프레게의『개념 표기법』의 함수 "── x"와「함수와 개념」의 함수 "── x"가 상이한 것임을 기억해야 한다('── x'를 "수평선 함수"라고 부르기로 하자).『개념 표기법』에서 함수 "── x"는 판단 가능한 내용만을 논항으로 갖는 함수였다. 그래서 그에 따르면, 'A'가 판단 가능한 내용일 때 '── A'를 "**A라는 상황**" 또는 "**A라는 명제**"로 바꿔 말할 수 있었다. 반면에 「함수와 개념」에서 함수 "── x"는 판단 가능한 내용뿐만 아니라, 집, 3과 같은 대상이 논항일 수 있는 함수이다. 그렇다면 가령 그는 '── 집'을 무엇이라고 부를 것인가? 그는 『개념 표기법』에서와 같이 "집이라는 상황", 또는 "집이라는 명제"라고 부를 것인가? 러셀은 바로 이것을 "집의 진리치" 또는 "집이라는 가정"이라고 부르고 있는 것이다. 또는 더 정확하게 말하면, ⊢A가 "서로 다른 자극은 서로 끌어당긴다."라는 판단을 의미한다면, 이제 「함수와 개념」에서의 '── A'를 "'서로 다른 자극은 서로 끌어당긴다'의 진리치", 또는 "서로 다른 자극은 서로 끌어당긴다는 가정"이라고 부르고 있는 것이다. 비트겐슈타인은 이러한 러셀의 어법을 받아들이고 있다. 따라서 "프레게적인 진리치"와 '가정'이 뜻하는 것은 「함수와 개념」에서의 함수 "── x"이며, 단 전자는 진리치와 관련해서, 그리고 후자는 사상과 관련해서 달리 불리고 있는 것이다.

이제 4.063을 다시 살펴보기로 하자. 여기에서 비트겐슈타인은 "내가 그 평면 위의 한 점(프레게적인 진리치)을 가리킨다면, 이는 판정받기 위해 세워진 가정에 해당된다."라고 말하고 있다. 그런데 블랙은 비트겐슈타인이 '프레게의 뜻에서의'(in Frege's sense) 진리치라고 말함으로써 실수를 범한 것으로 보인다고 주장한다. 그는 다음과 같이 말한다.

> **프레게에 따른 한 진리치**: 오히려, '프레게의 뜻에서의'[가 더 적절하다]. 이는 실수인 것으로 보인다. 프레게에게는, 한 명제의 진리치는 '그것이 참이거나 거짓인 상황'이었다. 그러나 프레게에게는, 정확히 두 개의 진리치('참'과 '거짓')만 존재한다. 아마도 프레게는 비트겐슈타인의 비유에서 종이 위에 있는 한 점을 문제가 되는 명제의 뜻에 대응한다고 간주했을 것이다.[12]

---

12) Black (1964), p. 183.

여기서 블랙은 위의 비유에 나오는 한 점에 대응하는 것은 비트겐슈타인이 말하는 "프레게적인 진리치"가 아니라 "문제가 되는 명제의 뜻"이라고 간주하고 있다. 그런데 그는 "프레게적인 진리치"와 '진리치'를 동일시하고 있다. 물론 프레게의 「뜻과 지시체에 관하여」에 따르면, 한 문장의 진리치는 그것이 참이거나 거짓인 상황이다.[13] 그러나 블랙은 "프레게적인 진리치"와 '진리치'가 상이하다는 것을 간과함으로써, 비트겐슈타인이 프레게의 무엇을 염두에 두고 있는지를 전혀 파악하지 못하고 있으며, 4.063의 깊이에 전혀 도달하지 못하고 있다.

블랙이 4.063을 매우 피상적으로 이해하고 있는 것은 그가 4.063에 대한 앤스컴의 해석을 받아들였기 때문이다. 앤스컴은 다음과 같이 말한다.

> 비트겐슈타인이 『논고』(4.063)과 『철학적 탐구』에서 '프레게의 **가정**(the Fregean *Annahme*)'을, 마치 '**가정**(*Annahme*)'이 프레게에서 마이농에서와 같이 전문적인 용어였던 것처럼 언급하는 것은 때때로 비트겐슈타인의 독자들을 당혹케 한다.

이러한 앤스컴의 지적은 한편으로는 적절한 것처럼 보일 수 있다. 왜냐하면 프레게는 그의 전체 저작에서 '가정'이라는 용어를 「함수와 개념」에서의 함수 "── x"와 **관련해서** 오직 한 번만 사용했기 때문이다. 그러나 다른 한편으로는 전혀 적절하지 않을 수 있다. 왜냐하면 프레게가 "── x"와 관련해서 사용한 '가정'이라는 용어는 충분히 "전문적인 용어"가 될 수 있는 자격을 갖추고 있기 때문이다. 그렇다면 어느 쪽이 옳은가?

앤스컴은 위의 언급을 하고 나서 비트겐슈타인이 참고한 문헌이 러셀의 『수학의 원리』, 부록 A, §477임을 올바르게 지적한다. 그리고 나서 그녀는 앞 절에서 살펴본 러셀의 글을 인용한 후 다음과 같이 말한다.

---

13) 참고: Frege (1997), pp. 157-158.

러셀이 'x의 진리'로 지시하는 것은 물론 프레게의 함수 —— x이다. 프레게는 다음의 두 번째 함수, 즉 ⊤ x를 도입하는데, 이 함수의 값은 —— x의 이 참이 되게끔 하는 그러한 논항들에 대해서만 거짓이다. 따라서 러셀이 말하는 바와 같이, 우리는 주장들과 부정들을 갖지 않고—주장 기호에 대응하는, 부정 기호는 없다—오히려 우리는 '사상', 또는, 러셀이 부르는 바, '명제적 개념들'의 참과 거짓의 주장을 갖는다.

러셀이 —— 5>4를 5>4와 다른 것으로 간주한다는 것과, '5>4'를 '사상'이라고 부르고 '—— 5>4'를 '가정'이라고 부르는 것은 러셀의 설명에서 특이한 점이다. 그리하여 프레게의 아주 단순하고(innocent) 비전문적인 표현인 '한갓 가정에 불과한 것'(a mere assumption)을 전문적인 용어로 만들어버린 것이다.

러셀이 주목하지 못한 것은 만일 한 명제가 '—— x'에서 x에 대입된다면, 프레게에게는 뜻에서든 지시체에서든 그 명제 자체와 수평선이 부착된 명제 간에는 어떤 차이도 없다는 점이다. 게다가 한 '사상'은 명제가 아니고, 심지어 주장되지 않은 명제도 아니며, 오히려 한 명제의 뜻인데, 그리하여 우리가 한 명제를 가질 때와 우리가 수평선이 부착된 한 명제를 가질 때 동일한 **사상**(*Gedanke*)이 존재한다. 뜻에서든 지시체에서든, 지칭체 단독 (designation by itself)과 수평선이 부착된 지칭체 간에 어떤 차이가 있는 것은 우리가 '—— x'에서 'x'에 진리치와 **다른** 어떤 것의 지칭체를 대입할 때뿐이다. 그 경우에, 그 지칭체는 그것이 지칭하는 것을 어떤 것이든—예를 들면 달이나 수 3을—지칭하며, 수평선이 부착된 지칭체는 한 진리치를 지칭하는데, 이 경우에는 거짓을 지칭한다.[14]

앤스컴은 그녀가 생각하는바 비전문적인 프레게의 용어 '가정'을 러셀이 전문적인 용어로 만들어버린 것은 러셀의 특이한 설명에서 연유한다고 보고 있다. 즉 그녀에 따르면, 러셀이 —— 5>4를 5>4와 다른 것으로 간주했고, '5>4'를 '사상'이라고 부르고 '—— 5>4'를 '가정'이라고 불렀다는 점

---

14) Anscombe (1959), pp. 105-106.

은 특이하다. 그러면서 그녀는 x가 명제일 때, '—— x'와 x가 서로 다른 이름을 가져야 할 만큼 상이한 것이 아니라는 점을 강조하고 있다. 다시 말해, 그녀에 따르면, "러셀이 주목하지 못한 것은 만일 '—— x'에서 한 명제가 x에 대입된다면, 프레게에게는 뜻에서든 지시체에서든 그 명제 자체와 수평선이 부착된 명제 간에는 어떤 차이도 없다는 점이다."

그러나 불행하게도, 그녀의 주장은 오류이다. 왜냐하면 x가 명제일 때**에도,** '—— x'와 x는 프레게의 규정에 따르면 완전히 다르기 때문이다. 그 경우에도, 전자는 함수이고, 논항이 진리치, 즉 대상인 함수이며, 그 값도 진리치, 즉 대상이다. 이때 그 명제는 그 진리치의 이름일 뿐이다. 후자는 명제이다. 후자는 한 명제로서, 프레게에 따르면 뜻과 지시체를 지닐 수 있다. 요컨대 전자는 논항과 함숫값이 진리치, 즉 대상인 함수이고, 후자는 명제이다. 그렇다면 어떻게 그것들이 동일할 수 있겠는가?!

따라서 프레게의 '—— x'라는 함수는 분명히 매우 특이한 것으로서 이제 어떤 전문적인 용어를 부여할 만하다. 러셀과 비트겐슈타인은 그리하여 그것에 대해 "x의 (프레게적인) 진리치" 또는 "x라는 가정"이라는 용어를 부여한 것이다. 결과적으로 앤스컴은 "프레게적인 진리치"와 '가정'에 대한 러셀과 비트겐슈타인의 생각을 정확히 포착하지 못하고 있으며, 더 나아가 프레게의 생각을 해명하는 과정에서 오류를 범하고 있다.

6. 프레게의 수평선 함수 (2)

따라서 이제 우리는 위의 인용문에 이어지는 앤스컴의 다음 언급을 냉정하게 살펴볼 필요가 있다.

낱말 '가정'에 대한 프레게의 사용에 특수한 중요성을 잘못 부여하는 러셀의 언급들은 비트겐슈타인이 그것을 언급하게 된 연원임에 틀림없다. 게다가, 비트겐슈타인은 실제로 러셀의 해석을 받아들였던 것으로 보인다. 왜냐하면 4.063의 끝에 나오는 프레게에 대한 그의 다음 논평은 그렇지 않다면 이해 불가능하기 때문이다. "왜냐하면 그것은 가령 "참" 또는 "거짓"이라 불리는 속성을 지니는 어떤 것(진리치)을 지칭하지 않기 때문이다. 명제의 동사는―프레게가 믿은 것처럼―"참이다"나 "거짓이다"가 아니다. 오히려, "참인" 것은 이미 동사를 포함하고 있어야 한다." 비록 『개념 표기법』에서 프레게는 명제의 동사는 "참이다(is true)"라고 말했지만―이는 「뜻과 지시체에 관하여」에서 그가 거부한 견해이다―그는 결코 '거짓이다(is false)'에 대해서는 이렇게 생각한 적이 없다. 그러나 만일 우리가 「함수와 개념」에서의 그 구절에 대한 러셀의 해석을 수용하기로 한다면, 우리는 프레게에 따르면 다음과 같은 세 가지 단계가 있다고 말해야만 하는데,

(1)   x
(2)   x의 참(the truth of x)
      또는: x의 거짓(the falsehood of x)
(3)   주장의 마지막 단계

이를 우리는 어느 쪽이 옳든지 간에, x의 참이나 x의 거짓을 표시하는 것으로 생각해야 할 것이다. 그리고 **그러한** 견해는 주장된 명제에서―즉 '가정'에서―의 진정한(real) 동사는 '참이다(is true)'와 '거짓이다(is false)'라는 견해로 쉽게 전환될 수도 있을 것이다.[15]

　이미 지적했듯이, 프레게의 생각을 러셀이 잘못 해석했고, 그 잘못된 해석을 비트겐슈타인이 다시 받아들였다는 앤스컴의 생각은 오류이다. 그런데 그녀는 러셀의 잘못된 해석을 비트겐슈타인이 받아들였다는 것을 전제하지 않는다면, 4.063의 마지막 언급이 이해 불가능하게 된다고 주장하고 있다. 또한 케니는 이러한 앤스컴의 생각을 거의 그대로 받아들이면서, 프레게가 4.063에서 왜곡되고 있다(misrepresent)고 주장한다.[16]
　앤스컴과 케니의 이러한 주장이 옳지 않다면, 또 실제로 옳지 않으므

---

15)　Anscombe (1959), p.106.
16)　참고: Kenny (1986), p.66.

로, 우리는 러셀이 프레게의 생각을 (사소한 점을 제외하면) 정확하게 파악했고 또 비트겐슈타인이 그러한 파악과 해석을 정당하게 받아들였다는 점을 인정하면서 4.063의 마지막 언급을 해명할 수 있어야 할 것이다. 그런데 그러한 해명은 우리 가까이에 있다. 앞에서 우리는 x가 명제일 때 **에도**, '── x'와 x는 프레게의 규정에 따르면 완전히 다르다는 점을 지적하였다. 그리고 비트겐슈타인이 "프레게적인 진리치"와 '가정'이라고 부른 것은 '── x'이다. 자, 그렇다면 프레게에게서 "참이다(is true)"라는 동사는 언제 나타나는가? 명백하게도 그 함수에 대해서 왼쪽 수직선, 즉 판단선이 그 수평선에 부착되었을 때이다. 다시 말해, '⊢ x'일 때이다. 이 경우 어떤 판단이 이루어진다. 즉 "x의 진리치는 **참이다**", 또는 "x라는 가정은 **참이다**"와 같은 판단이 이루어지는 것이다. 이 점은 『개념 표기법』의 함수 '── x'에 대해서는 보다 더 분명하다. p가 판단 가능한 내용일 때 프레게에 따르면, '── p'는 "p라는 **상황**" 또는 "p라는 **명제**"로 바꿔 말할 수 있다. 이제 판단 '⊢ p'에 이르면, 이는 "p라는 상황은 참이다" 또는 "p라는 명제는 참이다"로 바꿔 말할 수 있다. 물론 앞에서 지적했듯이, 『개념 표기법』의 '── x'와 「함수와 개념」의 '── x'는 상이하다. 그러나 둘 다 판단선이 그 수평선에 부착되면, 이는 판단이 이루어졌음을 뜻한다는 것, 그리고 그 경우에 동사가 "참이다"라는 점은 같다.

7. 얼룩점 비유에 대한 앤스컴의 해석

그러면 이제 앤스컴이 4.063을 어떻게 해석하고 있는지를 살펴보기로 하자. 그녀는 앞에서 지적했듯이, 그 비유에서는 "검정(black)은 참에 대응하고, 하양(white)은 거짓에 대응한다"고 보고 있으며, "만일 당신이 그 평면 위의 한 점을 가리킨다면, 이는 프레게가 '사상'이라고 부르는 것, 또는 한 문장의 뜻을 가리키는 것과 같으며, 물론 당신은 사실상 검거나 흰 어떤 것을 가리키고 있다."라고 말하고 있다. 그 다음에 이어서 그녀는 다음과 같이 말한다.

> 그러나 비트겐슈타인은 이렇게 말하는데, 그 비유가 적절하지 않은 점은 다음과 같다: 당신은 검정과 하양의 개념을 갖고 있지 않으면서도 한 장의 종이 위에 있는 한 점을 가리킬 수 있다. 그리고 이것에 대응하게 될 것은 참과 거짓의 개념을 갖지 않으면서도 한 사상을 가리키는 것이 될 것이다. '그러나 뜻이 없는 명제에는 아무것도 대응하지 않는다. 왜냐하면 한 명제는 "참" 그리고 "거짓"이라 불리는 속성들을 지니는 어떤 한 대상을 지칭하지 않기 때문이다.' 말하자면, 한 점에 대한 기술이 '검정'과 '하양'이라고 불리는 속성들을 지니는 한 대상을 지칭하는 것과 같이 말이다. 다시 말해, 그 명제가 이미 참 또는 거짓인 것이 아니라면, 그는 그것을 '뜻이 없는' 것이라고 부른다.[17]

나는 앞에서 4.063에서 비트겐슈타인은 "프레게적인 진리치"를 "평면 위의 한 점"에 비유하고 있다고 지적하였다. 그런데 앤스컴은 이 인용문에서 "평면 위의 한 점"에 해당되는 것이 '사상'이라고 간주하고 있다. 그러나 이러한 앤스컴의 해석은 오류이다. 그녀는 러셀과 비트겐슈타인의 "프레게적인 진리치"와 '가정'을 정확하게 포착하지 못하였기 때문에, 그러한 주장을 했을 뿐이다.

다음으로 앤스컴은 위의 비유가 어떤 점에서 적절하지 않다고 비트겐슈타인이 생각했는지에 대해서 아무런 해명도 하지 못하고 있다. 그녀가 주장하듯이 4.063에서 참이 검정에, 거짓이 하양에 비유되고 있다면, 또 "프레게적인 진리치"(또는 '가정')가 아니라 '사상'이 종이 위의 한 점에 해당된다면, 바로 이 비유가 어떤 점에서 부적절하게 되는지에 대해서는 전혀 지적하지 못하고 있는 것이다.

그렇다면 위의 비유는 구체적으로 어떤 점에서 적절하지 않다는 것인가? 비트겐슈타인에 따르면, 이 비유는 "우리는 희다는 게 무엇이며 검다

---

17) Anscombe (1959), p. 58.

는 게 무엇인지를 알지 못하고서도 종이 위의 한 점을 가리킬 수 있다"는 점에서 적절하지 않다. 왜 그러한가? 왜냐하면, 종이 위의 한 점에 대해서는 그러한 경우가 가능한데(가령, 선천적인 시각 장애인의 경우), "프레게적인 진리치"의 경우에는 그 경우와 유사한 상황이 **없기** 때문이다. 다시 말해 참과 거짓의 개념이 주어지지 않는 한, 우리는 '——— x'를 이해할 수 없다. 왜냐하면 x가 명제인 경우에 이 함수는 논항도 진리치라는 대상이고, 그 값도 진리치라는 대상이기 때문이다.

이제 어떤 특수한 경우에 우리가 참이라는 것과 거짓이라는 것이 무엇인지 알지도 못하면서 어떤 명제를 (또는 명제와 유사한 것을) 거론하는 경우가 있다는 것을 주목하자. 그 경우란 다름 아닌, "뜻 없는 명제"의 경우이다. 가령, 우리는 "5는 파랗다"나 "7은 5보다 무겁다"와 같은 표현이 무엇을 뜻하는지 알지 못한다. 즉 우리는 그러한 문장들에 대해서 그것들이 참이 되는 경우나 거짓이 되는 경우가 어떤 것인지를 알지 못한다. 반면에 프레게에게는 ├─ (5는 파랗다)와 ├─ (7은 5보다 무겁다)는 모두 참이다. 왜냐하면 "5", "7", "…는 파랗다", "…은 …보다 무겁다"는 모두 지시체를 갖고 있으며, 그리하여 "5는 파랗다"와 "7은 5보다 무겁다"도 지시체, 즉 거짓을 가질 것이기 때문이다.[18]

요컨대 프레게에 따르면, **어떤** 뜻 없는 명제의 부정은 참이다. 반면에 비트겐슈타인에 따르면 이는 분명히 이상한 결과이며 수용할 수 없는 주장이다. 뜻 없는 명제는 그저 참도 거짓도 아니며, 그것의 부정도 참도 거짓도 아니다. 그리고 프레게가 그러한 이상한 주장을 하게 된 것은 명제가, 특히 이 경우에는 뜻 없는 명제가 어떤 진리치를 지칭한다고 보았기 때문이다. 그리하여 비트겐슈타인은 말한다. "그러나 뜻이 없는 명제에는

---

18) 예컨대 프레게는 그의 미발표 저작인 「논리학 입문」에서 다음과 같이 말한다. "그러나 만일 우리가 수가 아닌 대상을 취하면 어떻게 되는가? 'a는 2보다 크다'로부터 'a'에 한 대상의 고유 이름을 넣음으로써 얻어지는 어떤 문장도 한 사상을 표현하며, 만일 그 대상이 수가 아니라면 물론 이 사상은 거짓이다."(Frege (1979), p. 189)

아무것도 대응하지 않는다. 왜냐하면 그것은 가령 '참' 또는 '거짓'이라 불리는 속성을 지니는 어떤 것(진리치)을 지칭하지 않기 때문이다."

　이제 위의 인용문에서의 앤스컴의 생각을 검토하기로 하자. 앤스컴은 다음과 같이 말하고 있다. "'그러나 뜻이 없는 명제에는 아무것도 대응하지 않는다. 왜냐하면 **한 명제**는 "참" 그리고 "거짓"이라 불리는 속성들을 지니는 어떤 한 대상을 지칭하지 않기 때문이다.' 말하자면, 한 점에 대한 기술이 '검정'과 '하양'이라고 불리는 속성들을 지니는 한 대상을 지칭하는 것과 같이 말이다. 다시 말해, 그 명제가 이미 참 또는 거짓인 것이 아니라면, 그는 그것을 '뜻이 없는' 것이라고 부른다." 그러나 이 언급이 얼마나 부정확한 것인지는 짚고 넘어갈 필요가 있다. 그녀는 "뜻이 없는 명제에는 아무것도 대응하지 않는" 이유는 애초에 한 명제가 "참"이나 "거짓"이라 불리는 속성들을 지니는 어떤 한 대상을 지칭하지 않기 때문이라고 보고 있다. 물론『논고』에서는 한 명제는 어떤 대상을 지칭하지 않으며, 어떤 사실을 기술한다.[19] 그러나 한 명제가 어떤 대상을 지칭하지 않는다는 것이 뜻이 없는 명제에 아무것도 대응하지 않는 이유인가? 물론 한 명제가 어떤 대상을 지칭하지 않는다면, 뜻이 없는 명제도 어떤 대상을 지칭하지 않게 될 것이다. 그런데 바로 이것이 비트겐슈타인이 하고자 하는 말인가? 왜냐하면 이러한 내용은 너무 사소하기 때문이다. 그렇다면 앤스컴은 무슨 오류를 범했는가? 그녀는 원문을 잘못 번역했고 해석했다. 4.063에서 문제가 되는 구절을 살펴보면 그 오류는 명백하다. 즉 비트겐슈타인은 "왜냐하면 **그것은** [즉 뜻이 없는 명제는] "참" 또는 "거짓"이라 불리는 속성을 지니는 어떤 것(진리치)을 지칭하지 않기 때문이다"라고 말했지, 임의의 **한 명제**에 대해서 논의하지 않았던 것이다. 따라서 나는 위의 인용문

---

19) 『논고』에서는 명제와 이름은 본질적으로 그 기능이 상이하다. 이름은 한 대상을 명명하거나(3.221) 대표하거나(3.22) 대리하는(4.0311) 반면, 명제는 한 상황을 표상하거나 (4.0311) 기술하거나(3.144) 묘사하거나(4.031) 전달한다(4.03).

만을 한정하면, 앤스컴은 4.063에 대한 해명에서 전혀 유의미한 기여를 한 바가 없으며, 오히려 왜곡하고 있다고 생각한다.

8. 전기 비트겐슈타인의 프레게 진리 개념 비판

이제 4.063의 마지막 부분을 해명해 보자. "명제의 동사는─프레게가 믿는 것처럼─"참이다"나 "거짓이다"가 아니다. 오히려, "참인" 것은 이미 동사를 포함하고 있어야 한다." 이 언급에 대해서, 앞에서 인용했듯이, 앤스컴은 다음과 같이 말한다.

> 비록『개념 표기법』에서 프레게는 명제의 동사는 "참이다(is true)"라고 말했지만─이는「뜻과 지시체에 관하여」에서 그가 거부한 견해이다─그는 결코 '거짓이다(is false)'에 대해서는 이렇게 생각한 적이 없다.

그러나 내가 아는 한, 프레게는『개념 표기법』어느 곳에서도 "명제의 동사는 "참이다(is true)""라고 말하지 않았다. 문자 그대로, 그러한 표현은 『개념 표기법』에는 나오지 않는다. 그렇다면 앤스컴은 위의 언급에서 오류를 범했거나, 아니라면 어떤 **유사한 언급**을 위와 같이 표현했을 것이다. 그렇다면 그 유사한 언급이란 무엇인가? 나는 다음이라고 생각한다.

> 명제 '아르키메데스는 시러큐스가 함락되었을 때 죽었다'가 다음과 같은 방식으로 표현되는 언어를 상상해 보라: '시러큐스 함락 시의 아르키메데스의 죽음은 사실이다'. 심지어 여기에서도, 만일 혹자가 원한다면, 주어와 술어는 구분될 수 있지만, 주어는 전체 내용을 포함하며, 술어는 그것을 한 판단으로 나타내기 위해서만 사용된다. 그러한 언어는 모든 판단들에 대해서 한 단일한 술어, 즉 '…은 사실이다'(is a fact)를 지니게 될 뿐이다. 여기에서는 일상적인 뜻에서 주어와 술어일 가능성은 없다는 것이 보여질 수 있다. 우리의『개념 표기법』은 그러한 언어이며, 기호 ├ 는 모든 판단들에 대한 그

언어의 공통 술어이다.[20]

이제 이 인용문을 통하여 "…는 참이다"에 해당되는 『개념 표기법』의 표현이 "…는 사실이다"라는 것을 알 수 있다. 즉 어떤 참 명제 p에 대해서, ⊢p는 "p는 사실이다", 즉 "p는 참이다"를 뜻하는 것이다. 그리고 프레게가 '⊢'라는 기호를 그의 중기 철학 이후에도 계속 사용했다는 것은, 앤스컴의 주장과 달리, 그가 "참이다"를 명제에 대한 술어로, 즉 동사로 인정했다는 것을 뜻한다. 또한 프레게는 가령, ⊢⊤ 1 + 2 = 7을 "1 + 2 = 7이 아니다" 또는 "1 + 2 = 7은 거짓이다"로 읽게 될 것이다. 따라서 "…은 거짓이다"도 프레게에는 한 명제의 동사가 될 것이며, 프레게는 "…은 참이다"와 "…은 거짓이다"라고 말함으로써 "한 **사상**의 진리의 인정"[21]이라는 판단에 이른다고 주장하게 될 것이다. 따라서 이제 우리는 위의 앤스컴의 주장과, 더 나아가 앤스컴의 주장을 그대로 수용한 케니의 주장도 전혀 옳지 않다는 것을 알 수 있다.

따라서 프레게가 명제의 동사(또는 술어)를 "참이다"나 "거짓이다"로 믿었다는 비트겐슈타인이 지적은 정당한 것이다. 프레게는 임의의 (잘 형성된) 명제에 대해서 그러한 술어나 동사를 부여함으로써 판단이 이루어진다고 보았다. 그런데 비트겐슈타인에 따르면, 프레게의 그러한 믿음은 잘못이다. 그 첫 번째 근거는 앞에서 논의했듯이, 뜻이 없는 명제의 경우에 이상한 결과를 불러들인다는 것이다. 프레게에게는 ⊢⊤(한라산은 3보다 크다)는 참이지만, 비트겐슈타인의 입장에서는 "한라산은 3보다 크다"는 참도 아니고 거짓도 아니며, 그저 뜻 없는 명제일 뿐이다. 더 나아가 "뜻 없는 것(Unsinn)을 판단하는 일은 불가능하다."(5.5422)

두 번째 근거는 다음의 언급에 제시되어 있다. "오히려, "참인" 것은 이미 동사를 포함하고 있어야 한다." 그렇다면 이 언급이 뜻하는 것은 무엇

---

20) Frege (1997), p. 54.
21) Frege (1997), p. 215.

인가? 나는 그 언급은 비트겐슈타인이 참에 관하여 여러 곳에서 반복해서 말했던 것이라고 생각한다. 그는 1914년 10월 6일 『일기 1914-1916』에서, 그리고 『수학의 기초에 관한 고찰』에서 다음과 같이 말한다.

> "'p'는 참이다'는 p를 제외하면 다른 아무것도 말하지 않는다.[22]

> 왜냐하면 한 문장이 **'참이다'**라는 것은 무엇을 의미하는가? 'p'는 **참이다** = p. (이것이 대답이다.)[23]

이제 명제 p가 참이라고 하자. 그러면 "'p'는 참이다 = p"이다. 다시 말해 p라고 말하는 것과 "'p'는 참이다"라고 말하는 것은 동일하다. 즉 참인 것, 즉 p는 "'p'는 참이다"와 동일하므로, 바로 이러한 의미에서 ""참인" 것은 이미 동사를 포함하고 있어야 한다."

9. 맺는 말

그렇다면 프레게의 진리 개념에 대한 이러한 비트겐슈타인의 비판은 정당하고 적절한가? 나는 이렇게 생각하는데, 넓은 관점에서 보면 그러하다. '참'과 '거짓'은 프레게가 생각하듯이 한 명제가 가리키는 대상이 아니다. 명제는 본질적으로 이름과 달리 어떤 것을 명명하거나 가리키지 않는다. 그리고 전기 비트겐슈타인에 따르면, 명제는 어떤 사실이나 상황에 대한 논리적 그림으로서 어떤 사실이나 상황을 묘사한다. 뜻 없는 명제, 가령 "3은 파랗다"의 부정은 뜻 없는 명제일 뿐이며, 프레게와 같이 참이나 거짓을 가리키지 않는다.

더 나아가, 비트겐슈타인에 따르면, ""p"는 참이다(또는 거짓이다)라고 말할 수 있으려면, 나는 내가 어떤 환경 속에서 "p"를 참이라고 부르는지

---

22) Wittgenstein (1961), p. 9.
23) 비트겐슈타인 (1997), p. 108. 또한 『철학적 탐구』 136절에서도 동일한 내용이 나온다.

확정해야 하며, 이로써 나는 그 명제의 뜻을 확정한다." 다시 말해 한 명제 p의 뜻이 확정되는 것은 첫째, 우리가 어떤 환경 속에서 'p'를 참이라고 부르는지를 확정해야 하고, 둘째, "'p'는 참이다" 또는 "'p'는 거짓이다"라고 말할 수 있어야 한다. 요컨대 한 명제의 진리 조건에 해당되는 것을 알고 있을 때, 또 이에 따라 참 또는 거짓이라고 말할 수 있을 경우에만 그 명제의 뜻이 확정된다는 것이다. 이렇게 비트겐슈타인에게는 참, 거짓, 진리 조건, 그리고 명제의 뜻이 본질적으로 긴밀하게 연결되어 있다. 반면에 프레게에게는 "~(3은 파랗다)"가 주어질 때 이미 그 명제의 구성요소들은 그 뜻과 지시체가 확정되어 있으며, 그리하여 그 명제는 우리의 사용과 관련 없이 참이다.

요컨대 비트겐슈타인과 프레게의 생각은 그 방향이 상이하다. 비트겐슈타인에게는 먼저 진리 조건과 참 또는 거짓에 대한 앎이 먼저 선행되고 그 다음에 한 명제의 뜻이 확정되는데 반해, 프레게에게는 문장의 구성부분의 뜻과 지시체가 선행되고 그 다음에 전체 문장의 진리치가 확정된다. 그러나 이러한 프레게의 시도는 비트겐슈타인에 따르면 뜻 없는 명제의 경우에 분명하게 실패한다. 뜻 없는 명제는 참도 아니고 거짓도 아닌 것이다. 또한 프레게는 가령, "~(3은 파랗다)"를 참이라고 말한다. 그러나 우리는 과연 어떤 환경 속에서 "~(3은 파랗다)"를 참이라고 부르는지 확정했는가? 그러한 확정은 없었으며, 그리하여 "~(3은 파랗다)"의 뜻도 확정되지 않았다. 그저 그것은 뜻이 없을 뿐이다. 그리하여 비트겐슈타인은 다음과 같이 말한다.

> 프레게는 말한다: 정당하게 형성된 모든 명제 각각은 어떤 뜻을 가져야 한다고. 그런데 나는 이렇게 말한다: 모든 가능한 명제 각각은 정당하게 형성되어 있으며, 만일 그것이 뜻을 가지고 있지 않다면, 이는 단지 우리가 그 명제의 몇몇 구성 성분에 아무 **의미**를 주지 못했다는 데에 그 까닭이 있을 수 있을 뿐이라고.
>   (비록 우리가 그 구성 성분들에 의미를 주었다고 믿을지라도.)

그래서 "소크라테스는 동일하다"는, 우리가 **형용사**로서의 그 "동일하다"라는 낱말에 **아무런** 의미도 주지 않았기 때문에, 아무 것도 말하지 않는다. 왜냐하면 만일 그것이 동일성 기호로서 등장한다면, 그것은 전혀 다른 방식으로 상징하며—가리키는 관계는 또다른 하나의 상징 방식이다—따라서 그 두 경우에 그 상징은 전혀 다르기 때문이다; 그 두 상징은 단지 그 기호만을 우연히 서로 공유하고 있을 뿐이다. (5.4733)

그러나 혹자는 이 지점에서 프레게 또한 "'p'는 참이다"와 "p"를 동일한 것으로 보았기 때문에 이러한 비트겐슈타인의 비판은 정당하지 않다고 응수할 수 있다. 가령 프레게는 그의 미발표 저작인 「논리학 입문」("Introduction to Logic")(1906)에서 다음과 같이 말한다. "사실상 실제로는 문장 '2가 소수라는 것은 참이다'(It is true that 2 is prime)는 문장 '2는 소수이다'보다 더 많은 것을 말하지 않는다."[24] 또한 그는 미발표 저작인 「나의 기본적인 논리적 통찰」이라는 글에서 다음과 같이 말한다.

> '참'이라는 낱말에 대해서는 문제는 아주 다르다. 만일 내가 '바닷물이 짜다는 것'이라는 말에 그 낱말을 술어로 부착하면, 나는 마찬가지로 한 사상을 표현하는 한 문장을 형성하게 된다. 앞에서와 같은 이유로 해서, 나는 또한 그 낱말을 종속적인 형태인 '바닷물이 짜다는 것이 참이라는 것'에 놓는다. 이 말들로 표현된 생각은 문장 '바닷물이 짜다는 것'의 뜻과 일치한다. 따라서 낱말 '참'의 뜻은 그 생각에 어떤 본질적인 기여도 하지 않는 것이다. 만일 내가 '바닷물이 짜다는 것은 참이다'라고 주장한다면, 나는 내가 '바닷물은 짜다'라고 주장할 때와 동일한 것을 주장하는 것이다.[25]

따라서 우리는 프레게 또한 "'p'는 참이다"와 "p"를 동일한 것으로 간주했다는 것을 알 수 있다. 하지만 이 지점에서 우리는 이러한 프레게의 생각이 공식적으로 출판된 생각이 아니라는 것, 그리하여 비트겐슈타인은

---

24) Frege (1997), p. 297.
25) Frege (1997), p. 323.

프레게의 출판된 저작에 대해서만 정당하게 비판을 했다는 것을 알 수 있다. 그렇다면 비트겐슈타인은 이러한 프레게의 미발표 생각에 대해 어떻게 비판하게 될 것인가?

(T) 'p'는 참이다 = p

(T)가 성립하는 것은 오직 p가 참이거나 거짓인 명제일 때뿐이다. 즉 p가 참인 명제일 때 (T)의 좌변과 우변은 모두 참이며, 또 p가 거짓일 때 (T)의 좌변과 우변은 모두 거짓이다. 그리고 『논고』에서 뜻 있는 명제는 항상 참이거나 거짓이다. 즉 『논고』의 뜻 있는 명제들에 대해서는 항상 (T)가 성립한다. 반면에 p가 "~(3은 파랗다)"와 같은 뜻 없는 명제라고 하자. 그러면 (T)의 좌변은 참인가 아니면 거짓인가? 아마도 우리는 이 물음에 대해 망설이게 될 것이다. 우리는 "'~(3은 파랗다)'는 참이다"가 거짓이라고 대답할 수도 있고 뜻이 없다고 대답할 수도 있을 것이며, 심지어 참이라는 대답도 가능할 것이다. 그런데 프레게의 생각에 따르면, "~(3은 파랗다)"뿐만 아니라 "'~(3은 파랗다)'는 참이다"도 참이다. 이렇게 파악될 때에만 프레게에게는 (T)가 성립할 것이다. 그렇다면 비트겐슈타인은 다음과 같이 비판하게 될 것이다. 프레게의 의미 이론에 따라 한 명제의 지시체가 진리치라고 하자. 그리하여 참인 명제는 참을 가리키고, 거짓인 명제는 거짓을 가리킨다고 하자. 그러나 설령 그렇다 할지라도, 뜻이 없는 명제는 어떤 것을 가리키지 않는다. 왜냐하면 그것은 참도 아니고 거짓도 아니고 또 어떤 확정된 뜻도 갖고 있지 않기 때문이다. 따라서 프레게는 (T)에서 'p'에 뜻 없는 명제를 대입해서는 안 된다.[26]

---

26) 한 심사위원은 이렇듯 전기 비트겐슈타인의 진리 이론이 진리 잉여설과도 관련이 있으므로, 『논고』의 진리 이론이 단순히 대응 이론이라고 규정될 수 있는지 매우 정당한 비판을 해주었다. 나는 이러한 지적이 매우 중요하다고 생각한다. 따라서 『논고』의 진리 개념을 어떻게 위치시킬 것인지 심도 있는 논의가 앞으로 더 필요할 것이다. 이 자리를 빌려 유익한 논평을 해주신 두 분의 심사위원께 깊이 감사드린다.

4
『논리-철학 논고』의
일반성 개념에 관하여

1. 들어가는 말

비트겐슈타인은 『논리-철학 논고』(이하 '『논고』'로 약칭함)에서 다음과 같은 언급으로 일반성[1]에 대한 자신의 생각을 전개하기 시작한다.

ξ의 값들이 x의 모든 값들에 대한 함수 fx의 값 전체라면, $N(\bar{\xi}) = \sim(\exists x).fx$ 가 된다. (5.52)

이 짧은 언급에 이어서 비트겐슈타인은 일반성에 대한 프레게와 러셀의 생각을 다음과 같이 비판한다.

나는 **모든**이란 개념을 진리함수로부터 분리시킨다.

프레게와 러셀은 일반성을 논리적 곱이나 논리적 합과 결부시켜 도입하였다. 그래서 그 두 관념이 모두 포함되어 있는 명제 "$(\exists x).fx$"와 "$(x).fx$"를 이

---

1) 일반성이란 어떤 전체에 속하는 대상들 전부에 대해서 거론할 때 그 명제가 지니게 되는 속성을 말한다. 그렇게 거론하고자 할 때 우리는 '모든'이나 '어떤'이라는 말을 사용하는데, 전자에 대해 '전칭'(또는 '보편')이라는 말이 대응되고 후자에 대해 '특칭'(또는 '존재')이라는 말이 대응된다. 그리하여 일반 명제는 보편 명제(전칭 명제)와 존재 명제(특칭 명제)로 구분되며, 전자는 "모든 사람은 죽는다"와 같은 명제이고, 후자는 "어떤 사람은 한국인이다"와 같은 명제이다

해하기가 어렵게 되었다. (5.521)

하지만 이러한 언급들은 여러 의문을 불러일으킨다. 첫째, 우리는 도대체 5.52를 어떻게 해석해야 하는가? 램지는 "'모든 x에 대해서 fx'가 'fx'의 모든 값들의 논리적 곱, 즉 fx₁ 그리고 fx₂ 그리고 fx₃ 그리고 …의 결합과 동치(…)라는 비트겐슈타인 씨의 견해"라고 말한다. 과연 이러한 램지의 해석은 적절한가? 한편, 비트겐슈타인은 자신이 "**모든**이란 개념을 진리함수로부터 분리시킨다"라고 말하고 있다. 그렇다면 그는 5.52에서 그 둘을 어떻게 분리시키고 있는가?

둘째, 비트겐슈타인은 프레게와 러셀이 "일반성을 논리적 곱이나 논리적 합과 결부시켜 도입하였다"라고 주장한다. 그러나 과연 실제로 프레게와 러셀은 일반성을 논리적 곱이나 논리적 합을 기반으로 도입하였는가? 앤스컴(G. E. M. Anscombe)은 그러한 주장은 일반성에 대한 (그녀가 생각하는바) 비트겐슈타인의 특이한 생각에서 기인한 것이라고 주장한다. 케니(A. Kenny)는 비트겐슈타인이 어떤 정당한 근거도 없이 그러한 주장을 하고 있을 뿐이라고 주장한다. 그러나 과연 이들의 주장은 옳은가?

셋째, 『논고』의 서론을 쓴 러셀은 "연언과 선언으로부터 일반 명제들을 도출해 내는 비트겐슈타인의 이론"이라고 말한다. 그러나 비트겐슈타인은 5.521에서 프레게와 러셀이 일반성을 논리적 곱이나 논리적 합과 결부시켜 도입하였다고 비판하고 있다. 다시 말해 비트겐슈타인이 프레게와 러셀에게 가한 비판을 러셀은 역으로 비트겐슈타인에게로 돌리고 있는 것이다. 그렇다면 어느 쪽이 옳은가? 이 사건의 진상은 무엇인가?

넷째, 비트겐슈타인은 프레게와 러셀의 일반성에 대한 설명이 명제 "(∃x).fx"와 "(x).fx"를 이해하기 어렵게 만들었다고 비판하고 있다. 그렇다면 비트겐슈타인은 왜 그들의 설명이 그러한 명제들을 이해하기 어렵게 만들었다고 간주하고 있는가? 앤스컴은 그러한 명제들의 그림의 성격이 모호하게 되기 때문이라고 주장한다. 그러나 과연 그녀의 주장은 옳은가?

다섯째, (나중에 살펴보겠지만) 러셀과 램지는 5.52에서 비트겐슈타인이 무한 연언(infinitary conjunction)을 인정했다는 것을 주장하고 있다. 반면에 (앤스컴의 견해를 받아들이는) 케니와 글록(H. Glock)은 이를 부인한다. 더 나아가 그들은『논고』가 정합적이려면 '유한성 공리'가 필요하다고 주장한다. 그러나 과연 이들의 주장은 옳은가?

나는 이 글에서 이러한 의문들에 대해 대답하면서 비트겐슈타인의 일반성 개념을 해명하고자 한다. 이러한 의문들과 문제들은 서로 긴밀하게 얽혀 있다. 나는 다음을 보이고자 노력할 것이다. 램지를 제외하면, 위에서 거론된 앤스컴, 글록, 케니 등은 일반성에 대한 비트겐슈타인의 생각을 정확하게 파악하는 데 실패하고 있으며, 그들의 주장은 결코 정당하지 않다. 또한 논리학사의 관점에서 보면 5.52는 매우 중요한 의의를 지닌다. 즉 그것은 무한 논리학(infinitary logic)의 가능성과 모델 이론에서의 논의 영역(universe of discourse)의 개념을 최초로 예견하고 있다.

2. 무한 연언과 무한 선언

먼저 5.52를 해명하기로 하자.

> ξ의 값들이 x의 모든 값들에 대한 함수 fx의 값 전체라면, $N(\bar{\xi}) = {\sim}(\exists x)fx$ 가 된다. (5.52)

『논고』 5.52에서 "ξ"는 명제 변항이다. 그리고 "$(\bar{\xi})$"는 "명제들을 항으로 가지는 괄호 표현"이다. 그래서 예컨대 ξ가 P, Q, R이라는 3개의 값을 가진 것이라면, $(\bar{\xi})$=(P, Q, R)이다.(5.501)[2] 또한 $N(\bar{\xi})$는 명제 변항 ξ의 값들 전체의 [동시] 부정이다.(5.502) 가령 ξ가 오직 하나의 값만 가진다면,

---

2) "나는 명제들을 항으로 가지는 괄호 표현을—그 괄호 속에 든 항들의 순서가 아무래도 상관없을 때—"$(\bar{\xi})$"라는 형식의 기호로 나타낸다. "ξ"는 괄호 표현의 항들을 그 값으로 가지는 하나의 변항이다. 그리고 그 변항 위의 선은 그 변항이 괄호 속에 들어 있는 그 변항의 값들 전부를 대표한다는 것을 나타낸다."(5.501)

$N(\bar{\xi})=\sim p$이고, ξ가 두 개의 값을 가진다면, $N(\bar{\xi})=\sim p \,\&\, \sim q$이며, 세 개의 값을 가진다면, $N(\bar{\xi})=\sim p \,\&\, \sim q \,\&\, \sim r$이다.(5.51)

마찬가지로 x의 모든 값들이 가령, a, b, c, d라면, ξ의 값들은 x의 모든 값들에 대한 함수 fx의 값 전체이므로 그 값들은 fa, fb, fc, fd이고, 따라서 $N(\bar{\xi}) = \sim fa \,\&\, \sim fb \,\&\, \sim fc \,\&\, \sim fd = \sim(\exists x)fx = (x)\sim fx$이다. 자, 그렇다면 x의 모든 값들이 **무한**하게 많다면, 또는 『논고』에서 대상들이 **무한**하게 많다면 어떻게 되는가? 그 대답은 다음과 같다: 즉 x의 모든 값들이 a, b, c, d, …라면, $N(\bar{\xi}) = \sim fa \,\&\, \sim fb \,\&\, \sim fc \,\&\, \sim fd \,\&\, \cdots = \sim(\exists x)fx = (x)\sim fx$ 이다. 또한 x의 모든 값들이 a, b, c, d, …라면, $(\exists x).fx = fa \lor fb \lor fc \lor fd \lor \cdots$이다.

그런데 이 지점에서 다음의 물음이 제기될 수 있다. 즉 "$\sim fa \,\&\, \sim fb \,\&\, \sim fc \,\&\, \sim fd \,\&\cdots$"는 연언 명제인가? 또한 "$fa \lor fb \lor fc \lor fd \lor \cdots$"는 선언 명제인가? 우리가 보통 연언 명제나 선언 명제라고 부르는 것은 p&q나 p∨q∨r과 같이 연언지와 선언지가 유한하게 많은 경우이다. 반면에 연언지와 선언지가 무한하게 많은 경우에는 어떻게 되는가? 이는 우리의 어법의 문제이다. 즉 우리는 유한한 경우와 무한한 경우 간의 **유사성**을 주목하면서 무한한 경우에도 연언 명제나 선언 명제라고 부를 수 있고, 그 **차이**를 강조하면서 연언 명제나 선언 명제가 아니라고 간주할 수도 있다. 가령 우리는 $1 + 1/2 + 1/2^2 + 1/2^3 + \cdots$을 1 + 2 + 3과 같이 (유사성에 주목하여) 합이라고 부를 수도 있고, (차이를 유념하면서) 합이 아니라 극한이라고 간주할 수도 있다. 또한 이는 "$\aleph_0$은 수인가?"라는 물음과 유사하다. 현대 집합론에서는 $\aleph_0$을 '초한 수'라고 부른다. 마찬가지로 우리는 "$\sim fa \,\&\, \sim fb \,\&\, \sim fc \,\&\, \sim fd \,\&\, \cdots$"를 (실제로 현대 논리학에서 부르는 것처럼) "무한 연언"(infinitary conjunction) 명제(논리식), "$fa \lor fb \lor fc \lor fd \lor \cdots$"를 "무한 선언"(infinitary disjunction) 명제(논리식)라고 부를 수 있다.

그렇다면 비트겐슈타인은 『논고』에서 "$fa \,\&\, fb \,\&\, fc \,\&\, \cdots$"를 ("$fa \lor fb \lor fc \lor fd \lor \cdots$"를) 연언 명제로(선언 명제로) 간주했는가? 이 물음에 대

답하기 위해서는 이 물음보다 더 근본적인 물음을 다루어야 한다. 즉 『논고』에서 "fa & fb & fc & …"와 같은 표현은 허용되는가? 즉 무한한 연언지를 지니는 표현이 적법한 것으로 간주되고 있는가 하는 것이 문제인 것이다. 그 대답은 "그렇다"이다. 5.52의 "ξ의 값들이 x의 모든 값들에 대한 함수 fx의 값 전체라면"에서 "x의 모든 값들"은 무한하게 많을 수 있다. 무한하게 많을 수 있는 경우를 명시적으로 금지하는 언급은 『논고』 어디에도 없다. 더구나 "x의 모든 값들"이 『논고』의 대상들의 이름일지라도 그러하다. 왜냐하면 비트겐슈타인은 『논고』의 대상들이 무한한 경우를 결코 배제하지 않았기 때문이다. 이 점은 다음의 언급들을 살펴보면 확인된다.

> 설령 세계가 무한히 복합적이어서, 모든 사실 각각이 무한히 많은 사태들로 이루어지고 모든 사태 각각이 무한히 많은 대상들로 합성되어 있을지라도, 대상들과 사태들은 그래도 역시 존재하지 않으면 안 될 것이다. (4.2211)

> 무한성의 공리가 말하려 하는 것은 상이한 의미를 지닌 무한히 많은 이름들이 존재한다는 점에 의하여 언어에서 표현될 수 있을 것이다. (5.535c)

또한 비트겐슈타인은 『논고』 이전에 작성한, 『일기 1914-1916』에서 다음과 같이 말하고 있다.

> "$1 + x/1! + x^2/2! + \cdots$"와 같이 [줄임]**점들을 지니고 있는** 무한급수에 대한 수학적 기호법은 그렇게 확장된 일반성의 한 예이다. 하나의 법칙이 주어지고 적혀 있는 항들은 하나의 예시로 기능한다.
>   이러한 방식으로 (x)fx는 "fx.fy.…"로 쓸 수 있을 것이다.[3]

뿐만 아니라 비트겐슈타인은 러셀의 『논고』 서론을 읽은 후에 러셀에게 보낸 편지에서 다음과 같이 말하고 있다. "선생님께서 "N($\bar{\xi}$)"가 또한 ∼p∨∼q∨∼r∨…를 의미하게끔 만들어질 수도 있다고 말한 것은 아주

---

3) Wittgenstein (1961), p. 49.

옳습니다."[4] 여기에서 비트겐슈타인은 무한한 선언지를 지니는 표현이 『논고』에서 허용된다는 것을 명시적으로 말하고 있다.

마지막으로 『논고』 이후에 비트겐슈타인이 일반성에 대한 『논고』의 생각을 어떻게 평가하고 있는지에 대해 무어가 기록한 「비트겐슈타인의 강의」(Wittgenstein's Lectures)를 살펴보면, 우리는 『논고』에서의 비트겐슈타인의 생각이 무엇이었으며, 또 그가 그 이후에 어떤 생각을 했는지를 가늠할 수 있다.

> 그는 다음과 같이 말했다. 그가 『논고』를 썼을 때, 그는 **모든** 그러한 일반 명제들이 "진리 함수들"이라고 가정했다. 그러나 그는 이것을 가정하면서 오류를 범했다고 말했다. 이는 수학의 경우에 공통된 것이며, 예를 들면 1 + 1 + …가 합이라고 가정하는 오류이다. 반면에 그것은 단지 **극한**일 뿐이며, dx/dy가 몫(quotient)이라는 것도 마찬가지인데 이 또한 **극한**(limit)일 뿐이다. 그는 (x).fx가 fa . fb . fc …에 의해 대치될 수 있다는 사실에 의해 오도되었고, 후자의 표현이 항상 논리적 곱인 것은 아니라는 것, 그것은 만일 [줄임]점들이 그가 부른바 "게으름의 [줄임]점들"이라면 그 때에만―"A, B, C, …"에 의해 알파벳을 우리가 나타낼 때와 같이―논리적 곱이라는 것, 그리하여 [알파벳의 경우] 그 전체 표현은 한 열거에 의해 대치될 수 있다는 것, 그러나 예컨대 우리가 기수들을 1, 2, 3, …에 의해 나타낼 때에는 논리적 곱이 아니라는 것, 그리고 여기에서 [줄임]점들은 "게으름의 [줄임]점들"이 아니며, 전체 표현은 한 열거에 의해 대치될 수 없다는 것을 보지 못했다고 말했다.[5]

이 인용문을 보면 비트겐슈타인이 『논고』에서 1 + 1 + …을 합이라고 하는 것처럼 ~p∨~q∨~r∨…을 논리적 합이라고 간주했다는 것을 알 수 있다. 하지만 이제 그는 그러한 자신의 예전 생각을 비판하고 있는데, 1

---

4) Wittgenstein (1961), p. 130.
5) Wittgenstein (1993), pp. 89-90.

+ 1 + …이 합이 아니라 극한인 것처럼, ~p∨~q∨~r∨…도 더 이상 논리적 합이 아니라는 것이다.

이제 우리는『논고』에서 무한한 연언지(선언지)를 가지는 표현을 허용했다는 것을 알 수 있다. 그리고 위의 무어의 보고를 보면 비트겐슈타인이 ~p∨~q∨~r∨…이 논리적 합이라고, 즉 "선언 명제"라고 간주했다는 것을 알 수 있다. 그러한 선언 명제는 현대 논리학에서는 "무한 선언"이라고 부르는 것이다. 현대 논리학에서는 무한 연언과 무한 선언을 다루는 논리를 무한 논리학(infinitary logic)이라고 부른다. 따라서 우리는『논고』의 5.52가 이러한 무한 논리학의 가능성을 최초로 예견한 언급이라고 말할 수 있다.[6] 왜냐하면 프레게나 러셀의 논리학에서는 무한 연언이나 무한 선언이 전혀 거론된 바가 없기 때문이다.

3. ξ- 조건

그런데 러셀은 그가 쓴『논고』의 서론에서 "연언과 선언으로부터 일반 명제들을 도출해 내는 비트겐슈타인의 이론"이라고 말한다.[7] 그는 다음과 같이 말한다.

"~p"와 "p∨q"로부터 다른 진리 함수들로의 전개는『수학 원리』첫머리에 자세히 기술되어 있다. 이는 우리의 진리 함수의 논항들인 명제들이 열거에 의해서 주어져 있을 때 필요한 모든 것을 제공한다. 그러나 비트겐슈타인은 매우 흥미로운 분석에 의해서 그 과정을 일반적 명제들에까지, 즉 우리의 진리 함수의 논항들인 명제들이 열거에 의해 주어지지 않고, 어떤 조건을 만족시키는 모든 것으로서 주어지는 경우에까지 확장하는 데 성공하고 있다. 예를 들어 fx가 'x는 사람이다'와 같은 명제 함수(즉 명제들을 값으로

---

6) 이를 최초로 정확히 지적한 철학자는 램지이다. 램지는 다음과 같이 말한다. "이전의 어떤 저자들도 진리 함수들을 유한한 수의 논항들보다 많을 수 있는 것으로 간주하지 않았기 때문에, 이는 가장 중요한 혁신이다."(Ramsey (1931), pp. 7-8)
7) 비트겐슈타인 (2006a), p. 131.

가지는 함수)라고 하자. 그러면 fx의 다양한 값들은 명제들의 어떤 한 집합을 형성한다. 우리는 "~p.~q"라는 관념을 확장해서, fx의 값이 되는 모든 명제들의 동시적 부정에까지 적용할 수 있을 것이다. 이런 방식으로 해서 우리는 수리 논리학에서 보통 "fx는 x의 모든 값에 대해 거짓이다"라는 말로 표현되는 명제에 도달한다. (…) 일반 명제들을 다루는 비트겐슈타인의 방법은 다음과 같은 사실에 의해 이전의 방법들과 다르다: 일반성은 관련된 명제들의 집합을 제시하는 데에서만 나타나며, 이것이 이루어졌을 때 진리 함수의 구성은 유한수의 열거된 논항들 p, q, r, …의 경우와 꼭 같이 진행된다.[8]

이 인용문을 보면 우리는 러셀이 5.52와 관련된 비트겐슈타인의 생각들을 **어느 정도는** 정확하게 파악하고 있다는 것을 알 수 있다. 러셀은 비트겐슈타인이 "진리 함수의 논항들인 명제들이 열거에 의해 주어지지 않고, 어떤 조건을 만족시키는 모든 것으로서 주어지는 경우에까지" 일반 명제들에 대한 진리 함수들로의 전개에서 성공하고 있다고 지적하고 있다. 또한 위의 마지막 문장에서는 일반 명제를 다루는 "비트겐슈타인의 방법"이 어떤 점에서 새로운 것인지에 대해서도 "일반성은 관련된 명제들의 집합을 제시하는 데에서만 나타나며, 이것이 이루어졌을 때 진리 함수의 구성은 유한수의 열거된 논항들 p, q, r, …의 경우와 꼭 같이 진행된다."라고 말함으로써, 앞에서 우리가 논의한 무한 연언과 무한 선언을 러셀이 염두에 두고 있다는 것도 알 수 있다.

그런데 비트겐슈타인은 자신의 일반성 개념을 러셀이 정확하게 파악하지 못했다고 간주한다. 그는 러셀에게 보낸 편지에서, 러셀의 서문에 대해 다음과 같이 대답한다.

저는 기존의 일반성에 대한 기호법에서 그것 안에 있는 진리 함수인 것과 순수하게 일반성인 것을 어떻게 제가 분리하고 있는지 그 방법을 선생님께

---

8) 비트겐슈타인 (2006a), pp. 129-130.

서 이해하지 못했다고 생각합니다. 한 일반 명제는 어떤 형식의 **모든 명제들**의 진리 함수입니다.[9]

선생님께서 "N($\bar{\xi}$)"가 또한 ~p∨~q∨~r∨…를 의미하게끔 만들어질 수도 있다고 말한 것은 아주 옳습니다. 그러나 이는 문제가 되지 않습니다! 저는 선생님께서 기호법 "ξ"를 이해하지 못했다고 생각합니다. 그것은 "ξ의 모든 값들에 대해서 …"를 의미하지 않습니다. 그러나 그것에 대해서 모든 것은 제 책 속에서 말해졌고 저는 그것을 다시 쓸 수 없다고 느낍니다.[10]

그렇다면 비트겐슈타인이 생각하는 바, 러셀은 무엇을 정확하게 파악하지 못했는가? 비트겐슈타인에 따르면 그것은 두 가지다. 첫째, 러셀은 비트겐슈타인의 기호법 "ξ"를 이해하는 데 실패했다. 러셀은 명제의 일반적 형식 [$\bar{P}$, $\bar{\xi}$, N($\bar{\xi}$)]를 해설하면서 "$\bar{\xi}$는 명제들의 임의의 집합을 나타낸다."[11]라고 말했는데, 바로 이것이 잘못되었다는 것이다. 앞에서 확인했듯이, "($\bar{\xi}$)"는 "명제들을 항으로 가지는 괄호 표현"이며, 그리하여 예컨대 ξ가 P, Q, R이라는 3개의 값을 가진 것이라면, ($\bar{\xi}$)=(P, Q, R)이다.(5.501) 그리고 이 등식에서 $\bar{\xi}$가 "그 변항이 괄호 속에 들어 있는 그 변항의 값들 전부를 대표한다는 것"(5.501)을 알 수 있다. 그렇기 때문에, "$\bar{\xi}$는 명제들의 임의의 집합을 나타낸다."라는 러셀의 설명은 옳지 않다.

둘째, 비트겐슈타인에 따르면, 러셀은 비트겐슈타인이 진리함수와 순수한 일반성을 분리시키는 방법을 이해하지 못하고 있다. 자, 그렇다면 비트겐슈타인은 그 양자를 어떻게 분리시키고 있는가? 우리는 이를 5.52에서 확인할 수 있다. 5.52는 조건문 형태로 이루어져 있다.

---

9)   Wittgenstein (1961), p. 130.
10)   Wittgenstein (1961), p. 130.
11)   비트겐슈타인 (2006a), p. 130.

ξ의 값들이 x의 모든 값들에 대한 함수 fx의 값 전체라면, $N(\bar{\xi}) = \sim(\exists x)fx$ 가 된다. (5.52)

여기에서 전건 "ξ의 값들은 x의 모든 값들에 대한 함수 fx의 값 전체이다"는 매우 중요한데, 왜냐하면 이 조건을 간과하면 비트겐슈타인의 생각을 완전히 놓치는 꼴이 될 것이기 때문이다. 나는 이 조건을 "ξ-조건"이라고 부르고자 한다. ξ-조건을 거론하지 않으면서, 예컨대 보편 양화 명제와 무한 연언 명제를 동일시한다면 이는 『논고』의 생각을 잘못 파악하는 것이다.[12] 가령 포겔린(R. Fogelin)은 다음과 같이 말한다.

러셀은 자신의 『논고』 서론에서, "연언들과 선언들로부터 일반 명제들을 도출하는 비트겐슈타인 씨의 이론"에 대해 이야기한다. 러셀이 염두에 두고 있는 것은 보편 양화 표현 (x)Fx를 다음의 연언, 즉

　　Fa & Fb & Fc & …

와 동일화하는 것이고 또 존재 양화 표현 ($\exists$x)Fx를 다음의 선언, 즉

　　Fa $\vee$ Fb $\vee$ Fc $\vee$ …

와 동일시하는 것이다. 그렇다면, 그 생각이란 우리는 함수 Fx의 **모든** 값들로부터 적절한 연언과 선언을 구성함으로써 이들 양화 진술을 구성할 수 있다는 것이다.[13]

여기에서 포겔린의 지적이 옳다면 러셀은 오류 가까이에 접근하고 있는데, 왜냐하면 ξ-조건 없이 (x)Fx와 Fa & Fb & Fc & …"를 동일화하는 것은 오류이기 때문이다. 물론 포겔린은 "함수 Fx의 **모든** 값들로부터"라는 어구를 첨가함으로써 러셀이 단순히 양자를 동일화한 것은 아니라는 점을 지적하고 있다. 그러나 여기에서 가장 본질적인 것이 ξ-조건이라는 점은

---

12) 킬미스터는 바로 이러한 오류를 범하고 있다. 참고: Kilmister (1984), p. 202, p. 212.
13) Fogelin (1987), pp. 60-61.

아무리 강조해도 지나치지 않다. 러셀 또한 위의 인용문에서 ξ-조건에 해당되는 것을 "일반성은 관련된 명제들의 집합을 제시하는 데에서만 나타난다."라는 언급으로 서술하고 있다. 그러나 불행하게도 그는 ξ-조건의 중요성을 간과하고서 "연언과 선언으로부터 일반 명제들을 도출해 내는 비트겐슈타인의 이론"이라고 말하고 있다. 그가 말해야 했던 것은 "**ξ-조건 하에서** 연언과 선언으로부터 일반 명제들을 도출해 내는 비트겐슈타인의 이론"이었던 것이다.[14]

따라서 이제 우리는 "ξ-조건"이 주어질 때에만, 즉 그러한 조건 하에서만, 보편 양화 명제가 연언 명제와 동치이고, 존재 양화 명제가 선언 명제와 동치라는 것을 알 수 있다. 다시 말해, 5.52에 따르면, 특정한 조건(즉 ξ-조건) 하에서만 보편 양화 명제와 연언 명제는 동치이며, 그러한 조건을 무시한다면 일반적으로는 양자가 동치라고 말할 수 없는 것이다. 바로 이러한 방법으로 비트겐슈타인은 보편 양화 명제와 연언 명제를 분리시키고 있다.

4. ξ-조건과 논의 영역

앞에서 우리는 『논고』의 일반성 개념과 관련하여 ξ-조건의 결정적 역할을 살펴보았다. 그런데 이렇게 파악하는 순간 매우 미묘한 문제가 발생한다. 먼저 『논고』를 포기한 후에 1930년대에 비트겐슈타인이 일반성에 대

---

14) 나는 비트겐슈타인의 일반성에 대한 포겔린의 설명 또한 바로 이러한 러셀의 수준에 머물고 있다고 생각한다. 그는 다음과 같이 말한다. "나는 이렇게 생각하는데, 다음이 일반 명제들에 대한 비트겐슈타인 설명의 전체 이야기이다: 일반성은 **오직** 한 명제 함수에 의해 관련된 명제들의 집합을 명시하는 것(specifying)에서**만** 온다. 나머지 모든 것은 기술적인 문제(technical detail)이다."(Fogelin(1987), p.63) 이 언급을 보면 그가 ξ-조건의 중요성을 어느 정도 감지하고 있는 것처럼 보일 수 있다. 그러나 이는 그저 러셀의 언급을 반복하는 것에 지나지 않으며, 또 그 이후의 논의를 보면 그 또한 러셀과 같이 ξ-조건의 중요성을 충분히 파악하지 못하고 있다. 참고: Fogelin (1987), pp. 63-66.

한 자신의 생각에 대해 어떻게 평가하고 있는지를 살펴보기로 하자. 무어는 「비트겐슈타인의 강의」(Wittgenstein's Lectures)에서 다음과 같이 보고하고 있다.

> 『수학 원리』의 표기법을 사용하면서, 그는 우리에게 두 명제 "(x).fx는 fa를 함축한다"와 "fa는 (ɪx).fx를 함축한다"에 대해 생각해 볼 것을 요구하였다. 그는 (x)fx가 논리적 곱 "fa . fb . fc …"와 동일하고, 또 (ɪx).fx는 "fa ∨ fb ∨ fc …"와 동일하다고 말하려는 유혹이 있으며, 자신은 『논고』에서 그 유혹에 굴복하였는데, 하지만 이는 두 경우에 모두 실수였다고 말했다. 그 실수가 정확하게 어디에 놓여 있는지를 분명하게 밝히기 위해, 그는 먼저 "이 방에 있는 사람은 모두 모자를 하나 지니고 있다"(나는 이 명제를 "A"라고 부르겠다)와 같은 보편 명제의 경우에, 설령 스미스, 존스, 그리고 로빈슨만이 그 방에 있는 사람들일지라도, 그 논리적 곱 "스미스는 모자를 하나 지니고 있고 존스는 모자를 하나 지니고 있고 로빈슨은 모자를 하나 지니고 있다"가 A와 동일할 수 없는 것이 가능한데, 왜냐하면 A를 함축하는 한 명제를 얻기 위해서는, 우리는 명백하게도 "그리고 스미스, 존스, 그리고 로빈슨만이 그 방에 있는 사람들이다"를 덧붙여야 하기 때문이다. 그러면서 이 점을 그는 『논고』에서 알고 있었고 실제로 말했다고 먼저 말했다.[15]

이 인용문을 보면, 비트겐슈타인은 자신이 『논고』에서 (x)fx가 "fa . fb . fc …"와 동일하고, 또 (ɪx).fx는 "fa ∨ fb ∨ fc …"와 동일하다고 말하려는 유혹에 굴복했다고 말하고 있다. 그러면서 그는 자신의 실수가 무엇이었는지를 밝히기 위해 다음의 두 명제를 다루고 있다.

(A) 이 방에 있는 사람은 모두 모자를 지니고 있다
(B) 스미스는 모자를 지니고 있고 존스는 모자를 지니고 있고 로빈슨은 모자를 지니고 있다

---

15) Wittgenstein (1993), p. 89.

이제 비트겐슈타인은 (A)와 (B)가 동등한 것인지를 묻고 있다.[16] 그에 따르면 설령 그 방에 있는 사람이 스미스와 존스와 로빈슨이 전부일지라도 (A)와 (B)는 동등하지 않다. 그러면서 그는 "(A)를 함축하는 한 명제를 얻기 위해서는", 다음의 명제를 **덧붙여야 한다**고 말하고 있다.

> (C) 이 방에 있는 사람은 스미스와 존스와 로빈슨뿐이다.

이제 (C)가 다음의 (D), (E)와 동등하다는 것을 주목하자.

> (D) 이 방에 있는 모든 사람은 스미스와 존스와 로빈슨이다.
> (E) 스미스와 존스와 로빈슨을 제외한 다른 모든 사람은 이 방에 없다.

다시 말해서 (C)는 보편 명제인 것이다. 그런데 위의 인용문에서 (C)를 **덧붙인다**는 것은 무슨 뜻인가? 비트겐슈타인은 "이 점을 그는 『논고』에서 **알고 있었고 실제로 말했다**"고 말하고 있다. 그런데 우리는 앞에서 『논고』에서 논의된 것은 곧 ξ-조건이라고 지적하였다. 따라서 앞의 논의가 옳다면, (C)를 덧붙인다는 것은 곧 ξ-조건을 부여한다는 것을 뜻한다. 즉 (C)라는 **조건이 주어지면**, 또는 (C)라는 **조건 하에서** (A)와 (B)가 동등하다는 것이다. 즉 (C) ⊃ ((A) ≡ (B))이다.

그러나 위의 인용문을 음미해 보면 명시적으로 드러나 있는 것은 (B) & (C)가 (A)를 함축한다는 것이다. 그리고 더 나아가 비트겐슈타인은 슐리크와 바이스만과의 대화에서 다음과 같이 말한다.

> 나는 먼저 일상적인 '모든'에 대해, 예컨대 '이 방에 있는 모든 사람은 바지를 입고 있다'에 대해 이야기하고자 한다. 나는 이를 어떻게 아는가? 그 문장

---

16) 혹자는 이 지점에서 (A)가 (x)(Px ⊃ Qx) 또는 (x)[(Px & Rx) ⊃ Qx] 형식의 명제이므로, 위의 인용문에서와 같이 비트겐슈타인이 (A)를 (x)fx 형식의 명제로 파악하는 것은 오류라고 간주할 수도 있을 것이다. 그러나 이는 그렇지 않다. 즉 우리는 fx를 Px ⊃ Qx나 (Px & Rx) ⊃ Qx로 정의할 수 있다.

은 '슐리크 교수는 바지를 입고 있고, 바이즈만은 바지를 입고 있고, 비트겐 슈타인은 바지를 입고 있고, 그 외의 다른 어떤 사람도 이 방에 없다'를 의미한다. 모든 완전한 열거는 '그리고 그 외의 다른 것은 그렇지 않다'라는 말로 끝나야 한다. 이는 무엇을 의미하는가? 한 가지 생각은 '카르납 씨는 이 방에 없고, 아무개 씨는 … 등'이라고 말하게끔 하는 것이다. 그리고 여기에서 기대하게 될 명제는 '이것들이 모든 것들이다'인데, 이 명제는 존재하지 않는다.[17]

이 인용문을 보면, 비트겐슈타인은 $((B)\&(C)) \supset (A)$가 아니라 오히려 $(A) \equiv ((B)\&(C))$를 언급하고 있다. 여기에서 우리는 비트겐슈타인이 $(A) \supset ((B)\&(C))$가 보편 명제의 의미에 의해서 성립한다는 것을 받아들이고 있다는 것을 알 수 있다.[18] 따라서 (C)를 덧붙인다는 것은 (A)와 $((B)\&(C))$가 동치라는 점에 있다.

따라서 (C)를 덧붙인다는 것이 무엇인지에 대해 두 가지 해석이 가능하다. 하나는 $(C) \supset ((A) \equiv (B))$이고, 다른 하나는 $(A) \equiv ((B)\&(C))$이다. 그렇다면 어느 쪽이 옳은가? 이는 양자가 동치라면 아무 문제도 불러일으키지 않을 것이다. 그러나 과연 그 둘은 동치인가? 그렇지 않다! 왜냐하면 (C)가 거짓이면 전자는 참인데, 후자는 (C)가 거짓이면서 (A)와 (B)가 참일 때 거짓이기 때문이다.

따라서 이제 우리는 이 지점에서 딜레마에 봉착한다. 비트겐슈타인은 무어가 보고한 강의와 슐리크와의 대화에서 $(C) \supset ((A) \equiv (B))$가 아니라 $(A) \equiv ((B)\&(C))$ 형식의 명제에 대해 말하고 있다. 그러나 5.52는 $(C) \supset ((A) \equiv (B))$의 형식으로 되어 있다. 따라서 "이 점을 그는 『논고』에서 알고 있었고 실제로 말했다"라는 비트겐슈타인의 언급은 거짓이다. 그는

---

17) Wittgenstein (1979), p. 38.
18) 이는 나중에 논의되겠지만 비트겐슈타인이 (C)에 해당되는 것이 항상 참이라고 전제하였다는 점과 관련이 있다

『논고』 어디에서도 실제로 그렇게 말한 적이 없다. 한편 우리는 비트겐슈타인의 그 언급이 노골적으로 거짓이라고 말하기를 원치 않는다. 우리는 그가 진지하고 정직한 철학자임을 알고 있기 때문이다.

그렇다면 이 딜레마 상황을 어떻게 벗어날 것인가? 이를 위해서 "조건부 동치"라는 개념을 끌어들이도록 하자. 일반적으로 두 논리식은 동치가 아니지만 어떤 조건 하에서 조건부 동치일 수 있다. 가령 p&q와 p∨q는 p와 q가 각각 모두 참이라는 조건 하에서 조건부 동치이다. p&q와 p는 q가 참이라는 조건 하에서 조건부 동치이다. 마찬가지로 (C)가 참이라는 조건 하에서 (C) ⊃ ((A) ≡ (B))와 (A) ≡ (B)&(C)는 조건부 동치이다.[19]

이제 우리는 비트겐슈타인이 (C)에 해당되는 것이 항상 참이라고 전제하거나 간주하였기 때문에 (C) ⊃ ((A) ≡ (B)) 대신에 (A) ≡ ((B)&(C))를 언급했다고 말할 수 있다. 여기에서 (C)에 해당되는 것은 앞에서 언급했듯이, ξ-조건이다. 따라서 ξ-조건이 항상 성립한다고 비트겐슈타인은 전제하고 있는 것이다. 이제 ξ-조건에서 가장 핵심적인 것은 변항 x에 대입될 수 있는 상항들을 지정하는 것임을 주목하자. 우리는 그 상항들의 집합을 D라고 부르고 a, b, c, d, …로 나타낼 수 있을 것이다. 그러면 D는 곧 모델 이론에서의 논의영역(universe of discourse)과 유사한 개념이 될 것이다. "논의영역"이라는 용어는 불(G. Boole)이 처음 사용한 것이라고 알려져 있다.[20] 그러나 현대 논리학에서 사용되는 "논의영역"이라는 용어는 양화 논리를 논의할 때 나오는 것이며, 양화 논리는 프레게 이후에야 비로소 등장한 것이다. 더구나 모델 이론에서 다루는 '해석'은 힐베르트의 "형식 체계"라는 개념이 주어질 때 비로소 명료해지는 개념이다. 모델 이론에 따르면, 한 논리식 (x)Ax는 D의 원소인 모든 α에 대해 어떤 한 해석에서 Aα가 참이라면, 그 해석에서 참이다. ξ-조건은 바로 이러한 논의영역의 필요

---

19) 바꿔 말하면, (C) ⊃ ((C) ⊃ ((A) ≡ (B))) ≡ ((A) ≡ (B)&(C))는 동어반복이다.

20) Boole (1853), p. 42.

성을 최초로 예견하고 있다.

5. 프레게와 러셀의 일반성 개념

이제 우리에게 제기되는 문제는 비트겐슈타인의 5.521을 어떻게 이해해야 하느냐 하는 점이다.

> 프레게와 러셀은 일반성을 논리적 곱이나 논리적 합과 결부시켜 도입하였다. 그래서 그 두 관념이 모두 포함되어 있는 명제 "(∃x).fx"와 "(x).fx"를 이해하기가 어렵게 되었다. (5.521b)

앞에서 우리는 5.52를 해명하면서, 『논고』에서 (A)와 같은 보편 명제는 단순히 (B)와 같은 연언 명제가 아니라는 것을 지적하였다. 거기에는 ξ-조건의 충족이 필요하다. 그러한 조건이 충족된 상황에서만, 일반 명제는 연언 명제나 선언 명제와 동등하다. 그렇다면 이제 우리에게 문제가 되는 것은 과연 프레게와 러셀에 대한 비트겐슈타인의 위의 비판이 적절한가 하는 점이다. 이를 위해서 먼저 프레게가 일반 명제를 어떻게 도입했는지를 살펴보자. 프레게는 『개념 표기법』 §11에서 다음과 같이 말한다.

> 한 판단의 표현에서 우리는 항상 ⊢의 오른 쪽에 있는 기호들의 결합을 그것 안에 나타나는 기호들 중 하나의 함수로서 간주할 수 있다. **만일 우리가 다음과 같이**
>
> $$\vdash\!\!-\!\!\mathfrak{a}\!\!-\!\!F(a)$$
>
> **이 논항을 한 독일 문자로 대치하고 또 만일 내용선에서 우리가 이 독일 문자를 지니는 오목 선(a concavity)을 도입한다면, 이는 우리가 그것의 논항으로서 무엇을 간주하든지간에, 그 함수가 하나의 사실이라는 판단을 나타낸다.** (⋯) 그러한 판단으로부터, 그러므로, 우리는 항상 그 독일 문자에 어떤 다른 것을 매번 대입하고 그러고 나서 내용선에 있는 오목선을 제거함으로써 임의의 수의 **덜 일반적인 내용의 판단들**을 항상 도출할 수 있다.

$\vdash \!\!\!\! a \!\!-\!\! F(a)$

에 있는 오목선의 왼쪽에 있는 수평선은 a 자리에 우리가 무엇을 놓든지 간에 F(a)가 성립한다는 상황에 대한 내용선이다.[21]

앤스컴은 프레게의 이 인용문에 해당되는 「함수와 개념」에서의 언급[22]을 인용한 후 다음과 같이 말한다. "확실하게도 여기에서는 논리적 곱에 관한 것은 아무것도 없다. 그렇다면 비트겐슈타인의 논변이란 무엇인가?"[23] 이어서 그녀는 다음과 같이 말한다. "그것은 그 자신의 견해에 기초하고 있다: '(x)fx'와 같은 명제의 참은 논리적 곱 'fa.fb.fc.fd…'의 참이며, 여기에서 [줄임]점들은 함수 fx에서 논항들로서 존재하는 모든 이름들을 우리가 적을 수 없다는 것을 나타내고 있다. 그러므로 프레게가 그의 기호를 설명할 때, (…) 그는 사실상 '모든'을 논리적 곱과 관련해서 도입하고 있다." 케니는 다음과 같이 말하면서 비트겐슈타인이 프레게의 생각을 왜곡(misrepresent)하고 있다고 주장한다. "5.521에서 비트겐슈타인은 프레게가 '일반성을 논리적 곱이나 논리적 합과 결부시켜 도입했'고 말하고 있다. 이러한 주장을 보증하는 것은 프레게가 예컨대 「함수와 개념」에서 일반성을 도입하는 방식에서는 전혀 없다."[24]

물론 위의 인용문을 보면, 프레게의 설명에는 앤스컴이 주장하는 바와 같이 **명시적으로는** 논리적 곱이 나오지 않는다.[25] 그러나 프레게는 보편 양화 명제에 해당되는 함수를 설명하기 위해서 "모든"을 언급하고 있

---

21) Frege (1997), pp. 69-70.
22) 프레게는 「함수와 개념」에서 보편 명제를 다음과 같이 기호화한 후에

   $\vdash \!\!\!\! a \!\!-\!\! F(a)$

   이 기호에 대해 다음과 같이 설명하고 있다. "그 기호로 나는 함수 F(x)가 그 논항이 무엇이든지 항상 그것의 값으로서 참을 가질 때 참이라고 이해하고 있다. 다른 모든 경우에는 그 기호는 거짓을 가리킨다."(Frege (1997), pp. 143-144)
23) Anscombe (1959), p. 142.
24) Kenny (1986), pp. 66-67.
25) 물론 이 점은 「함수와 개념」에서도 마찬가지이다.

다. 즉 그는 위의 기호가 뜻하는 것은 "우리가 그 논항으로서 무엇을 간주하든지간에, 그 함수가 하나의 사실이라는 판단을 나타낸다."라고 말하고 있다. 그러나 앞에서 살펴보았듯이 『논고』에서는 보편 양화 명제를 설명하기 위해서는 ξ-조건이 충족이 반드시 거론되어야 한다. 그렇다면 "모든"을 해명하면서 ξ-조건이 전혀 거론되지 않았다면 어떻게 되는가? 그러면 5.52의 후건만을 제시한 것이며, 결국 논리적 곱을 기반으로 보편 양화 명제를 도입하는 것이 되어 버린다.

이 점은 러셀의 경우에도 마찬가지이다. 러셀은 다음과 같이 말하고 있다.

> 우리는 기호 "(x).φx"로 명제 "항상 φx" 즉 φ$\hat{x}$에 대한 모든 값들을 주장하는 명제를 가리킬 것이다. (⋯) "(x).φx"에 의해 주장된 것은 φ$\hat{x}$에 대한 값들을 갖고 있는 모든 명제들이며, 따라서 "φx"를 유의미하게 만드는 x의 그러한 값들에 대해서일 뿐이다. 즉 우리가 "(x).φx를 주장할 때 φx가 주장되는, 모든 **가능한** 논항들에 대해서일 뿐이다.[26]

러셀은 이 인용문의 첫 줄에 나오는 "항상 φx"에 대해서, 각주를 통하여 "여기에서 "항상"은 "모든 시간"이 아니라 "모든 경우에"를 의미하는 것으로 사용되고 있다"라고 밝히고 있다. 또한 이 인용문에서 러셀은 "우리는 기호 "(x).φx"로 명제 "항상 φx" 즉 φ$\hat{x}$에 대한 모든 값들을 주장하는 명제를 가리킬 것이다."라고 말하고 있다. 러셀 또한 프레게와 마찬가지로 ξ-조건에 해당되는 것을 전혀 거론하고 있지 않다.

따라서 이제 우리는 프레게와 러셀이 "일반성을 논리적 곱이나 논리적 합과 결부시켜 도입하였다"는 비트겐슈타인의 지적이 정당했다는 것을 알 수 있다. 반면에 앤스컴과 케니의 주장은 결코 정당하지 않은데, 특히 앤스컴이 "'(x)fx'와 같은 명제의 참은 논리적 곱 'fa.fb.fc.fd⋯'의 참이

---

26)   Russell & Whitehead (1910), pp. 43-44.

며, 여기에서 [줄임]점들은 함수 fx에서 논항들로서 존재하는 모든 이름들을 우리가 적을 수 없다는 것을 나타내고 있다"라고 말한 것을 보면 그녀가 ξ-조건에 해당되는 것을 전혀 파악하지 못하고 있다는 것을 우리는 알수 있다.[27] 비트겐슈타인은 ξ-조건을 도입함으로써 양화 명제와 진리함수 명제를 구분하고 있다. 한편 그는 ξ-조건이 주어지면, 보편 양화 명제와 연언 명제가 동치가 되는 경우가 있다는 것을 인정하고 있다. 여기에서 ξ-조건은 본질적으로 중요하다. 왜냐하면 양화 명제를 이해하기 위해서는 ξ-조건이 필수적이기 때문이다. 그리하여 비트겐슈타인은 프레게와 러셀이 그 조건을 무시하고 보편 양화 명제와 연언 명제를, 그리고 존재 양화 명제와 선언 명제를 동일시함으로써 "양화 명제를 이해하기 어렵게" 만들었다고 비판하고 있는 것이다.

그런데 앤스컴은 양화 명제가 이해하기가 어렵게 된 이유를 양화 명제의 그림 성격(pictorial character)이 모호하게 되었기 때문이라고 주장한다. 그녀는 다음과 같이 말한다.

> 왜 이러한 명제들을 '이해하기가 어렵게 되었는지' 그 이유는 그것들의 그림 성격이 모호하게 된다(obscured)는 것이다. 그것들의 그림 성격은 그것들이 일단의 명제들의 진리함수들이라는 점에 있다.[28]

그러니까 앤스컴은 비트겐슈타인이 프레게와 러셀의 견해가 양화 명제를 이해하기 어렵게 만들었다고 주장했을 때, 그 이유는 양화 명제의 그림 성격이 은폐되기 때문이라고 보고 있는 것이다. 그러나 비트겐슈타인에 따르면 프레게와 러셀은 양화 명제를 연언 명제나 선언 명제와 동일시했다는 것이 문제다. 이제 프레게와 러셀에 대한 비트겐슈타인의 견해가 옳다

---

27) 특히 이 논문의 8절에서 인용된 비트겐슈타인의 언급을 보면, 앤스컴이 말하는 '모든 이름들'은 그녀의 생각과는 정반대로 "(사전과 언어의 문법으로부터) 열거될 수 있다"고 비트겐슈타인은 간주하고 있다.

28) Anscombe (1959), pp. 142-143.

고 하자. 그렇게 되면 양화 명제는 연언 명제나 선언 명제와 마찬가지로 '그림 성격'이 매우 명료하게 될 것이다. 따라서 앤스컴의 주장은 오류이다. 양화 명제를 이해하기가 어렵게 된 것은 '그림 성격'과는 하등 관계가 없다. 오히려 비트겐슈타인은 프레게와 러셀이 ξ-조건을 간과함으로써 양화 명제를 이해하기 어렵게 만들었다고 비판하고 있는 것이다.[29]

6. 유한성 공리

그런데 앤스컴은 일반성에 대한 비트겐슈타인의 이론은 무한한 경우에 전혀 설명될 수 없다고 주장한다.

> 나는 이 결론이 불만족스럽다고 생각한다: 무한한 경우에, 비트겐슈타인의 이론은 전혀 설명될 수 없다: 우리는 유한한 경우를 취해야만 하고 그가 그 것과 무한한 경우 간의 중요한 어떤 차이들도 보지 못했다고 말해야만 한다.[30]

케니는 이러한 앤스컴의 견해를 받아들인 다음, 『논고』에서는 러셀의 무한성 공리와 유사한 방식의 '유한성 공리'가 필요하며, 무한 연언이나

---

29) 5.521에서 "그 두 관념"은 무엇을 가리키는가? 앤스컴은 그 두 관념이 "한편으로는 일반성이라는 관념이고, 다른 한편으로는 (보편 명제의 경우에는) 논리적 곱이거나 (특칭[존재] 명제의 경우에는) 논리적 합"이라고 말한다(Anscombe (1959), p. 142). 이러한 지적이 옳다는 것은 5.521을 음미하면 알 수 있다. 반면에 다음의 블랙의 해석은 옳지 않다. "**두 관념이 모두 포함되어 있는**: 양화된 명제를 이해하기 위해서는, 우리는 '모든'에 의해 의미된 것**과 또한** '동시 부정'에 의해 의미된 것—또는 어떤 다른 진리 함수—를 이해해야 한다."(Black (1964), p. 284) 그는 '동시 부정'을 언급함으로써 지나치게 문맥을 일탈하고 있다. 포겔린은 5.521을 인용한 후에 다음과 같이 말한다. "논리적 곱과 논리적 합이라는 관념들이 이 일반 명제들에 포함되어 있다는 주장은 은유적 (metaphorical)이지만, 나는 비트겐슈타인이 염두에 두고 있는 것은 다음이라고 생각한다: 개별적인 연언지나 선언지 각각(Fa, Fb, 등)은 이 일반 논리식들의 한 사례로서 간주된다."(Fogelin (1987), p. 65) 이러한 포겔린의 언급은 대단히 피상적이다. "포함되어 있다"는 주장은 결코 은유적인 것이 아니며, 5.52에서 선명하게 드러나 있다. 또한 포겔린은 ξ-조건을 대단히 피상적으로 이해하고 있다.

30) Anscombe (1959), pp. 148-149.

무한 선언은 각각 연언이나 선언이 아니기 때문에 비트겐슈타인의 일반성 정의는 옳지 않다고 주장한다. 그는 먼저 다음과 같이 말한다.

> 비트겐슈타인의 방법은 다음과 같은 것이 된다. 보편 양화된 진술들은 긴 연언들로 그리고 존재 양화된 진술들은 긴 선언들로 이해된다. 그리고 이 방법은 어떤 경우에는 충분히 합당한 것으로 보인다. '모든 사도들은 유태인이었다'는 '베드로는 유태인이었고 야고보는 유태인이었고 요한은 유태인이었고 … 그리고 유다는 유태인이었다'와 동등한 것으로, 그리고 '배신한 사도가 있었다'는 '베드로가 배신자였거나 야고보가 배신자였거나 요한이 배신자였거나 … 또는 유다가 배신자였다'로 잘 이해될 수 있다. 그러나 이것이 합당한 것으로 보이는 이유는 우리가 베드로, 야고보, 요한 등등이 존재하는 모든 사도들이라는 것을 안다고 암묵적으로 전제하기 때문이다. 만일 이것을 명시적으로 드러내고 싶으면, 양화된 다른 진술, 예를 들어, '베드로는 사도였고 야고보는 사도였고 … 그리고 유다는 사도였으나 **그 외에 어떤 대상도 사도가 아니었다**'를 사용하여 그렇게 해야 할 것이다(WVC, 38 참조). '다른 그 어떤 대상도 사도가 아니었다'를 '모든 사도들은 유태인이었다'를 표현하려고 했던 방식으로 표현하기 위해서는 이 논의영역 안의 모든 대상들을 열거하고 그 대상들 각각에 대해서 그것이 사도였다는 것을 부정해야만 할 것이다. 만일 그 논의영역이 무한한 수의 대상들을 포함한다면, 아마도 이것은 달성하기가 불가능한 과제일 것이다. 따라서 비트겐슈타인의 방법이 실행될 수 있는 가능성은 이 세계에 있는 대상들의 수가 유한한가에 달려 있는 것처럼 보인다.[31]

먼저 우리는 케니가 비트겐슈타인의 방법이 "보편 양화된 진술은 긴 연언으로 그리고 존재 양화된 진술은 긴 선언으로 이해된다"는 것에 해당된다고 말할 때, ξ-조건의 중요성을 완전히 놓치고 있다는 점을 알 수 있다. 그만큼 그는 비트겐슈타인의 생각을 정확하게 파악하는 데 실패하고 있다. 그런데 그는 이 인용문에서 "논의영역이 무한한 수의 대상들을 포함"

---

31) Kenny (1973), pp. 91-92.

하는 경우에는 비트겐슈타인의 방법이, 즉 케니가 파악하는 바, 보편 양화 진술을 긴 연언으로 그리고 존재 양화 진술을 긴 선언으로 파악하는 방법이 "달성하기가 불가능한 과제"일 것이라고 주장하고 있다. 그 근거로서 케니는 "그 외에 어떤 대상도 사도가 아니었다"를 연언으로 설명하려 할 때 "논의영역이 무한한 수의 대상들을 포함"하는 경우에는 불가능하기 때문이라는 것이다. 그리하여 그는 비트겐슈타인의 일반성 개념이 성립하려면, "유한성의 공리"가 필요하다고 주장한다. 그는 다음과 같이 말한다.

> 만약 이것이 그 경우에 대한 정당한 진술이라면, 러셀이 수론을 궤도에 올리기 위해 무한성 공리를 필요로 했던 것처럼, 비트겐슈타인은 양화 이론을 궤도에 올리기 위해 유한성 공리를 필요로 하게 될 것처럼 보인다. 그리고 이는 『수학 원리』에 대한 불만족에서 발전한 체계에 대한 불안정한 결과처럼 보인다. 게다가, 『논고』의 다른 곳에서 비트겐슈타인은 이 세계가 유한한가 하는 문제를 미해결의 문제로 다루고 있다. 최소한 그는 어떤 의미에서는 모든 각각의 사태가 무한하게 많은 대상들로 이루어져 있다는 것이 상상 가능하다고 생각한다(TLP, 4.2211). (…) 그러나 만일 얼마나 많은 이름들이 존재하느냐 하는 것이 어떤 의미에서 논리에 의해 해결될 수 없는 미해결의 문제라면, 비트겐슈타인은 양화사 기호법을 일관되게 도입할 수 있을 것으로 보이지 않는다. 왜냐하면 그 기호법은 이름들의 수가 유한해야만 작동할 것이기 때문이다.[32]

케니는 비트게슈타인이 자신의 양화 이론을 제대로 정립하기 위해서는 '유한성 공리'가 필요한데, 『논고』에서는 "이 세계가 유한한가의 문제를", 또는 "얼마나 많은 이름들의 존재"하는가 하는 문제를 미해결의 문제로 남겨두기 때문에, 비트겐슈타인은 양화사 기호법을 일관성 있게 도입할 수 없을 것이라고 주장하고 있다. 그러나 우리는 앞에서 ξ-조건에서 비트겐슈타인은 무한한 경우도 허용하였다는 것을 살펴보았다. 또한 그가 무

---

32) Kenny (1973), pp. 92-93.

108 **논리-철학 논고** 연구

한 연언과 무한 선언을 받아들였다는 점도 살펴보았다. 다시 말해 케니의 주장과 달리 "논의영역이 무한한 수의 대상들을 포함"하는 경우에도 비트겐슈타인은 양화사 기호법을 일관성 있게 도입하고 있다. 따라서 이러한 케니의 주장과 더 나아가 앤스컴의 주장은 오류이다.[33]

7. 일반성에 대한 램지의 견해

램지는 일반성에 대한 비트겐슈타인의 견해가 어떻게 (x)fx로부터 fa가, 또 어떻게 fa로부터 (∃x)fx가 추론될 수 있는지를 설명하는 "유일한 견해"라고 주장한다.

> 일반 명제들에 대한 이러한 견해는 큰 장점을 지니고 있는데, 그것은 비트겐슈타인 씨의 논리적 추론에 대한 설명을 그것들에로 우리로 하여금 확장할 수 있게 한다는 것이다. 그리고 형식 논리는 동어반복으로 이루어져 있다는 그의 견해를 말이다. 그것은 또한 어떻게 'fa'가 '모든 x에 대해서, fx'로부터 추론될 수 있는지를, 또 'fa'로부터 'fa인 x가 존재한다'가 추론될 수 있는지를 설명하는 유일한 견해이다. 'fx인 x가 존재한다'가 형식 'F(f)'(f는 적용을 지닌다)라는 원자 명제로서 간주되어야 한다는 다른 이론은 이 점을 전적으로 불분명한 것으로 남겨둔다.[34]

여기에서 램지가 "다른 이론"이라고 언급했을 때, 그가 염두에 두고

---

33) 글록 또한 다음과 같이 케니와 유사한 주장을 하고 있다. "이는 또한 두 번째 문제를 피한다. 우리는 세계(universe)에 있는 대상들의 수가 유한할 때에만 '(x)fx'를 어떤 특정 연언 'fa₁.fa₂···faₙ'으로 분석할 수 있다. 유한한 영역에 대해 양화하는 것조차도, 예를 들어 '이 방에 있는 모든 것은 방사능이 있다'도 '그 컵은 방사능이 있고, 그 탁자는 방사능이 있다'와 같은 특정한 논리적 곱과 동치인데, 이는 우리가 '그리고 그 방에는 나머지 다른 것은 아무것도 없다'라는 단서를 첨가할 때에만 그러하다. 이때 이 단서는 세계가 무한한 수의 대상들을 포함하지 않을 때에만 다시 어떤 특정한 논리적 곱으로 표현될 수 있다. 이는 양화에 대한 설명을 '유한성 공리'에 의존하게 만들 것이다."(Glock (1996), p. 147)
34) Ramsey (1931), p. 153.

있는 일반성 이론은 아마도 러셀의 이론일 것이다.[35] 러셀은 "기호 "(∃x).φx"는 "φx가 참이 되는 x가 존재한다" 또는 "φx̂를 만족하는 x가 존재한다"로 읽을 수 있다"[36]라고 말하고 있는데, 램지는 이를 "φ는 적용을 지닌다"로 나타내고 있는 것이다.[37] 그렇다면 램지는 『논고』의 일반성에 대해서 어떻게 파악하고 있는가? 그는 다음과 같이 말한다.

> 이것들[일반 명제들]에 대해서 나는 '모든 x에 대해서 fx'가 'fx'의 모든 값들의 논리적 곱, 즉 fx₁ 그리고 fx₂ 그리고 fx₃ 그리고 …의 결합과 동치이며, 또 'fx인 x가 존재한다'는 유사하게 그것들의 논리적 합이라는 비트겐슈타인 씨의 견해를 받아들인다. 그러한 기호들과 관련해서 우리는 먼저 일반성의 요소를 구분할 수 있는데, 이는 진리 논항들을 명시할 때 들어오며, 이는 앞에서와 같이 열거되지 않지만, 어떤 명제적 함수의 모든 값들을 확정한다. 그리고 다음으로 처음 경우에는 논리적 곱이고 두 번째 경우에는 논리적 합인 진리함수 요소를 구분한다.[38]

이 인용문에서 램지는 (x)fx가 "'fx'의 모든 값들의 논리적 곱, 즉 fx₁ 그리고 fx₂ 그리고 fx₃ 그리고 …의 결합"과 동치라고 보고 있다. 이때 후자는 "fx의 값들이 fx₁, fx₂, fx₃, …이고, fx₁ & fx₂ & fx₃ & …"과 같은 것처럼 보인다. 다시 말해 이 인용문에서 램지는 (C) ⊃ ((A) ≡ (B))의 형식이 아니라 (A) ≡ ((B)&(C))의 형식을 말하고 있는 것처럼 보인다. 또한 그는 "어떤 명제적 함수의 모든 값들"의 확정이라고 언급하면서 ξ-조건에 해당되는 것을 거론하고 있다.

그러나 과연 램지가 ξ-조건의 중요성을 정확하게 파악하고 있는지는 다소 불분명하다. 그는 비트겐슈타인의 일반성에 대한 견해에 대한 가능한

---

35) 참고: Ramsey (1931), p. 8.
36) Russell & Whitehead (1910), p. 16.
37) 참고: "명제 "(∃x).fx"를—러셀처럼—"fx는 **가능**하다"라는 말로 옮기는 것은 옳지 않다."(5.525)
38) Ramsey (1931), pp. 152-153.

반대 견해에 대해 다음과 같이 비판하고 있다.

> 두 번째 반대는 더 심각하다. 다음과 같이 말해질 것이다. 일반 명제에 대한
> 이 견해는 세계에 어떤 사물들이 존재하느냐 하는 것을, 실제로 그러한 바
> 와 같이, 우연적 사실이 아니라, 논리학에 의해 전제된 것으로서 또는 기껏
> 해야 논리학의 한 명제로 만들 것이다. 따라서 다음과 같이 주장될 것이다.
> 설령 내가 세계에 있는 모든 것들의 목록 'a', 'b', …, 'z'를 갖고 있을 수 있
> 을지라도, '모든 x에 대해, fx'는 'fa & fb & … & fz'와 여전히 동등하게 되지
> 않고, 오히려 'fa & fb & … & fz 그리고 a, b, …, z는 모든 것이다'와 동치가
> 될 것이다. 이에 대해 비트겐슈타인 씨는 'a, b, …, z는 모든 것이다'는 무의
> 미라고 대답할 것이며, 동일성에 대한 그의 개선된 표기법에서는 전혀 적힐
> 수 없다고 대답하게 될 것이다. (…) 그 반대는 명백하게도 만일 'a, b, …, z
> 가 모든 것이다'가, 내가 생각하기에 그것이 만들어질 수 있는 적절한 정의
> 들과 함께, 동어반복이라면 힘이 없게 될 것이다. 왜냐하면, 그러면 그것은
> 의미를 변경하지 않고서 배제될 수 있을 것이기 때문이다.[39]

나는 이렇게 생각하는데, 이 인용문에서 램지는 (C) ⊃ ((A) ≡ (B))의
형식과 (A) ≡ ((B)&(C))의 형식을 둘 다 거론하고 있다. 전자는『논고』의
대상들이 a, b, …, z라고 가정할 때, (x)fx와 동치인 것은 fa & fb & … & fz
이라는 주장이다. 이 경우에『논고』의 대상들이 a, b, …, z라는 가정은 곧
ξ-조건에 해당된다. 후자는 (x)fx와 동치인 것은 (fa & fb & … & fz) & (a,
b, …, z는 모든 것이다)라는 주장이다. 이때 "a, b, …, z는 모든 것이다"는
"fx의 값들은 fa, fb,, …, fz이다"로 바꿀 수 있다.

이제 램지는 반대 견해에 대해, "a, b, …, z는 모든 것이다"가 필연적
인 명제이고 동어반복이라고 응수함으로써 그 반대 견해를 물리치고 있
다.[40] 그런데 앞에서 논의된 바와 같이, "a, b, …, z는 모든 것이다"는 5.52

---

39) Ramsey (1931), p. 154.
40) 참고: Ramsey (1931), pp. 154-155.

의 ξ-조건이다. 그리고 앞에서 우리는 비트겐슈타인이 『논고』에서 ξ-조건이 항상 성립하는 것으로 전제했다는 점을 살펴보았다. 그렇기 때문에 나는 『논고』에 대한 이러한 램지의 변호가 정당한 것이었다고 생각한다.

8. 맺는 말

그러면 이제 마지막으로 비트겐슈타인 자신의 평가를 살펴보면서, 지금까지의 논의가 과연 옳은 것인지를 검증하기로 하자. 『논고』를 포기한 후에 그는 일반성에 대한 『논고』의 생각을 비판한다. 그는 『철학적 문법』에서 "일반성에 대한 나의 이전 견해에 대한 비판"이라는 제목 아래 다음과 같이 말하고 있다.

> 일반 명제들에 대한 나의 견해는 (∃x).φx는 논리적 합이라는 것이고, 또 비록 그것의 항들은 **여기에서** 열거되지는 않을지라도, 그것들은 (사전과 언어의 문법으로부터) 열거될 수 있다는 것이다.
>
> 왜냐하면 만일 그것들이 열거될 수 없다면 우리는 논리적 합을 갖지 않기 때문이다. (아마도, 논리적 합들의 구성을 위한 한 규칙)
>
> 물론, 논리적 합으로서의 (∃x).φx에 대한 설명과 논리적 곱으로서의 (x).φx에 대한 설명은 방어 가능하지 않다. 이는 언젠가 어떤 한 특정한 (x).φx에 대해서 논리적 곱이 발견될 것이라고 내가 생각했다는 점에서 옳지 않은 논리적 분석의 개념과 병행했다.―물론 (∃x).φx가 어떤 방식에서는 논리적 합과 같이, 그리고 (x).φx는 [논리적] 곱으로 거동한다는 것은 옳다. 사실상 "모든" 과 "어떤"이라는 단어들의 **한 가지** 사용에 대해서는 나의 이전 설명은 옳다.―예를 들어 "모든 원색들은 이 그림에 나타난다" 또는 "C 장조의 모든 음들은 이 테마에서 나타난다"에 대해서는 말이다. 그러나 "모든 사람은 200살이 되기 전에 죽는다"와 같은 경우들에 대해서는 나의 설명은 옳지 않다.[41]

---

41) Wittgenstein (1974), p. 268.

앞에서 지적되었듯이, 『논고』에서 ξ-조건은 항상 성립하는 것으로 전제되었다. 그러나 과연 ξ-조건은 항상 필연적으로 참인가? **어떤** 경우에는 필연적으로 참이다. 즉 위의 인용문에서 제시되어 있듯이, "원색"이나 "C 장조의 음", "알파벳" 등과 같이 우리의 문법에 의해 이미 규정되어 있는 경우는 그러하다. 그래서 "이 종이에는 모든 알파벳이 적혀 있다"는 "이 종이에는 a가 적혀 있고, b가 적혀 있고, …, z가 적혀 있다"와 동치이다. 물론 이 경우에 "알파벳은 모두 a, b, …, z이다"가 ξ-조건이며, 이는 문법에 의해 필연적으로 참인 명제이다.

반면에 ξ-조건이 항상 필연적으로 참인 것은 **아니다.** "이 방에 있는 사람은 모두 모자를 하나 지니고 있다"(A)가 "스미스는 모자를 지니고 있고 존스는 모자를 지니고 있고 로빈슨은 모자를 지니고 있다"이고 "이 방에 있는 사람은 스미스와 존스와 로빈슨뿐이다."((B) & (C))와 동치일 때, (C)는 필연적으로 참인 명제가 아니라 우연적으로 참인 명제일 뿐이다. 따라서 이 경우에는 ξ-조건은 문법에 의해 참인 경우가 아니다.

비트겐슈타인은 자신이 『논고』에서 ξ-조건은 항상 성립하는 것으로, 즉 "사전과 언어의 문법으로부터" 주어지는 것으로 보았다는 것을 지적하고 있다. 그러나 이제 그는 그것이 항상 그런 것은 아니라는 것을 말하고 있으며, 가령 "모든 사람은 200살이 되기 전에 죽는다"와 같은 일반 명제에는 더 이상 『논고』의 정의가 적용되지 않는다고 지적하고 있다. 이 경우 ξ-조건은 문법이나 사전에 의해 규정되어 있지 않기 때문이다.

5
비트겐슈타인의
'의미체'에 관하여

1. 들어가는 말

비트겐슈타인의 철학에서 중요한 수수께끼 중 하나는 '의미체'(Bedeutungskörper)가 무엇이냐 하는 것이다. '의미체'라는 용어는 비트겐슈타인의 전기 철학을 대표하는 『논리-철학 논고』(이하 『논고』로 약칭함)에서는 한 번도 나오지 않지만, 후기 철학의 저작인 『철학적 탐구』(『탐구』로 약칭함)에서는 단 한 번 나온다. 그 구절은 다음과 같다.

> 559. 우리들은 가령 **이** 문장 속에서의 낱말의 기능에 관해 이야기했으면 한다. 마치 문장이 그 속에서 낱말이 특정한 기능을 가지는 어떤 메커니즘인 듯이 말이다. 그러나 이러한 기능은 어떤 점에 있는가? 그것은 어떻게 백일하에 드러나는가? 왜냐하면 실은 아무것도 숨겨져 있지 않으며, 우리는 실로 그 문장 전체를 보기 때문이다! 기능은 계산의 경과 속에서 스스로 드러나야 한다. ((의미체.))[1]

프레게의 맥락 원리에 따르면, "문장의 맥락 안에서 낱말의 의미를 물

---

1) 비트겐슈타인 (2006c), p. 267.

어야 하지, 따로 떼어놓고 물어서는 안 된다."[2] 이 인용문에서 비트겐슈타인은 바로 이 맥락 원리를 염두에 두면서 '문장 속에서의 낱말의 기능'에 대해 말하고 있다. 그는 "문장이 그 속에서 낱말이 특정한 기능을 가지는 어떤 메커니즘"이라는 생각을 비판적으로 바라보고 있으며, 그에 따르면, 그러한 낱말의 기능에는 아무것도 숨겨져 있지 않다. 그리고 그 기능은 "계산의 경과 속에서 스스로 드러나야 한다." 다시 말해 한 문장이 아니라, 계산이 이루어지는 전체 체계나 언어놀이에서 그 기능은 밝혀진다.[3]

그 다음에 비트겐슈타인은 아무런 해명 없이 이중괄호 안에 '의미체'라는 말을 툭 던지고 있다. 그렇다면 이 언급에서 '의미체'란 무엇인가? 또한 '의미체'는 누구의 용어인가? 그것은 프레게 또는 러셀의 용어인가 아니면 비트겐슈타인 자신의 것인가? 또한 비트겐슈타인은 누구의 생각을 비판하기 위해서 '의미체'라는 용어를 사용되고 있는가?[4]

이 글에서 나는 무엇보다도 다음을 보이고자 한다. 『탐구』에서 단 한 번

---

2) 프레게 (2003), p. 39.
3) 요컨대 메커니즘인 것은 문장이 아니라 언어라는 것이며, 비트겐슈타인은 바로 이러한 관점에서 프레게의 맥락원리를 비판적으로 바라보고 있다. 이 점에 대해 비트겐슈타인은 다음과 같이 말한다: "이는 단어가 기계부품에 그리고 문장이 기계에 비교될 수 있음을 말해주는 것인지도 모르겠다. 그러나 이는 타당한 말이 아니다. 그보다는 오히려 언어가 기계라면, 문장은 기계부품에 해당된다고 말해야 할 것이다."(『심리철학적 소견들 I』, 40) "'이 명제는 뜻을 지니고 있다'는, 그렇지만, 오도적이다. 실제로 우리는 다음과 같이 말해야 할 것이다: 이 명제는 우리의 언어에서 뜻을 지니고 있다. 그리고 이는 아주 특정한 놀이를 의미한다. 우리는 거기에 쓰여 있는 이 구조가 우리의 언어의 한 부분이라고 말할 수 있을 뿐이지만, 이 물리적인 구조가 순수하고 단순하게 뜻을 갖는다고는 말할 수 없다. 우리는 어떤 것이 한 놀이에서의 동작(move, 수)이라고 말하는 동일한 방식으로 어떤 것이 명제라고 말할 수 있을 뿐이다."(Wittgenstein (2003), p. 119)
4) 글록(H. Glock, 1996)은 의미체와 관련된 비트겐슈타인의 생각이 프레게로부터 연유한 것이지만, 프레게의 그러한 생각은 『논고』에서 거부되었다고 주장한다. 다시 말해 의미체와 관련된 생각은 프레게의 것이며, '의미체'는 『논고』에 적용되지 않고 오히려 비트겐슈타인이 프레게의 의미이론을 비판하기 위해서 만들어낸 용어라는 것이다. 한편 한대석(Han, 2013)은 의미체와 관련된 생각은 러셀의 것이며, '의미체'는 러셀의 유형이론에 대한 비판 과정에서 비트겐슈타인이 만들어낸 용어이고, 『논고』에서는 '의미체'와 관련된 이러한 생각은 분명하게 거부되고 있다고 주장한다.

언급된 '의미체'는 바로『논고』에서 거론되는, **특히** 논리적 상항의 '의미'
이며, 비트겐슈타인의 의미체는 그가 프레게의 의미 이론의 어떤 중요한
기본적인 생각을 받아들인 결과로 주어진 것이다. 요컨대 '의미체'는 전기
비트겐슈타인 자신의 생각을 응축한 것이며,『탐구』에서의 위의 논의는
전적으로『논고』에 대한 (그리고『논고』에서 받아들이고 있는 프레게의
생각에 대한) 비판인 것이다.[5]

　이를 위하여 나는 다음과 같은 순서로 논의하고자 한다. 첫째, 우리
는 먼저 비트겐슈타인이 실제로 '의미체'에 관하여 구체적으로 언급한
것을 살펴보아야 한다. 이러한 언급은 비트겐슈타인이 구술한 것을 바
이스만(F. Waismann)이 기록한『비트겐슈타인의 음성들』(*The Voices of
Wittgenstein*)에서 분명하게 제시되어 있는데, 우리는 이 언급에서 제시된
것을 '의미체 비유'라고 부를 수 있다. 둘째, '의미체 비유'에서 비트겐슈타
인이 제시한 것이 과연『논고』에 실제로 있는지 우리는 확인해야 한다. 나
중에 논의되겠지만, 여기에서 먼저 선행해서 해결되어야 하는 문제는 '~'과
같은 논리적 상항이 의미(Bedeutung)를 갖는지 여부이다. 셋째, 논리적 상항
이 의미를 갖는지 여부가 결정되면, 이제 비로소 우리는 '의미체 비유'가『논
고』에 그대로 구현되어 있는지를 검토해야 한다. 넷째, '의미체'와 관련된 생
각이 전기 비트겐슈타인 자신의 것이라면, 이제 그의 의미 이론이 후기 비
트겐슈타인의 의미 이론과 어떻게 연결되는지를 해명하는 것이 요구된다.
우리는 비트겐슈타인이 힐베르트의 형식주의라는 새로운 시각을 비판적으
로 수용함으로써 (프레게의 생각을 수용한 결과 형성된) 의미체와 관련된
자신의 생각을 극복하였다는 것을 보게 될 것이다. 다섯째, '의미체'와 관련
된 생각이 실제로 비트겐슈타인 자신의 것이라면,『논고』의 형성 과정에서
그러한 생각들을 확인할 수 있어야 할 것이다. 우리는 '의미체' 문제가 비트

---

5)　다시 말해 (각주 4에서 지적된) 글록의 주장은 부분적으로 옳을 뿐이며, 한대석의 주장
　　은 부분적으로도 옳지 않다.

겐슈타인에게는 『논고』의 집필을 포기하게 할 수 있었던 가장 심각한 문제 중의 하나였다는 것을 확인하게 될 것이다.

2. 비트겐슈타인의 '의미체 비유'

'의미체'라는 말이 등장하는 앞 절의 인용문은 『탐구』에서 547절로부터 시작되는, 부정에 대한 논의를 거쳐 나오고 있다. 비트겐슈타인이 부정에 대한 논의에서 문제 삼는 것은 한 낱말의 **의미**이다. 그는 다음과 같이 말한다.

> 556. 부정에 대해 "X"와 "Y"라는 두 개의 상이한 낱말을 가지고 있는 어떤 언어를 생각하라. 이중 "X"는 긍정을 낳지만, 이중 "Y"는 강화된 부정을 낳는다. 그 밖에 그 두 낱말은 똑같이 사용된다.—자, "X"와 "Y"가 문장들 속에서 반복 없이 나타난다면, 그것들은 같은 의미를 가지는가?—이에 대해 우리들은 여러 가지로 대답할 수 있을 것이다.[6]

여기에서 비트겐슈타인은 이중 부정이 긍정인 경우("~~p = p")의 부정과 이중 부정이 강화된 부정의 경우("아냐, 아냐!")의 부정을 문제 삼고 있다. 그는 전자를 "X"로 나타내고 후자를 "Y"로 나타낸 후, 낱말 "X"와 "Y"의 **의미**가 동일한지를 묻고 있다. 마찬가지로 그는 "'쇠는 섭씨 100도에서는 녹지 않는다'와 '2 곱하기 2는 5가 아니다'는 **같은** 부정인가?"라고 묻기도 하며(551절), "이 막대기는 길이가 1미터이다"와 "여기에 군인 1명이 서 있다"라는 문장에서 각각의 '1'의 의미가 동일한지를 묻기도 한다(552절).

그런데 여기에서 주목할 것은 이러한 『탐구』의 맥락에서는 "한 낱말의 의미"가 문제되고 있지만, 556절에서 가장 분명하게 드러나 있듯이, (논리

---

6) 비트겐슈타인 (2006c), p. 265.

적 추론과 관련된) **부정의 의미**에 대한 문제가 다루어지고 있다는 점이다. 이때 "X", 즉 '~'은 『논고』에서는 '논리적 상항'이라고 불리는 것이다. 따라서 앞으로 우리가 가장 주목해야 하는 것은 그러한 **논리적 상항들의 '의미'**와 관련된 문제이다. 또한 이 점을 주목할 때 '의미체'에 대한 비트겐슈타인의 생각은 비로소 이해될 수 있다.

그러면 먼저 의미체에 대해서 비트겐슈타인 자신이 직접 해명한 것을 살펴보기로 하자. 비트겐슈타인은 『논고』 포기 이후에, 슐리크(M. Schlick)와 바이스만(F. Waismann)과의 대화(『비트겐슈타인의 음성들』)에서 의미체가 무엇인지, 그리고 『논고』에서 이와 관련된 자신의 오류가 무엇인지를 다음과 같이 지적하고 있다.

> 나의 오류는 분석에 대한 잘못된 생각, 즉 어떤 것, 즉 밝혀져야 하는 어떤 구조가 명제에서 숨겨져 있다는 생각이었다. 나는 한 표현의 뜻이 말하자면, **표현 뒤에** 숨겨져 있다고 생각—이는 우리의 오도적인 언어의 사용에 의해 생겨난다—했다. 나는 이것을 하나의 비유로 설명하고자 한다. 정육면체들, 프리즘들, 피라미드들이 유리로 만들어져 있고 공간에서 완전히 볼 수는 없다고 상상해 보자. 오직 각각의 프리즘의 한 표면만, 예를 들어 한 정사각형만, 그리고 각각의 피라미드의 밑면만 색으로 칠해졌다고 하자. 우리는 그렇게 되면, 예를 들면, 공간에서 정사각형들만을 보게 될 것이다. 그렇지만, 우리는 이 평면도형들을 함께 임의로 결합시킬 수 없는데, 왜냐하면 그 표면들의 뒤에 있는 물체들이 이를 방해하기 때문이다. 그 표면들이 함께 맞추어질 수 있게 하는 **법칙**은 표면들이 정사각형들인 그 볼 수 없는 물체들에 의해 결정된다. 그래서 나는 한 낱말은, 말하자면, 그것 뒤에 '의미의 물체'(body of meaning)를 갖고 있으며, 이 의미체는 그 낱말에 대해 성립하는 문법적 규칙들에 의해 기술될 것이라고 생각했다. 그 문법적 규칙들은 그렇게 되면, 말하자면, 의미체의 **본성**을 따로따로 펼치는 것 (Auseinanderbreitung)이 될 것이다.[7]

---

7) Wittgenstein (2003), p. 133.

비트겐슈타인은 이 인용문에서 하나의 **비유**(이 비유를 '**의미체 비유**'라고 부르기로 하자.)를 제시하고 있다. 유리로 만들어진 정육면체들, 프리즘들, 피라미드들이 있다. 그런데 우리는 각각의 물체의 한 면만을 볼 수 있다. 그래서 우리는 실제로 그 면 뒤에 있는 물체가 어떤 모양인지 알 수 없다. 그렇다고 해서 우리는 임의로 추측할 수도 없는데, 왜냐하면 우리가 보는 면 뒤에 있는 물체들이 전체 법칙을 결정할 것이기 때문이다. 그러면서 비트겐슈타인은 자신이 첫째, 한 **낱말**은 그것 뒤에 의미체를 갖고 있다는 것, 둘째, 이 의미체는 그 낱말에 대해 성립하는 문법적 규칙들에 의해 기술된다는 것, 셋째, 그 문법적 규칙들은 의미체의 본성을 따로따로 펼치는 것이 될 것임을 받아들였다는 것, 그리하여 바로 이러한 의미체를 받아들인 것이 자신의 오류였다고 말하고 있다.

이러한 비트겐슈타인의 생각은 『철학적 문법』에서도 거의 동일하게 지적되고 있다. 비트겐슈타인은 "그 장미는 빨갛다"("The rose is red")와 "둘의 두 배는 넷이다"("Twice two is four")에서 각각의 "이다"("is")가 동일한 의미를 지니는지를 문제 삼는다. 그런 다음에 그는 다음과 같이 말하고 있다.

> 그 비교는 그 자체로 낱말 "이다"("is")가 상이한 경우에 그것 뒤에 상이한 **의미체들**(*meaning-bodies*)을 지니고 있다고 시사한다. 그것은 아마도 매번 정사각형 평면이지만, 한 경우에 그것은 프리즘의 끝-평면이고 다른 경우에는 피라미드의 끝-평면이다.[8]

그런데 『논고』에서는 한 낱말은 오직 '의미'(Bedeutung)만을 지니며, 명제는 오직 '뜻'(Sinn)만을 지닌다. "오직 명제만이 뜻을 가진다. 오직 명제 연관 속에서만 이름은 의미를 가진다."(3.3) 이제 위의 인용문을 주의 깊게 살펴보면, 의미체 비유에서 비트겐슈타인이 문제 삼고 있는 것은 한 **낱**

---

8) Wittgenstein (1974), p. 54.

말이 그것 뒤에 '의미체'를 갖고 있다는 점이다. 따라서 우리는 비트겐슈타인 자신이 해명하고 있는 '의미체'가 『논고』와 관련이 있다면, 그것은 『논고』의 '뜻'(Sinn)이 아니라 '의미'(Bedeutung)와 관련이 있다는 것을 알 수 있다. 다시 말해 이제 우리는 『탐구』 559절에서 아무런 해명 없이 언급된 '의미체'가 곧 『논고』의 '의미'일 수 있다는 가능성을 얻는다.

그렇다면 의미체와 관련된 이러한 비트겐슈타인의 생각은 그의 독자적인 것인가? 한 낱말은 의미체를 갖고 있고 그 낱말과 관련된 법칙이나 규칙, 또는 문법이 그 의미체에 의해 결정된다는 생각은 『논고』 고유의 것인가? 그렇지 않다. 왜냐하면 비트겐슈타인의 이러한 생각은 프레게의 직접적인 영향 아래 형성된 것이기 때문이다. 프레게는 『산술의 근본 법칙 Ⅱ』 §158에서 다음과 같이 말한다.

> 우리는 산술의 이러한 처리를 아마도 또한 형식적이라고 부를 수 있으며, 위에서 명시한 뜻에서 이 낱말을 사용하지 않는다. 그렇다면 그것은 산술의 순수한 논리적인 본성을 특징지으며, 하지만 수기호들이 자의적인 규칙들에 따라 처리되는 내용이 없는 형태들이라는 것을 뜻하지 않을 것이다. 여기에서 규칙들은 아마도 필연적으로 기호들의 지시체들(Bedeutungen)로부터 따라 나오며 이 지시체들은 산술의 본래적인 대상들이다: 자의적인 것은 그저 기호법(Bezeichung)일 뿐이다.[9]

프레게는 이 인용문에서 기호들의 지시체들(Bedeutungen)로부터 그 규칙들이 따라 나온다는 것을 명시적으로 말하고 있다. 프레게가 이 언급에서 문제 삼고 있는 것은 "1 + 2 = 3"과 같은 산술의 참인 명제들과 규칙들이 '1', '2', '3'과 같은 수기호들의 지시체들로부터, 또한 '+'와 '='로 형성된 함수 기호의 지시체들로부터 필연적으로 따라 나오며, 그 역은 아니라는 것이다.

---

9) Frege (1903), p. 156.

이러한 프레게의 생각을 비트겐슈타인은 『철학적 문법』에서 다음과 같이 명료하게 진술하고 있다.

> "두 개의 부정이 긍정을 산출한다는 것은 내가 지금 사용하고 있는 부정에 이미 포함되어 있어야만 한다." 여기에서 나는 기호법의 신화를 발명하기 직전에 이르고 있다.
>
> 우리는 부정의 의미로부터 "~~p"가 p를 의미한다는 것을 추론할 수 있을 것처럼 보인다. 부정 기호에 대한 규칙들이 부정의 본성으로부터 따라 나오는 것처럼 말이다. 그리하여 어떤 뜻에서는 무엇보다도 먼저 부정이 존재하고, 그러고 나서 문법의 규칙들이 존재하게 되게끔 말이다.[10]

이 인용문에서 비트겐슈타인은 프레게의 생각, 즉 기호들의 지시체들로부터 규칙들이 따라 나온다는 생각을 ('신화'라는 비판적 지적과 함께) 서술하고 있다. 이제 비트겐슈타인이 이러한 프레게의 생각을 받아들였다는 것을 우리는 다음의 언급으로부터 알 수 있다.

> 우리는 규칙들은 의미들을 결정한다고 말했다. 그렇지만, 더 정확하게, 규칙이 의미로부터 따라 나온다고 말해야 하지 않는가? 한 단어의 사용의 규칙들만을 알고 있고 다른 것은 아무 것도 알고 있지 않는 사람은 단순히 개별적인, 연결되지 않은 지시규정들(Vorschrift)만을 알 뿐이다. (…) 이와 대조적으로, 의미가 분명하게 된 사람은 이것을 본다. 프레게는 이렇게 쓰고 있는데, '만일 뜻이 고려되어야 한다면, 규칙들은 임의로 설정될 수 없을 것이다'(§91). '오히려, 규칙들은 기호들의 지시체들(Bedeutungen)로부터 반드시 따라 나온다'(§158).[11]

여기에서 비트겐슈타인은 직접 『산술의 근본 법칙 Ⅱ』§158을 거론하면서, 자신이 이러한 프레게의 생각을 받아들였다는 것을 시인하고 있다.

---

10) Wittgenstein (1974), p. 53.
11) Wittgenstein (2003), p. 135.

바로 그 생각이란 규칙들이 기호들의 지시체들(Bedeutungen)로부터 따라 나온다는 것이다. 앞에서 논의된 '의미체 비유'에서 핵심적인 생각도 바로 이것이었다. 즉 문법적 규칙들은 이미 주어진 의미체로부터 따라 나오며, 그렇게 해서 의미체의 본성을 따로따로 펼치게 된다는 것이다.

따라서 이제 우리는 비트겐슈타인이 규칙과 지시체에 대한 프레게의 기본적인 생각을 받아들였다는 것을 알 수 있다. 또한 위의 의미체 비유가 거론된 언급을 보면 비트겐슈타인이 자신의 오류를 지적하고 밝히고 있는 것이 다름 아닌『논고』라는 것도 짐작할 수 있다. 그런데 '의미체'라는 용어는 프레게의 용어도 아니며 러셀의 용어도 아니다. 그들은 어느 곳에서도 그런 용어를 사용하지 않았다. 그렇다면 우리는 '의미체'가 바로 비트겐슈타인 자신의 용어라는 결론에 이르게 된다. 이제 우리는 '의미체'가『논고』의 '의미' 일 수 있는 가능성이 가시화되고 있음을 본다.[12]

3. 부정의 의미

앞에서 우리는『탐구』에서 거론된 '의미체'가『논고』에서 거론된 '의미' 일 수 있다는 가능성을 확인하였다. 그 가능성은 비트겐슈타인이『비트겐슈타인의 음성들』과『철학적 문법』에서 제시한 논의들로부터 주어진 것이었다. 그러나 과연 '의미체'는『논고』의 '의미'인가? 이제 이 물음에 답하기 위해서는 실제로 위의 의미체 비유가『논고』에 그대로 구현되어 있는지를 살펴보아야 한다. 여기에서 핵심은 앞에서 지적했듯이 '∼'과 같은 논리적 상황을 나타내는 기호들에 대해 그 규칙들이 그 의미로부터 따라 나오느냐 하는 것이다. 바로 이 점을『논고』에서 확인하게 되면 우리는 비트겐슈타인이 '의미체'와 관련된 프레게의 생각을 받아들였으며, 자신의

---

12) 뿐만 아니라, 이러한 의미체 비유로부터, 사실상『탐구』에서 비트겐슈타인이 의미체가 무엇인지를 서술하고 있다는 것을 확인할 수 있다. 즉 562절에서 그는 "표기법의 배후에 그것의 문법이 본받는 어떤 실재"라고 말하고 있다.

입장에서 '의미'(Bedeutung)를 프레게와 달리 '의미체'라고 불렀다는 것을 알 수 있게 될 것이다.

먼저 우리는 『논고』에서 비트겐슈타인이 부정의 의미에 대해서 문제 삼고 있는 부분을 확인하는 것이 필요하다. 그는 다음과 같이 말한다.

> 논리학이 근본 개념들을 가진다면, 그 개념들은 서로 독립적이어야 한다. 어떤 근본 개념 하나가 도입되어 있다면, 그것은 무릇 그것이 나타나는 모든 결합들 속에서 도입되어 있지 않으면 안 된다. 그러니까 그것은 먼저 **한** 결합에 대해 도입되고 나서, 다른 한 결합에 대해 또 한 번 도입될 수 없다. 예컨대 부정이 도입되어 있다면, 이제 우리는 그것을 "~p" 형식의 명제들과 "~(p∨q)", "(∃x).~fx" 등의 명제들에서 꼭 같이 이해해야 한다. 우리는 그것을 먼저 한 부류의 경우들에 도입하고, 그 다음 다른 부류의 경우들에 도입해서는 안 된다. 왜냐하면 그렇게 되면 그 두 경우에 **부정의 의미** (*Bedeutung*)가 같을지는 의심스러운 채로 남을 것이며, 그 두 경우에 동일한 기호 결합 방식을 이용할 아무런 이유가 없을 것이기 때문이다. (5.451)[13]

이 인용문에서 비트겐슈타인은 논리학의 근본 개념을 도입하는 상황에 대해 논의하고 있다. 가령 부정은 모든 부류의 경우에 동시에 도입되어야 하며, 어떤 경우에 먼저 도입되고 그 다음에 다른 부류의 경우에 도입하는 것은 부정의 의미(Bedeutung)가 같은지를 보장할 수 없기 때문에 허용되어서는 안 된다.[14]

그런데 위의 인용문에서 분명해 보이는 것은 비트겐슈타인이 "부정의 의미"를 거론하면서 부정이 의미(Brdeutung)를 **지닌다**고 보고 있다는 점이다. 그러나 이 분명해 보이는 사실을 혹자는 첫째, 전기 비트겐슈타인이 프레게의 영향 하에 있었다는 점, 둘째, 『논고』의 근본 사상에 따르면 논

---

13) 두 번째 고딕체 강조 표시는 필자가 한 것임.
14) 앤스컴이 지적하는 바와 같이, 5.451에서 비트겐슈타인은 러셀과 화이트헤드가 『수학 원리』에서 명제 논리에서 "~"을 도입한 후에 양화 논리에서 (*9와 *10에서) 다시 "~"을 도입하는 것을 비판하고 있다. 참고: Anscombe(1959), p. 145.

리적 상항은 대표하지를 않는다는 점에 근거해서 거부할 수 있다. 실제로 『일기 1914-1916』(이하 '『일기』'로 약칭함)을 영어로 번역한 앤스컴은 그 번역서의 옮긴이 각주에서 다음과 같이 말한다.

> 나는 여기와 다른 곳에서, "Bedeutung"을 "reference"(지시체)로 번역하고 있는데, 이는 다음의 사실들에 특히 독자의 주의를 환기시키기 위해서이다. 즉 (a) 비트겐슈타인은 그가 "Sinn"과 "Bedeutung"(…)을 사용할 때 프레게의 영향 아래 있었다는 것과 (b) 이러한 『일기』 단계에서의 그의 생각들과 『논고』의 생각들 사이에는 큰 차이가 있다는 것, 그리고 『논고』에서 그는 논리적 상항들이나 문장들이 "Bedeutung"을 지닌다는 것을 부정하고 있다는 것이 그것이다.[15]

또한 포겔린은 "논리적 상항들이 사물들을 대표하지 않는다는 것, 또는 한 지시체(reference)를 지니지 않는다는 것은 『논고』의 중심 논제이다."[16]라고 말하면서, 앤스컴과 같이 『논고』의 "Bedeutung"을 "reference"로 번역하는 것은 옳지 않다고 주장한다. 그는 "특히, 만일 우리가 용어 Bedeutung에 대한 비트겐슈타인의 사용에 주목한다면, 우리는 "reference"를 의미하는 전문적 사용에 제한되지 않는다는 것을 알게 된다"[17]라고 말하면서 그 근거로서 『논고』의 위의 언급(5.451)을 제시하고 있다.

따라서 이 지점에서 우리는 5.451의 "부정의 의미(Bedeutung)"와 관련된 문제가 그리 단순한 것은 아니라는 점을 알 수 있다. 과연 부정은 Bedeutung을 지니는가? 그리고 이때의 Bedeutung은 "지시체"로 번역하는 것이 옳은가 아니면 "의미"로 번역하는 것이 옳은가? 그리고 이때의 Bedeutung은 포겔린이 주장하는 바와 같이 프레게의 지시체(reference)가

---

15) Wittgenstein (1961), p. 37e, 옮긴이 각주. 또한 앤스컴은 Anscombe (1959), p. 118 에서도 동일한 주장을 하고 있다.
16) Fogelin (1987), p. 32.
17) Fogelin (1987), p. 32.

아니라면 무엇인가?

　이 물음에 대답하기 위하여 우선 프레게의 의미이론에 대해서 간략하게 살펴보자. 프레게는 그의 유명한 논문「뜻과 지시체에 관하여」에서 뜻(Sinn)과 지시체(Bedeutung)를 구분한다. 그에 따르면 "A = A"와 "A = B"는 둘 다 동일성 문장임에도 불구하고 인식적 내용에서 중요한 차이를 지닌다. 가령 '샛별'과 '개밥바라기'는 둘 다 금성을 가리키지만, "샛별은 샛별이다"는 어떤 정보도 제공하지 않는 사소한 문장인데 반해, "샛별은 개밥바라기이다"는 천문학적 발견을 기록한 것이며 우리에게 중요한 정보를 제공해 준다. 프레게는 이 인식적 차이를 해명하기 위해, '샛별'과 '개밥바라기'는 지시체(Bedeutung)는 같지만 뜻(Sinn)은 상이하다고 주장하였다.

　프레게에 따르면, "고유 이름(단어, 기호, 기호들의 결합, 표현)은 그것의 뜻을 **표현하고**, 그것의 지시체(Bedeutung)를 **지시하거나**(*bedeutet*) **지칭한다**(*bezeichnet*). 우리는 기호를 사용함으로써 그 뜻을 표현하고 그 지시체를 지칭한다."[18] 더 나아가 프레게는 모든 언어적 표현에 대해서, 특히 한 문장(명제)에 대해서도 뜻과 지시체를 구분하였다. 그에 따르면, 한 문장의 지시체는 진리치(truth value)이고 그 문장의 뜻은 사상(Gedanke)이다. 가령, "샛별은 샛별이다"와 "샛별은 개밥바라기이다"는 둘 다 참(The True)이라는 대상을 가리키고 지시체는 동일하지만, 두 문장의 뜻, 즉 사상은 상이하다. 그는 다음과 같이 말한다. "한 문장의 진리치란 그 문장이 참이거나 거짓이게 되는 상황이다. 이것 이외의 다른 진리치란 없다. 간단히 말해 나는 그 하나를 참(The True)이라고 부르고 다른 하나를 거짓(The False)이라 부른다. 그러므로 단어들의 지시체와 관련된 모든 서술적 문장은 고유 명사로 간주되어야 하며, 그 지시체는, 만일 그 문장이 지시체를

---

18)　Frege (1997), p. 156.

지닌다면, 참 또는 거짓이다."[19]

청년 비트겐슈타인은 『논고』 이전 단계에서 이러한 프레게의 의미 이론을 **부분적으로** 수용한다. 『논고』 집필 이전에 작성한 「논리에 관한 단상들」("Notes On Logic, September 1913")에서 그는 다음과 같이 말하고 있다.

> 모든 명제는 본질적으로 참-거짓이다. 따라서 한 명제는 (그것이 참인 경우와 그것이 거짓인 경우에 대응하는) 두 개의 극을 갖고 있다. 우리는 이것을 한 명제의 **뜻**(*Sinn*)이라고 부른다. 한 명제의 **지시체(의미**, *Bedeutung*)는 그 명제에 실제로 대응하는 사실이다. 나의 이론의 주요한 특징은 이러하다: p 는 p-아니다(not-p)와 동일한 지시체(의미, *Bedeutung*)를 지닌다.[20]

이 언급을 보면 비트겐슈타인이 프레게의 뜻-지시체 이론을 전부 수용하지는 않았지만, 자신의 방식으로 '뜻'(Sinn)과 '지시체'(Bedeutung)라는 용어를 사용하고 있다는 것을 알 수 있다. 특히 이 당시에 그는 프레게와 마찬가지로 **한 명제에 대해서** 뜻과 지시체를 인정하고 있다. 그에 따르면, 한 명제의 지시체(Bedeutung)는 그 명제에 실제로 대응하는 **사실**이고, 한 명제의 뜻은 참-거짓이라는 두 개의 극이며, 또는 한 명제가 참이거나 거짓이라는 것을 모르고서도 우리가 이해하는 것이 그 명제의 뜻이다.[21]

이렇게 비트겐슈타인은 『논고』 이전 단계에서 프레게의 뜻-지시체 이론을 부분적으로 받아들였다. 그러나 그는 1914년 11월 2일 다음의 언급 이후로 뜻(Sinn)과 의미(지시체, Bedeutung)라는 용어에 대한 자신의 독자적인 사용으로 나아간다.

> 그것은 다음과 같지 않은가: 거짓 명제들은 참인 명제들과 같이 그리고

---

19) Frege (1997), pp. 157-158.
20) Wittgenstein (1961), p. 94.
21) 참고: Wittgenstein (1961), p. 94.

그것의 거짓 또는 참과 독립적으로 하나의 뜻을 지니지만, 어떤 지시체
(Bedeutung)도 지니지 않는다? (여기에 "Bedeutung"이라는 단어의 더 좋은
사용이 있지 않은가?)[22]

다시 말해 비트겐슈타인은 거짓 명제들의 지시체에 대해 고민하면서, 이
제 명제들이 지시체를 지니며 그 지시체가 사실이라는 기존의 생각을 포
기하고 있는 것이다. 그렇게 해서 그는 『논고』 고유의 '뜻'과 '지시체'에 대
한 사용으로 나아간다. 다름 아니라, 한 낱말은 오직 '의미'(Bedeutung)만
을 지니며, 오직 명제만이 '뜻'(Sinn)을 지닌다는 것이다. "오직 명제만이
뜻을 가진다. 오직 명제 연관 속에서만 이름은 의미를 가진다."(3.3)

그렇기 때문에 우리는 『논고』에서 "Bedeutung"은 프레게의 생각과 구분
하기 위해 "지시체(reference)"가 아니라 "의미(meaning)"로 번역하는 것이
옳다는 것을 알 수 있다. 그렇다면 이제 남은 문제는 『논고』에서 "~"과
같은 논리적 상항들이 의미(Bedeutung)를 지니는가 하는 것이다.

먼저 우리는 5.451의 **부정의 의미**라는 표현 자체가 '~'이 의미
(Bedeutung)를 지닌다는 것을 강력하게 보여주고 있다는 것을 주목할 필
요가 있다. 만일 '~'이 의미(Bedeutung)를 지니지 않는다면, 5.451에서 나
오는 "부정의 의미"라는 표현은 애초에 등장할 수도 없었을 것이며, 또 우
리는 그 말을 전혀 이해할 수 없게 될 것이다.

또한 『논고』에 따르면 "명제 "p"와 명제 "~p"는 대립된 뜻을 가지지만,
그것들에는 하나의 동일한 현실이 대응한다."(4.0621c) 따라서 '~'이 의미
(Bedeutung)를 지니지 않는다고 가정하면 『논고』에서 "~p"와 같은 명제
가 어떻게 뜻을 지닐 수 있는지는 결코 해명되지 않을 것이다. 예컨대 "지
금 비가 오지 않는다"는 『논고』에 따르면 뜻이 있는 명제이다. 따라서 그
러한 명제가 뜻을 지니기 위해서는 '~'은 의미(Bedeutung)를 지녀야만 한

---

22) Wittgenstein (1961), p. 24.

다. 왜냐하면 '~'은 뜻(Sinn)을 지닐 수 없고(오직 명제만이 뜻을 지니므로), 또 뜻(Sinn)과 의미(Bedeutung)라는 장치를 제외하면,『논고』에서는 한 명제가 뜻이 있다는 것을 해명하는 다른 장치가 없기 때문이다.

더 나아가 앤스컴이 주장하는 바와 같이『논고』에서 '~'이 의미(Bedeutung)를 지니지 않는다면, 이제 그녀는 논리적 상항을 포함하는 모든 명제는『논고』의 '그림'이 아니라고 주장해야 할 것이다. 실제로 코피(I. M. Copi)는『논고』의 근본 사상을 "논리적 상항들은 **대상들**을 대표하지 않는다"로 해석한 후에, "비-요소 명제들은 대상들을 대표하지 않는 요소들을 포함하고 있지만, 그림들의 모든 요소들은 대상들을 대표해야 하며, 따라서 비-요소 명제들은 그림일 수 없다"고 주장한다. 그리하여 그는 "비트겐슈타인은 오직 요소 명제들에 대해서만 그의 그림 의미 이론을 의도했다"[23]고 말한다. 물론 이러한 코피의 주장은 소박한 오류이다. 왜냐하면 우리는 모순이나 동어반복을 제외한 복합 명제도 뜻을 지니며, 따라서 그러한 명제도 그림이라는 언급들을『논고』곳곳에서 확인할 수 있기 때문이다.[24]

4. 의미와 규칙

앞에서 우리는『논고』에서 '~'과 같은 논리적 상항들이 의미(Bedeutung)를 지닌다는 것을 확인하였다. 이제 문제는 과연 앞에서 논의된 의미체 비유의 내용이『논고』에 실제로 구현되어 있느냐 하는 점이다. 과연 기호들의 의미(Bedeutung)로부터 그 규칙들이 따라 나온다는 생각이『논고』에 실제로 있는가? 이 물음에 대답하기 위해서는 우리는 다음의 언급을 살펴보아야 한다.

---

23) Copi (1958), p. 149.
24) 참고: 4.0621, 5.2341, 5.512, 5.514 등. 더 자세한 내용은 14장을 참고할 것.

"p"가 거짓이면 "~p"는 참이다. 그러므로 참인 명제 "~p"의 부분은 거짓인 명제이다. 그런데 어떻게 "~"이란 갈고리 표시가 그 명제를 현실과 맞게 만들 수 있는가? 물론 우리는 그것이 갈고리 표시 "~"만이 아니라 오히려 상이한 부정의 기호들에 공통적인 모든 것이라고 이미 말했다. 그리고 이것들 모두에 공통적인 것은 명백하게도 부정 자체의 의미(Bedeutung)로부터 따라 나와야만(hervorgehen) 한다. 그리고 그렇게 부정의 기호들에서 그것 자신의 의미(Bedeutung)가 반영되어야 한다.[25]

이 언급은 1914년 11월 27일 『일기』에서 작성된 것이다. 이 언급은 대단히 중요한데, 왜냐하면 바로 이 언급이 『논고』의 '의미체'를 해명해 줄 가장 결정적인 열쇠이기 때문이다. 우선 "~p"에서 부정하는 것은 "p" 앞에 있는 "~"이 아니라, 오히려 이 기호법에서 "~p"와 동일한 의미를 갖고 있는 모든 기호들에 공통적인 것이라는 비트겐슈타인의 언급을 주목하자. 그는 그것을 "이미 말했다"고 말하고 있다. 그 언급이란 1914년 10월 20일에 작성된 다음의 언급을 말한다.

"~p"에서 부정하는 것은 "p" 앞에 있는 "~"이 아니라, 오히려 이 기호법에서 "~p"와 동일한 의미를 갖고 있는 모든 기호들에 공통적인 것이다. 그러므로 "~p", "~~~p", "~p∨~p", "~p.~p" 등등에서 공통적인 것이며, 이는 일반성 표시들에도 마찬가지이다.[26]

다음으로 비트겐슈타인은 "~p", "~~~p", "~p∨~p", "~p.~p" 등등에서 공통적인 것이 "부정 자체의 의미"로부터 따라 나와야 한다고 말하고 있다. 그렇다면 그 공통적인 것이란 무엇인가? 그 공통적인 것은 그것들에게 모두 성립하는 규칙들이다. 즉 그것은 다음의 논리적 동치들의

---

25) Wittgenstein (1961), p. 34.
26) Wittgenstein (1961), p. 15.

(무한) 연언이다.[27)28)]

$$\sim p \equiv \sim \sim \sim p$$
$$\sim p \equiv \sim p \vee \sim p$$
$$\sim p \equiv \sim p . \sim p$$
$$\sim \sim \sim p \equiv \sim p \vee \sim p$$
$$\sim p . \sim p \equiv \sim p \vee \sim p$$
$$\cdots\cdots$$

즉 모든 "$\sim p$", "$\sim \sim \sim p$", "$\sim p \vee \sim p$", "$\sim p . \sim p$" 등등이 바로 "$\sim p$"와 논리적 동치라는 것, 또는 그것들이 모두 동일한 명제라는 점이 그것들에 공통적인 것이다.[29)]

이제 이러한 비트겐슈타인의 생각은 『논고』에서 다음과 같이 집약되어 다시 등장한다.

> "p"가 거짓이면 "$\sim p$"는 참이다. 그러므로 참인 명제 "$\sim p$"에서 "p"는 거짓인 명제이다. 그런데 어떻게 "$\sim$"이란 선이 그 명제를 현실과 맞게 만들 수 있는가?
>
> 그러나 "$\sim p$"에서 부정하는 것은 "$\sim$"이 아니라, p를 부정하는, 이러한 표기법의 모든 기호들에 공통적인 것이다.
>
> 그러므로 "$\sim p$", "$\sim \sim \sim p$", "$\sim p \vee \sim p$", "$\sim p . \sim p$" 등등이 (무한히) 형성되게끔 하는 공통적 규칙이다. 그리고 이 공통적인 것이 부정을 반영한다. (5.512)

---

27) 이러한 비트겐슈타인의 생각은 『일기』 1914년 12월 4일의 다음 언급에서 다음과 같이 정리되고 있다: "예를 들어 등식 $\sim\sim p = p$를 살펴보기로 하자. 이것은 다른 것들과 함께 p에 대한 기호를 결정한다. 왜냐하면 그것은 "p"와 "$\sim\sim p$"가 공통으로 갖고 있는 어떤 것이 존재한다고 말하고 있기 때문이다. 이를 통하여 그 기호는 이중 부정이 긍정이라는 것을 반영하는 속성들을 획득하게 된다."(Wittgenstein (1961), pp.34-35)

28) 『논고』에서 비트겐슈타인이 무한 연언이나 무한 선언을 허용했다는 점을 주목하자. 참고: 4장.

29) 참고: "p가 q로부터, 그리고 q가 p로부터 따라 나온다면, 그것들은 하나의 동일한 명제이다."(5.141)

이제 우리는 앞에서 논의된 바에 따라, 5.512에서 말하는 "~p", "~~~p", "~p∨~p", "~p.~p" 등등이 (무한히) 형성되게끔 하는 공통적 규칙이 바로 위의 논리적 동치들의 연언이라는 것을 알 수 있다. 그런데 5.512와 (앞에서 인용된) 1914년 11월 27일의 기록을 비교하면, 5.512에는 다음의 중요한 언급이 삭제되었다는 것을 알 수 있다: "**그리고 이것들 모두에 공통적인 것은 명백하게도 부정 자체의 의미(Bedeutung)로부터 따라 나와야만 한다.**"

그렇다면 비트겐슈타인은 왜 의미체 비유에서 핵심적인 이 내용을 제외시켰는가? 혹자는 이로부터 비트겐슈타인이 의미체에 대한 생각을『논고』단계에서 거부했다고 주장할 수도 있을 것이다. 그러나 과연 그러한가?

사실상 5.512는 결코 이해하기가 쉽지 않다. 실제로 램지는『논고』에 대한 서평("Critical Notice"(1923))에서 5.512를 인용하면서 자신은 5.512의 "이 공통적인 것이 부정을 반영한다."는 것이 무엇을 뜻하는지 이해할 수 없다고 고백하고 있다.[30] 자, 그렇다면 이 문장에서 '**반영하다**'는 무엇을 뜻하는가? 나는 이렇게 생각하는데, 여기에서 '반영하다'라는 말을 정확히 이해하면, 5.512와 1914년 11월 27일의 언급이 기본적으로 동일한 내용이라는 것이 밝혀질 것이다.

'반영하다'(spiegeln, wiederspiegeln, mirror)는 '빛이 반사하여 비치다', 또는 '거울에 비추어지다'는 것을 뜻한다. 가령 어떤 거울에 책상의 거울상이 있다고 하자. 그러면 우리는 그 거울상을 보고서 실제의 책상이 어떠어떠한지를 끌어낼 수 있다. 이때 책상의 거울상은 거울에서 반영된 것이고, 실제의 책상은 반영하는 것이다. 요컨대 S에서 A가 B를 반영하고 있다면 (또는 B가 A에 의해 반영되어 있다면), B는 A의 거울상이며, 우리는 S에

---

30) "나는 어떻게 그것이 부정을 반영하는지 이해할 수 없다. 분명하게도 그것은 두 명제들의 연언이 그것들의 뜻의 연언을 반영하는 단순한 방식으로 그렇게 하지 않는다."(Ramsey (1931), p. 279)

있는 거울상 B로부터 A가 어떠어떠한지를 끌어낼 수 있다.

비트겐슈타인 또한 '반영하다'라는 용어를 이와 같은 방식으로 사용하고 있다. 그는 1914년 10월 11일 『일기』에서 다음과 같이 말한다.

> 우리의 어려움은 이제 외견상 분석 가능성이, 또는 그것의 반대가 언어에 반영되어 있지 않다는 사실에 놓여 있다. 다시 말해, 다음과 같이 보이는데, 우리는 예컨대 실제 주어-술어 사실들이 존재하는지 여부를 오직 언어로부터만 끌어낼 수 **없다**. 그러나 어떻게 우리는 이 사실이나 그 반대를 **표현할 수 있을 것인가? 이것은 보여져야만 한다**.[31]

여기에서 비트겐슈타인은 '분석가능성 여부가 언어에 반영되어 있지 않다'는 것을 '우리는 오직 언어로부터만 예컨대 주어-술어 사실이 존재하는지 여부를 끌어낼 수 없다'는 것으로 해명하고 있다. 따라서 가령 어떤 것 (가령, "분석 가능성 여부")이 언어에 반영되어 있다는 것은 그것과 관련된 것(예컨대, "주어-술어 사실이 존재하는지 여부")이 그 반영된 것과 함께 오직 언어로부터 끌어낼 수 있다는 것을 뜻한다.

마찬가지로 1914년 11월 27일의 언급에서 "부정의 기호들에서 그것 자신의 의미(Bedeutung)가 반영되어야 한다."는 부정의 의미로부터 이와 관련된 것들을 우리가 끌어낼 수 있다는 것, 다시 말해 "이것들 모두에 공통적인 것은 명백하게도 부정 자체의 의미(Bedeutung)로부터 따라 나와야만 한다."는 것을 뜻한다. 다시 말해 비트겐슈타인이 『논고』에서 그 핵심 문장을 제외시킨 것은 "이 공통적인 것이 부정을 반영한다."라는 문장만으로도 충분하다고 판단했기 때문이다. 즉 이 문장으로부터 우리는 그 공통적인 것과 관련된 것들이 부정으로부터 따라 나온다는 것을(또는 우리가 끌어낼 수 있다는 것을) 추론할 수 있기 때문이다.[32]

---

31) Wittgenstein (1961), p. 10.
32) 사실상 1914년 11월 27일 기록과 5.512의 중요한 두 번째 차이는 전자에서는 "부정의 의미"가 명시적으로 언급되고 있는 반면, 후자에서는 단지 "부정"만을 언급하고 있다

그리하여 이제 우리는 『논고』의 다음 언급을 이해할 수 있다.

하나의 표기법이 확립되어 있다면. 그 표기법 속에는 p를 부정하는 모든 명제들이 형성되게끔 하는 규칙, p를 긍정하는 모든 명제들이 형성되게끔 하는 규칙, p 또는 q를 긍정하는 모든 명제들이 형성되게끔 하는 규칙 등등이 존재한다. 이 규칙들은 그 상징들과 대등하며, 이 규칙들 속에서 그 상징들의 뜻이 반영된다. (5.514)

여기에서 p를 부정하는 모든 명제들이 형성되게끔 하는 규칙은 위에서 지적된 논리적 동치들의 연언이며, 마찬가지로 p 또는 q를 긍정하는 모든 명제들이 형성되게끔 하는 규칙은 "p∨q"와 논리적으로 동치인 모든 기호들에 성립되는 논리적 동치들의 연언이다. 그리고 비트겐슈타인에 따르면 부정의 경우, 이 논리적 동치들의 연언으로부터 우리는 "∼p"라는 상징과 동치인 기호들("∼p", "∼∼∼p", "∼p ∨∼p", "∼p.∼p" 등등)을 끌어낼 수 있고 역도 마찬가지인데, 이러한 의미에서 그 규칙은 그 상징과 "대등(äquvalent)"하다고 말하고 있다. 그리고 그에 따르면, 부정의 경우, 이러한 규칙(즉 위의 논리적 동치들의 연언) 속에 "∼p"라는 상징의 뜻이 반영되어 있다. 다시 말해 그러한 규칙들과 더불어 이와 관련된 것들이 "∼p"라는 상징의 뜻으로부터 따라 나온다(또는 우리는 이것으로부터 그 규칙을 끌어낼 수 있다).[33)34)]

는 점이다. 그러나 5.512의 "이 공통적인 것이 부정을 반영한다"에서 "부정"이 결국에는 "부정의 의미"일 수밖에 없다는 점은 이 논문의 전체 논의가 주어질 때 비로소 분명해질 것이다.

33) 마찬가지로 4.121, 즉 "논리적 형식은 명제에서 반영된다."가 뜻하는 것은 논리적 형식과 관련된 것(사실이나 현실의 논리적 형식에 대한 것)은 그 반영된 것과 더불어 오직 명제로부터 끌어낼 수 있다는 것을 뜻한다.

34) 혹자는 의미체 비유와 관련하여 『논고』 5.512에서 거론된 것은 단수인 "규칙"이고 『비트겐슈타인의 음성들』에서 거론된 것은 복수인 "규칙들"이며, 그렇기 때문에 그 둘은 부합하지 않는다고 주장할 수도 있을 것이다. 그러나 위에서 언급된 "논리적 동치들의 연언"을 고려하면 이는 '규칙'(단수)이고, 그 연언의 각각의 연언지들을 고려하면 그것들은 '규칙들'(복수)이며, 그렇기 때문에 이는 문제가 되지 않는다.

5. 의미와 구문론적 사용

　앞에서 우리는『논고』에서 '～'의 의미(Bedeutung)가 세계에 존재하는 어떤 대상을 대표하지 않는다는 것을 지적하였다. 반면에 부정은 의미를 지닌다. 자, 그렇다면 부정의 의미란 무엇인가? 이 물음에 대답하기 위해서는『논고』의 '기호', '상징', 그리고 '논리-구문론적 사용'에 대한 논의가 필요하다.

　앞에서 지적했듯이,『논고』에 따르면 이름은 의미만을 지니고, 오직 명제만이 뜻을 지닌다. 그렇다면 의미와 뜻을 지닐 수 있는 것은 구체적으로 무엇인가? 비트겐슈타인은 바로 이 물음에 대답하기 위해서 기호와 상징(표현)을 구분한다. 먼저 기호와 상징에 대한 비트겐슈타인의 정의를 살펴보기로 하자.

> 명제의 뜻을 특징짓는 명제 각 부분을 나는 표현(상징)이라고 부른다.
> 　(명제 자체도 하나의 표현이다.)
> 　표현은 명제의 뜻을 위해 본질적인, 명제들이 서로 공유할 수 있는 모든 것이다.
> 　표현은 어떤 하나의 형식과 내용을 특징짓는다. (3.31)
>
> 기호는 상징에서 감각적으로 지각될 수 있는 것이다. (3.32)

　비트겐슈타인에 따르면, "명제의 뜻을 특징짓는 각 부분"이 표현 또는 상징이고, 기호는 "상징에서 감각적으로 지각될 수 있는 것"이다.『논고』에서 이름은 상징이고 그것에 대응하는 기호는 단순 기호이다. 또한 비트겐슈타인은 명제에 대해서도 기호와 상징을 구분하고 있다. 그는 기호로서의 명제를 "명제 기호", 상징으로서의 명제를 단순히 "명제"라고 부른다.

　한편 위의 인용문 3.32는 우리가 상징으로부터 기호를 어떻게 알아낼 수 있느냐 하는 점을 말하고 있다. 즉 "기호는 상징에서 감각적으로 지각될 수 있는 것이다." 그렇다면 역으로, 우리는 기호로부터 상징을 어떻게 알아낼 수 있는가? 또는 하나의 기호를 상징으로 만드는 것이란 무엇인가? 그것은 한 마디로 "뜻이 있는 쓰임"이다.

> 기호들 속에서 표현이 되지 않는 것은 기호의 적용이 보여 준다. 기호들이 삼키고 있는 것, 그것을 기호의 사용은 말해 준다. (3.262)

> 기호에서 상징을 알아내려면, 우리는 뜻이 있는 쓰임에 유의해야 한다. (3.326)

예컨대 "김구"라는 기호의 의미를 모르는 사람은 그 상징을 이해하려면, "김구"라는 기호의 "뜻이 있는 쓰임"에 유의해야 한다. "김구"는 기호로도 파악될 수 있고, 상징으로도 파악될 수 있다. 물리적(또는 현상론적)이거나 철자법적인 측면에서는 기호로 파악될 것이며, 뜻이 있는 쓰임(사용)이라는 측면에서는 상징으로 파악될것이다.

그렇다면 『논고』에서 기호와 상징의 구분은 왜 중요한가? 왜냐하면 확정적인 뜻이나 의미를 지니는 것은 엄밀하게 말하면 기호 자체가 아니라 상징이기 때문이다. 이는 기호의 특징이 "실로 자의적"이라는 점에 있다는 것을 음미하면 알 수 있다.

> 우리가 두 대상을 동일한 기호를 가지고, 그러나 상이한 두 **지칭 방식**으로 지칭한다는 것은 그 두 대상의 공통적 표지를 결코 지적해 줄 수 없다. **왜냐하면 기호는 실로 자의적이기 때문이다.** 그러므로 두 개의 상이한 기호가 선택될 수도 있을 터인데, 그러면 어디에 지칭에서 공통적인 것이 남아 있을까? (3.322)[35]

비트겐슈타인에 따르면, 기호는 자의적이다. '김구'라는 기호는 임의적인 방식으로 사용될 수 있다. 반면에 그러한 기호는 일단 어떤 뜻이 있는 사용이 확정되면 이제 더 이상 자의적이지 않다. 그렇게 되면 한 기호는

---

35) 두 번째 고딕체 강조 표시는 필자가 한 것임.

'뜻이 있는 사용'과 더불어 상징이 되며, 그리하여 그것이 이름이나 복합체의 상징이라면 확정적인 의미를 지닐 수 있다.

이제 이 지점에서 기호나 상징에 의미를 부여하는 것은 **사용**임을 확인하기로 하자. 비트겐슈타인은 다음과 같이 말하고 있다.

> 어떤 한 기호가 **쓰이지 않는다면**, 그 기호는 의미가 없다(bedeutungslos). 이것이 오캄(Occam)의 격률이 지니는 뜻이다.
> (모든 사정이 어떤 한 기호가 의미(Bedeutung)를 가지고 있는 듯이 되어 있다면, 그 기호는 실제로도 의미(Bedeutung)를 가진다.) (3.328)

의미를 부여하는 것은 '사용'이다. 다시 말해 "어떤 한 기호가 **쓰이지 않는다면**, 그 기호는 의미가 없다(bedeutungslos)." 한편 자의적인 의미가 아니라 확정적인 의미를 부여하는 것이 곧 "뜻이 있는 사용"이다.

그런데 비트겐슈타인은 "뜻이 있는 사용"을 "논리-구문론적(logisch-syntaktischen) 사용"이라고 부른다(3.327). 말하자면 논리-구문론적 사용은 『논고』의 구문론에서 문제 삼는 기호에 대한 엄격한 규제를 가하는, 또는 엄격한 규칙을 따라야 하는 사용이다.[36] 따라서 이제 우리는 상징이 기호와 다른 측면을 지닌다면, 바로 그 측면은 "논리-구문론적 사용", 또는 "뜻이 있는 쓰임"이라는 것을 알 수 있다. 그리고 바로 이러한 사용에 의해 한 상징은 확정적인 의미가 부여된다. 다시 말해, 예컨대, '~'이라는 상징에 확정적인 의미를 부여하는 것은 바로 우리 자신의 논리-구문론적 사용이다.

이제, 나는 이렇게 믿는데, 논리-구문론적 사용이라는 관점에서 『논고』

---

36) 그러한 엄격한 규칙의 체계가 "논리적 구문론"(logische Syntax) 또는 "논리적 문법"(logische Grammatik)이며, 이에 대해서 비트겐슈타인은 다음과 같이 언급하고 있다. "이러한 오류를 피하려면, 우리는 같은 기호를 서로 다른 상징으로, 그리고 서로 다른 방식으로 가리키는 기호들을 외면상 같은 방식으로 사용하지 않음으로써 그러한 오류들을 배제하는 어떤 기호 언어를 사용해야 한다. 다시 말해서, 논리적 문법─논리적 구문론─에 따르는 기호 언어를 사용해야 한다."(3.325)

의 다음 언급을 주의 깊게 읽으면 비로소 우리는 부정의 의미가 무엇인지 짐작할 수 있다.

> 명제 변항 값들의 규정은 그 변항을 공통의 표지로 가지는 **명제들을 제시**하는 것이다.
> 그 규정은 이러한 명제들을 기술하는 것이다.
> 그 규정은 그러므로 오직 상징들만을 다루지, 그 의미(Bedeutung)는 다루지 않을 것이다.
> 그리고 **오직** 이것, 즉 **그 규정은 상징들에 관한 기술일 뿐 그 상징들에 의해 지칭된 것에 관해서는 아무것도 진술하지 않는다는 것**만이 그 규정에 본질적이다.
> 명제들의 기술이 어떻게 행해지는가는 비본질적이다. (3.317)

3.317을 주의 깊게 읽으면(특히, 3.317c와 3.317d를 주목하자), 한 상징의 의미가 그 상징에 의해 지칭된 것(das Bezeichnete)과 동일하다는 것을 알 수 있다. 이제 3.317을 해명하면서 이 점을 확인하기로 하자.

비트겐슈타인은 먼저 "명제 변항 값들의 규정은 그 변항을 공통의 표지로 가지는 **명제들을 제시**하는 것이다"라고 말하고 있다. 가령 "소크라테스는 현명하다"에서 '소크라테스'를 s로, 또 '…는 현명하다'를 W로 나타내기로 하면, 그 문장은 Ws로 표기된다. 이제 개체 상항 s 자리에 변항 x를 넣기로 하자. 그러면 Wx가 나온다. 이제 우리는 x 자리에 s뿐만 아니라, p(플라톤), a(아리스토텔레스), 등등을 대입할 수 있다. 그러면 Ws, Wp, Wa, 등등의 명제들이 제시된다. 이러한 명제들은 모두 Wx에서 변항 x를 "공통의 표지"로 가지고 있다. 이제 '…는 공정하다'를 J로 나타내기로 하면, Ws가 적법한 것과는 달리 WJ는 적법한 것이 아니라고 우리는 말하게 될 것이다. 그리하여 우리는 Wx에 대해서 Ws, Wp, Wa, 등등을 제시하는 것은 옳지만, WJ 등을 제시하는 것은 옳지 않다고 **규정**할 것이다. 그런데 우리가 이렇게 규정할 때에는 W, s, p, a, J와 같은 상징들만을 다루고 있지, 그 상징들의 의미는 다루고 있지 않다(3.317c). 그리고 3.317d에서 비트겐슈타인은 "그 (상징들의) 의미"를 "그 상징들에 의해 지칭된 것"이라고 바꿔 말하고 있다. 결론적으로, '∼'이라는 상징의 의미는 '∼'에 의해 지칭된 것이다.

그러므로 이제 우리는 『논고』에서 '∼'이라는 상징의 의미는 '∼'에 의해 지칭된 것이며, 특히 우리의 논리-구문론적 사용에서 지칭된 것(das Bezeichnete, 기호화된 것)이라는 것을 알 수 있다. 그러나 이 지점에서 "의미(Bedeutung)"에 대한 『논고』에서의 두 가지 사용에 유념할 필요가 있다. 『논고』에서는 요소 명제를 이루는 이름들의 경우, 그 이름의 의미는 대상이다. "이름은 대상을 의미한다. 대상은 이름의 의미(Bedeutung)이다."(3.203) 이 경우 대상은 세계의 실체를 형성하는 것으로서 세계에 속한다고 간주되는 것이다. 반면에 『논고』에서 논리적 상항들의 의미는 세계에 속하는 것이 아니다. "명제의 가능성은 기호들이 대상들을 대표한다는 원리에 의거한다. 나의 근본 사상은, "논리적 상항들"은 대표하지를 않는다는 것이다."(4.0312) 전자의 경우, 이름의 의미(Bedeutung)가 대상일 때, 이때의 "Bedeutung"은 프레게의 그것과 유사하다. 반면에 후자의 경우, 논리적 상항의 의미(Bedeutung)는 오직 『논고』라는 맥락에서만 이해될 수 있는 『논고』 고유의 것이다. 비트겐슈타인은 특히 바로 이러한 '∼'과 같은 논리적 상항들이 지니는 의미(Bedeutung)를 새로운 자신의 용어, 즉 의미체라고 불렀던 것이다.

6. 규칙과 의미

앞에서 우리는 청년 비트겐슈타인이 프레게의 기본 생각, 즉 기호들의 규칙들은 그 지시체로부터 따라 나온다는 생각을 받아들였고, 바로 이러한 (유사한) 생각이 『논고』를 형성하고 있다는 것을 살펴보았다. 이제 이러한 지적이 옳다면, 『논고』를 포기한 이후에 이와 관련된 비트겐슈타인의 생각의 발전 과정과도 연계되어야 할 것이다. 사실상 『논고』를 포기한 후 비트겐슈타인에게 심각한 문제로 떠오른 것은 규칙과 의미 간의 관계를 어떻게 보아야 하느냐 하는 것이었다. 문제는 이렇다: 의미로부터 규칙이 따라 나오는가, 아니면 규칙으로부터 의미가 규정되는가? 전자의 견해는 곧 의미체 이론이다. 즉 한 낱말의 의미체로부터 그 낱말의 문법적 규칙들이 따라 나온다는 것이다. 비트겐슈타인은 다음과 같이 언급하면서 이제 프레게의 견해를 거부한다.

> 규칙들은 의미들로부터 따라 나오는가?
> 이 물음과 함께 우리는 개념들의 참된 이론으로 들어가게 된다. 만일 우리가 우리의 관점을 짧은 공식으로 표현하고자 한다면, 우리는 다음과 같이 말하게 될 것이다: 한 낱말의 의미는 그것의 사용에 대한 규칙들로 구성된다. 즉, 규칙들의 총체만이 한 낱말의 의미를 생성한다. 따라서 우리는 낱말의 의미가 원본적인 것이고 규칙들은 단지 이러한 의미로부터 따라 나온다는 생각을 받아들이는 것을 거부한다. 정확하게 이것은 현대 논리학에서 가장 선호되는 견해이다.[37]

물론 이 인용문에서 비트겐슈타인이 "현대 논리학에서 가장 선호되는 견해"라고 말하면서 염두에 두고 있는 것은 바로 프레게의 견해이다. 즉 규칙들은 '지시체들'(Bedeutungen, 의미들)로부터 따라 나온다는 견해인 것이다. 이제 비트겐슈타인은 "우리는 낱말의 의미가 원본적인 것이고 규칙들은 단지 이러한 의미로부터 따라 나온다는 생각을 받아들이는 것을 거부한다"라고 말함으로써 프레게의 생각을 거부하고 있다. 이와 함께 비트겐슈타인은 『논고』를 형성했던 의미체와 관련된 생각도 포기한다.[38]

---

37) Wittgenstein (2003), p. 143.
38) 글록(H. Glock)은 의미체와 관련된 비트겐슈타인의 생각이 프레게로부터 연유한 것임을 정확하게 지적하고 있지만, 그 의미체 이론이 『논고』를 형성하고 있다는 점을 간과하고 있으며, 오히려 그 반대가 옳다고 오해하고 있다. 그는 다음과 같이 말한다. "그러한 생각은 프레게에서 두드러지는데, 그는 최초로 자신이 수-낱말들의 참된 의미를 해명했다고 생각했고, 형식주의자들에 반대해서, 수학적 기호들의 사용에 대한 규칙들이 '그 기호들이 대표하는 것, 그것들의 의미들로부터 따라 나와야' 한다고 주장했다.

즉 의미체로부터 규칙이 따라 나오는 것은 아니며, 오히려 "한 낱말의 의미는 그것의 사용에 대한 규칙들로 구성된다." "규칙들의 총체만이 한 낱말의 의미를 생성한다." 다시 말해 우리의 사용 규칙들에 의해 한 낱말의 의미가 규정되는 것이지, 거꾸로 한 낱말의 의미(의미체)가 미리 있어서 그것으로부터 사용의 규칙들이 따라 나오는 것은 아니라는 것이다. 그렇다면 비트겐슈타인의 이러한 새로운 생각은 어디에서 연유한 것인가?

『논고』를 포기한 후, 비트겐슈타인에게는 프레게의 의미 이론을 극복할 새로운 의미 이론이 절실하게 필요했을 것이다. 그가 이러한 철학적인 어려움을 벗어날 수 있었던 계기는 다행스럽게도(또는 절묘하게도) 힐베르트와 바일의 형식주의로부터 주어진다. 비트겐슈타인은 1930년 6월 19일 빈 학파의 슐리크와 바이스만에게 형식주의에 대한 자신의 견해를 다음과 같이 밝히고 있다.

형식주의는 부분적으로 옳고 부분적으로 그르다. 형식주의에서 옳은 것은 모든 구문론(syntax)은 놀이의 규칙들의 체계로서 생각될 수 있다는 것이다. 나는 바일이 형식주의자는 수학의 공리들을 장기 규칙들과 같은 것으로서

(…) 반면에 『논고』의 **말하기/보이기** 구분 배후에 있는 생각들 중 하나는 우리가 한 기호의 의미로부터 그 기호의 사용을 지배하는 규칙들을 도출할 수 없다는 것이다. 왜냐하면 그 기호는 이 규칙들에 앞서서 한 의미를 지니지 않기 때문이다."(Glock (1996), p. 239) 그러나 "말하기-보이기" 구분으로부터 (의미체와 관련된) "의미-규칙"의 관계를 보이고자 하는 글록의 시도는 전혀 설득력이 없다. 왜냐하면 전자는 명제 차원의 논의이고, 후자는 의미체와 관련된 낱말 차원의 논의이기 때문이다. 한편 한대석(Han, 2013)은 의미체와 관련된 생각이 러셀의 것이며, 이러한 러셀의 생각을 비판하기 위해 비트겐슈타인이 '의미체'라는 용어를 만들어내었다고 주장한다. 그는 『논고』 3.331의 "러셀의 오류"를 "러셀의 의미체의 오류"로 간주한다. 더구나 그는 "의미체"를 러셀의 "논리적 유형"과 동일시한다(Han (2013), p. 136). 더 나아가 그는 『논고』 3.334가 "의미체"의 개념에 대한 거부를 정식화한 것이라고 주장한다(Han (2013), p. 144). 그러나 그가 과연 이러한 주장들을 뒷받침하는 충분한 전거를 제시했는지는 의문이다. 오히려 우리의 논의에 따르면 그는 중대한 오해를 하고 있는 것처럼 보인다. 가령 3.334, 즉 "논리적 구문론의 규칙들은 각각의 기호가 어떻게 지칭하는지를 우리들이 알기만 하면 저절로 이해되어야 한다."는 "의미체 개념에 대한 거부를 정식화한 것"이 아니라 오히려 의미체 개념과 부합하는 내용이다.

여긴다고 말할 때 그가 의미할 수도 있는 것에 대해서 생각해 보았다. 나는 수학의 공리들뿐만 아니라 모든 구문론이 임의적이라고 말하고 싶다. (…)

　이 지점이 형식주의가 옳은 곳이다. **프레게**는 산술의 수들이 기호라는 생각에 대해서 반대한다는 점에서는 옳았다. 결국 기호 '0'은 그것이 기호 '1'에 더해졌을 때 기호 '1'을 산출하는 속성을 지니고 있지 않다. 다만 그는 다른, 형식주의의 정당화되는 쪽, 즉 수학의 상징들은, 비록 그것들이 기호들은 아닐지라도, 지시체(Bedeutung)를 결여한다는 것을 보지 못했다. 프레게에게 갈래 길(alternative)은 이러했다: 우리는 종이 위에 있는 잉크로 된 선들을 다루거나 이 잉크로 된 선들은 **어떤 것**의 기호들이고 그것들의 지시체(Bedeutung)는 그것들이 대표하는 것이다. 장기 놀이 자체는 이러한 갈래 길들이 잘못 생각된 것임을 보여준다—비록 우리가 다루고 있는 것은 나무로 된 말(chessman)은 아닐지라도, 이러한 형태들(figures, 장기 말들)은 어떤 것도 대표하지 않으며, 그것들은 프레게가 뜻하는 바의 어떤 지시체(Bedeutung)도 지니지 않는다. 여전히 세 번째 가능성이 존재하는데, 그 기호들은 그것들이 그 놀이에서 사용되는 방식으로 사용될 수 있다. 만일 여기에서 (장기에서) 당신이 '의미'에 관해서 이야기하고자 한다면, 가장 자연스럽게 말하는 것은 장기의 의미는 모든 장기 놀이들이 공통으로 갖고 있는 것이라고 말하는 것이다.[39]

　이 인용문에서 알 수 있듯이, 비트겐슈타인은 프레게의 의미 이론을 비판하고 있다. 프레게에게는 수학에서 나오는 기호는 지시체를 지니거나, 그렇지 않다면 잉크로 그려진 선들에 불과하다. 이제 비트겐슈타인은 형식주의에서 옳은 것, 즉 "모든 구문론은 놀이의 규칙들의 체계로서 생각될 수 있다는 것"을 토대로, 프레게가 세 번째 가능성을 간과하였다고 비판한다. 즉 장기 놀이에서 장기 말, 예컨대 졸은 그 어떤 것도 대표하지 않지만(그리하여 프레게의 의미에서, 지시체를 지니지 않지만), 장기 놀이에서 사용되는 방식으로 그 의미를 지닐 수 있으며, 졸의 의미는, "그것에 대

---

39)　Wittgenstein (1979), pp. 103-155. 또한 동일한 내용이 p.150에 다시 서술되고 있다.

해 성립하는 규칙들의 총체"라고 말할 수 있다는 것이다. 마찬가지로 수학에서 사용되는 수 기호(numeral, 숫자)의 의미 또한 "그것에 대해서 성립하는 규칙들의 총체"라고 말할 수 있다.[40]

마찬가지로 '∼'과 같은 논리적 상항들에 대해서도 프레게에 대한 위의 비판은 그대로 적용된다. 비트겐슈타인은『비트겐슈타인의 음성들』에서 다음과 같이 말한다.

> 따라서, 이 논증은 다음과 같이 말하고 있다: 한 기호는 어떤 것을 지칭해야만 한다. 오직 수들이 존재하기 때문에 산술은 과학이다. 수학자들의 관심은 이 수들과 그것들의 속성들을 겨냥하고 있지, 기호들을 겨냥하고 있는 것은 아니다. 그는 이미 객관적으로 존재하는 것만을 표상할 따름이다. 만일 모든 낱말이 각각 한 대상을 지칭한다면, 다음과 같은 물음이 생긴다: 그렇다면 '아니다', '또는', '만일'과 같은 낱말들에 대해서는 어떠한가? 이 낱말들에 의해서 지칭되는 어떤 것이 또한 존재하는가? 프레게는 사실상 이러한 귀결을 피하지 않았다. 그가 생각하기에, 낱말 '아니다'는 부정을 지칭한다. 낱말 '아니다'는 오직 부정이 존재하기 때문에 의미를 지닌다.[41]

다시 말해 비트겐슈타인에 따르면, 프레게는 수기호와 마찬가지로 '∼'과 같은 논리적 상항들에 대해서 그것이 지칭하는 지시체가 실제로 존재하거나[42] 그렇지 않으면 그것들은 잉크로 그려진 선에 불과하다는 두 가지 가능성만을 보고 있다. 그러나 여전히 세 번째 가능성이 존재하는데, 한 기호(또는 상징)의 의미는 "그것에 대해 성립하는 규칙들의 총체"라는 것이다.

비트겐슈타인은 이렇게 힐베르트와 바일의 형식주의를 비판적으로 수용함으로써 지시체와 규칙에 대한 프레게의 생각과 또 프레게의 영향 하

---

40) 참고: Wittgenstein (1979), p. 105.
41) Wittgenstein (2003), pp. 151-153.
42) 실제로 프레게에게는 '∼'은 부정 함수 기호이고, 그것의 지시체는 함수이다. 참고: Frege (1997), p. 139.

에서 형성된 자신의 의미체 이론을 극복한다. 비트겐슈타인이 생각하는 바, "형식주의에서 옳은 것은 모든 구문론은 놀이의 규칙들의 체계로서 생각될 수 있다"는 점이다. 이제 "놀이의 규칙들의 체계"를 문제 삼기 위해서는 이에 상당하는 새로운 개념이 요구되었을 것이다. 비트겐슈타인의 중기 및 후기 철학에서 중심 개념인 '언어놀이'는 바로 이러한 맥락에서 형성된 것이다.

7. 맺는 말

지금까지 나는 『탐구』에서 단 한 번 언급된 '의미체'가 무엇인지를 해명하려고 노력하였다. 그것은 어떤 형이상학적 실재도 아니고, 프레게의 '지시체'도 아니었으며, 오히려 『논고』의 '의미'(Bedeutung)와 동일하다. 『논고』에서 '~'의 의미(체)는 '~'의 규칙들이 따라 나오는 것을 가능케 하는 것으로서, 우리의 "논리-구문론적 사용"에 따라 지칭된 것이다.

이제 『논고』 집필 이전 단계에서의 의미체와 관련된 생각을 살펴보기로 하자. 왜 비트겐슈타인은 『일기』에서 1915년 4월 12일과 15일, 다음과 같이 썼을까?

> 나는 명제의 본질로부터 개별적인 논리적 연산들(Operationen)에로 나아갈 **수 없다.**
>
> 즉 나는 어떤 의미에서 명제가 사태의 **그림**인지를 밝혀낼 수 없다.
> 나는 거의 나의 모든 노력을 포기할 듯하다.[43]

사실상 나는 바로 이 언급들을 이해하는 것이 『일기』와 『논고』를 이해하기 위한 가장 중대하고 핵심적인 실마리라고 생각한다. 왜냐하면 1914년 8월 22일로부터 시작하여 1917년 1월 10일에 끝나는 비트겐슈타인의

---

43)   Wittgenstein (1961), p. 41.

『일기』에서 이 인용문만큼 처절한 고백은 없기 때문이다.[44] 나는 이 점에 대해서 간략하게 소묘를 하면서 이 글을 마치고자 한다.

비트겐슈타인이 그림 이론의 기본 착상을 기록한 것은 1914년 9월 29일이다. 파리 법정에서 교통사고를 재현하기 위해 여러 인형과 모형들을 사용했다는 기사를 통해, 명제가 그림이라는 착상을 떠올린 것이다. 그런데 이러한 착상은 이제 중요한 문제를 제기한다. 즉 완전히 일반화된 명제는 그림인가? 다시 말해 $(\exists\varphi)(\exists x)\sim\varphi x$와 같이 개체 상항과 술어 상항이 전혀 등장하지 않는, 오직 논리 상항들과 속박 변항들만 나오는 일반 명제가 과연 세계나 현실을 기술하는가 하는 것이 문제다. 비트겐슈타인은 1914년 10월 14일 그것이 그림이 아니라 선험적인 명제라고 (다시 말해, 진정한 명제가 아니라고) 생각했지만, 이틀간의 심각한 고민 후에 자신의 생각이 오류이며 그것이 명제(그림)라는 결론에 이르게 된다. 이러한 통찰은 1914년 10월 18일, "**대충** 말하면, 어떤 명제든 도대체 뜻을 가질 수 있기 전에 모든 **논리적** 상항들은 Bedeutung(지시체, 의미)을 지녀야만 한다."라는 말로 집약된다. 요컨대 $(\exists\varphi)(\exists x)\sim\varphi x$가 그림이라면, 그것은 뜻을 지니므로, 그러기 위해서는 "$\exists$"나 "$\sim$"과 같은 논리적 상항들은 Bedeutung을 지녀야만 한다는 것이다.[45]

이제 비트겐슈타인이 해결해야 하는 문제는 "$\sim$"과 같은 논리적 상항들의 Bedeutung이 무엇이냐 하는 문제이다. 비트겐슈타인은 이 문제를 해결하기 위해 "부정적 사실"에 대해 1914년 11월 24일부터 26일까지 심각하게 고민을 한다. 그리고 이로부터 그는 1914년 12월 25일, 드디어 그의 근본 사상에 도달한다. 즉 "나의 근본 사상은 논리적 상항들은 대표하지를

---

44) 하지만 그는 그 고백을 한 후 약 2달여 기간 동안(1915년 6월 22일까지) 논리철학과 관련된『논고』의 핵심 내용들을 대부분 정리한다.
45) 당시 비트겐슈타인에게 세 가지 근본적인 논리적 상항들은 진리함수적 연결사(ab-함수), 동일성 기호, 양화 기호(보편성)였다. 참고: Wittgenstein (1961), p. 115.

않는다는 것이다."[46]

이렇게 자신의 근본 사상이 주어진 후 비트겐슈타인은 약 4개월 가까운 기간이 지난 1915년 4월 15일, 자신의 모든 노력을 포기할 것 같다는 힘겨운 고백을 하고 있는 것이다. 그렇다면 무엇이 그로 하여금 그러한 처절한 고백을 하도록 하였는가?

사실상 청년 비트겐슈타인이 처한 상황은 매우 끔찍한 것이었다. 그는 1913년 9월에 작성된 "논리학에 관한 단상들"("Notes on Logic")에서 "나의 이론의 주요 특징은 이러하다: p는 p-아니다(not-p)와 동일한 Bedeutung(지시체, 의미)을 지닌다."라고 말했다. 이 언급을 보면 '~'는 어떤 Bedeutung도 지니지 않는 것처럼 보인다. 왜냐하면 그래야만 "p"와 "~p"는 동일한 지시체(의미)를 지닐 것이기 때문이다. 그런데 1914년 10월 18일, "논리적 상항들은 Bedeutung을 지녀야만 한다"라고 말하고 있으며, 더구나 1914년 12월 25일 "논리적 상항들은 대표하지를 않는다"라고 말하고 있다. 도대체 이 세 가지 언급을 어떻게 조화시킬 수 있는가? 여기에는 분명히 중대한 모순이 있지 않은가? 더 나아가 논리적 상항의 의미(지시체)는 완전한 분석과 관련해서도 매우 중요하다. 왜냐하면 비트겐슈타인에게 한 명제는 요소 명제들의 진리함수이고, 그리하여 한 명제는 논리적 상항들을 포함하는, 요소 명제들의 진리함수로 분석될 것이기 때문이다. 따라서 만일 논리적 상항들의 의미가 무엇인지 대답되지 않으면, 더 이상의 다른 논의를 할 수 없게 된다.

'구문론적 적용', '구문론적 처리', '구문론적 사용'이라는 용어가 비로소 등장하는 것은 1915년 4월 15일 이후이다. 그 이후에 '대상', '속성', '관계', '분석', '원형', '일반성', '상징' 등의 개념이 더 분명하게 정립되거나 확립된다. 이러한 과정에서 주요한 변화는 바로 이 글에서 논의한 의미체와 관련이 있다. 비트겐슈타인은 프레게의 기본 생각, 즉 기호들의 Bedeutung으

---

46) 참고: 2장.

로부터 그 규칙들이 따라 나온다는 생각을 받아들였다. 그리하여 그는 이름의 의미(Bedeutung)는 대상이라고 말한다. 반면에 그는 논리적 상항의 Bedeutung은 이름의 Bedeutung과는『논고』의 체계에서는 이질적이라는 것을 알게 되었다. 즉 전자는 오직 논리적, 구문론적 사용과 더불어서만 해명될 수 있다는 것이다. 그럼에도 불구하고 그는 이러한 생각을 더 이상 밀고 나갈 수 없었다. 왜냐하면 그러한 사용과 관련된 (그의 후기 철학의 원숙한) 생각은 힐베르트와 바일의 형식주의를 기다려야만 했기 때문이다. 그러한 한계 속에서 청년 비트겐슈타인은 프레게의 기본 생각에 동조할 수밖에 없었던 것이.

이제 1915년 4월 15일, 비트겐슈타인이 처한 곤경에 대해 생각해 보자. 그는 위에서 언급된 세 가지 생각 속에서 자신이 도달한 모순에 대해 심각하게 고민했을 것이다. 한 명제의 Bedeutung이 사실이라는 생각은 포기했지만, 여전히 이름의 Bedeutung과 논리적 상항의 Bedeutung이 상이하다는 생각을 어떻게 보아야 할지 당황했을 것이다. 그렇게 해서 그는 "나는 명제의 본질로부터 개별적인 논리적 연산들에로 나아갈 **수 없다.**"고 말한다. 여기에서 연산(Operation)은 '~'과 같은 논리적 상항이다. 즉 그는 규칙과 지시체에 대한 프레게의 기본 생각을 받아들였지만, '~'과 같은 논리적 상항이 Bedeutung을 지니지만 대표하지를 않는다는 그 생각을 어떻게 받아들여야 할지, 바로 이 새로운 생각에서 멈춰 섰던 것이다. 그리고 이 문제가 해결되지 않으면, 명제가 그림이라는 자신의 기본적인 착상을 밀고 나갈 수 없다. 그래서 그는 "즉 나는 어떤 의미에서 명제가 사태의 **그림**인지를 밝혀낼 수 없다."고 고백했던 것이다.

그러나 이러한 곤경에서 그를 구출한 것은 곧 **"구문론적 사용"**이다. 즉 의미를 설명하기 위해서 구문론적 사용의 개념이 필요하다는 것이며, 바로 이것이『논고』고유의 생각인 것이다. 가령『논고』에서 '~'이라는 상징의 의미(Bedeutung)는 우리가 논리-구문론적 사용에서 '~'으로 지칭하는 것이다. 이 '~'의 의미로부터, 의미체 비유에 따르면, "~p", "~~~

p", "~p∨~p", "~p.~p" 등등이 (무한히) 형성되게끔 하는 공통적 규칙이 따라 나온다. 따라서 '~'이라는 상징의 의미(Bedeutung)는 어떤 형이상학적 실재도 아니고, 세계에 속하는 대상도 아니며, 프레게 방식의 어떤 대상이나 실재도 아니다. 그것은 그 상징으로 우리가 "뜻이 있는 쓰임"이나 "논리-구문론적 사용"에 따라 지칭하는 것이다. 그러나 구체적으로 그것은 무엇인가? 나는 그 대답은 이 글의 서두에서 인용한 『탐구』 559절에서 잘 암시되어 있다고 생각한다. 즉 의미체는 문장이라는 메커니즘 속에서 한 낱말(상징)이 지니는 어떤 특정한 기능이다. 특히 『논고』에서 비트겐슈타인은 논리적 상항들이 지칭하는 것을, 또는 문장 메커니즘에서의 그것들의 기능을 연산(Operation)이라고 부르고 있다.[47]

---

47) 비트겐슈타인은 이 점에 대해서 다음과 같이 말하고 있다: "논리적 입자들은 진리-연산들(operations)이다. 따라서 낱말 '또는'(or)의 의미(meaning)는 명제들 'p', 'q'의 뜻(sense)을 명제 'p 또는 q'(p or q)의 뜻으로 전환시키는 연산(operation)이다."(Wittgenstein (1979), p. 216)

6
『논리-철학 논고』의
'완전히 일반화된 명제'에 관하여

1. 들어가는 말

『논리-철학 논고』(이하 『논고』로 약칭함)에서 '완전히 일반화된 명제'(vollkommen verallgemeinerte Sätze) 또는 '완전히[전적으로] 일반적인 명제'(ganz allgemeinen Sätze)란 $(\varphi)(x)\varphi x$나 $(\exists\varphi)(\exists x)\sim\varphi x$와 같이 개체 상항이나 술어 상항은 전혀 없고 오직 속박 변항과 논리적 상항만을 지니는 명제를 말한다. 가령 "소크라테스는 현명하다"를 Ws로 나타내면(이때 s는 '소크라테스…'를, W는 '…는 현명하다'를 기호화한 것이다), 우리는 먼저 s에 개체 변항 x를 대입하여 Wx를 얻고 이를 양화하여 (x)Wx를 얻을 수 있으며(이때 Wx는 러셀의 어법을 따르면 명제 함수이고, (x)Wx는 명제이다.), 다시 W에 술어 변항 φ를 대입하여 $(x)\varphi x$를 얻은 후 이를 양화하여 $(\varphi)(x)\varphi x$를 얻는다. 그러면 $(\varphi)(x)\varphi x$는 모든 개체들이 모든 속성들에 대해 성립한다는 언명이 된다. 마찬가지로 $(\exists\varphi)(\exists x)\sim\varphi x$는 어떤 개체가 어떤 속성에 대해 성립하지 않는다는 언명이 된다.

그런데 『논고』에서 이 '완전히 일반화된 명제'는 여러 문제들과 의문들을 불러일으킨다. 그 주요한 의문은 다음과 같다: 그것은 실로 명제인가? 『논고』에서 명제는 요소 명제의 진리 함수(5)이고, 요소 명제는 이름들의 연쇄(4.22)이다. 그렇다면 완전히 일반화된 명제에는, 그것이 명제라면, 어디에 이름들이 있는가? 가령 $(\varphi)(x)\varphi x$와 $(\exists\varphi)(\exists x)\sim\varphi x$에는 어디에 이름들이 있는가? 외관상 거기에는 개체 상항도 술어 상항도 없는 것처럼 보인다. 그렇다면 그것은 어떻게 명제일 수 있는가?

이러한 의문은 다른 방식으로도 제기될 수 있다. 즉 완전히 일반화된 명제는 합성되어 있는가? 그것은 요소 명제들과 같이 합성되어 있는가 아니면 단순한 것인가? 또한 완전히 일반화된 명제는 동어반복이나 모순과 같이 논리적 명제인가 아니면 세계에 속하는 사실을 기술하는 경험적 명제인가? 아니라면 그것은 경험적 명제이지만 사실이 아닌 어떤 다른 것을 기술하는 명제인가? 요컨대 완전히 일반화된 명제는 그림인가? 그것이 그림이라면 그것은 무엇을 그리는가?

이러한 의문들에 대해서 『논고』에서 확인될 수 있는 첫 번째 대답은 다음과 같다. "세계는 완전히 일반화된 명제들에 의해서 완전히 기술될 수 있다."(5.526) 그러나 어떻게 완전히 일반화된 명제가 세계를 완전히 기술할 수 있는가? 도대체 여기에서 "완전한 기술"이란 무엇을 뜻하는가? 블랙(M. Black(1964))은 비트겐슈타인이 이 언급(5.526)에서 실수를 했다고 주장한다. 블랙에 따르면, 어떤 것은 고유 이름을 사용하지 않고서는 완전히 기술될 수 없다. 완전히 일반화된 명제들은 고유 이름을 포함하지 않는다. 따라서 그것은 세계를 완전히 기술할 수 없다. 그러나 과연 이러한 블랙의 주장은 옳은가?

그런데 사실상 '완전히 일반화된 명제'가 무엇이냐 하는 것부터 쟁점이 될 수도 있다. 강진호(2009)는 '완전히 일반적인 문장'이란 "비논리기호를 모두 변항으로 대치한 문장을 가리킨다"고 주장한다. 그러니까 앞에서 제시한 예에서는, $(\varphi)(x)\varphi x$나 $(\exists\varphi)(\exists x)\sim\varphi x$와 같은 명제가 아니라 φx가 완전히 일반적인 명제라는 것이다. 그러나 과연 이러한 주장은 옳은가?

나는 이 글에서 다음을 보이고자 한다. 첫째, 비트겐슈타인의 '완전히 일반화된 명제'는 φx와 같은 것이 아니라 $(\varphi)(x)\varphi x$나 $(\exists\varphi)(\exists x)\sim\varphi x$와 같은 명제이다. 다시 말해 앞에서 지적한 강진호(2009)의 주장은 오류다. 그런데 이러한 오류는 "형식"에 대한 러셀의 혼동과 관련이 있다. 비트겐슈타인은 이러한 혼동에서 벗어나는 과정에서 '논리적 원형'이라는 개념을 새롭게 정립한다.

둘째, "세계는 완전히 일반화된 명제들에 의해서 완전히 기술될 수 있다."(5.526)라는 언급을 통하여 비트겐슈타인이 실수를 범했다는 블랙의 주장은 전혀 설득력이 없다. 여기에서 가장 중요한 쟁점은 "완전한 기술"이 무엇이냐 하는 점이다.

나는 다음의 순서로 논의하고자 한다. 먼저 우리는 완전히 일반화된 명제와 관련된 러셀의 생각과 이와 관련된 비트겐슈타인의 생각을 살펴보아야 한다. 왜냐하면 이를 정확히 규명할 때에만『논고』에서의 비트겐슈타인의 생각을 파악할 수 있기 때문이다(2절). 다음으로 비트겐슈타인이『논고』를 집필하기 전에 작성한『일기 1914-1916』(이하 '일기'로 약칭함)에서 실제로 완전히 일반화된 명제가 어떻게 문제되고 있고 비트겐슈타인이 이를 어떻게 정리했는지를 살펴볼 것이다(3-4절). 이러한 논의를 통하여 우리는 몇몇 학자들의 주장이 옳지 않음을 확인할 수 있으며(4-5절), 비트겐슈타인이 "완전한 기술"을 통하여 무엇을 염두에 두고 있는지를 확인할 수 있다(6절).

2. 완전히 일반화된 명제와 형식

'완전히 일반적인 명제'는『일기』와『논고』이전 단계에서 비트겐슈타인과 러셀의 주요한 토론 주제였던 것으로 보인다. 왜냐하면 러셀과 비트겐슈타인은 둘 다 그 주제에 대해서 논의하고 있으며, 그러한 논의 내용을 살펴보면 다소 유사한 점이 발견되기 때문이다.

먼저 완전히 일반화된 명제와 관련된 러셀의 생각을 살펴보기로 하자.

이제 나는 **완전히 일반적인** 명제들과 명제 함수들의 주제로 나아가고자 한다. 그러한 말들로 나는 오직 변항들만을 포함하고 그 외의 것은 전혀 포함하지 않는 명제들과 명제 함수들을 의미하고 있다. 이것은 전체 논리학을 망라한다. 모든 논리적 명제는 각각 전적으로 변항들만으로 이루어진다. 비록 전적으로 변항들만으로 이루어진 모든 명제들이 각각 논리적인 것은 아니지만 말이다. 우리는 예컨대 다음과 같은 일반화들의 단계들을 고려할 수 있다.

'소크라테스는 플라톤을 사랑한다'
'x는 플라톤을 사랑한다'
'x는 y를 사랑한다'
'x R y'

여기에서 우리는 연속적인 일반화의 과정을 거쳐 나아간 것이다. 우리가 xRy에 이르렀을 때, 우리는 어떤 상항들도 전혀 포함하지 않는, 변항들만으로 이루어진 한 도식에, 이항 관계들(dual relations)의 순수한 도식에 이른 것이며, 한 이항 관계들을 표현하는 어떤 명제도 x와 R과 y에 값들을 할당함으로써 xRy로부터 도출될 수 있다는 것은 분명하다. 그리하여 이렇게 말할 수도 있는데, 그것은 그러한 모든 명제들의 순수한 형식이다. 나는 한 명제의 형식이라는 말로 그 명제의 모든 각각의 단일한 구성 요소에 대해서 한 변항을 대입할 때 얻게 되는 것을 의미하고 있다.[1]

이 글은 러셀이 1918년에 행한 강연 "논리적 원자론의 철학"(The Philosophy of Logical Atomism)"의 일부이다. 그런데 이 인용문에서 러셀이 "완전히 일반적인 명제들"과 "완전히 일반적인 명제 함수들"로 무엇을 뜻하고 있는지는 불분명하다. 한편으로 그는 'xRy'에 이르는 위의 과정을 "일반화의 과정"이라고 부르면서 다른 한편으로는 "각각의 구성 요소에 대한 변항의 대입" 과정이라고 부르고 있다. '일반화'와 '대입'이 상이하다는 점을 염두에 두면 러셀의 위의 언급은 혼란스럽다는 인상을 준

---

1) Russell (1956), pp. 237-238.

다.[2] 더구나 그가 "완전히 일반적인 명제들과 명제 함수들"을 거론하면서 "xRy"가 "순수한 형식"이라고 부를 때 그러한 인상은 더욱 가중된다.

그렇다면 위의 러셀의 언급을 어떻게 해석해야 하는가? 나는 그 열쇠는 러셀이 "변항"이라는 낱말을 이중적인 의미로 사용하고 있다는 점에 있다고 생각한다. 즉 그는 한편으로는 속박 변항(러셀의 용어로는 "외관(apparent) 변항")의 의미로 사용하고 있고, 다른 한편으로는 자유 변항의 의미로도 사용하고 있다. x, y, R이 속박 변항으로 의도되면 "xRy"는 완전히 일반적인 명제가 되고, 자유 변항으로 의도되면 "xRy"는 완전히 일반적인 명제 함수가 된다. 러셀이 이러한 방식으로 "변항"이라는 용어를 사용하고 있다는 것은 다음의 언급으로부터 확인할 수 있다.

> 내가 논의하고자 하는 첫 번째 예는 어떤 구성 요소들을 지니고 있지 않은, 즉 모든 구성 요소들이 외관(apparent, 속박) 변항들에 의해 대치되었고 순수한 형식만이 남는 명제들의 이해이다. 우리는 그러한 명제들의 유형으로서 "어떤 것은 어떤 것에 어떻게든 연결되어 있다"는 명제, 즉 "x가 y에 관계 R을 갖는 그러한 어떤 x와 어떤 y와 어떤 R이 존재한다", 또는 "xRy는 때때로 참이다"와 같은 명제를 취할 수도 있다. 이것은 "이항 복합체들이 존재한다"와 같은 명제들과 상당히 동일하다. (⋯) 만일 존재한다고 믿을 좋은 이유가 존재한다는 것과 같은, 형식에 대한 직접 인식과 같은 것이 존재한다면, 한 형식은 진정한(genuine) 대상이고, 반면에 "어떤 것은 어떤 것과 어떻게든 연결된다"와 같은 절대적으로 일반적인 "사실들"은 어떤 구성 요소들도 지니지 않고, 분석불가능하며, 이에 따라 단순하다고 불리여야만 한다. 그것들은 그러므로 순수한 형식들에 요구되는 모든 본질적인 특성들을 지니고 있다.[3]

---

2) 비트겐슈타인은 이 점에 대해서 다음과 같이 말한다: "한 형식은 한 명제의 상항 부분들이 변항 부분들로 변형될 때 표현된다. 변항들로의 변형은 일반화와는 전적으로 다른 것이다."(Wittgenstein (1979), p. 224)
3) Russell (1984), p. 129.

이 인용문은 러셀이 비트겐슈타인의 혹독한 비판을 견디지 못하고 출판을 포기했던 『지식의 이론』(*Theory of Knowledge*) 원고(1913)의 일부분이다. 이 인용문을 살펴보면, 우리는 러셀이 명제들의 구성 요소들에 대한 "외관 변항"의 대입을 거론하고 있다는 것을 알 수 있다. 그는 분명하게도 "어떤 것은 어떤 것과 어떤 관계를 갖는다"를 "(∃R)(∃x)(∃y)xRy"로 기호화하는 것처럼 보이지만, (이 인용문의 첫 번째 문장과 그 전 인용문에서 알 수 있는 바와 같이) 그저 "xRy"로 기호화하는 것도 가능하다고 보고 있다(물론 이때의 x와 y와 R은 외관 변항들이다). 더 나아가 그는 x와 y와 R이 외관 변항들일 때 "xRy"가 순수한 형식이며, 분석 불가능하고 단순하다고 주장하고 있다.[4]

"어떤 것은 어떤 것과 어떤 관계를 지닌다"와 같은 완전히 일반적인 명제가 순수한 형식이라는 이러한 러셀의 생각은 한동안 청년 비트겐슈타인에게 영향을 주었던 것으로 보인다. 왜냐하면 비트겐슈타인 또한 그러한 유사한 생각을 문제 삼고 있다는 것을 확인할 수 있기 때문이다.

> 우리는 또한 우리의 어려움이 완전히 일반화된 명제들이 합성적인 것으로 보이지 않는다는 점으로부터 시작된다고 말할 수 있다.—
> 그것[완전히 일반적인 명제]은 다른 모든 명제들과 같이, 한 논리적 형식에서 단일화된, 임의로 기호화하는 구성부분들로 이루어져 있는 것으로 보이지 않는다. 그것은 한 형식을 **갖고** 있는 것이 아니라 그 자체가 그 자체로 완전한 형식인 것으로 보인다.[5]

이 언급은 『일기』에서 완전히 일반화된 명제에 대한 자신의 기존의 생각을 수정한 후에 그 의의를 반추하는 과정에서 제시된 것이다. 여기에서 비트겐슈타인은 러셀의 생각과 같이, 완전히 일반적인 명제들은 합성된 것이 아니라 단순하며 또 그 자체로 형식인 것처럼 보인다는 점에서 문제

---

4) 참고: Russell (1984), p. 114.
5) Wittgenstein (1961), p. 18.

가 비롯된다고 지적하고 있다. 가령 "어떤 것은 어떠하다"는 "소크라테스는 현명하다"와 달리 그 자체로 한 형식인 것처럼 보인다.

또한 비트겐슈타인이 러셀과 같이 완전히 일반화된 명제가 하나의 형식을 특징짓는 것으로 생각했었다는 것은 다음의 언급으로부터 알 수 있다.

> 만일 완전히 일반적인 명제가 완전히 탈실질화되지(dematerialized) 않는다면, 한 명제는, 내가 믿었던 바와 같이, 일반화를 통해서 도대체 탈실질화되지 않는다.
>
> 내가 어떤 특정한 것에 관해 어떤 것을 주장하든, 또는 존재하는 모든 것들에 관해 어떤 것을 주장하든, 그 언명은 똑같이 실질적이다.[6]

여기에서 비트겐슈타인은 한 명제로부터 일반화를 통하여 완전히 일반화된 명제에 도달할 때 그것이 선험적 명제가 된다는 자신의 기존 생각을 지적하고 있다. 반면에 이러한 생각은 『논고』에서는 분명하게 거부되고 있으며, 명제와 논리적 형식(논리적 원형)은 날카롭게 구분된다.

> 우리가 어떤 한 명제의 구성 요소를 변항으로 바꾸면, 그렇게 해서 생긴 가변적 명제의 값 전체를 이루는 명제들의 집합이 존재하게 된다. 일반적으로 이 집합은 우리가, 자의적인 약정에 따라, 원래 명제의 부분들로 무엇을 뜻하느냐에 달려 있다. 그러나 우리가 그 의미가 자의적으로 확정된 기호들을 모두 변항들로 바꾼다면, 그 때도 여전히 그런 집합은 존재한다. 그러나 이제 이 집합은 아무런 약정에도 의존하지 않고, 단지 그 명제의 본성에 의존할 뿐이다. 그것은 논리적 형식―논리적 원형―에 대응한다. (3.315)

우리는 "소크라테스는 플라톤을 사랑한다"로부터 명제의 구성 요소를 변항으로 바꿈으로써 최종적으로 "xRy"에로 나아갈 수 있다. 이때 비트겐슈타인에 따르면 "xRy"에 대응하는 것이 논리적 형식, 즉 논리적 원형인

---

6) Wittgenstein (1961), p. 17.

데, 물론 여기에서의 변항은 자유 변항이다.[7]

3. 완전히 일반화된 명제는 진정한 명제인가?

얼핏 보면 『논고』에서 완전히 일반화된 명제에 대한 논의는 다소 지엽적인 것처럼 보일 수 있다. 그러나 과연 완전히 일반화된 명제가 실로 명제일 수 있는가 하는 물음이 제기되면 이제 비로소 우리는 이 문제가 얼마나 심각하고 중요한 것인지 깨닫게 된다.[8] 실제로 비트겐슈타인은 『논고』를 집필하기 전에 작성한 『일기』에서 이 문제에 대해 심각하게 고민한다. 그가 파리 법정에서 모형들을 이용한 재판과 관련된 기사를 읽으며 『논고』의 그림 착상을 떠올린 것은 1914년 9월 29일이었다. 이로부터 약 보름이 지난 1914년 10월 13일, 완전히 일반화된 명제에 대한 문제가 비로소 제기된다. 그는 다음과 같이 말하고 있다.

다음과 같은 명제들은 어떠한가?

$(\exists\varphi).(\exists x).\varphi x$
그리고 $(\exists\varphi).(\exists x).\sim\varphi x$

이것들 중 하나는 동어반복인가? 이것들은 과학의 명제들인가, 즉 그것들은 도대체 **명제들**인가?[9]

이 인용문에서 알 수 있듯이, 비트겐슈타인은 완전히 일반화된 명제가 동어반복이나 모순과 같은 것인지(즉 논리적 명제인지), 아니면 과학적 명제인지(즉 진정한 명제인지)를 묻고 있다.

이 문제에 대한 비트겐슈타인의 사유는 다음날(1914년 10월 14일)부터 숨 가쁘게 진행된다. 이 과정을 살펴보는 것은 매우 흥미롭다. 그는 1914년 10월 14일, 완전히 일반화된 명제는 명제가 아니라고 생각한다.

> 왜냐하면 완전히 일반화된 명제들의 과학과 같은 것이 존재하는가? 이는 극히 그럴 것 같지 않게 들린다.
> **다음은 분명하다**: 만일 완전히 일반화된 **명제들**이 존재한다면, 그것들의 뜻은 기호들의 어떤 임의의 형성에도 의존하지 않는다! 그렇지만 그 경우에, 기호들의 그러한 연관은 그것 자신의 논리적 속성들에 의해서만 세계를 묘사할 수 있다. 즉 그것은 거짓일 수도 없고 참일 수도 없다. 따라서 완전히 일반화된 **명제들**이란 존재하지 않는다. 그러나 이제 그 적용!
> 그러나 이제 명제들, 즉 "(∃φ, x).φx"와 "∼(∃φ,x)φx" 중에서 어느 것이 동어반복이고 어느 것이 모순인가?
> 우리에게 단지 **한 언어**가 주어지자마자 도대체 가능한 모든 완전히 일반적인 명제들을 우리가 형성할 수 있다는 것은 분명하다. 그리고 이 점이 기호들의 그러한 연관들이 실제로 세계에 대해 어떤 것이든 말해야 하는지가 거의 신뢰하기 어려운 이유이다.─그렇지만 반면에 요소 명제로부터 완전히 일반적인 명제로의 점진적인 이행!!
> 우리는 다음과 같이 말할 수 있다: 완전히 일반적인 명제들은 모두 **선험적으로** 형성될 수 있다.[10]

이 인용문에서 비트겐슈타인은 귀류법 논증을 제시하고 있다. 비트겐슈타인의 생각을 정리해 보면 다음과 같다. 완전히 일반화된 명제들이 존재한다고 하자. 그러나 완전히 일반화된 명제는 오직 속박 변항들과 논리적 상항들만을 지닐 수 있기 때문에, "그것들의 뜻은 기호들의 어떤 임의의 형성에도 의존하지 않는다." 즉 우리에게 단지 한 언어가 주어지면 우리는 곧바로 완전히 일반화된 명제를 형성할 수 있으며, 다시 말해 우리는

---

10) Wittgenstein (1961), pp. 11-12.

그것들을 선험적으로 형성할 수 있다. 그런데 세계를 묘사하는 명제는 참이거나 거짓이다. 즉 명제가 세계에 속하는 사실이나 현실과 일치하면 참이고 불일치하면 거짓이다. 즉 그러한 명제들이 참인지 아니면 거짓인지를 알기 위해서는 세계에 속하는 사실들과 대조해야 한다. 반면에 완전히 일반화된 명제들은 선험적으로 형성되며, "그것 자신의 논리적 속성들에 의해서만" 세계를 묘사할 수 있는데, 이 경우에 그것은 명제들과 같이 참이거나 거짓일 수는 없다. 그렇기 때문에 "완전히 일반화된 **명제들**이란 존재하지 않는다."

그러나 이러한 결론에 이르는 과정은 여전히 불안정한 요소를 담고 있다. 첫 번째 요소는 '적용'의 문제이다("그러나 이제 그 적용!"). 즉 완전히 일반화된 명제는 어떤 경우에 적용하면 참이고 또 어떤 다른 경우에 적용하면 거짓인 것처럼 보인다는 점이다. 이는 동어반복이나 모순과는 다른 점이다. 즉 동어반복이나 모순은 어떤 경우든지 논리적으로 참이거나 거짓이기 때문이다. 두 번째 요소는 완전히 일반화된 명제와 요소 명제는 어떤 중요한 연관이 있다는 점이다("그렇지만 반면에 요소 명제로부터 완전히 일반적인 명제로의 점진적인 이행!!"). 앞에서 우리는 Ws로부터 점진적으로 이행하면서 $(\varphi)(x)\varphi x$나 $(\exists\varphi)(\exists x)\sim\varphi x$를 구성하는 경우를 살펴보았다. 이러한 구성은 "Ws $\lor$ $\sim$Ws"나 "Ws & $\sim$Ws"를 구성하는 것과는 상이한 것처럼 보인다.

그러나 위의 인용문에서 알 수 있듯이 사실상 가장 심각한 문제는 다음과 같다: 만일 완전히 일반화된 명제가 존재하지 않는다면(다시 말해 완전히 일반적인 명제가 진정한 명제가 아니라면), 그것은 동어반복이나 모순과 같은 논리학적 명제여야 한다. 그렇다면 "이제 명제들, 즉 "$(\exists\varphi, x).\varphi x$"와 "$\sim(\exists\varphi, x)\varphi x$" 중에서 어느 것이 동어반복이고 어느 것이 모순인가?" 바로 이 문제가 그 다음날(1914년 10월 15일), 심각한 회의의 대상이 된다.

그럼에도 "(∃x, φ).φx"에 포함된 형식들의 존재에 지나지 않는 것이 **그 단독으로** 이 명제의 참이나 거짓을 결정할 수 있는 것처럼 보이지 **않는다.** 따라서 예컨대 어떤 요소 명제의 부정도 참이 되지 않는다는 것이 생각 불가능한 것처럼 보이지 않는다. 그러나 이 주장 자체는 **부정의 뜻**과 만나지 않을까?

　명제는 한 사태의 논리적 모델을 주어야 한다. 그렇지만 그것은 이를 확실하게 할 수 있을 뿐인데, 왜냐하면 대상들은 그것의 요소들과 임의로 대응되었기 때문이다. 이제 만일 이것이 완전히 일반적인 명제에서 경우가 아니라면, 그 명제가 그것 밖에 있는 어떤 것이든 묘사해야 한다는 것을 보기란 어렵다.[11]

이 인용문의 첫 번째 단락에서, 비트겐슈타인은 완전히 일반화된 명제가 동어반복이나 모순이 아니라 다른 경험적 명제와 같이 참이거나 거짓일 수 있는 가능성을 염두에 두고 있다. 예컨대 "어떤 요소 명제의 부정도 참이 되지 않는다는 것"이 생각 가능하다는 것이다. 가령 fa, fb, fc라는 요소 명제가 주어질 때, ~fa, ~fb, ~fc가 모두 참이 되지 않는, 즉 모두 거짓이 되는 그러한 세계를 생각하는 것이 불합리하지 않다는 것이다. 그렇기 때문에 ""(∃x, φ).φx"에 포함된 형식들의 존재에 지나지 않는 것이 **그 단독으로** 이 명제의 참이나 거짓을 결정할 수 있는 것처럼 보이지 **않는다.**" 다시 말해 이 경우에 그러한 명제의 참 또는 거짓을 결정하기 위해서는 그 명제 단독이 아니라 그 명제와 그 명제가 적용되는 세계의 사실과의 일치 여부에 의해 참 또는 거짓이 결정될 수 있다는 것이다.

그러나 두 번째 단락에서, 비트겐슈타인은 다시 완전히 일반화된 명제가 과연 그림인지를 의심하고 있다. 즉 명제에서 이름들은 사실에서 대상들과 대응되는데, 완전히 일반화된 명제에서는 이름과 같은 상황들이 없기 때문에 "그 명제가 그것 밖에 있는 어떤 것이든 묘사해야 한다는 것을

---

11)　Wittgenstein (1961), pp. 12-13.

보기란 어렵다."

이러한 의문은 그 다음날(1914년 10월 16일) 더욱 더 강화되고, 비트겐슈타인은 드디어 완전히 일반화된 명제가 동어반복이나 모순이 아니라는 데로 생각이 기운다.

> 그렇지만 이제 내가 "(∃x, φ).φx"가 거짓이 아닐 **수 있다**는 것을 보여주기 위해 제시했던 동일한 근거들이 정확하게 "∼(∃x, φ)φx"가 거짓이 아닐 수 있다는 것을 보여주는 근거가 될 것처럼 보인다. 따라서 여기에서 근본적인 실수가 드러난다. 왜냐하면 왜 두 번째 명제가 아니라 그저 첫 번째만이 동어반복이 되어야 하는지 그 이유를 보는 것은 아주 불가능하기 때문이다. 그러나 모순 "p.∼p" 등등이 참일 수 없으며 그럼에도 불구하고 그 자체로 한 논리적 구조라는 것을 잊지 말라.
> 한 요소 명제의 어떤 부정도 참이 아니라고 가정한다면, 이 경우에 "부정"은 반대 경우와는 다른 뜻을 지니지 않는가?
> "(∃φ):(x).φx"—이 명제에 대해서 그것이 동어반복도 아니고 모순도 아니라는 것은 거의 확실해 보인다. 여기에서 문제는 극도로 날카롭게 된다.[12]

이미 지적했듯이, 비트겐슈타인은 "(∃x, φ).φx"는 단독으로 참 또는 거짓이 결정되지 않고, 오히려 그 진리치가 결정되기 위해서는 (그것이 적용되는) 세계와 대조하는 것이 요구된다고 보았다. 따라서 "(∃x, φ).φx"가 참일 수 있음을 보여주는 것은 그것이 참이 되는 어떤 세계를 제시하는 것이며, 마찬가지로 "∼(∃x, φ)φx"가 참일 수 있음을 보여주는 것은 그것이 참이 되는 세계를 제시하는 것에 의해 수행된다. 그리하여 그는 "그렇지만 이제 내가 "(∃x, φ).φx"가 거짓이 아닐 **수 있다**는 것을 보여주기 위해 제시했던 동일한 근거들이 정확하게 "∼(∃x, φ)φx"가 거짓이 아닐 수 있다는 것을 보여주는 근거가 될 것처럼 보인다."라고 말하고 있다. 또한 그는 이틀 전(1914년 10월 14일)의 자신의 생각, 즉 완전히 일반화된 명제가

---

12) Wittgenstein (1961), p. 13.

진정한 명제가 아니라는 생각이 "근본적인 실수"였다는 것을 스스로 지적하고 있다. 그러면서 그는 $(\exists\varphi){:}(x).\varphi x$가 "동어반복도 아니고 모순도 아니라는 것은 거의 확실해 보인다."라고 말한다. 반면에 그는 "여기에서 문제는 극도로 날카롭게 된다"라고 함으로써 여전히 최종적인 판단을 보류하고 있다.[13]

4. 완전히 일반화된 명제

앞에서 우리는 비트겐슈타인이 완전히 일반화된 명제가 한편으로는, "한 논리적 구조와 다른" 어떤 것일 수도 없다는 것, 다시 말해 완전히 일반화된 명제가 그것 자체로 한 "형식"인 것처럼 보인다는 생각과 다른 한편으로는, 완전히 일반화된 명제는 동어반복이나 모순과 같이 논리적 명제가 아닐 수 있다는 것, 그리하여 그 자체로 참 또는 거짓이 선험적으로 결정되지 않는다는 생각 사이에서 고민하는 것을 살펴보았다. 요컨대 문제는 이렇다: 완전히 일반화된 명제는 그 자체가 한 "형식"이고 "논리적 구조"인가?

---

13) 사실상, 나는 이렇게 생각하는데, 1914년 10월 16일 『일기』의 내용은 몇몇 심각한 의문을 불러일으킨다. 가장 중요한 것은 과연 그 내용을 비트겐슈타인이 『논고』에서도 그대로 인정할 것이냐 하는 점이다. 나는 그가 그러지 않을 것이라고 생각한다. 『논고』에 따르면 "논리적 공간"에서 일단 부정이 도입되면 다음에 새로운 요소들이 부정에 도입되어서는 안 된다(3.42). 또 부정의 의미가 동일하기 위해서는, 한 부류의 경우에 부정을 도입하고 그 다음 그것을 다른 부류의 경우에 도입해서도 안 된다.(5.451) 그리고 모든 명제는 각각 오직 하나의 부정 명제만을 가진다.(5.513) 따라서 "한 요소 명제의 어떤 부정도 참이 아니라고 가정한다면, 이 경우에 "부정"은 반대 경우와는 다른 뜻을 지니지 않는가?"라는 언급에서 암시된, 부정의 의미가 달라지는 경우를 『논고』에서는 거부할 것이다. 또한 "~(∃x, φ)φx"는 모든 주어-술어 명제(또는 그러한 형식의 요소 명제)가 거짓인 경우 그러한 세계에서 참이다. 그러나 과연 그러한 세계에서 "사태들"은 어떤 모습일까? 그 요소 명제들의 부정에 해당되는 것은 부정적 사실이라고 말할 수 있다. 그러나 『논고』에 따르면, 부정적 사실은 존재하지 않는다(참고: 02장). 다시 말해 그러한 세계가 과연 『논고』의 세계 개념과 부합할지는 의문이다(참고: 1, 1.1, 1.11, 1.2, 2). 그렇기 때문에 나는 10월 16일의 이러한 생각은 대부분 수정되었다고 생각한다.

이러한 갈등과 고민은 1914년 10월 17일, 완전히 일반화된 명제들은 존재한다는 결론과 함께 끝나게 된다. 그는 다음과 같이 말하고 있다.

그렇다, 세계는 완전히 일반적인 명제들에 의해 완전히 기술될 수 있을 것이며, 따라서 어떤 부류의 이름들이나 다른 지칭 기호들을 사용하지 않고서도 그럴 수 있을 것이다. 그리고 일상적인 언어에 도달하기 위해서는 우리는 "(∃x)" 다음에 "그리고 이 x는 A이다"라고 말함으로서 이름들 등을 도입하기만 하면 될 것이다.

무엇이 무엇의 묘사인지를 말하지 않고서도 세계의 한 그림을 고안하는 것은 가능하다.

예컨대 세계가 사물들 A와 B 그리고 속성 F로 이루어져 있고, F(A)는 경우이지만 F(B)는 경우가 아니라고 가정해 보자. 이 세계는 또한 다음의 명제들에 의해서 기술될 수도 있을 것이다:

$(∃x, y).(∃φ).x≠y.φx.\sim φy: φu.φz ⊃_{u, z} .u = z$

$(∃φ).(ψ).ψ = φ$

$(∃x, y).(z).z = x ∨ z = y$

그리고 여기에서 우리는 마지막 두 가지 유형의 명제들을 또한 필요로 하는데, 이는 오직 그 대상들을 동일화할 수 있기 위해서이다.

이 모든 것으로부터 물론 **완전히 일반적인 명제들이 존재한다**는 것이 따라나온다.[14]

이 인용문에서 알 수 있듯이, 비트겐슈타인은 A와 B라는 사물과 속성 F로 이루어져 있고 F(A)는 성립하지만 F(B)는 성립하지 않는 세계를 생각하고 있다. 그에 따르면, 위의 인용문에서 주어진 세 개의 완전히 일반화된 명제들은 이 세계를 완전히 기술할 수 있다.[15] 첫 번째 명제는 두 개의 사

---

14) Wittgenstein (1961), pp. 13-14.
15) 첫 번째 명제 $(∃x, y).(∃φ).x≠y.φx.\sim φy: φu.φz ⊃_{u, z} .u = z$에서 $φu.φz ⊃_{u, z} .u = z$는 『수학 원리』의 기호법에 따르면, $(u)(z)(φu.φz ⊃ .u = z)$와 같다. 그렇기 때문에 그 명제는 $(∃x, y).(∃φ).(u)(z).(x≠y.φx.\sim φy: φu.φz ⊃ .u = z)$이며, 완전히 일반화

『논리-철학 논고』의 '완전히 일반화된 명제'에 관하여 161

물 중 정확히 하나만 어떤 속성을 만족시키며 다른 하나는 만족시키지 않는다는 것을 말하고 있으며, 두 번째 명제는 존재하는 속성은 유일하다는 것, 세 번째 명제는 오직 두 개의 사물만 존재한다는 것을 말하고 있다. 이 세 개의 명제들은 주어진 세계가 어떠하냐에 따라 참일 수도 있고, 거짓일 수도 있다. 가령 사물 A, B 그리고 C와 속성 F와 G로 이루어진 세계에서, F(A)와 F(B), 그리고 G(A)와 G(B)는 성립하지만 F(C)와 G(C)는 성립하지 않는다면, 위의 세 개의 완전히 일반화된 명제들은 모두 거짓이 될 것이다. 그리하여 비트겐슈타인은 완전히 일반화된 명제들은 동어반복이나 모순과 같은 논리적 명제가 아니고, 자연과학의 명제들과 같은 진정한 명제라는 결론을 받아들이고 있다.[16]

이제 완전히 일반적인 명제에 관한 주요 쟁점이 그것이 형식이고 논리적 구조인가 하는 점에 있다는 것을 주목하자. 비트겐슈타인이 "완전히 일반적인 명제들이 존재한다"라는 결론에 이르게 되었다는 것은 곧 완전히 일반적인 명제는 다른 경험적 명제들과 같이 명제이며, (논리적) 형식이나 논리적 구조와는 다른 것이라는 생각에 이르렀다는 것을 뜻한다. 이는 다시 말해 비트겐슈타인이 자신의 생각을 보다 더 명료하게 표현하기 위해 새로운 개념을 요구하게 되는 상황에 처했다는 것을 뜻한다. 우리는 앞에서 이미 그것이 "논리적 원형" 이었음을 살펴보았다.

이 지점에서 우리는 강진호(2009)의 생각을 검토할 필요가 있다. 그는 위의 인용문의 첫 번째 단락을 인용한 후 다음과 같이 말한다.

된 명제이다.

16) 그런데 비트겐슈타인은 『논고』에서도 위의 세 개의 명제가 적절한 예이고 정확하게 기호화되었다고 간주할까? 나는 그렇지 않다고 생각한다. 첫째, 동일성과 관련하여, 위의 기호법은 수정될 것이다. "나는 대상의 동일성을 기호의 동일성에 의해서 표현하고, 동일성 기호를 써서 표현하지 않는다. 대상들의 상이성은 기호들의 상이성에 의해 표현된다."(5.53) 둘째, 비트겐슈타인은 두 개의 사물 A, B와 한 개의 속성 F만 존재하는 세계를 상정하고 있는데, 최소한 한 개 이상의 다른 속성(가령 G)이 추가될 것이다. 이는 『논고』의 "논리적 공간" 개념과 관련이 있다. 참고: Wittgenstein (1979), pp. 90-91.

이 인용문은 『논고』 5.526에서 거의 글자 그대로 다시 등장한다. '완전히 일반적인 문장'이란 물론 비논리기호를 모두 변항으로 대치한 문장을 가리킨다. 그러므로 세계에 대한 완전한 기술이 이 문장들로 충분하다면, 언어의 표상적 능력은 문장의 논리적 형식에 의해 전적으로 포착될 수 있을 것이다. 그리고 그렇다면 **문장의 뜻은 그것의 논리적 형식에 의해 결정될 것이다.** 내 생각에는 바로 이것이 그림이론의 중심 논제이다.[17]

강진호(2009)에 따르면 '완전히 일반적인 문장'이란 "비논리기호를 모두 변항으로 대치한 문장"이다. 그렇다면 이때 "변항"이란 어떤 변항인가? 그것은 자유변항인가 아니면 속박변항인가? 전자라면 강진호(2009)는 완전히 일반적인 문장과 논리적 원형을 구분하지 않는 것이 된다. 또한 이 경우 그는 위의 인용문에 포함된 ""(∃x)" 다음에"라는 문구가 왜 등장하는지를 전혀 해명하지 못하게 될 것이다. 후자라면 강진호(2009)는 완전히 일반적인 문장이 그 자체로 하나의 논리적 형식이라고 간주하는 러셀의 견해를 비트겐슈타인이 여전히 따르고 있다고 주장하는 것이 된다. 그러나 앞에서 살펴보았듯이 이는 결코 비트겐슈타인의 생각이 아니다. 따라서 어느 쪽이든 강진호(2009)는 비트겐슈타인의 생각을 오해하고 있다. 특히 그는 상황에 대한 변항의 대치와 일반화를 혼동하고 있다.

그런데 흥미로운 것은 "문장의 뜻은 그것의 논리적 형식에 의해 결정될 것이다"라는 강진호(2009)의 주장이다. 과연 이것이 비트겐슈타인의 생각인가? 결코 아니다! 무엇보다도 왜 강진호(2009)는 그러한 주장을 하게 되었는가? 그는 기본적으로 "완전히 일반적인 문장"을 잘못 파악하였다. 그는 먼저 그것을 러셀과 같이 "논리적 형식"으로 파악하였으며, 그 다음에 "완전히 일반화된 명제가 세계를 완전히 기술할 수 있다"라는 비트겐슈타인의 주장을 "논리적 형식에 의해 문장의 뜻이 결정된다"라는 주장으로 바꾸어버렸다. 이는 명백한 오류이며, 그저 『논고』에 대한 적절치 않은 왜

---

17) 강진호 (2009), p. 22.

곡에 불과하다.

5. 완전히 일반화된 명제와 완전한 기술

그러면 이제 세계가 완전히 일반화된 명제들에 의해서 완전히 기술될 수 있다는 『논고』의 언급을 살펴보기로 하자.

> 세계는 완전히 일반화된 명제들에 의해서, 즉 그러니까 처음부터 그 어떤 이름을 특정한 대상과 짝짓지 않고서, 완전히 기술될 수 있다.
> 그리고 나서 통상적인 표현 방식에 이르려면, 우리들은 단순히 "……한 하나의 그리고 오직 하나의 x가 있다"는 표현 다음에 이렇게 말하면 된다: 그리고 이 x는 a이다. (5.526)

그렇다면 이 언급에서 "완전한 기술"이란 무엇인가? 비트겐슈타인은 "세계에 대한 완전한 기술"에 대해서 다음과 같이 말하고 있다.

> 모든 참된 요소 명제들의 제시에 의하여 세계는 완전히 기술된다. 모든 요소 명제들의 제시에 더하여 그 중 어느 것이 참이고 어느 것이 거짓인지가 제시되면, 그로써 세계는 완전히 기술된다. (4.26)

가령 사물 A, B와 속성 F로 이루어진 세계에서, F(A)와 F(B)가 모두 성립한다고 하자. 그러면 F(A)와 F(B)를 제시함으로써, 또는 "F(A) & F(B)"를 제시함으로써 이 세계는 완전히 기술된다. 이제 $(x)(y)(\varphi)(\varphi x \ \& \ \varphi y)$를 생각해 보자. 이 완전히 일반화된 명제는 일반성에 대한 비트겐슈타인의 정의에 따르면, 이 세계에서는 "F(A) & F(B)"와 동일하다.[18] 그렇기 때문에 그 명제는 그 세계를 완전히 기술한다.[19]

---

18) 『논고』에서 일반성에 대한 정의는 5.52에서 주어져 있다. "ξ의 값들이 x의 모든 값들에 대한 함수 fx의 값 전체라면, $N(\overline{\xi}) = \sim(\exists x).fx$가 된다."(5.52) 이 정의에 따르면, 보편 명제(전칭 명제)는 (ξ-조건 하에서) 연언 명제이고 존재 명제(특칭 명제)는 (ξ-조건 하에서) 선언 명제이다. 참고: 4장.

19) 앤스컴(G. E. M. Anscombe (1959), p. 147)은 『논고』에서 완전히 일반화된 명제가

그런데 블랙은『논고』5.526에서 비트겐슈타인이 실수를 범했으며, 결코 세계는 완전히 일반화된 명제에 의해 기술될 수 없다고 주장한다. 먼저 그의 주장을 살펴보자.

> 일반적인 명제들에 대한 논의가 이제 계속된다. 어떤 이름들도 포함하지 않는 완전히 일반적인 명제들이 세계와 연결되는가? 비트겐슈타인은 세계가 그러한 명제들에 의해 '완전히' 기술될 수 있다는, 즉 우연적으로 경우인 것에 대한 완전한 기록에서 고유 이름들은 이론적으로 불필요하다는 놀라운 (striking) 주장을 한다. 일반 명제들은 변항들의 범위에 속하는 대상들을 동일화하기 위한 이름들이 존재하지 않는다면 어떤 의미도 지니게 되지 않을 것이라고 합당하게 반대할 수도 있을 것이다. 그리하여 완전히 일반적인 항들(terms)에서 우주에 대한 기술조차도 사용된 언어에서 이름들의 존재를 전제한다고 말해질 수 있을 것이다. 그러나 어떤 경우에든, 비트겐슈타인의 주장은 실수인(mistaken) 것으로 보인다. 왜냐하면 하나 이상의 세계가 심지어 가장 완전히 일반적인 기술들도 만족할 것 같기 때문이다. 하나의 그러한 세계는 단일한 원자 사실 Ma와 또 다른 하나의 그러한 세계는 단일한 원자 사실 Nb로 (여기에서 M, N, a, 그리고 b는 네 개의 상이한 대상들이라고 가정되는데) 이루어져 있을 수도 있다. 완전히 일반적인 명제, $(\exists x, \varphi).\varphi x$는 그 두 개의 세계에 동등하게 잘 맞으며, 어떤 다른 그 두 개의 세계들 간의 차이를 표현할 수 없다. 비트겐슈타인에게는 죄송하지만, 완전히 일반적인 명제들은 오직 실제 세계의 우연적인 유형만을 기술하며, 세계에 대한 남김 없는(exhaustive) 기술은 필연적으로 이름들을 사용해야만 한다.[20]

블랙의 이러한 주장은 과연 옳은가? 나는 그의 주장은 부분적으로 옳지만 근본적으로는 오류라고 생각한다. 먼저 블랙의 주장에서 부분적으로 옳은 것은 다음이다. "일반 명제들은 변항들의 범위에 속하는 대상들

세계를 완전히 기술하기 위해서는 '…한 하나의 그리고 오직 하나의 x가 있다'와 같은 장치가 반드시 필요하다고 주장한다. 그러나 앤스컴의 이러한 주장은 옳지 않다. 왜냐하면 위의 경우, $(x)(y)(\varphi)(\varphi x \& \varphi y)$가 그 명백한 반례이기 때문이다.

20) Black (1964), pp. 287-288.

을 동일화하기 위한 이름들이 존재하지 않는다면 어떤 의미도 지니게 되지 않을 것이다." 다시 말해 이름들과 같은 상항들이 존재하지 않는다면 속박 변항들이 등장하는 일반 명제들은 뜻이 없게 될 것이다. 그리고 이러한 생각은 『논고』에서 "요소 명제들의 총체에 의해서 세계의 구성에 주어진 놀이 공간은 전적으로 일반적인 명제들이 한계 짓는 놀이 공간 바로 그것이다."(5.5262)라는 언급에서 잘 나타나 있다. 요소 명제들과 일반 명제들은 독립적으로 주어지지 않는다.

반면에 블랙은 중대한 오류를 범하고 있는데, 그에 따르면 비트겐슈타인은 "세계가 그러한[완전히 일반화된] 명제들에 의해 '완전히' 기술될 수 있다는 주장", "즉 우연적으로 경우인 것에 대한 완전한 기록에서 고유 이름들은 이론적으로 불필요하다는 놀라운 주장"을 하고 있으며, 이러한 주장에서 실수를 했다. 그러나 이러한 블랙의 주장은 일반성에 대한 『논고』의 정의(5.52)의 의의를 전혀 포착하지 못한 데서 연유한 것이다. 『논고』에서 일반 명제는 (ξ-조건 하에서) 요소 명제들의 선언 또는 연언으로 주어진다.[21] 이때 요소 명제들은 이름들의 연쇄이다. 다시 말해 비트겐슈타인이 완전히 일반화된 명제가 세계를 완전히 기술할 수 있다고 말했을 때 그는 결코 고유 이름들이 이론적으로 불필요하다고는 주장하지 않았다.

마지막으로 블랙이 위에서 제시한 논증을 살펴보자. 그는 "하나 이상의 세계가 심지어 가장 완전히 일반적인 기술들도 만족할 것" 같다는 점을 제시하고 있다. 완전히 일반적인 명제 $(\exists x, \varphi).\varphi x$가 가령 Ma만 성립하는 세계와 Nb만 성립하는 세계에 대해, "동등하게 잘 맞으며", 그 두 세계의 "차이를 표현할 수 없다"는 것이다. 그러면서 그는 "비트겐슈타인에게는 죄송하지만", "완전히 일반적인 명제들은 오직 실제 세계의 우연적인 유형만을 기술하며, 세계에 대한 남김 없는(exhaustive) 기술은 필연적으로 이름들을 사용해야만 한다"고 주장하고 있다. 요컨대 $(\exists x, \varphi).\varphi x$는 상

---

21) 참고: 4장.

이한 구조와 내용을 지니고 있는 어떤 두 세계에서 동등하게 참일 수 있으므로, 한 세계에 대한 완전한 기술이 될 수 없다는 것이다. 그러나 블랙의 이러한 생각은 전혀『논고』의 생각이 **아니다**. 블랙의 "남김 없는 기술"은 『논고』의 "완전한 기술"과는 전혀 관련이 없다. 오히려『논고』에서는 블랙이 제시한 그 두 개의 세계의 경우, $(\exists x, \varphi).\varphi x$는 그 두 세계를 둘 다 완전하게 기술한다.[22]

6. 세계와 완전한 기술

그러나 보다 더 근원적인 문제가 제기될 수 있다. 비트겐슈타인은『비트겐슈타인과 빈 학파』에서 "그 정사각형 안에는 어떤 원이 있다"와 같은 명제를 '불완전한 그림'이라고 부르고 있고, "어떤 한 반점 내부는 파랗고, 그것 외부에서 그 종이는 부분적으로 하얗고, 부분적으로는 검다"와 같은 명제를 '불완전한 기술'이라고 부르고 있다. 또한 그는 "나는 그 정사각형의 특정한 점에 있는, 특정한 크기의 한 원이 있다는 것에서 성립하는 한 사태를 기술할 수 있다. 이것은 완전한 그림이다"라고 말한다. 다시 말해 그 정사각형에 특정한 좌표를 부여하여 그 원의 중심의 위치를 정하고 반지름에 수치를 부여함으로써 그러한 사태를 완전하게 기술할 수 있다는 것이다.[23] 따라서 이러한 생각에 따르면, 가령 "소크라테스는 플라톤을 사랑한다"는 완전한 그림(기술)이고, "소크라테스는 어떤 것을 사랑한다"는 불완전한 그림(기술)이 될 것이다. 이제 "소크라테스는 플라톤을 사랑한다"로부터 "소크라테스는 어떤 것을 사랑한다"는 따라 나오지만, 역은 성립하지 않는다는 것을 주목하자. 이 경우에 전자는 후자보다 더 많은 뜻

---

22) 포겔린(R. Fogelin)은 이러한 블랙의 주장을 받아들이면서 결국 비트겐슈타인은 이러한 블랙의 비판에 대해, 명명과 기술의 차이에 의존하여 응수하게 될 것이라고 주장한다. 그러나 애초에 블랙의 비판은 전혀 설득력이 없기 때문에, 포겔린의 이러한 주장도 전혀 유효하지 않다.(참고: Fogelin (1987), pp. 68-69)
23) 참고: Wittgenstein (1979), pp. 39-40, pp. 75-76.

을 지니며, 더 많은 것을 말한다.[24] 이 점에 대해서 비트겐슈타인은 다음과 같이 말하고 있다.

> 부정적인 명제는 긍정적인 명제보다 더 적은 뜻을 지니고 있는가? 그렇기도 하고 그렇지 않기도 하다.
> 　그렇다. 만일 다음을 의미한다면 말이다: 만일 내가 p로부터 q를 추론할 수 있지만 q로부터 p를 추론할 수 없다면, q는 p보다 더 적은 뜻을 지니고 있다. 그렇게 되면, 만일 내가 "이 진달래는 빨갛다"와 "이 진달래는 파랗지 않다"라고 말한다면, 나는 첫 번째 명제로부터 두 번째 명제를 추론할 수 있지만, 역은 아니다. 바로 그런 한에서 우리는 부정적 명제는 긍정적 명제보다 더 적은 뜻을 지닌다고 말할 수 있다.[25]

그렇다면 이제 우리는 Ws로부터 (∃φ)(∃x)φx가 따라 나오지만, 역은 성립하지 않는다는 의미에서 후자는 그저 불완전한 기술일 수밖에 없다는 결론을 얻게 될 것이다. 반면에 비트겐슈타인은 위의 인용문에 이어 다음과 같이 말한다.

> 그렇지 않다. 만일 그것이 다음과 같은 문제라면 말이다(바로 이것이 실제로 내가 주로 염두에 두고 있는 것이다): 부정적인 명제는 현실(reality)에 긍정적인 명제와 동일한 다수성(multiplicity)을 부여한다. 만일 내가 "나는 복통이 없다"라고 말한다면, 나는 현실에 내가 "나는 복통이 있다"라고 말할 때와 동일한 다수성을 부여한 것이다. 만일 내가 "나는 복통이 있다"라고 말한다면, 나는 바로 이 명제에 의해서 긍정적인 명제의 존재를 전제하고, 복통의 가능성을 전제하며, 나의 명제는 복통의 공간에서의 한 위치를 결정한다. (…)
> 　내가 긍정적인 명제는 부정적인 명제보다 더 많은 뜻을 지니고 있지 않다고 말할 때 나는 후자를 의미하고 있다. 그것들은 둘 다 현실에 동일한 다수

---

24)　참고: Wittgenstein (1961), p. 54.
25)　Wittgenstein (1979), pp. 84-85. 참고: Wittgenstein (1961), p. 54.

성을 부여한다.[26)]

따라서 이 인용문을 보면, 어떤 완전히 일반화된 명제는 그것이 단칭 명제와 같이 현실에 동일한 **다수성**을 부여한다면 완전한 기술일 수 있다는 것을 알 수 있다. 이미 우리는 앞에서 그러한 경우를 확인하였다. 즉 사물 A, B와 속성 F로 이루어진 세계에서, F(A)와 F(B)가 모두 성립한다고 하면, "F(A) & F(B)"와 $(x)(y)(\varphi)(\varphi x \,\&\, \varphi y)$는 그 **세계**를 완전히 기술하며, 더 나아가 그 세계에서 성립하는 **사실들**을 완전히 기술한다. 한편 사물 A, B와 속성 F로 이루어진 세계에서, F(A)만 성립하고 F(B)가 거짓이라고 하면, $(\exists 1x)(\exists 1y)(\exists \varphi)(\varphi x \,\&\, \sim\varphi y)$는 $(F(A) \,\&\, \sim F(B)) \lor (\sim F(A) \,\&\, F(B))$와 동등한데, 이것은 그 세계에서 성립하는 **사실**을 완전히 기술하는 것은 아니라고 말할 수 있을 것이다.

그렇다면 $(\exists 1x)(\exists 1y)(\exists \varphi)(\varphi x \,\&\, \sim\varphi y)$는 이 경우에 무엇을 기술하는가? 이 경우에 우리는 그것이 그 세계에서 성립하는 **사실**을 불완전하게 기술한다고 말할 수 있다. 가령 내가 내 앞에 있는 갈색 책상을 보면서 "이 책상은 갈색이거나 지구는 정육면체다"라고 말한다면, 이 명제는 주어진 사실을 불완전하게 기술하고 있다. 반면에 $(\exists 1x)(\exists 1y)(\exists \varphi)(\varphi x \,\&\, \sim\varphi y)$는 **세계**를 완전하게 기술한다고 말할 수 있다. 즉 "소크라테스는 현명하다"는 소크라테스를 완전히 기술하는 명제라고 말할 수 있듯이, 다시 말해 소크라테스에 대해서 그 속성에 대해 말함으로써 소크라테스를 완전히 기술한다고 말할 수 있듯이, $(\exists 1x)(\exists 1y)(\exists \varphi)(\varphi x \,\&\, \sim\varphi y)$는 그 세계의 구조에 관해서 그 속성에 대해 말함으로써 세계를 완전히 기술한다고 말할 수 있는 것이다. 물론 혹자는 이 지점에서 가령, 소크라테스의 모든 속성들을 모두 기술해야만 소크라테스에 대한 완전한 기술이 가능하다고 주장할 수도 있을 것이다. 그러나 이는 앞에서 지적한 "완전한 그림(기술)"

---

26) Wittgenstein (1979), pp. 85-86.

에 대한 비트겐슈타인의 어법을 간과하는 것에 불과하다. "이 책상은 갈색이다"는 주어진 사실을(또는 현실을) 완전하게 기술한다.[27]

이러한 비트겐슈타인의 생각은 『일기』에서 잘 나타나있다. 그에 따르면, 완전히 일반화된 명제는 "세계의 구조"를 또는 "세계의 구조적 속성들"을 기술한다.

> 우리가 어떤 **이름들**도 언급하지 않고서 세계의 구조들을 기술할 수 있어야만 한다는 것은 명백하다.[28]

> 완전히 일반적인 명제들이 기술하는 것은 실로 어떤 뜻에서는 세계의 구조적 속성들이다. 그럼에도 불구하고 이 명제들은 여전히 참이거나 거짓일 수 있다. 그것들이 **뜻을 지니는** 것에 따라 세계는 여전히 그 놀이공간을 지닌다.[29]

이러한 비트겐슈타인의 생각은 『논고』에서 다음과 같이 다시 등장하고 있다.

> 실로 모든 명제 각각의 참 또는 거짓은 세계의 일반적 구성(Bau)에서 무엇인가를 변화시킨다. 그리고 요소 명제들의 총체에 의해서 세계의 구성에 주어진 놀이 공간은 전적으로 일반적인 명제들이 한계 짓는 놀이 공간 바로 그것이다. (5.5262)[30]

---

27) 『논고』에서 완전한 기술의 대상으로서 거론되는 것은 "복합체"(2.0201), "현실"(4.023), "세계"(4.26), "그림"(6.342)이다. 특히 4.023에서의 "현실"은 『일기』에서는 명제의 "Bedeutung"(의미, 지시체)에 해당된다.(참고: Wittgenstein (1961), p. 22). 당시 비트겐슈타인에게 명제의 "Bedeutung"은 사실이었음을 주목하자. 다시 말해 4.023에서 "현실은 명제에 의해서 완전히 기술될 수 있어야만 한다"는 주어진 사실에 대해 한 명제가 그것을 완전히 기술하는 경우를 문제 삼고 있다.

28) Wittgenstein (1961), p. 15.

29) Wittgenstein (1961), p. 20.

30) 이에 해당되는 『일기』의 언급은 다음과 같다: "결국 **모든** 명제 **각각의** 참 또는 거짓은 세계의 일반적 **구조**(Struktur)에서 무엇인가를 변화시킨다. 그리고 모든 요소 명제들의 **총체**에 의해서 세계의 구조에 주어진 놀이 공간은 완전히 일반적인 명제들이 한계 짓는 놀이 공간 바로 그것이다."(Wittgenstein (1961), p. 20)

이제 여기에서 언급된 "구성(Bau)"은 『일기』에서의 "구조(Strukur)"에 해당되며, 양자가 거의 대등하다는 것을 주목하자. 요컨대 완전히 일반화된 명제는 세계의 구조와 관련된 속성들을 기술할 수 있다는 것이다. 다시 말해 동어반복은 어떤 세계에서든 참이고, 모순은 어떤 세계에서든 거짓이지만, 완전히 일반화된 명제는 어떤 세계에서는 참이고(그리하여 다른 세계에서는 거짓일 수 있고), 또 그 세계의 구조적 속성을 기술할 수 있다. 그렇기 때문에 완전히 일반화된 명제는 동어반복이나 모순과 같은 논리적 명제와는 달리, 우연적 일반성만을 다루며, 요소 명제와 같이 (일반성에 대한 『논고』의 정의에 따라) 합성되어 있다.

> 완전히 일반적인 명제의 일반성은 우연적인 일반성이다. 그것은 우연히 존재하는 모든 것들을 다룬다. 그리고 바로 이 점이 그것이 실질적인 명제인 이유이다.[31]

> 완전히 일반화된 명제는 다른 모든 명제와 마찬가지로 합성되어 있다. (이는 우리가 "(∃x, φ).φx"에서 "φ"와 "x"를 따로따로 언급해야 한다는 점에서 드러난다. 세계에 대한 지칭 관계에서 이 둘은 일반화되지 않은 명제에서와 마찬가지로 서로 독립적이다.) (5.5261)

결론적으로, 우리는 완전히 일반화된 명제가 『논고』에서 매우 특이한 위치를 차지한다는 것을 알 수 있다. 그것은 한편으로는 다른 경험적인 명제와 같이 하나의 진정한 명제이다. 그렇기 때문에 그것은 완전하게 또는 불완전하게 **사실**을 기술한다. 다른 한편으로 그것은 여타의 일반 명제와는 달리(가령 "모든 것은 죽는다"와는 달리), 어떤 특정한 세계의 구조적 속성에 관여한다. 그렇게 해서 그것은 그러한 세계의 구조적 속성을 기술할 수 있고, 바로 이러한 의미에서 그 **세계**를 완전히 기술할 수 있다.

---

31) Wittgenstein (1961), p. 17.

7
프레게와 전기 비트겐슈타인의
대상 개념

1. 들어가는 말

비트겐슈타인의 『논리-철학 논고』(이하 '『논고』'로 약칭함)에서 아마도 가장 난해한 개념은 '대상'이다. 『논고』에서 대상은 사태와 사실, 세계, 현실, 실체의 개념과 연결되어 있고, 이름, 요소 명제, 명제, 언어와 얽혀 있으며, 더 나아가 "완전한 분석"의 개념과 밀접한 관련을 맺고 있다. 그만큼 '대상'은 가장 기본적이면서 핵심적인 개념이다. 따라서 대상의 개념을 어떻게 이해하느냐에 따라 『논고』 전체에 대한 해석은 완전히 상이한 것이 될 수 있다.

실제로 『논고』의 대상 개념에 대해서 상충되는 입장이 왜 가능한지를 논의하기 위해 비트겐슈타인이 『논고』를 집필하기 전에 지녔던 생각을 살펴보기로 하자. 비트겐슈타인은 『일기 1914-1916』(이하, '『일기』'로 약칭함)에서 1915년 6월 16일 다음과 같이 적고 있다:

> 우리에게 선험적으로 주어진 것으로 보이는 것은 다음의 개념이다: 이것 (This).—[이는] 대상의 개념과 동일하다.

관계들과 속성들, 등은 또한 대상들이다.[1]

이 언급은 분명히 『논고』를 먼저 읽고 나서 처음 접하게 되는 독자에게 놀라움과 당혹감을 불러일으킨다. 왜냐하면 (1918년 여름에 완성된) 『논고』에서는 **일견** 대상들이 속성들이나 관계들과는 다른 것으로 규정되어 있는 것처럼 보이기 때문이다.

그렇다면 비트겐슈타인은 관계들과 속성들이 대상들이라는 『일기』에서의 견해를 『논고』에서 포기했는가? 이 물음에 대해서 코피(1958), 앤스컴(1959), 그리핀(1964), 피처(1964), 포겔린(1987) 등은 긍정적으로 대답하며, 램지(1931), 스테니어스(1960), 블랙(1964), 힌티카(1986) 등은 부정적으로 대답한다.[2]

그렇다면 이 두 가지 해석 중에서 어느 쪽이 옳은가? 이 물음에 대답하기 위해서는 무엇보다도 여러 비트겐슈타인 연구자들의 논의를 상세하게 살펴보는 것이 요구된다. 반면에 나는 그러한 고찰을 다른 논문에서 하고자 하며, 이 글에서는 보다 더 중요한 본질적인 문제를 논의하고자 한다. 즉 나는 이 글에서 『논고』의 대상 개념이 프레게의 대상 개념과 어떤 점에서는 매우 긴밀하게 연결되어 있으며, 더 나아가 전자는 대상 개념과 관련된 프레게의 곤경을 해결하기 위해 제시된 것임을 보이고자 한다. 이 과정에서 명심해야 할 것은 이러한 논의가 형이상학적 논쟁과는 아무런 관련이 없으며, 오직 논리적 관점에서 진행된다는 점이다. 그리고 이러한 물음과 관련된 논의에서 가장 결정적인 기여를 한 철학자는 램지이다. 우리는 비트겐슈타인으로부터 직접적인 영향을 받은 램지의 논의를 경유하여 『논고』에서 관계들과 속성들이 대상들이라는 것을 확인하게 될 것이다.

---

1) Wittgenstein (1961), p. 61.
2) 글록(H. Glock)은 전자의 진영을 (중세의 보편자 논쟁과 유사하다는 점에서) 유명론자 해석가라고 부르고, 후자의 진영을 실재론자 해석가라고 부르고 있다. '유명론자'에 따르면, 『논고』에서 속성들과 관계들은 대상들이 아니며, '실재론자'에 따르면 속성들과 관계들은 대상들이다. 또한 글록은 각각의 진영의 주요 논거들을 정리하여 제시하고 있다. 참고: Glock (1996), pp. 102-107.

2. 프레게의 개념과 대상

프레게가 전 생애에 걸쳐 개념과 대상을 구분했다는 것은 잘 알려진 사실이다. 그는 『산수의 기초』(1884)에서 다음과 같은 세 가지 근본 원리를 제시한다.

- 심리적인 것과 논리적인 것, 주관적인 것과 객관적인 것이 명확히 구분되어야 한다.
- 문장의 맥락 안에서 낱말의 의미를 물어야 하지, 따로 떼어놓고 물어서는 안 된다.
- 개념과 대상의 차이를 명심해야 한다.[3]

이 세 가지 근본 원리는 프레게가 자신의 모든 저작에서 일관되게 지키고자 하였던 준칙이었다. 첫 번째 원리는 심리주의에 대한 비판과 배격의 원리이고, 두 번째 원리는 소위 '맥락 원리'라고 알려진 것이다. 세 번째 원리에서 프레게는 개념과 대상의 차이를 강조하고 있다. 그런데 여기에서 문제는 다음과 같다. 과연 첫 번째 원리와 두 번째 원리를 일관성 있게 견지하면서 세 번째 원리를 유지할 수 있는가?

이 물음에 대답하기 위해서는 우리는 프레게가 『산수의 기초』(1884)에서 개념과 대상을 어떻게 규정했는지 살펴보아야 한다.

우선 일반 개념어를 사물의 이름이라 부르는 것은 맞지 않다. 이 때문에 마치 수가 사물의 성질이라는 환상이 생겨나게 된다. 일반 개념어는 바로 개념을 나타낸다. 개념어는 정관사나 지시 대명사와 결합될 경우에만 사물의 고유 이름 역할을 하는데, 이 경우 그것은 더 이상 개념어의 역할을 하지 않는다. 사물의 이름은 고유 이름이다. 한 대상이 반복해서 나타나는 것이 아니라, 여러 대상이 한 개념 아래 속한다. (…) 개념의 경우는 무언가가 그 아래 속하는지 그리고 속한다면 무엇이 속하는지가 언제나 문제된다. 고유 이

---

3) 프레게 (2003), pp. 38-39.

름의 경우 그런 물음은 아무런 뜻이 없다.[4]

이 인용문에서 프레게는 개념어와 고유 이름을 구분하고 있다. 가령 "소크라테스는 현명하다"에서 '소크라테스'는 고유 이름이고, '는 현명하다'는 개념어이다. 마찬가지로 "소크라테스는 플라톤의 스승이다"에서 '는 플라톤의 스승이다'는 개념어인데, 이 개념어가 "정관사나 지시 대명사와 결합될 경우"에는, 즉 '플라톤의 그(the) 스승'은 고유 이름의 역할을 하게 된다. 프레게는 "개념의 경우는 무언가가 그 아래 속하는지 그리고 속한다면 무엇이 속하는지가 언제나 문제된다. 고유 이름의 경우 그런 물음은 아무런 뜻이 없다."라고 말함으로써 개념어와 고유 이름이 상이한 것임을 주장하고 있다.

그런데 프레게는 이미 『개념 표기법』(1879)에서 '함수'와 '논항'을 구분하였다. 그가 '함수'와 '논항'에 대한 일반적 정의로서 제시한 것은 다음이다.

> 한 표현에서 단순 기호나 복합 기호가 하나 혹은 그 이상의 자리에 나타난다고 가정하자. (…) 만약 우리가 이들 기호가 나오는 한 자리나 여러 자리를 (그 경우마다 동일한) 다른 기호로 대체할 수 있다고 가정한다면, 그렇게 대체할 경우에도 변하지 않는 표현의 부분을 함수라 부르고, 바뀔 수 있는 부분을 그 함수의 논항이라 한다.[5]

가령 "철수는 영희를 이겼다"에서 '영희' 자리에 '영수'를 대체하면 "철수는 영수를 이겼다"를 얻을 수 있고, '순희'를 대체하면 "철수는 순희를 이겼다"를 얻을 수 있다. 이 경우에 변하지 않는 표현의 부분인 "철수는 …를 이겼다"는 함수이고, 또 '영희', '영수', '순희'는 논항이다. 그런데 여기에서 다음 두 가지를 주목할 필요가 있다. 첫째, 위의 인용문에서 프레게

---

4) 프레게 (2003), p. 143.
5) 케니 (2002), p. 35; Frege (1997), p. 67.

는 어떤 언어적 **표현**에 대해서 '함수'와 '논항'이라는 이름을 부여하고 있다는 점이다. 둘째, (케니가 지적하고 있듯이)『개념 표기법』에서 프레게는 문법적 주어와 문법적 술어라는 말을 논항과 함수라는 논리적 개념으로 대체하고 있다는 점이다.[6)]

이제 이 지점에서 문제가 되는 것은 다음이다. 그렇다면 프레게에게 고유 이름, 개념어, 개념, 대상, 함수, 논항 간의 관계란 무엇인가? 사실상 우리는『산수의 기초』(1884) 단계에서는 프레게의 생각이 다소 불분명하고 어수선하다는 느낌을 받는다. 왜냐하면 '고유 이름', '개념어', '함수', '논항'은 모두 언어적 표현에 부여된 것인 반면에, '개념'과 '대상'은 언어적 표현이 아닌 어떤 존재자에게 부여된 것처럼 보이고, 또 '개념어'와 '함수' 그리고 '개념'의 관계가 정확하게 무엇인지 선명하게 드러나 있지 않기 때문이다.

프레게는 바로 이러한 문제들에 대해서「함수와 개념」(1891)에서 다음과 같이 대답한다.

> 일반적인 진술들은, 등식들이나 부등식들, 또는 분석되는 표현들과 마찬가지로, 두 부분들로, 즉 하나는 그 자체로 완전하고, 다른 하나는 보충이 필요하거나 불포화된 것으로 나누어진다고 생각될 수 있다. 따라서 예컨대 우리는 '시저는 가울을 정복했다'(Caesar conquered Gaul)를 '시저'(Caesar)와 '는 가울을 정복했다'(conquered Gaul)로 나눈다. 두 번째 부분은 불포화되어 있다. 그것은 빈자리를 포함하고 있다. 이 자리가 고유 이름으로 혹은 고유 이름을 대체하는 표현으로 채워질 때에만 완전한 뜻이 나타난다. 여기에서도 나는 이 불포화된 부분의 지시체에 '함수'라는 이름을 부여한다. 이 경우에 논항은 시저이다.[7)]

프레게는 이제 함수와 논항이 모두 언어적 표현이 아니라 **지시체**임을 분

명히 하고 있다. 그리고 함수와 논항이라는 지시체를 나타내는 언어적 표현은 '함수 기호(표현)'와 '논항 기호(표현)'가 될 것이다. 논항은 '시저'라는 언어적 표현이 아니라 시저라는 지시체이다. 마찬가지로 함수는 더 이상 어떤 언어적 표현이 아니라 '불포화된 부분의 지시체'이다. 가령 $2 \times 1^2 + 1$, $2 \times 4^2 + 4$, $2 \times 5^2 + 5$라는 표현에서 공통된 내용이 함수이며, 이는 "$2 \times (\ )^2 + (\ )$"로 표현할 수 있다. 이때 1, 4, 5는 논항이다. 논항은 함수의 일부가 아니며, 함수와 결합하여 완전한 전체를 만든다. 함수 자체는 불완전한, 불포화된 것이며, 논항으로서의 1, 4, 5는 자립적인 대상이다.

그렇다면 프레게에게 함수와 개념 간의 관계란 무엇인가? 프레게는 「함수와 개념」(1891)에서 다음과 같이 말한다.

우리는 우리의 함수 $x^2 = 1$의 값이 항상 두 개의 진리치들 중 하나라는 것을 보았다. 이제 만일 한 특정한 논항, 예컨대 −1에 대해서, 그 함수의 값이 참 (the True)이라면, 우리는 이를 다음과 같이 표현할 수 있다: '수 −1은 그것의 제곱이 1이라는 속성을 지니고 있다' 또는, 더 간단하게, '−1은 1의 한 제곱근이다' 또는 '−1은 1의 제곱근이라는 개념 아래 속한다.' (⋯) 그렇게 해서 우리는 논리학에서 개념이라고 불리는 것이 얼마나 밀접하게 우리가 함수라고 부르는 것과 연결되어 있는지를 본다. 사실상 우리는 곧바로 다음과 같이 말할 수도 있다: 한 개념은 그 값이 항상 진리치인 함수이다.[8]

프레게에 따르면 "한 개념은 그 값이 항상 진리치인 함수이다." 다시 말해 한 개념은 어떤 특정한 함수이며, 그 값이 진리치인 그러한 함수인 것이다. 예컨대 "는 가울을 정복했다"는 함수인데, 논항이 채워졌을 때 "시저는 가울을 정복했다"가 참이므로, 즉 그 함수의 값이 참이라는 진리치이므로, 개념이기도 하다.

이제 마지막으로 프레게가 대상을 어떻게 파악했는지를 살펴보기로 하

---

8) Frege (1997), pp. 138-139.

자. 그는 「함수와 개념」(1891)에서 다음과 같이 말한다.

> 그리하여 우리가 제한 없이 대상들을 논항들과 함수의 값으로 받아들였을 때, 우리가 여기에서 대상이라고 부르는 것이 무엇인가 하는 물음이 생겨난다. 나는 어떤 정규적인 정의가 불가능하다고 여기고 있다. 왜냐하면 우리는 여기에서 너무 단순해서 논리적 분석을 허용하지 않는 어떤 것을 지니게 되기 때문이다. 의미된 것이 무엇인지 지적하는 것이 가능할 뿐이다. 여기에서 나는 간략하게 다음과 같이 말할 수 있을 뿐이다. 한 대상은 함수가 아닌 어떤 것이며, 그리하여 그것에 대한 표현은 어떤 빈자리를 포함하지 않는다.[9]

이 인용문에서 프레게는 대상에 대한 정의가 불가능하다고 말하고 있다. 그러면서 그는 "한 대상은 함수가 아닌 어떤 것"이라고 간략하게 대답하고 있다. 그 차이는 물론 함수는 빈자리를 포함하는 반면에 대상은 그렇지 않다는 점이다. 이제 이 대답에는 그 어떤 형이상학적 개입도 없다는 점을 유념하자. 그는 그저 **논리적 관점**에서 함수와 대상을 구분하고 있다.

3. 프레게의 곤경

지금까지의 논의를 정리해 보자. 프레게는 『개념 표기법』(1879)과 『산수의 기초』(1884) 단계에서 보여주었던 자신의 다소 혼란스러운 어법을 「함수와 개념」(1891)에서 정교하게 수정하면서 새로운 어법으로 체계화하고 있다. 그는 무엇보다도 언어적 표현과 그것이 가리키는 것, 즉 지시체를 구분하고 있다. 이제 함수와 논항은 더 이상 언어적 표현이 아니며, 지시체이다. 특히 (1단계 함수에서) 논항이라는 지시체는 대상이다. 반면에 함수라는 지시체는 대상이 아니다. 개념은 어떤 특정한 함수, 즉 값이 진리치인 함수이다. 그리하여 프레게는 「개념과 대상에 관하여」(1892)에서 다음과 같이 말한다. "우리는 '주어'와 '술어'를 언어적 의미로 간주하

---

9) Frege (1997), p. 140.

고 간단히 다음과 같이 말할 수 있다. 개념은 술어의 지시체이다. 대상은 술어의 전체 지시체는 절대 될 수 없지만, 주어의 지시체는 될 수 있는 무엇이다."[10]

그런데 잘 알려져 있는 바와 같이, 프레게는 의미와 관련해서 뜻과 지시체를 구분한다. 그의 「뜻과 지시체에 관하여」(1892)에 따르면, 가령 "5 + 3 = 2^2 + 4"에서 '5 + 3'과 '2^2 + 4'는 각각 8이라는 동일한 지시체를 가리키지만, 양자는 제시 방식(the mode of presentation)이 다르고 그리하여 뜻이 다르다. 프레게에 따르면, "한 고유 이름의 지시체는 그것을 사용하여 우리가 지시하는 대상 자체이다. 우리가 그 경우에 지니는 관념은 전적으로 주관적이다. 뜻은 고유 이름과 관념 사이에 놓여 있다. 뜻은 관념과 같이 주관적이지는 않지만 그러나 대상 자체도 아니다."[11]

더 나아가 프레게는 고유 이름뿐만 아니라 한 문장도 지시체를 지니는 것으로 간주한다. 그는 다음과 같이 말한다.

> 그리하여 우리는 어떤 문장의 진리치는 그 문장의 지시체라는 것을 의심 없이 받아들이게 되었다. 어떤 문장의 진리치란 그 문장이 참이거나 거짓이게 되는 상황이다. 이것 이외의 다른 진리치란 없다. 간단히 말해 나는 그 하나를 **참**(The True)이라고 부르고 다른 하나를 **거짓**(The False)이라고 부르겠다. 단어들의 지시체들이 중요한 모든 서술적 문장은 하나의 고유 이름으로 간주되어야 하며 그 서술적 문장의 지시체는 참이거나 거짓이다.[12]

이 인용문에서 프레게는 서술적 문장이 하나의 고유 이름으로 간주되어야 한다고 강조하고 있다. 그런데 프레게에 따르면, 고유 이름의 지시체는 대상이다. 따라서 프레게에게 참과 거짓이라는 진리치는 대상이다.

이제 우리는 이 지점에서 뭔가 혼란스러운 점을 한 가지 발견하게 된다.

---

10) Frege (1997), pp. 186-187.
11) Frege (1997), p. 155.
12) Frege (1997), pp. 157-158.

프레게는 가령, "소크라테스는 현명하다"에서 소크라테스라는 논항이 대상이고, 또 그 문장의 지시체도 대상이라고 주장하고 있다. 반면에 그는 "…는 현명하다"라는 함수 기호는 개념 또는 함수라는 지시체를 지시하지만, 그러한 지시체는 대상이 아니라고 보고 있다. 그렇다면 함수나 개념은 지시체인데 대상이 아니라면 그것은 무엇인가? 함수나 개념은 지시체이므로 그것은 뜻일 수도 없고 관념일 수도 없다. 또한 프레게에 따르면, 그것은 대상도 아니다. 그렇다면 그것은 무엇인가?

내가 아는 한, 프레게에게는 개념이나 함수라는 지시체를 따로 부르는 용어는 없다. 이제 우리에게 떠오르는 물음은 다음과 같다. 프레게는 『산수의 기초』(1884)에서 수가 자립적 대상이라고 하지 않았는가?! 그렇다면 함수나 개념을 '비자립적 **대상**'이나 '불포화된 **대상**'이라고 부를 수는 없는가? 또는 프레게에게 자립적 대상과 대조되는 비자립적 대상이란 무엇인가? 만일 비자립적 대상이라는 것이 없다면 자립적 대상이 곧 대상이요, 따라서 '자립적'이라는 단어는 군더더기가 되지 않는가?! 또한 어떻게 대상을 지칭하지 않는 "…는 현명하다"가 한 대상을 지칭하는 것('소크라테스')과 결합하여 그 결과("소크라테스는 현명하다")가 한 대상을 지칭하는 일이 가능하게 되는가?

혹자는 바로 이러한 의문들이 심각하지 않다고 말할 수도 있을 것이다. 그러나 심각한 문제는 여전히 있다. 가령 우리는 다음의 문장을 어떻게 파악해야 하는가?

(1) **말**이란 개념은 쉽게 얻어지는 개념이다.

케니가 잘 지적하고 있듯이, "프레게는 개념과 대상을 구분하는 문법적 기준으로 표현 앞에 나오는 정관사는 그 다음에 나오는 표현이 개념이 아니라 대상을 지시한다는 확실한 징표로 삼았다."[13] 그런데 우리가 이러한

---

13) 케니 (2002), p. 176; Frege (1997), p. 184.

프레게의 기준을 받아들인다면, (1)을 어떻게 이해해야 할지 의아해 할 것이다. 이 점에 대해서 케니는 다음과 같이 논평한다.

> '**말**이란 개념'(the concept *horse*)이란 표현은 정관사로 시작되기 때문에 프레게의 기준에 의하면 이것은 대상을 지시해야만 한다. 한편 그 내용 때문에 확실히 그것은 개념을 지시해야만 한다. 그래서 개념과 대상을 구분하는 기준은 무너진다.[14)]

즉 우리는 (1)에서 개념이면서 또 동시에 대상인 것처럼 보이는 것을 얻는다. 즉 '**말**이란 개념'은 그 내용상 개념이며 또 프레게의 기준에 의하면 (정관사를 지니고 있으므로) 대상인 것처럼 보인다. 따라서 개념과 대상은 프레게의 생각처럼 완전히 다른 것이 아니라 어떤 경우에 일치하는 것처럼 보인다.

그렇다면 프레게는 이 문제에 대해 어떻게 응수했는가? 그는 「개념과 대상에 관하여」(1892)에서 '**말**이란 개념'이라는 표현이 한 대상을 지칭하며, 또 바로 그 점에서 그 표현은 개념을 지칭하지 않는다고 대답한다.[15)] 즉 **말**이란 개념은 대상이며, 그렇기 때문에 (1)이 거짓이라는 것이다. 그러면서 그는 이 문제에 대해 다음과 같이 말한다.

> 따라서 여기에서 한 개념에 관해 말해진 것은 결코 한 대상에 관해 말해질 수 없다. 왜냐하면 한 고유 이름은 비록 그것이 한 술어적 표현의 부분일 수 있지만 결코 그 술어적 표현이 될 수 없기 때문이다. 나는 여기에서 한 개념에 관해 말해진 것을 한 대상에 관해 말하는 것이 거짓이라고 말하기를 원치 않는다. 나는 그렇게 하는 것이 불가능하다, 뜻이 없다고 말하고 싶다.[16)]

이 인용문에서 프레게는 (1)과 같은 문장이 불가능하다거나 뜻이 없다

---

14) 케니 (2002), p. 176,
15) Frege (1997), p. 184.
16) Frege (1997), pp. 188-189.

고 말하고 있다(최소한 그렇게 의도하고 있다). 그런데 이는 앞에서 (1)이 거짓이라고 했던 자신의 주장과는 상충하는 것처럼 보인다. 과연 이러한 프레게의 대답은 일관성 있는가?[17]

다음으로 프레게는 **말**이란 개념은 개념이 아니며 대상이라는 자신의 주장에 대해서 다음과 같이 정당화한다.

> "이 장미는 빨갛다"라는 문장과 관련해 우리가 말할 때도 비슷한 일이 일어난다. 문법적 술어 '는 빨갛다'는 주어 '이 장미'에 속한다. 여기서 "문법적 술어 '는 빨갛다'"는 문법적 술어가 아니라 주어이다. 그것을 명시적으로 술어라고 분명히 부르는 그 작용으로 인해 우리는 그것에서 그 속성을 앗아가 버린다.[18]

그러나 과연 이러한 프레게의 주장은 설득력 있는가? 나는 프레게가 겨냥하는 것과는 다른 결과가 나오는 예도 가능하다고 생각한다. 먼저 프레게는 다음의 두 문장을 다루고 있다.

(2) 이 장미는 빨갛다.
(3) 문법적 술어 '는 빨갛다'는 주어 '이 장미'에 속한다.

그러면서 그는 (3)의 "문법적 술어 '는 빨갛다'"는 문법적 술어가 아니라 주어임을 강조하고 있으며, "그것을 명시적으로 술어라고 분명히 부르는 그 작용으로 인해 우리는 그것에서 그 속성을 앗아가 버린다."고 주장하고 있다. 그러나 다음의 문장을 생각해 보자.

---

17) 이 문제에 대해서 케니는 다음과 같이 지적하고 있다. "프레게에게 아주 호의적인 논평자들조차도 이 점에서 그를 옹호하기를 꺼린다. 그들은 "**말**이란 개념은 개념이 아니다"라는 프레게의 주장은 받아들이기 어렵다고 본다. 그들은 프레게는 적어도 문법적 주어가 '…라는 개념'인 문장은 어느 것이나 잘못 형성된 문장이라고 말함으로써 그의 비판자들에 맞서 자신을 변호했어야 한다고 말한다. 프레게는 "**말**이란 개념은 개념이다"는 거짓일 수 있음을 인정하지 말았어야 했다. 그것은 그냥 무의미하다."(케니 (2002), p. 177)
18) 케니 (2002), p. 178; Frege (1997), p. 185.

(4) (2)의 문법적 술어 '는 빨갛다'는 주어 '이 장미'에 속한다.

(4)에서 "(2)의 문법적 술어 '는 빨갛다'"는 물론 문장 (4)의 주어이지만, 여전히 (2)의 문법적 술어, 즉 '는 빨갛다'를 가리키고 있다. 이는 "(2)의 문법적 술어"에 대해서도 마찬가지이다. 즉 그것들은 주어 자리에 올 때 주어라는 문법적 기능과 역할을 하게 되지만(바로 이 점이 프레게가 주장한 것이다), 반면에 그것들은 여전히 내용에 있어서는 술어를 가리키고 있는 것이다.

마찬가지로 **말**이라는 개념은 프레게가 생각하는 것처럼 대상일 수도 있지만, A가 어떤 말의 이름일 때, "A는 말이다"라는 명제를 통해 표현된 개념(또는 그 명제를 통해 표현된 **말**이라는 개념)은 여전히 한 개념을 가리키고 있다. 왜냐하면 앞에서 "어떤 술어?"라고 질문을 하면 "…라는 문장의 …라는 술어"(가령 (2)의 '는 빨갛다'라는 술어)라고 대답하는 것과 마찬가지로, 이 경우에도 "어떤 개념?"이라고 질문을 하면 우리는 "A는 말이다"라는 문장에 나오는 "**말**이라는 개념"이라고 대답할 것이기 때문이다.

4. 개념과 대상의 논리적 기능

앞에서 우리는 (1단계 함수의) 논항이 지시체이면서 대상인 것과 달리 개념은 특정한 함수이면서 지시체임에도 불구하고 대상이 아니라는 프레게의 생각을 살펴보았다. 우리는 이러한 프레게의 생각에서 양면성을 본다. 한편으로 그는 개념과 대상의 유사성을 지적하고 있다. 다시 말해 그것들은 둘 다 지시체인 것이다. 하지만 다른 한편으로 그는 개념과 대상의 차이를 강조하고 있다. 그렇다면 그 차이는 **논리적 관점에서** 본질적인가? 이 물음에 대답하기 위해서는 우리는 프레게가 왜 함수와 논항이라는 개념을 끌어들였는지 그 과정을 살펴보아야 한다. 프레게는『개념 표기법』에서 다음과 같이 설명한다. 다음의 두 문장에 대해 생각해 보자.

(5) 철수는 영희를 이겼다.

(6) 영희는 철수에게 졌다.

(5)와 (6)은 문법적 주어와 문법적 술어가 다르다. 그럼에도 불구하고 프레게에 따르면, (5)와 (6)은 동일한 '**개념적 내용**'을 지니고 있다. 따라서 **논리적 관점**에서 보면, (5)와 (6)의 주어와 술어가 각각 다르다는 것은 전혀 중요한 의의를 지니지 않는다. 케니가 말하듯이, "두 문장의 이런 차이는 그들 문장으로부터 무엇이 논리적으로 따라 이끌어지는가와는 아무런 관련이 없다. 첫째 문장에서 이끌어지는 것은 어느 것이나 둘째 문장에서도 이끌어지며 또한 그 역도 성립한다. 따라서 프레게는 그런 두 문장은 개념적 내용이 서로 다르지 않다고 말한다."[19]

그리하여 프레게는 『개념 표기법』에서 "내가 판단을 표현하는 방식에서는 주어와 술어의 구분이 아무런 중요성도 갖지 않는다"[20]라고 말한다. 그렇다면 왜 주어와 술어의 구분이 아무런 중요성도 없는가? 왜냐하면 개념적 내용의 동일성을 결정하는 것은 주어나 술어가 아니기 때문이다. 가령 (5)와 (6)은 주어와 술어는 각각 다르지만 개념적 내용은 동일하다. 그리하여 이제 문법적 주어와 문법적 술어의 개념 대신에, 개념적 내용의 차이를 드러내는 방안으로서 함수와 논항이 주어진다. 요컨대 개념적 내용의 동일성을 결정하는 것은 논항 자리에 들어가는 논항들과 빈자리를 포함하고 있는 함수이다.

그러나 그러한 구분에서 (1단계 함수에서) 논항은 대상이고 함수는 대상이 아니라는 점은 본질적인 것인가? 우리는 논항과 함수가 논리적 관점에서 보면 동일한 역할을 한다고 말할 수 없는가? 바로 이 점에 대해서 비트겐슈타인은 『일기』에서 다음과 같이 말한다.

---

19) 케니 (2002), p. 32.

20) Frege (1997), p. 53.

그러나 예컨대, 『수학 원리』에 나타나 있는바 논리학은 우리의 일상적인 명제들에 아주 잘 적용될 수 있으며, 예컨대 "모든 사람은 가사적이다"와 "소크라테스는 사람이다"로부터 이 논리학에 따르면 "소크라테스는 가사적이다"가 따라 나오는데, 이는 비록 내가 사물 소크라테스나 가사성의 속성이 어떤 구조를 지니는지를 똑같이 명백하게 알지 못한다 할지라도 명백하게 옳다. 여기에서 그것들은 그저 단순 대상들로 기능할 뿐이다.[21]

요컨대 "소크라테스는 가사적이다"에서 소크라테스라는 사물과 가사성이라는 속성은 논리적 관점에서는 "단순 대상들로 기능할 뿐"이며, 그리하여 프레게가 강조하는 차이가 문제가 되지 않는다는 것이다.

바로 이러한 비트겐슈타인의 생각은 램지에게서 보다 더 상세하고 분명하게 전개된다. 프레게가 논리적 관점에서 주어와 술어의 구분을 폐기하고 함수와 논항의 구분으로 나아갔을 때, 왜 그는 대상의 완전성과 함수의 불포화성을 견지하는가? 램지는 그의 논문 「보편자들」(1925)에서 바로 이러한 방식의 물음을 제기한다. 그가 제시한 예를 살펴보자.

(7) 소크라테스는 현명하다.
(8) 현명함은 소크라테스의 한 특성이다.

램지는 (7)과 (8)이 "동일한 사실을 주장하고 동일한 명제를 표현한다"고 말한다.

그것들 [(7)과 (8)]은 물론 동일한 문장이 아니지만, 두 개의 상이한 언어에서 두 문장이 동일한 의미를 지닐 수 있는 것과 마찬가지로 동일한 의미를 지니고 있다. 어느 문장을 우리가 사용하느냐 하는 것은 문체(literary style)의 문제이거나 우리가 사실을 접근하는 관점의 문제이다. 만일 우리의 관심의 중심이 소크라테스라면 우리는 '소크라테스는 현명하다'라고 말하며, 만일 우리가 현명함을 논의하고 있다면 우리는 '현명함은 소크라테스의 한 특

---

21) Wittgenstein (1961), p. 69.

성이다'라고 말할 수도 있겠지만, 어느 것을 말하든 우리는 동일한 것을 의미한다. 이제 이 문장들 중의 하나는 '소크라테스'가 주어이고, 다른 하나는 '현명함'이다. 따라서 두 가지 중 어느 것이 주어이고 술어이냐 하는 것은 우리가 우리의 명제를 표현하기 위해서 어떤 특정한 문장을 사용하느냐에 의존하며, 소크라테스나 현명함의 논리적 본성과는 아무런 관련이 없고, 전적으로 문법 학자에게 문제인 것이다. 동일한 방식으로, 충분히 탄력 있는 (elastic) 언어에서는 어떤 명제든 그것의 항들 중 어떤 것이든 주어이게끔 표현될 수 있다. 따라서 한 명제의 주어와 술어 간에는 어떤 본질적인 차이도 없으며, 대상들의 어떤 기초적인 분류도 그러한 차이에 기초할 수 없다.[22]

이 인용문에서 램지는 (7)과 (8)이 개념적 내용이 동일하며, '소크라테스'와 '현명함' 중 어느 것이 주어인가 하는 것은 "소크라테스나 현명함의 논리적 본성과는 아무런 관련이 없다"고 주장하고 있다. 그런데 프레게에게는 여기에서 '소크라테스'는 대상이지만, '현명함'은 개념이다. 프레게는 (7)은 소크라테스에 관한 명제이고, 그리하여 1단계 명제이지만, (8)은 현명함이라는 개념에 관한 명제이고, 그리하여 2단계 명제라고 주장할 것이다. 그러나 램지에게는 그러한 규정은 불필요하다. 왜냐하면 (7)과 (8)은 개념적 내용과 의미가 동일하기 때문이다. 따라서 램지는 (비록 그가 프레게를 거명하고 있지는 않지만) 프레게의 대상과 개념이라는 "기초적인 분류"를 비판하고 있는 것이다.

그런데 혹자는 (7)과 달리 (8)은 '특성'이나 '속성'과 같은 (형식적) 개념을 포함하고 있으므로 (7)과 (8)은 개념적 내용이 동일할 수 없다고 응수할 수 있을 것이다. 그렇다면 우리는 (8) 대신에 다음과 같은 명제를 생각할 수 있다.

---

22) Ramsey (1931), p. 116.

(9) 현명함은 소크라테스에게 들어맞는다.[23]

(9)는 (8)과 달리 '특성'이나 '속성'과 같은 (형식적) 개념을 사용하고 있지 않다. 그리고 (7)과 (9)는 전적으로 개념적 내용이나 의미가 동일하다. 따라서 (7)이 『논고』에서의 그림이라면 (9) 또한 그림이며, 서로 동일한 그림이다.[24] 따라서 (7)과 (9)에 대한 프레게 방식의 규정은 불필요하다.

이제 (7)이 사용되는, 오직 개념적 내용이 문제가 되는 추론에서는 (9)도 항상 동등하게 사용될 수 있다는 점을 주목하자.[25] 가령 다음의 추론에서

소크라테스가 현명하다면 플라톤은 현명하다.
소크라테스는 현명하다.
그러므로 플라톤은 현명하다.

"소크라테스는 현명하다" 자리에 "현명함은 소크라테스에게 들어맞는다"가 대체된다 하더라도, 이러한 추론은 성립한다. 마찬가지로 다음의 추론에서

모든 사람은 가사적이다.
소크라테스는 사람이다.
그러므로 소크라테스는 가사적이다.

---

23) 이를 "현명함은 소크라테스에 적용된다"나 "현명함은 소크라테스에 해당된다"로 달리 표현할 수도 있다. 램지 또한 (9)와 같은 명제를 염두에 두고 있다. 그는 다음과 같이 말한다. "'q는 a를 특징짓는다'(q characterizes a)는 'a는 q이다'(a is q) 그 이상의 것도 그 이하의 것도 아니다. 그것은 단지 길게 늘인(lengthened) 언어적 형식에 불과하다."(Ramsey (1931), p. 133)

24) 참고: "p가 q로부터, 그리고 q는 p로부터 따라 나온다면, 그것들은 하나의 동일한 명제이다."(5.141)

25) 그러니까 (7)과 (9)의 문법적 차이에 관한 것은 제외된다. 가령 다음과 같은 방식의 추론은 제외된다: "소크라테스는 현명하다"의 주어는 '소크라테스'이다. 그러므로 "현명함은 소크라테스에게 들어맞는다"의 주어는 '소크라테스'이다.

"소크라테스는 가사적이다" 자리에 "가사성은 소크라테스에게 들어맞는다"를 대체해도 이러한 추론은 성립한다. 그러므로 '소크라테스'가 주어이냐 아니면 '현명함'이 주어이냐 하는 것은 아무런 문제가 되지 않는다. 비트겐슈타인에 따르면, 이는 우리가 "사물 소크라테스나 가사성의 속성이 어떤 구조를 지니는지를 똑같이 명백하게 알지 못한다 할지라도", 그것들은 그저 그러한 구조가 문제가 되지 않는 "단순 대상들"로 기능할 뿐이다. 그렇다면 프레게가 주장하는 바, 그러한 구조와 관련된 것, 즉 대상은 완전한 것이고, 함수는 불포화된 것이라는 생각은 개념적 내용의 동일성을 결정하는 데 필수적인 것이 아닐 수 있다.

5. 개념과 대상의 자립성과 비자립성

앞에서 우리는 프레게가 대상은 완전하고 자립적인 데 반해, 개념은 불완전한 것이고 불포화된 것이기 때문에 개념은 결코 대상일 수 없다고 주장했다는 것을 살펴보았다. 그러나 과연 이러한 프레게의 생각은 정당한 것인가? 만일 프레게가 말하는 대상 또한 어떤 의미에서는 비자립적이고 불포화된 것이라고 말할 수 있다면 어떻게 되는가? 마찬가지로 개념 또한 어떤 의미에서는 자립적이고 완전한 것이라고 말할 수 있다면 어떻게 되는가? 만일 그렇게 된다면, 우리는 이미 앞에서 논리적 관점에서는 첫째, '소크라테스'와 '현명함'이 그 기능이 동일할 수 있다는 것, 둘째, 프레게의 완전성-불포화성 규정이 명제의 개념적 내용의 동일성을 결정하는 데 필수적인 것은 아닐 수 있음을 살펴보았으므로, 개념은 결코 대상이 아니라는 프레게의 주장에 의문을 품게 될 것이다. 더 나아가 (1단계) 함수와 논항은 모두 지시체라는 점에서 모두 한 가지 이름이, 예컨대 '대상'이라는 이름이 부여된다 하더라도 하등 이상할 것이 없게 될 것이다.

그러면 먼저 비트겐슈타인이 『논고』에서 제시한 언급을 살펴보기로 하자.

사물은 그것이 모든 **가능한** 상황들 속에서 나타날 수 있는 한 자립적이다. 그러나 이러한 자립의 형식은 사태와의 연관 형식, 즉 비자립의 형식이다. (낱말들이 상이한 두 방식으로—단독으로, 그리고 명제 속에서—등장하는 것은 불가능하다.) (2.0122)

이 인용문을 보면 비트겐슈타인이 프레게의 맥락 원리를 받아들이고 있다는 점을 짐작할 수 있다. 실제로 그는 "오직 명제만이 뜻을 가진다. 오직 명제 연관 속에서만 이름은 의미를 가진다."(3.3)라고 말함으로써 자신이 맥락 원리를 받아들이고 있음을 분명히 하고 있다. 낱말들은 오직 명제 연관 속에서만 의미가 있으며, 단독으로 등장하는 것은 아무런 의의도 없다. 그리하여 "낱말들이 상이한 두 방식으로—단독으로, 그리고 명제 속에서—등장하는 것은 불가능하다."

또한 비트겐슈타인은 한 사물이 자립적이라는 의미를 그 사물이 "모든 **가능한** 상황들 속에서 나타날 수 있다"는 점에서 찾고 있다. 그러면서도 그는 한 사물은 비자립적이라고 보고 있는데, 즉 "사태와의 연관"이라는 점에서 비자립적이다. 가령 소크라테스라는 사물은 소크라테스는 현명하다, 소크라테스는 플라톤의 스승이다, 등등의 모든 사태(그것들이 '사태'라고 가정하자)에서 나타날 수 있다는 점에서 자립적이다. 반면에 "소크라테스 …"가 하나의 완결된 문장이기 위해서는 다른 무엇(즉 '…'에 나오는 것)과 결합되어 사태를 형성할 때에만 그 문장이 의미가 있다는 점에서, 소크라테스는 비자립적이다.

우리는 이 점을 『논고』의 존재론의 주요 논제를 검토할 때 확인할 수 있다. "세계는 사실들의 총체이지, 사물들의 총체가 아니다."(1.1) "세계는 일어나는 모든 것이다."(1) "세계는 사실들에 의하여, 그리고 그것들이 **모든** 사실들이라는 점에 의하여 확정된다."(1.11) 이러한 일련의 언급을 보면, 『논고』에서 세계의 기본 구성단위는 사실과 사태라는 것을 알 수 있으며, 마찬가지로 언어의 기본 구성단위는 명제와 요소명제라는 것을 알 수 있다. 요컨대 한 사물은 모든 가능한 사태나 사실에 나타날 수 있다는 의미에서 자립적이다. 반면에 그 사물은 다른 것들과 결합하여 사태나 사실을 형성한다는 점에서 비자립적이다.

따라서 이제 우리는 자립성과 비자립성의 개념이 프레게와 비트겐슈타인에게서 상이하게 규정되고 있음을 확인할 수 있다. 프레게에게는 '소크라테스'는 자립적이지만 '현명함'은 (또는 '…는 현명하다'는) 비자립적이다. 반면에 비트겐슈타인에게는 비자립성은 명제라는 단위를 기준으로 주어진다. "소크라테스는 현명하다"에서 '소크라테스'와 '현명함'은 각각 명제 속에서 다른 것과의 연쇄 속에서 명제를 형성해야 한다는 점에서 둘 다 비자립적이며, 모든 가능한 명제들 속에서 나타날 수 있다는 점에서 둘 다 자립적이다.

그런데 램지는 바로 이러한 비트겐슈타인의 견해를 수용하면서, 프레게의 불포화성 개념을 받아들이고 있는 러셀을 비판한다.

> 이 이론의 거대한 어려움은 어떻게 한 종류의 대상이 특별히 불완전할 수 있는지를 이해하는 데 있다. 어떤 대상도 불완전하다는 한 가지 의미가 있다. 즉 그것[대상]이 한 대상 또는 적절한 유형의 대상들과의 연관에 의해서만 한 사실에서 나타날 수 있을 뿐이라는 것이다. 한 명제를 형성하기 위해서 우리는 어떤 이름에 어떤 다른 적절한 유형의 이름들을 결합해야만 하기 때문에, 어떤 이름도 불완전한 것과 마찬가지로 말이다.[26]

램지는 바로 이 인용문에 이어 앞에서 논의되었던 『논고』의 언급 2.0122를 인용한다. 그 다음에 그는 다음과 같이 말한다. "따라서 우리는 '현명한'이 한 명제의 형식을 포함하고 있다는 것을 받아들일 수도 있으며, 하지만 마찬가지로 '소크라테스'에 대해서도 마찬가지인데, 그것들을 구분하는 어떤 근거를 보는 것도 어렵다."[27] 다시 말해, 램지에 따르면 '소크라

---

26) Ramsey (1931), p. 121.
27) Ramsey (1931), p. 122.

테스'나 '현명한'은 모두 다른 유형의 이름들과 결합해서 명제를 형성해야 한다는 점에서 불완전하고 비자립적인 것이다. 그리하여 그는 대상과 개념에 대한 러셀과 (프레게를 직접 거명하지는 않았지만) 프레게의 주장을 비판하고 있는 것이다.

그런데 프레게의 (1단계 함수의) 논항과 함수의 구분에 대해 보다 더 근원적인 문제가 제기될 수 있다. 과연 "소크라테스는 현명하다"를 '소크라테스'라는 논항과 '…는 현명하다'라는 함수로 분석(또는 분해)하는 것은 정당한가? 프레게에 따르면 전자는 완전한 것이고 후자는 불포화된 것이다. 그런데 어떻게 그 둘은 어떤 방식의 (화학적) 작용을 거쳐 "소크라테스는 현명하다"라는 문장을 생성하는가? 또한 그러한 분해는 프레게 자신의 맥락 원리에 위배되는 것 아닌가? "문장의 맥락 안에서 낱말의 의미를 물어야 한다"는 것은 결국 '소크라테스' 또한 "소크라테스는 현명하다"와 같은 문장들에 의존적이며 비자립적이라는 것을 뜻하지 않는가?

비트겐슈타인은 프레게의 '포화-불포화'라는 화학적 비유에 대해 다음과 같이 **사슬의 고리** 비유를 제시하면서 응수한다.

사태 속에서 대상들은 사슬의 고리들처럼 서로 걸려 있다. (2.03)

사태 속에서 대상들이 사슬의 고리들처럼 서로 걸려 있다면, 이를 나타내는 명제에서도 이름들은 사슬의 고리들처럼 서로 걸려 있게 될 것이다. 이제 쇠사슬의 고리들을 생각해 보자. 가령 2개의 고리로 연결된 쇠사슬을 생각해 보자.

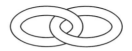

이 사슬을 "A-B 사슬"이라고 부르고, 왼쪽 고리를 "A 고리", 오른쪽 고리를 "B 고리"라고 부르기로 하자. 그런데 우리가 이것을 분해하고자 한

다면 최소한 어느 한 고리를 절단해야 할 것이다. 가령 왼쪽 고리 A가 절단되어 다음과 같이 분해되었다고 하자.

　이제 이것은 더 이상 사슬이 아니다. 그렇기 때문에 각각은 더 이상 사슬의 고리들도 **아니다**. 왼쪽 절단된 것을 "절단된 C 원환"이라고 부르고, 오른쪽 것을 "온전한 D 원환"이라고 부르기로 하자. 이제 이러한 상황을 "소크라테스는 현명하다"와 비교해 보자. 비트겐슈타인에 따르면, "사태 속에서 대상들은 사슬의 고리들처럼 서로 걸려 있다."(2.03) 즉 소크라테스와 현명함은 A 고리와 B 고리와 같이 걸려 사슬을 형성한다. 그렇기 때문에 그것들은 단순히 원환이 아니다. 또한 우리는 "A-B 사슬"과 같은 것을 보면서 "소크라테스는 현명하다"라고 말할 수도 있고, "현명함은 소크라테스에게 들어맞는다"라고 말할 수도 있다. 이렇게 프레게의 맥락 원리에 따라, 오직 이러한 사슬이라는 맥락에서만 '소크라테스'와 '현명함'은 의미를 지닌다.

　반면에 프레게는 "소크라테스는 현명하다"를 '소크라테스'와 '…는 현명하다'로 분해한다. 이제 이것들은 과연 각각 고리 A나 고리 B에 해당되는가? 그렇지 않다. 왜냐하면 프레게가 대상에 대해 자립성을 부여하는 순간 그는 비자립적인 고리에 대해 말한 것이 아니며, 오히려 절단된 C 원환이나 온전한 D 원환에 대해 말한 것이기 때문이다. 그러나 그러한 원환들을 나열하는 것은 더 이상 본래의 사슬을 형성할 수 없다. 그것들은 더 이상 '고리'가 아니며, 그저 절단된 원환과 온전한 원환에 불과하다. 다시 말해 프레게 식의 문장에 대한 분해는 프레게 자신의 맥락 원리와 상충하는 것에 불과하다.

　마찬가지로 온전한 원환들을 나열하는 것도 비트겐슈타인에게는 더 이상 사슬이 아니며, 다시 말해 명제가 아니다. 명제는 이름들의 단순한 집합이 아니다. 요컨대 "A-B 사슬"은 다음과 같은 원환들의 집합과는 근본적으로 다르다.

"명제는 낱말들의 혼합물이 아니다."(3.141) 비트겐슈타인은 "A-B 사슬"이 다른 원환들의 집합과 다른 점을 명제 기호가 하나의 사실이라는 것으로 해명한다.

> 명제 기호는 그 요소들, 즉 낱말들이 그 속에서 특정한 방식으로 서로 관계를 맺는 데 있다.
> 　명제 기호는 하나의 사실이다. (3.14)
> 오직 사실들만이 뜻을 표현할 수 있고, 이름들의 집합은 그렇게 할 수 없다. (3.142)

명제 기호에서 낱말들은 그 속에서 "특정한 방식으로 서로 관계를" 맺고 있다. 다시 말해 그것들은 예컨대 "A-B 사슬"과 같이 고리들로 걸려 있다. 마찬가지로 aRb라는 명제기호는 고리가 세 개인 사슬을 형성하고 있는 하나의 사실이다. 요컨대 이 지점에서 비트겐슈타인은 프레게의 맥락 원리를 보다 더 철저하게 적용하고 있다. 문장이라는 맥락을 떠나서 어떤 낱말에 대해 단독으로 어떤 성질을 부여하는 것은 옳지 않다. 우리는 "소크라테스는 현명하다"라는 문장의 맥락에서 '소크라테스'와 '현명함'에 대해 말할 수 있다. 여기에서 '소크라테스'와 '현명함'은 고리들이며 서로 걸려 사슬을 형성한다는 점에서 둘 다 비자립적이다.[28]

---

28) 그렇기 때문에 비트겐슈타인에게는 가령 Ws(소크라테스는 현명하다)에서 기호화하

6. 대상과 개념의 완전한 대칭

이제 프레게가 발명한 기호법에 따라 "소크라테스는 현명하다"를 Ws로 표기하기로 하자. 이때 우리는 보통 W는 '…는 현명하다'를 기호화한 것이고, s는 '소크라테스'를 기호화한 것이라고 말한다. 그러나 다음과 같이 말해서는 왜 안 되는가? 즉 W는 '현명하다'를 기호화한 것이고, s는 '소크라테스(는) …'을 기호화한 것이라고.[29] 또는 프레게의 표기법 Ws에서는 어디에 W라는 개념어의 불포화성이 표기되어 있는가? 혹시 우리는 그 불포화성을 표기하기 위해 '(…W)s'라고 써야 하는 것은 아닌가? 이러한 물음에 대해서 프레게는 이렇게 대답할 것이다. 즉 그 불포화성은 x가 변항일 때 Wx로 표기된다고 말이다. 만일 그렇다면 우리는 s의 불포화성을 표기하기 위해 X가 변항일 때 Xs로 표기하면 왜 안 되는가?[30]

문제를 정리해 보자. 비트겐슈타인과 램지의 관점에서는, Ws라는 명제를 기본 단위로 보고, W와 s가 (고리들로서) 결합해서만 명제 Ws를 형성할 수 있으므로, W와 s는 둘 다 비자립적이다. 반면에 프레게의 시각으로

거나 지칭하는 것은 단독으로 분리된 W나 s가 아니라, 오히려 W가 어떤 이름(s) 왼쪽에 있다는 것과 s가 어떤 기호(W) 오른쪽에 있다는 것이다. 그는 이 점에 대해서 다음과 같이 말한다: "예컨대, "aRb"에서, "R"은 한 상징이 **아니며**, 오히려 "R"이 한 이름과 다른 이름 사이에 있다는 **것**(that)이 기호화한다(symbolizes)."(Wittgenste-in (1961), p. 108) 이러한 생각은 『논고』 3.1432("복합적 기호 'aRb'가 a는 b에 대해 R이라는 관계에 있음을 말한다"가 아니라, "a"가 "b"에 대해 어떤 관계에 있다는 것이 aRb**임**을 말한다.")에 집약되어 등장하고 있다.

29) 선우환(2005) 또한 이러한 전기 비트겐슈타인과 램지 방식의 질문을 스스로 던지고 있지만(pp. 250-251), 그의 '수정 이론'에서 "언어적 표현의 완전성과 불완전성은 의미론적 기능에 있어서의 차이로 설명될 수 있다"(p. 265)고 함으로써 결국 프레게의 생각에 동조한다. 그에 따르면, "프레게가 보여 준 가장 중요한 통찰은 논리적 술어를 일종의 함수적 표현으로서 이해할 수 있다는 것"(p. 242)이다. 그러나 램지라면 이러한 주장에 대해서 논리적 주어와 논리적 술어 간의 "완전한 대칭"으로 응수하게 될 것이다.

30) 마찬가지로 Wx라는 함수로부터 명제를 만들어내는 방법은 두 가지이며, 이는 상항 s를 x에 대입하여 Ws를 얻는 것과 양화하는 것, 즉 (x)Wx인데, 바로 이 점이 그러한 개념어의 불포화성을 보여준다는 대답도 가능할 것이다. 그러면 이에 대해서는 φ가 변항일 때, φs로부터 명제를 만드는 방법도 두 가지임을 지적하는 것으로 충분할 것이다. 즉 φ에 W를 대입하여 Ws를 얻는 것과 양화하는 것, 즉 (φ)φs가 그것이다.

보면, s는 자립적이고 W는 비자립적이다. 그렇다면 그 자립성과 비자립성은 무엇에 있는가? 이 물음에 대한 한 가지 가능한 대답은 s와 같은 명사는 단독으로 쓸 수 있지만, W는 단독으로 쓸 수 없고 오직 Wx와 같이 변항 x를 포함해서 써야 한다는 것이다. 바로 그 점에서 술어 W의 불포화성과 주어 또는 대상 s의 완전성이 근원적으로 다르다는 점이 드러난다는 것이다.

러셀은 바로 이러한 프레게의 생각을 받아들이면서 특수자와 보편자가 근원적으로 다른 것이라고 주장한다. 그는 모든 존재자들을 두 집합으로 나눈다. 한 가지는 특수자들(particulars)인데, 이는 "술어들이나 관계들의 항들의 주어들로서만 복합체 안으로 들어온다." 다른 한 가지는 보편자들(universals)인데, 이는 "술어들이나 관계들로서 복합체들에서 나타날 수 있다".[31] 러셀에 따르면, "어떤 문장도 보편자를 지시하는 적어도 하나 이상의 단어가 없이는 주장될 수 없다."[32] 그에 따르면, "우리가 '빨간'(red)을 이해할 때 이는 우리가 'x는 빨갛다'(x is red)라는 형식의 명제들을 이해한다는 것을 의미한다. 그리하여 바로 이 때문에 한 술어의 이해는 한 이름의 이해보다 좀 더 복잡한 것이다." 다시 말해 술어를 이해하기 위해서는 "한 명제의 형식을 끌어들여야 한다"는 것이다.[33]

그러나 과연 주어와 술어는 그렇게 근원적인 차이가 있는가? 우리는 가령 s와 같은 명사도 단독으로 사용해서는 안 되고, φ가 변항일 때 φs로 써야 한다고 맞대응할 수 없는가? 그런데 램지는 명사와 달리 술어는 단독으로 사용하지 못하는 경우가 있다는 것을 지적한다. 그는 Rb ∨ Sb의 예를 제시한다. 여기에서 R과 S는 관계이다. 이제 우리는 φ = Rb ∨ Sb라고 놓을 수 없는데, 왜냐하면 R과 S의 왼쪽 항에 동일한 논항이 들어가는지

31) Russell (1911), pp. 123-124.
32) 러셀 (1989), p. 103.
33) Russell (1918), p. 205.

아니면 상이한 논항이 들어가는지 알 수 없게 될 것이기 때문이다.[34] 그렇기 때문에 우리는 φx = xRb ∨ xSb라고 정의해야 하며, 그리하여 이러한 경우에는 φ를 단독으로 쓰면 안 되고 반드시 φx로 써야 한다. 그러나 램지에 따르면 모든 술어에 대해서 그런 것은 **아니다.**

> 그러나 xRb ∨ xSb에 대한 이러한 결론은 모든 명제 함수들에 적용되지 않을 것이다. 만일 φa가 두 개의 항으로 이루어진 원자 명제라면, 'φ'는 a와는 다른 항의 한 이름이고, 완벽하게 잘 자립할 수 있다. 따라서 다음과 같이 질문될 것인데, 왜 우리는 이 경우에 또한 'φ' 대신에 'φx'라고 쓰는가? 이에 대한 이유는 수리논리학의 근본적인 특징, 즉 그것의 외연성에 놓여 있는데, 즉 그것의 일차적인 관심이 집합들과 외연적인 관계들에 있다는 뜻에서이다.[35]

램지는 φ = Rb ∨ Sb라고 정의할 수 없고 그리하여 이 경우에는 φ만을 단독으로 사용해서는 안 되고 반드시 φx라고 써야 하지만, 다른 특수한 경우에는 이름 a와 같이 φ도 단독으로 사용할 수 있다고 주장하고 있다. 그가 위에서 제시한 예는 φa가 두 개의 항으로 이루어진 원자 명제인 경우이다. 그렇게 되면 "'φ'는 a와는 다른 항의 한 이름이고, 완벽하게 자립적"이다. 더 나아가 우리가 수학에서 술어 φ를 단독으로 사용하지 않고 항상 φx를 사용하는 것은 수리논리학의 근본적인 특징인 외연성에 있다는 점을 지적하고 있다. 만일 우리가 집합들과 외연적인 관계들뿐만 아니라, 어떤 성질과 속성에 대해서, 다시 말해 내포적인 측면에도 관심을 갖고 있다면, 우리는 φ를 단독으로 사용하는 것을 기꺼이 허용하게 될 것이다.

이제 램지는 s는 단독으로 사용될 수 있지만, W는 단독으로 사용되어서는 안 된다는 생각을 다음과 같은 방식으로 규명한다. 그는 먼저 '…는 현명하다'와 '소크라테스(는) …'이 일견 다른 방식으로 문장들의 모임을 형

---

34) Ramsey (1931), p. 130.
35) Ramsey (1931), pp. 130-131.

성하는 것처럼 보인다고 지적한다. 그에 따르면 φs, 즉 'φ 소크라테스'는 φ 가 변항이고 s가 소크라테스일 때, '소크라테스는 현명하다', '소크라테스는 공정하다', '소크라테스는 현명하지도 않고 공정하지도 않다'와 같은 **한 가지** 명제들의 집합을 대신할 수 있다. 반면에, '…는 현명하다'는 **두 가지** 종류의 집합들을 대신할 수 있다.

> 이제 '현명한'이라는 표현을 고려해 보자: 이것을 우리는 'x는 현명하다'의 값들인 '소크라테스는 현명하다', '플라톤은 현명하다', 등과 같은 명제들을 함께 모으기 위해 사용한다. 그러나 이것은 우리가 형성하기 위해 '현명한'을 사용할 수 있는 유일한 모음인 것은 아니다. 우리가 '소크라테스'가 나오는 모든 명제들을 모으기 위해 '소크라테스'를 사용했던 것과 마찬가지로, 우리는 '현명한'이 나오는 모든 명제들을 모으기 위해 '현명한'을 사용할 수 있는데, 이는 '소크라테스는 현명하다'와 같은 명제들뿐만 아니라 '소크라테스도 플라톤도 안 현명하다'(Neither Socrates nor Plato is wise)와 같은 명제들도 포함하며, 이것들은 'x는 현명하다'의 값들이 아니고, φ가 변항일 때 다른 함수 'φ 현명한'(φ wise)의 값들이다. 따라서 소크라테스가 명제들의 한 모음만을 주는 반면에, 현명한(wise)은 두 개의 모음을 준다: 하나는 소크라테스에 의해 주어진 것과 유사한 것, 즉 현명한(wise)이 나타나는 모든 명제들의 모음이며, 다른 것은 형식 'x는 현명하다'의 명제들의 더 좁은 모음이다.[36]

하나는 Wx, 즉 'x는 현명하다'의 값들인 '소크라테스는 현명하다', '플라톤은 현명하다', 등등의 집합이고, 다른 하나는 'φ 현명한'(φ wise)의 값, 예컨대 '소크라테스도 플라톤도 안 현명하다'(Neither Socrates nor Plato is wise)와 같은 것들의 집합이다. 램지는 이러한 불일치를 거론하면서 바로 이것이 러셀의 보편자-특수자의 구분을 가능케 했던 것이고, 더 나아가 술어를 함수 표현, 즉 불포화된 표현으로 바라보는 것을 가능케 한 것이라고

---

36) Ramsey (1931), p. 124.

간주한다.[37) 이러한 불일치, 즉 '소크라테스'가 한 종류의 명제들의 모음만을 결정하고 '현명한'은 두 종류의 명제들의 모음을 결정하는 것처럼 보이는 것에 대해 램지는 소크라테스의 속성들(properties) 중에서 "오직 하나의 단순한 속성을 **성질**(quality)이라고" 부르기로 한다면, 그러한 불일치는 해소될 것이라고 주장한다.

> 이러한 차이는 무엇에서 연유하며, 그것은 도대체 진정한 차이인가? 다시 말해, 우리는 '소크라테스'로 우리가 '현명한'으로 하는 것을 할 수 없는가? 그리고 그것이 나타나는 전체 집합보다 더 좁은 명제들의 한 집합을 모으기 위해 그것을 사용할 수 없는가? 이는 불가능한가, 아니면 단지 우리가 사실상 그것을 결코 하지 않는다는 것일 뿐인가? 이것들이 우리가 이제 대답하려고 노력하는 물음들이다. 그것을 하는 방법은 다음과 같을 것으로 보인다. 우리가 소크라테스의 속성들(properties) 중에서 성질들(qualities)이라고 부를 수 있는 어떤 부분 집합을 구분할 수 있다고 가정하자. [여기에서] 그 생각이란 거칠게 말하면 오직 한 단순한 속성이 한 성질이라는 것이다. 그러면 우리는 '현명한'과 연관하여 우리가 형성할 수 있는 것과 마찬가지로 '소크라테스'와 연관하여 명제들의 두 집합들을 형성할 수 있을 것이다. 소크라테스의 속성들을 주장한다고 우리가 말하는, '소크라테스'가 나오는 명제들의 넓은 집합이 존재하게 될 것이며, 소크라테스의 성질들을 주장하는 더 좁은 집합이 존재하게 될 것이다. 따라서 공정함과 현명함이 성질들이라고 가정하면, '소크라테스는 현명하다', '소크라테스는 공정하다'는 더 좁은 집합에 속하게 될 것이며, 함수 '소크라테스는 q이다'(Socrates is q)의 값들이 될 것이다. 그러나 '소크라테스는 현명하지도 않고 공정하지도 않다'는 소크라테스의 한 성질을 주장하지 않을 것이고, 단지 복합적인 특성이나 속성을 주장하게 될 것이며, 함수 'φ 소크라테스'의 값이 될 것이고, '소크라테스는

---

37) "이것은 명백하게도 러셀 씨가 현명한(wise)으로 우리는 한 명제의 형식을 끌어들여야만 한다고 말함으로써 표현한, 우리가 느끼는바 소크라테스와 현명한(wise)의 차이에 대한 설명이다."(Ramsey (1931), p. 124)

q이다'의 값은 되지 않을 것이다.[38]

이 인용문에서 알 수 있듯이, q는 속성들 중에서 단순한 속성, 즉 성질을 나타내는 변항이다. 램지에 따르면, 그러한 q에 대해서, '소크라테스는 q이다'(Socrates is q)의 값들은 'x는 현명하다'와 같은 좁은 집합들을 형성하며, 'φ 소크라테스'는 'φ 현명한'에 대응하는 넓은 집합을 형성한다. 그리하여 그는 개별자들과 함수들(성질들) 간에는 "완전한 대칭"이 성립한다고 주장한다. 그는 다음과 같이 말한다. "우리는 성질들과 개별자들 간의 완전한 대칭을 지니게 될 것이며, 각각은 홀로 설 수 있는 이름들을 얻을 수 있을 것이고, 각각은 명제들의 두 영역을 결정하게 될 것이다. 왜냐하면 a는 q와 φ가 변항들일 때, qa와 φa라는 영역들을 결정할 것이고, q는 x와 f가 변항들일 때, qx와 fq라는 영역들을 결정하게 될 것이기 때문이다."[39]

7. 전기 비트겐슈타인의 대상 개념

앞 절의 마지막 인용문에서 램지는 '소크라테스'와 '현명함'이 완전한 대칭을 이룬다고 결론 내리고 있다. 우리는 "성질들과 개별자들 간의 완전한 대칭"을 얻을 수 있기 때문에, '소크라테스'가 자립적이라면 (q에 해당되는) 성질도 자립적이며, 성질이나 속성이 비자립적이라면 마찬가지로 '소크라테스'도 비자립적이다. 요컨대 '소크라테스'와 '현명함'은 동일한 방식으로 자립적이고, 또 비자립적이다. 그렇기 때문에 그것들은 주어진 명제에서 논리적 기능이 동일하다고 말할 수 있다.

이러한 램지의 생각은 물론 비트겐슈타인에게 직접 영향을 받은 것이

---

38) Ramsey (1931), p. 125.
39) Ramsey (1931), p. 132.

다.[40] 이제 서두에서 인용되었던 『일기』의 1915년 6월 16일 기록을 다시 살펴보기로 하자.

> 우리에게 선험적으로 주어진 것으로 보이는 것은 다음의 개념이다: **이것**(This).—[이는] **대상**의 개념과 동일하다.
>
> 관계들과 속성들, 등은 또한 **대상들**이다.[41]

이 언급에서 "이것"은 가령 러셀의 논리적 고유 명사와 같은 것이 **아니다**. 오히려 위의 언급에서 나타나있듯이 우리가 그 말을 통해 가리키는 것이다. 즉 우리는 어떤 사물들뿐만 아니라 관계들과 속성들도 "이것"이라고 하면서 가리킬 수 있는 것이다. 이 점은 『일기』의 1915년 5월 31일 기록에 잘 나타나 있다.

> 이름들은 **이** 사물(*this* thing)이 **저** 속성(*that* property)을 가지고 있다는 것 등의 주장을 위해 필요하다.[42]

다음으로 러셀에게는 오직 술어만 형식을 지니는 것으로 이해되지만 (그리하여 술어가 함수라는 프레게의 주장을 받아들이고 있지만), 비트겐슈타인은 대상을 나타내는 이름들도 형식을 지니는 것으로 간주된다. "대상이 사태들 속에 나타날 수 있는 가능성이 대상의 형식이다."(2.0141) "공간과 시간과 색깔(채색성)은 대상들의 형식들이다."(2.0251) 그러므로 비트겐슈타인에게는 이름이나 대상을 제외하고 술어나 함수만 형식을 지니는 것으로 파악하는 것은 허용되지 않는다.

그럼에도 불구하고 비트겐슈타인은 프레게와 러셀과 같이 함수와 논항의 구분을 받아들이고 있다. "명제를 나는—프레게와 러셀처럼—그 속

---

40) 몽크에 따르면, 1923년 가을 비트겐슈타인과 램지는 2주일 동안 매일 다섯 시간씩 『논고』를 한 줄 한 줄 검토했다. 참고: 몽크(2000), pp. 299-300.
41) Wittgenstein (1961), p. 61.
42) Wittgenstein (1961), p. 53.

에 포함된 표현들의 함수로 파악한다."(3.318) 그러나 이러한 파악은 프레게와 러셀과는 완전히 다르다. 가령 비트겐슈타인에게 Ws로부터 형성된 Wx나 Xs는 모두 함수이다. 그리고 이 경우에 논항은 전자는 s이고 후자는 W이다. s와 W는 유형이 다를 뿐, (Ws가 요소 명제라고 가정할 때) 둘 다 이름이고 그것들이 가리키는 것은 대상들이다. 반면에 프레게에게는 s는 완전하고 단독으로 사용될 수 있지만 W는 불포화된 것이고 오직 Wx와 같이 빈자리를 명시하면서 사용되어야 한다. Wx는 (1단계) 함수이지만, Xs는 Wx와는 다른 유형의 함수이다. 즉 Xs는 X 자리에 여러 속성들이 대입될 수 있다는 의미에서, 속성들에 대해서 말하는 2단계 함수인 것이다. 반면에 비트겐슈타인에게는 Wx와 Xs는 그저 함수일 뿐이고, 프레게의 1단계 함수와 2단계 함수의 구분은 불필요하다.

비트겐슈타인이 프레게의 1단계 함수와 2단계 함수의 구분을 거부하리라는 점은 『논고』의 일반성 개념에 대한 규정으로부터 더 분명하게 알 수 있다. 『논고』에 따르면, "ξ의 값들이 x의 모든 값들에 대한 함수 fx의 값 전체라면, $N(\bar{\xi})$ = ～(∃x).fx가 된다."(5.52) 그리하여 x의 모든 값들이 a, b, c, d, …라면, $N(\bar{\xi})$ = ～fa & ～fb & ～fc & ～fd & … = ～(∃x)fx = (x)～fx이다. 또한 x의 모든 값들이 a, b, c, d, …라면, (∃x).fx = fa ∨ fb ∨ fc ∨ fd ∨ …이다.[43] 이제 프레게가 "모든 철학자는 사람이다"라는 명제는 어떤 특정한 철학자에 관한 언명이 아니라 개념 **철학자**에 관한 언명이고 그리하여 2단계 개념을 포함하는 명제로 간주했다는 것을 주목하자.[44] 반면에 그는 "소크라테스는 철학자다"는 소크라테스라는 대상에 관한 언명이라고 말하게 될 것이다. 그렇다면 다음의 언명은 어떠한가?

(10) 소크라테스는 철학자이고 플라톤은 철학자이다.

---

43) 참고: 4장.
44) 참고: 프레게 (2003), pp. 137-139.

프레게는 (10)이 소크라테스와 플라톤에 관한 언명이고, 1단계 함수를 포함하는 명제라고 말하게 될 것이다. 반면에 위의 일반성 규정에 따르면, 비트겐슈타인에게는 (ξ—조건 하에서) "(x)(x는 철학자다)"는 "a는 철학자이고, b는 철학자이고, c는 철학자이고, …"와 같다. 그리고 이는 (10)이 소크라테스와 플라톤에 관한 것이듯이, 모든 대상 a, b, c, …등에 관한 것이다. 다시 말해 『논고』의 일반성 개념에 대한 규정에 따르면, 보편 명제나 존재 명제는 오직 개념에만 관한 것이 아니다.

더 나아가 속성들이나 관계들도 대상이라고 보는 『논고』의 견해는 술어들을 양화하는 경우에 프레게보다 훨씬 더 깔끔하게 접근할 수 있게 해준다. 이 점은 '완전히 일반화된 명제'에 대한 다음 언급에서 확인할 수 있다.

> 완전히 일반화된 명제는 다른 모든 명제와 마찬가지로 합성되어 있다. (이는 우리가 "($\exists$x,φ).φx"에서 "φ"와 "x"를 따로따로 언급해야 한다는 점에서 드러난다. 세계에 대한 지칭 관계에서 이 둘은 일반화되지 않은 명제에서와 마찬가지로 서로 독립적이다.)(5.5261)

『논고』에 따르면, '완전히 일반화된 명제'란 "($\exists$x, φ).φx" 또는 "($\exists$x)($\exists$$\varphi$).$\varphi$x"와 같이 개체 상항이나 술어 상항이 나오지 않고 오직 논리 상항과 속박 변항들만 나오는 명제를 말한다. 그런데 이러한 명제들을 그러한 표기법으로 나타내는 것은 정당한가? 프레게가 주장하듯이 술어 φ가 빈자리를 포함하고 있다는 점이 본질적이라면, 양화기호에서 "($\exists$x, φ)"라고 쓰는 것은 대단히 어색하지 않은가? 혹시 그는 "($\exists$x, φx).φx"라고 써야 하는 것 아닌가? 또는 최소한 그는 어떤 다른 방식의 표기법을 고안해야 하는 것 아닌가? 그러나 속성들이나 관계들도 대상들이라는 비트겐슈타인의 생각에 따르면, "($\exists$x, φ).φx"나 "($\exists$x)($\exists$$\varphi$).$\varphi$x"와 같은 표기법은 매우 자연스럽다. 그에 따르면, 그 명제에서 우리가 "φ"와 "x"를 따로따로 언급해야 한다는 점은 그 명제가 합성적이라는 것을 보여준다. 그리고 그것들이 세계에 대한 지칭 관계에서 독립적이라는 점은 논리적인 관점에서 볼 때 그것들에게 프레게 방식의 차이를 부여하는 것이 의미가 없다는 것을 말해준다. 바로 그렇기 때문에 개체 변항뿐만 아니라 술어 변항에 대해서도 양화 기호를 붙일 수 있으며, "빈자리"와 관련된 문제는 제기되지 않는다.

마지막으로 속성들과 관계들도 대상들이라는『논고』의 견해는 프레게의 소위 **말** 개념의 역설도 근원적으로 차단한다. 이를 위하여 속성들과 관계들이 아닌 대상을 "사물(Ding)-대상"이라고 부르고, 속성과 관계를 각각 "속성-대상", "관계-대상"이라고 부르기로 하자. 그러면 말임(being horse)이라는 속성은(또는 말이라는 개념은) 비트겐슈타인의 입장에서는 속성(개념)이며, 또 요소 명제에서의 속성은 속성-대상이고 사물-대상이 아니다. 가령 "빨강"을 요소 명제에서의 속성이라고 가정할 때, **빨강**이라는 개념은 개념이고, 또 개념-대상이다. 그렇기 때문에『논고』에서는 "**말** 개념은 개념이 아니다"로부터 발생하는 프레게의 역설은 가능하지 않다.

8. 맺는 말

지금까지 우리는 프레게가 개념과 대상에 대해 부여한 중요한 차이가 과연 논리적 관점에서 볼 때 유의미한 것이었느냐 하는 문제를 다루었다. 프레게는 개념과 함수, 그리고 논항과 진리치는 모두 어떤 기호들의 지시체이지만, (1단계 함수의) 논항과 진리치라는 지시체는 대상인데 반해 개념과 함수라는 지시체는 대상이 아니라고 간주하였다. 그 차이는 전자는 자립적이고 완전한 것인데 반해 후자는 불완전하고 불포화되어 있다는 점에 있었다. 그러나 이러한 주장은 과연 설득력 있는가? 특히 그것은 그의 맥락 원리와 일관적인가?

이 물음과 관련하여 우리는 비트겐슈타인과 램지가 프레게의 맥락 원리를 보다 더 철저하게 견지했다는 것을 살펴보았다. 언어의 기본 단위는 낱말이 아니라 명제이다. 더구나 논리적 관점에서는 명제들은 개념적 내용의 동일성으로 규정되어야 한다. 그렇다면 '소크라테스'와 '현명함'은 동일한 개념적 내용을 지니는 명제, 즉 '소크라테스는 현명하다'와 '현명함은 소크라테스에게 들어맞는다'에서 나온다는 점에서 논리적 관점에서 보면 차이가 없다. 또한 그것들은 그러한 명제라는 기본 단위를 형성하기 위해 다른 것들과 결합되어야 한다는 점에서 똑 같이 비자립적이다. 그렇기 때문에, 비트겐슈타인과 램지의 입장에서는 프레게의 개념과 대상의 구분은 주어-술어 형식의 문장을 바라보는 기존 사고의 유물일 뿐이다.

따라서 '소크라테스'와 '현명함'은 논리적 관점에서 보면 유의미한 차이가 없고, 그렇기 때문에 우리는 그것들에 대해 동일한 이름, 즉 '대상'을 부여할 수 있다. 하지만 잘 알려져 있듯이, 비트겐슈타인은『논고』에서 대상의 예를 제시하지 않았다. 그렇기 때문에, '소크라테스'와 '현명함'이『논고』의 대상인 것은 아니며, 우리는 그저 논의의 편의를 위하여 그러한 예를 제시했을 뿐이다. 대상은 우리가 명제들에 대한 **완전한 분석**의 결과와 함께 주어지는 요소 명제에 이를 때 그 구성요소들이 지시하는 것이다. 그리하여 가령 한 명제에 대한 완전한 분석이 주어졌다고 가정하고, 그 한 요소 명제를 fa로 나타낼 수 있다고 하자. 그러면 여기에서 'f'와 'a'는 둘 다 이름이며, f와 a는 대상이 될 것이다. 요컨대『논고』에서는 명제에 대한 완전한 분석 이후에 도달하는 요소 명제의 구성부분들이 가리키는 것, 즉 사물들뿐만 아니라 속성들과 관계들도 대상인 것이다.

당시 비트겐슈타인이 이러한 생각을 받아들였다는 증거를 우리는 비트겐슈타인의 여러 저작에서 확인할 수 있다. 특히 극명하게 표현된 것은 다음의 언급이다.

> 2.01. "한 원자적 사실은 대상들(실물들, 사물들)의 결합이다." 대상들 등은 여기에서 시각적 공간 등에서의 한 색깔, 한 점과 같은 것에 대해 사용되고 있다. 또한 한 단어는 한 명제에서를 제외하면 어떤 의미도 지니지 않는다는 위의 언급을 참고하라. "대상들"은 또한 관계들을 포함한다. 한 명제는 한 관계에 의해 연결된 두 개의 사물이 아니다. "사물"과 "관계"는 동일한

수준에 있다. 대상들은 말하자면 한 사슬에서 걸려 있다.[45]

이 인용문은 리(Desmond Lee)가 1930-1931년 사적인 대화에서 비트겐슈타인이 대답한 것을 기록한 것이다. 여기에서는 『논고』2.01에 이어 여섯 개의 문장이 등장하고 있다. 그 하나하나의 문장이 무엇을 뜻하는지 지금까지의 우리의 분석은 충분히 보여주었다고 나는 생각한다.

---

45) Wittgenstein (1980), p. 120.

8
『논리-철학 논고』의
'논리적 공간'에 관하여

1. 들어가는 말

비트겐슈타인의 『논리-철학 논고』(이하 『논고』로 약칭함)에서 참으로 접근하기 어려운 개념 중 하나는 '논리적 공간'이다. '논리적 공간'이라는 용어는 『논고』에서는 "논리적 공간 속의 사실들이 세계이다."(1.13)라는 언급과 함께 처음 등장하며, 이후에는 3.4번 대에서 그 개념에 대한 짧은 설명이 주어지고, 최종적으로는 한 명제에 대한 그 부정 명제의 유일성 논제(5.513)와 직간접적으로 연결되어 논의되고 있다. 이렇듯 논리적 공간은 『논고』를 관통하는 핵심적인 개념이다. 그렇다면 논리적 공간이란 무엇인가? 나는 이 글에서 바로 이 물음에 대해 대답하고자 한다.

그런데 논리적 공간과 또 이와 관련된 개념들에 대한 해석은 비트겐슈타인 연구가들마다 제각각 다르다. 사실상, 『논고』에 관한 한, 논리적 공간만큼 그렇게 다양한 해석들이 주어진 개념도 없을 것이다. 사정이 이렇기 때문에 나는 『논고』의 '논리적 공간'에 대한 논의가 갖추어야 할 조건을 먼저 명시하고자 한다. 즉 『논고』의 '논리적 공간'에 대한 논의가 설득력 있고 만족스러운 것이기 위해서는 다음의 네 가지 문제가 해결되어야 한다.

첫째, 『논고』에서 '논리적 공간'은 (나중에 논의되겠지만) 비유적인 표현이다. 그렇다면 '논리적 공간'이 비유하고 있는 것은 무엇인가? 또한 『논고』에 따르면, "명제 기호와 논리적 좌표들, 이것이 논리적 장소이다."(3.41) 그렇다면 여기에서 논리적 장소와 논리적 좌표들이란 무엇인가? 물론 그러한 용어들도 그 자체로는 비유적 표현이다. 그러나 "논리적 좌표들", "논리적 장소", "논리적 공간"이라는 용어들이 정확하게 『논고』에서 가리키고 있는 것은 무엇인가? 그리고 그 비유의 요점은 무엇인가?

둘째, 『논고』에서 논리적 공간과 관련된 몇몇 언급들은 상충하는 것처럼 보인다. 가령 "논리적 공간 속의 사실들이 세계이다."(1.13)에 따르면 논리적 공간을 차지하는 것은 "사실들"인 것처럼 보인다. 또한 논리적 공간을 차지하는 것은 "그림은 논리적 공간 속의 상황, 즉 사태들의 존립과 비존립을 표상한다."(2.11)를 보면 "상황"인 것처럼 보이고, "명제 기호와 논리적 좌표들, 이것이 논리적 장소이다."(3.41)를 보면 "명제 기호"인 것으로 보이며, "명제는 논리적 공간 전체에 두루 손을 뻗는다."(3.42)라는 언급을 보면 "명제"인 것처럼 보이고, "모순은 전체 논리적 공간을 가득 채우며, 현실에 아무런 점도 허용하지 않는다."(4.463)를 보면 "모순"인 것처럼 보인다. 그렇다면 도대체 『논고』에서 논리적 공간을 차지하는 것은 무엇인가? 사실들, 상황, 명제 기호, 명제, 그리고 모순이 **모두** 각각 논리적 공간을 차지할 수 있는가? 상충하는 것처럼 보이는 저 언급들을 어떻게 이해해야 하는가?[1]

셋째, 『논고』에서 제시된 '논리적 공간'과 관련된 짧은 언급들은 그 자체로 수수께끼로 다가온다. 가령 "명제는 논리적 공간 속의 어떤 한 장소를 확정한다."(3.4)와 "명제 기호와 논리적 좌표들, 이것이 논리적 장소이

---

1) 또한 혹자는 『논고』의 "가능성" 개념과 관련해서도 상충하는 것처럼 보이는 언급들이 있음을 지적할 수도 있을 것이다. 실제로 Peach(2007)는 『논고』의 "가능성" 개념을 "대상에 기초한"(object-based) 가능성 개념과 "공간으로서의 가능성" 개념을 구분하고 있으며, 이 두 가지 개념은 상충하며 전자가 더 우선시되어야 한다고 주장한다. 이에 대해 Cerezo(2012)는 어느 한쪽의 우선성을 주장하는 것은 옳지 않다고 비판하고 있다.

다.”(3.411)와 같은 언급은 도대체 어떻게 해석해야 하는가? 더구나 “그림 주위의 논리적 골격이 논리적 공간을 확정한다. 명제는 논리적 공간 전체에 두루 손을 뻗는다.”(3.42)와 같은 언급은 어떠한가? 이러한 수수께끼 같은 언급들을 정확하게 해석하는 것은 가능한가?[2]

넷째, 『논고』에서 논리적 공간 개념은 무슨 역할을 하는가? 그리고 『논고』에서 논리적 공간 개념은 왜 필요했는가? 다시 말해 비트겐슈타인은 논리적 공간에 대한 논의를 통해 어떤 철학적 문제를 해결하고자 했던 것인가?

물론 이러한 문제들은 서로 긴밀하게 얽혀 있다. 이제 이 문제들을 해결하고자 한다면 항상 유념해야 할 것이 있다. 즉 이러한 문제들에 대한 대답은 비트겐슈타인이 『논고』 이전에 작성한 『일기 1914-1916』(이하, ‘『일기』’로 약칭함)에서의 논의와 또 『논고』 이후 몇몇 저작에서 비트겐슈타인 자신이 논리적 공간에 대해 언급하고 해명한 내용과 일관성을 이루어야 한다.

그렇다면 이러한 일관성 조건을 충족시키면서 위의 네 가지 문제들에 대해 성공적으로 대답한 사례가 있는가? 요컨대 ‘논리적 공간’에 대한 설득력 있는 해명이 있는가? 내가 아는 한, 없다고 나는 생각한다. 논리적 공간에 대한 비트겐슈타인 연구가들의 다양한 해석들은 그저 피상적이거나 부분적으로만 옳거나 자의적인 수준에 머물면서 다채로운 양상을 보이고 있을 뿐이다.

나는 다음의 순서로 논의하고자 한다. 먼저, ‘논리적 공간’에 대한 해명은 『논고』의 언급들만으로는 어렵거나 불가능하다. 따라서 우리는 『일기』를 비롯한 비트겐슈타인의 다른 저작을 참조해야 한다. 특히 『일기』에서

---

2) 『논고』 2.013을 둘러싼 Reinhardt(2005)와 Geach(2006)의 논쟁과 이에 대한 Cerezo(2012)의 비판적 논의를 보면, 2.013 또한 이해하기가 쉽지 않다는 점을 알 수 있다.

비트겐슈타인이 '논리적 공간'에 대해 해명한 언급들은 우리 논의의 출발점을 이룬다. 여기에서 우리는 "근본 좌표들"과 "논리적 좌표들"을 주목하게 되며, 후자를 통해 '논리적 공간'의 개념과 진리표가 매우 밀접한 관련이 있다는 것을 확인할 수 있다. 그리하여 우리는 논리적 공간을 일종의 기하학적 공간으로 이해하려는 시도는 모두 옳지 않다는 것을 확인할 수 있다. 『논고』에서 논리적 공간은 뜻 있는 명제들의 체계이다. 또한 그것은 헤르츠의 『역학의 원리들』에서의 공간을 모델로 삼아 비트겐슈타인이 끌어들인 것이다. 이를 통해 우리는 저 수수께끼 같은 언급들을 모두 이해할 수 있으며, '논리적 공간'이 어떤 점에서 비유적 표현이고, 『논고』에서 정확하게 무엇을 겨냥하고 있으며, 또 왜 필요했는지를 이해할 수 있다.

2. 근본 좌표들

1914년 8월 22일에 시작되는 비트겐슈타인의 『일기』에서 (『논고』는 1918년 여름에 완성되었음을 주목하자.) 논리적 장소와 논리적 공간에 대한 논의는 완전히 일반화된 명제에 대한 고민이 어느 정도 정리된 이후 부정적 사실에 대해 심각하게 고민하기 바로 이전 기간에 시작된다.[3] 그러니까 논리적 장소와 논리적 공간에 대한 논의는 1914년 10월 29일에 처음 등장하고 이러한 논의는 『논고』의 근본 사상에 도달한 1914년 12월 25일 이후, 최종적으로 1916년 6월 13일에 한 명제의 부정 명제 유일성 논제에 대해 결론을 지은 후에 (1916년 10월 7일의 짧은 언급을 제외하면) 더 이상 등장하지 않는다. 이 과정에서 그는 자신의 논리적 장소 개념에 대해 심각하게 회의를 품었던 적이 있는데, 이는 다음 물음을 제기한 바로 그 다음날 주어진다.

"φa"가 참이라고 가정하자: ∼φa가 가능하다고 말하는 것은 무엇을 의미하

---

3) 참고: 2장, 4장.

는가? (φa는 그 자체로 ~(~φa)와 의미가 같다.)[4]

다음날(1914년 11월 18일) 그는 다음과 같이 기록하고 있다.

> 그것은 그저 논리적 장소의 존재의 문제일 뿐이다.
> 그러나—빌어먹을—이 "논리적 장소"란 무엇인가!?[5]

"빌어먹을(zum Teufel)"이라는 표현이 잘 말해주고 있듯이, 비트겐슈타인은 자신의 '논리적 장소'라는 개념이 불분명하다는 점을 스스로 불평하고 있다. 그러나 그러한 불평에도 불구하고, 우리는 이 지점에서 '논리적 장소'나 '논리적 공간'의 개념이 **가능성** 개념과 본질적인 연관이 있다는 것을 알 수 있다. 즉 비트겐슈타인은 ""φa"가 참이라고 가정하자: ~φa가 가능하다고 말하는 것은 무엇을 의미하는가?"라는 물음을 다음날(11월 18일) "논리적 장소의 존재의 문제"라고 지적하고 있는 것이다.

이러한 비트겐슈타인의 언급은, 나는 이렇게 생각하는데, 아무리 강조해도 지나치지 않다. 즉 ("φa"가 참이라고 가정할 때) ~φa가 가능하다고 말하는 것은 ~φa의 논리적 장소가 존재한다고 말하는 것과 같다. 다시 말해 어떤 명제가 가능하다는 것, 또는 참이거나 거짓이라는 것은 곧 그 명제가 어떤 논리적 장소를 지니고 있다는 것과 같다.

그러한 심각한 회의를 제기한 후 그 다음날(11월 19일), 비트겐슈타인은 곧바로 다음과 같이 대답한다.

> 명제와 논리적 좌표들: 이것이 논리적 장소이다.[6]

혹자는 이러한 언급이 우리의 이해에 전혀 도움이 되지 않으며, 비트겐슈타인은 『일기』에서 전혀 논리적 장소나 논리적 공간, 논리적 좌표의 개념

---

4) Wittgenstein (1961), p. 31.
5) Wittgenstein (1961), p. 31.
6) Wittgenstein (1961), p. 31.

에 대해 해명하지 않았다고 주장할 수도 있을 것이다.[7] 그러나 과연 비트겐슈타인은 『일기』에서 논리적 장소와 같은 개념들의 의미를 설명하지 않았는가? 그렇지 않다! 왜냐하면 그는 1914년 10월 29일 다음과 같이 말했기 때문이다.

> 명제와 그것의 지시체(Bedeutung) 간의 내적 관계, 그 지칭 방법(die Bezeichnungsweise)—은 사태를 명제에로 모사하는 좌표 체계이다. 명제는 근본 좌표들에 대응한다.
>
> 우리는 두 개의 좌표들 a_p와 b_p를 질점 P가 장소 (ab)에서 발견된다고 진술하는 명제로서 파악할 수도 있을 것이다. 그리고 이 진술이 가능하기 위해서는 좌표들 a와 b는 실제로 한 장소를 확정해야만 한다. 한 진술이 가능하기 위해서는 논리적 좌표들은 실제로 한 논리적 장소를 확정해야만 한다.[8]

『일기』에서는 바로 이 언급들과 함께 논리적 장소와 논리적 공간에 대한 논의가 시작된다. 하지만 이 언급들은 결코 쉽게 읽히지 않는다. 먼저 눈에 띄는 것은 처음 언급에서는 "근본 좌표들"(Grundkoordinaten)이 거론되고 있다는 점이고, 두 번째 언급에서는 "논리적 좌표들"(die logischen Koordinaten)이 거론되고 있다는 점이다. 다시 말해 비트겐슈타인은 두 가

---

7) 실제로 강진호(2009)는 다음과 같이 말한다. "이러한 당혹스러운 상황에 맞닥뜨려, 우리는 다음과 같은 질문을 던지지 않을 수 없다. 과연 비트겐슈타인은 논리적 좌표, 논리적 장소, 논리적 공간 등의 개념을 통해 무엇을 하고자 하는 것인가? 나의 제안은, 바로 비유를 제시하는 것이 이 개념들을 그림이론에 도입한 그의 유일한 목적이었다는 것이다. (…) 비트겐슈타인은 이후 논리적 좌표, 논리적 장소, 논리적 공간, 문장의 투영과 같은 개념들을 도입함으로써 문장과 그림 간의 비유를 점점 더 발전시키고, 그럼으로써 이들 간의 유사성이 어디까지 뻗어나갈 수 있는지를 보려고 한 듯하다. 그러나 비유에서의 역할들을 제외한다면 위의 개념들은 아무런 내용도 갖고 있지 않다. 이러한 나의 제안이 너무 급진적으로 들릴지도 모르겠다. 그러나 나의 제안이 사실이 아니라면, 도대체 왜 비트겐슈타인이 『참전노트』에서 이 개념들의 의미를 설명하려고 시도조차 하지 않는지를 이해하기 어렵다."(p. 27) 그러나 강진호(2009)의 주장, 즉 논리적 좌표, 논리적 장소, 논리적 공간 등의 개념이 "비유에서의 역할을 제외한다면 아무런 내용도 갖고 있지 않다"는 주장이 전혀 옳지 않다는 점은 나중에 분명해질 것이다.
8) Wittgenstein (1961), pp. 20-21.

지 종류의 좌표들을 거론하고 있다. 그렇다면 근본 좌표들과 논리적 좌표들은 각각 무엇인가? 먼저 비트겐슈타인의 "근본 좌표들"이 무엇인지에 대해 논의하기로 하자.

1914년 10월 29일 당시에는 비트겐슈타인이 한 명제는 지시체(Bedeutung)를 지니며, 또 사실이 곧 명제의 지시체(Bedeutung)라고 생각했다는 점을 유념하자.[9] 따라서 위의 언급에서 비트겐슈타인은 명제와 그 명제가 묘사하는 사실(또는 사태) 간의 내적 관계를 문제 삼고 있는 것이다. 이 언급에 따르면, 그러한 내적 관계는 "그 지칭 방법(die Bezeichnungsweise, 기호화 방법)"과 동일한데, 이는 "사태를 명제에로 모사하는 좌표 체계"이다. 즉 각각의 사태에 대해서 각각 하나의 요소 명제가 대응될 때, 그러한 대응이 이루어지게끔 하는 대응 방법, 또는 지칭 방법이 좌표 체계인 것이다. 비트겐슈타인에 따르면, 여기에서 "명제는 근본 좌표들에 대응한다."

비트겐슈타인에 따르면, 한 명제는 근본 좌표들에 대응한다. 가령 aRb라는 요소 명제는 근본 좌표들 a, R, b에 대응한다. 또는 aRb를 간단히 Q로 나타낼 때, Q는 근본 좌표들 a, R, b에 대응하며 또는 근본 좌표 (a, R, b)에 대응한다. 이러한 근본 좌표들에 대한 생각은 『논고』에서는 다음의 언급으로 암시되어 있다.

> 명제는 논리적 공간 속의 어떤 한 장소를 확정한다. 이 논리적 장소의 존재는 구성 요소들만의 존재에 의해서, 즉 뜻이 있는 명제의 존재에 의해서 보증된다. (3.4)

여기에서 "구성 요소들만의 존재"와 "뜻이 있는 명제의 존재"가 대등한 것으로 언급되고 있다는 점을 주목하자. 가령 aRb라는 (뜻이 있는) 요소명

---

9) 이 생각은 『논고』에서는 거부되는데, 『논고』에 따르면 명제는 오직 뜻(Sinn)만을 지니며, 의미(Bedeutung)를 지니지 않는다. 참고: 5장.

제의 존재에 의해서, 즉 그것의 구성 요소들 a, R, b의 존재에 의해서, aRb 라는 명제는 어떤 한 논리적 장소를 확정한다. 이 점에 대해서 비트겐슈타인은『철학적 고찰』(*Philosophical Remarks*)에서 다음과 같이 말하고 있다.

> 내가 공간 속의 한 사태를 묘사(representing)하기 위해 한 좌표 체계를 사용함으로써 언어를 구축했을 때, 나는 언어 안으로 그것이[언어가] 정상적으로 사용하지 않는 한 요소를 도입하였다. 이 장치는 확실하게도 허용 가능한 것이다. 그리고 그것은 언어와 실재 간의 연관을 보여준다. 그 좌표 체계가 없이 적힌 기호(written sign)는 뜻을 결여한다.[10]

이 언급을 주의 깊게 살펴보면, 우리는 비트겐슈타인이 한 요소 명제에 대해서 하나의 좌표를 생각했다는 것을 알 수 있다. 우리는 가령 직교 좌표체계에서 어떤 공간적 대상인 A가 $x = 2$이고 $y = 3$인 지점에 있을 때, (2, 3)은 A의 위치를 나타내는 것과 마찬가지로, P가 fa일 때 P는 (f, a)로 나타낼 수 있으며 Q가 aRb일 때 Q는 (a, R, b)로 나타낼 수 있다. P의 근본 좌표들은 f와 a이며, Q의 근본 좌표들은 a와 R과 b이다. 또는 P의 근본 좌표는 (f, a)이고 Q의 근본 좌표는 (a, R, b)이다. 이러한 방식으로 한 명제는 근본 좌표들에 대응한다.

이제 이 지점에서 "A(2, 3)"과 같은 표현이 뜻하는 것을 생각해 보자. 이는 A라는 공간적 대상이 원점으로부터 x축 방향으로 2지점에 있고 y축 방향으로 3지점에 있다는 것을 뜻한다. 요컨대 "A(2, 3)"에서 "A"는 주어에 해당되고 "(2, 3)"은 술어에 해당된다. 그렇기 때문에 "X(2, 3)"은 "x는 사람이다"와 같은 명제 함수로 파악될 수 있다. 요컨대 "x는 사람이다"에 대해서 "김구"가 논항이듯, 그리하여 "김구는 죽는다"가 한 명제가 되듯이, "X(2, 3)"에 대해서 "A"는 한 논항이다. 그리하여 비트겐슈타인은 다음과 같이 말한다: "공간적 점은 논항 자리이다."(2.0131) 여기에서 "X"는 논항

---

10) Wittgenstein (1975), p. 79.

자리이고, "A"는 논항이다.

　마찬가지로 우리는 fa를 P로 나타낼 때, 그리하여 이를 P(f, a)로 나타낼 때, P의 근본 좌표들은 f와 a이고, 또 이는 "P라는 명제는 술어가 f이고 주어가 a인 명제이다"로 해석할 수 있다. 말하자면 근본 좌표를 명기함으로써 우리는 한 명제의 구성 요소들에 대해서 그 구성 요소들로부터 그 명제가 어떻게 구성되어 있는지를 알 수 있다. 더 나아가 우리는 그 요소 명제를 구성하는 요소들(즉 이름들)의 의미들(즉 대상들)을 파악함으로써 그 요소 명제의 뜻을 알 수 있다.[11] 다시 말해, 이러한 좌표 체계는 "언어와 실재 간의 연관을 보여준다."

　언어와 실재 간의 연관을 보여주는 그러한 좌표 체계는 근본 좌표들의 체계이다. "명제는 근본 좌표들에 대응한다." 그리고 명제와 실재 간의 연관은 요소 명제의 각각의 구성 요소들이 실재의 실물들과의 짝짓기에 있다. 그리하여 비트겐슈타인은 『논고』에서 다음과 같이 말하고 있다. "그림은 현실에 잣대처럼 대어져 있다"(2.1512) "오직 눈금의 가장 바깥 점들만이 측정될 대상과 **접촉한다.**"(2.15121) "모사 관계는 그림의 요소들과 실물들과의 짝짓기들로 이루어진다."(2.1514) "이 짝짓기들은 말하자면 그림 요소들의 촉수들이다; 그것들을 가지고 그림은 현실과 접촉한다."(2.1515)

　그러나 이 지점에서 반드시 기억해야 하는 것은 『논고』에서 비트겐슈타인은 요소 명제나 대상의 어떤 실제 예도 제시하지 않았다는 점이다. 그렇기 때문에 우리가 위에서 P와 Q의 근본 좌표들을 제시한 것은 그것들이 각각 요소 명제이고, 또 각각 fa와 aRb로 나타낼 수 있다고 가정했을 때 그러하다는 것이다. 이 점에 대해서 비트겐슈타인은 『철학적 고찰』에서 다음과 같이 말하고 있다.

---

11) 『논고』에서는 속성이나 관계도 대상으로 간주되고 있음을 유념하자. 참고: 7장.

요소 명제에 대한 나의 이전의 생각에는 한 좌표의 값에 대한 규정은 존재하지 않았다. 비록 한 색깔 있는 물체는 한 색깔-공간 안에 있다, 등의 언급은 이것으로 나로 하여금 곧바로 나아가게 했지만 말이다.[12]

이 언급은 비트겐슈타인이 (아마도) 논리적 공간에 대해서 마지막으로 말한 것이다. 이 언급에서 비트겐슈타인은 자신이 요소 명제나 대상의 실제 예를 하나도 제시하지 않았지만 그럼에도 불구하고 그가 좌표 체계(특히, 근본 좌표 체계)에 대해서 논의하게 한 것은 "한 색깔 있는 물체는 한 색깔-공간 안에 있다" 등의 언급이었다고 고백하고 있다. 따라서 이제 우리는 근본 좌표라는 생각과 "색깔 공간", "음높이 공간", "굳기 공간"(참고: 2.0131) 등의 개념이 깊은 연관을 지니고 있다는 것을 알 수 있다. 비트겐슈타인은 『논고』에서 다음과 같이 말하고 있다.

> 공간적 대상은 무한한 공간 속에 놓여 있어야 한다. (공간적 점은 논항 자리이다.)
> 시야 속의 얼룩점이 붉어야 할 필요는 없다. 그러나 그것은 어떤 색을 지니기는 해야 한다: 그것은 말하자면 자기 둘레에 색깔 공간을 지니고 있다. 음은 어떤 높이를 지녀야 한다. 촉각의 대상은 어떤 굳기를 지녀야 한다. 등등. (2.0131)

앞에서 나는 "A(2, 3)"에 대해서 A라는 공간적 대상이 (2, 3)이라는 위치에 있는 것을 묘사하고 있으며, 그리하여 "X(2, 3)"에서 "X"는 논항 자리라는 것을 지적하였다.[13]

마찬가지로 우리는 각각의 원색들이 공간의 축이 되는 색깔 공간을 생

---

12) Wittgenstein (1975), p. 111.
13) 이와 관련하여 비트겐슈타인은 다음과 같이 말한다. "우리는 실재(reality)에 어떤 좌표를 부여한다―어떤 색깔, 어떤 밝기, 어떤 굳기, 등을 말이다."(Wittgenstein (1979), p. 76)

각할 수 있는데[14], 이 공간에서 어떤 대상은 그 위치에 따라 어떤 색깔을 지니는 것으로 규정될 수 있다.[15]

3. 논리적 좌표들

이제 "논리적 좌표들"에 대해 논의하기 위해 『일기』의 1914년 10월 29일 기록을 다시 인용하기로 하자.

> 우리는 두 개의 좌표들 a_p와 b_p를 질점 P가 장소 (ab)에서 발견된다고 진술하는 명제로서 파악할 수도 있을 것이다. 그리고 이 진술이 가능하기 위해서는 좌표들 a와 b는 실제로 한 장소를 확정해야만 한다. 한 진술이 가능하기 위해서는 논리적 좌표들은 실제로 한 논리적 장소를 확정해야만 한다.

비트겐슈타인에 따르면, 우리는 두 개의 좌표들 a_p와 b_p를 질점 P가 장소 (ab)에서 발견된다고 진술하는 명제로서 파악할 수 있다. 그는 그러한 "두 개의 좌표들"을 다시 "논리적 좌표들"이라고 부르고 있다. 이제 이 언급에 대해서 다음의 세 가지가 지적되어야 한다.

첫째, 이 언급을 보면 논리적 장소, 논리적 좌표 등은 하나의 비유로서 제시되고 있다는 것을 알 수 있다. 왜냐하면 명백하게도 비트겐슈타인은 명제 P를 질점(material point)에 비유하고 있기 때문이다. 그렇기 때문

---

14) 참고: Wittgenstein (1979), p. 43.
15) 그렇기 때문에 우리는 "텅 빈 공간"을 생각할 수 있다. 즉 공간적 대상이 주어지지 않은 좌표 체계로서의 공간이나, 어떤 대상들이 주어지지 않은 좌표 체계로서의 색깔 공간을 우리는 생각할 수 있는 것이다. 나는 바로 이것이 2.013("모든 사물은 말하자면 가능한 사태들의 공간 속에 있다. 나는 이 공간을 텅 비었다고 생각할 수 있지만, 사물을 그 공간 없이 생각할 수는 없다.")의 요점이라고 생각한다. 반면에 Cerezo(2012)는 2.013이 Reinhardt(2005)와 Geach(2006)의 논쟁에서 문제가 되고 있는 (궁극적인) 진리표의 바닥선(bottom line) 경우와 관련 있는 것으로 간주한다.(Cerezo (2012), pp. 650-654) 나는 이러한 Cerezo(2012)의 주장은 옳지 않다고 생각한다. 왜냐하면 앞으로 논의되겠지만, 색깔 공간은 논리적 공간의 한 부분에 불과하기 때문이며, 2.013에서는 (Peach(2007)의 규정에 따르자면) "대상에 기초한"(object-based) 가능성 개념이 논의되고 있지, "공간에 기초한 가능성" 개념이 논의되고 있지 않기 때문이다.

에 논리적 좌표와 논리적 장소라는 개념이 가능하게 된 것이다. 여기에서 "질점"은 헤르츠와 볼츠만의 용어임을 주목하자.

둘째, 이러한 비유는 그 자체로는 불완전한 것이었다. 그렇기 때문에, 앞에서 지적하였듯이, '논리적 장소'에 대한 비트겐슈타인의 1914년 11월 18일의 불평은 가능했을 것이다. 그 다음날 그는 이제 단순한 비유의 수준이 아니라 좀 더 분명한 '논리적 장소'의 개념을 정립한다. 그 대답은 "명제와 논리적 좌표들: 이것이 논리적 장소이다."로 주어진다. 그리고 이 대답은 다시 『논고』에서 "명제 기호와 논리적 좌표들, 이것이 논리적 장소이다."(3.41)로 수정된다.[16]

셋째, 이 언급에서 a와 b는 『논고』에서는 T와 F이다. 비트겐슈타인은 『일기』이전에 작성된 「논리학에 관한 단상들」("Notes on Logic", 1913년 9월)에서 『논고』의 진리 함수에 해당하는 것을 "ab-함수"라고 부르고 있다. 이 지점에서 "ab-표기법"(ab-notation)에 대해서 비트겐슈타인이 언급한 것을 살펴보기로 하자.

각각의 모든 분자(molecular) 함수에 하나의 TF (또는 ab) 도식이 대응한다. 그러므로 우리는 그 함수 대신에 TF 도식 자체를 사용할 수도 있다. 이제 TF 도식이 하는 것은 그것이 문자들 T와 F를 각각의 명제와 대응시킨다는 것이다. 이 두 개의 문자들은 원자 명제들의 극들(poles)이다. 이러한 표기법에서 문제가 되는 모든 것은 그 원자 명제들의 극들에 외부의 극들을 대응시키는 것이다. 그러므로 p-아니다-아니다(not-not-p)는 p와 동일한 상징이다. 그리고 그러므로 우리는 결코 동일한 분자 함수에 대해서 두 개의 [상이한] 상징

---

16) 1914년 11월 18일 불평을 토론한 후, 1914년 11월 20일 비트겐슈타인은 다음과 같이 말한다. "명제의 뜻에 대응하는 실재(Realität)는 확실하게도 그것의 구성 부분들일 수밖에 없다. 왜냐하면 우리들은 확실하게도 다른 **모든** 것들을 **알지** 못하기 때문이다." 이어서 다음날 그는 다음과 같이 말한다. "명제의 뜻에 대응하는 실재들이 그저 그것의 구성 부분들인 것과 마찬가지로, 그 논리적 좌표들도 그저 이것들을 지칭할 수 있을 뿐이다." 이러한 언급들을 보면 비트겐슈타인은 논리적 좌표들을 "근본 좌표들"을 포함하는 것으로 규정하고 있음을 알 수 있다. 그러나 나는 이 글에서 보다 더 분명한 논의를 위해 "근본 좌표들"과 "논리적 좌표들"을 구분하여 논의하고자 한다.

들을 얻지 않게 될 것이다. 원자 명제들의 ab(TF)-함수들이 다시 양극을 지니는(bi-polar) 명제들이므로, 우리는 그것들에 대해서 ab 연산들을 수행할 수 있다. 그렇게 함으로써, 우리는 기존의 외부의 극들을 경유하여 그 원자 명제들의 극들에 두 개의 새로운 외부의 극들을 대응시키게 될 것이다.[17]

여기에서 비트겐슈타인은 원자 명제들에 진리치를 할당한 후에 분자 명제들의 진리치가 결정되는 과정을 묘사하고 있다. 다시 말해 그는『논고』의 진리표를 가능케 했던 착상을 서술하고 있는 것이다. 이로부터 우리는 ab-함수, 즉 TF-함수가『논고』의 진리 함수라는 것을 알 수 있다.

이제 비트겐슈타인이 거론한 논리적 좌표들, 즉 a_P와 b_P를 T_P와 F_P로 나타내기로 하자. P의 논리적 좌표들은 T_P와 F_P이다. 그렇다면 P의 '논리적 장소'란 무엇인가? 우리는 위의 언급("우리는 두 개의 좌표들 a_P와 b_P를 질점 P가 장소 (ab)에서 발견된다고 진술하는 한 명제로서 파악할 수도 있을 것이다.")으로부터 P의 논리적 장소가 바로 (ab), 즉 (TF)라는 것을 알 수 있다.

그런데 비트겐슈타인은 왜 "논리적 장소"를 "(a, b)"가 아니라 "(ab)"라고 말하고 있는가? 다시 말해 (T, F)와 (TF)는 무슨 차이를 지니고 있는가? 그 차이는 다시 "A(2, 3)"과 같은 표현이 뜻하는 바를 생각해 보면 알 수 있다. 가령 한 명제 P가 장소 (T, F)에 있다고 하면 어떻게 되는가? 그렇게 되면 "A(2, 3)"이 A는 원점으로부터 x축 방향으로 2지점에 있고 **동시에** y축 방향으로 3지점에 있다는 것을 뜻하는 것처럼, "P(T, F)"는 P가 참(T)이고 **동시에** 거짓(F)이라는 것을 뜻하게 될 것이다. 그러나 이는 불가능하다. 어떤 명제도 참이면서 동시에 거짓일 수 없기 때문이다. 그러므로 명제 P가 논리적 장소 (TF)에 있다는 것은 P가 참이거나 거짓이라는 것, 다시 말해 가능하다는 것을 뜻한다. 마찬가지로 이제 우리는 명제 P의 논리적 좌

---

17) Wittgenstein (1961), p. 101.

표들이 T_P와 F_P일 때 P의 논리적 좌표를 (T_P, F_P)로 표시해서는 안 되며, 오히려 $(T_P F_P)$로 표시해야 한다는 것을 알 수 있다.

그렇다면 『일기』에서의 (TF)와 같은 표기법을 『논고』에서도 확인할 수 있는가? 그렇다!! 『논고』에서는 가령 명제 기호 p ⊃ q는 "(TTFT)(p, q)"로 표기된다. 이제 이 점을 살펴보기로 하자. 비트겐슈타인은 다음이 하나의 명제 기호라고 말한다.

p	q	
T	T	T
F	T	T
T	F	
F	F	T

즉 위의 진리표는 바로 명제 기호 p ⊃ q을 달리 표현한 것이다. 그 다음에 그는 다음과 같이 말한다.

> 도식에서 진리 가능성들의 순서가 조합 규칙에 의해 일단 규정되어 있다면, 마지막 세로 칸은 이미 그것만으로 진리 조건들의 표현이다. 우리가 이 세로 칸들을 일렬로 적으면, 그 명제 기호는 "(TT_T)(p, q)"로, 또는 보다 뚜렷하게는 "(TTFT)(p, q)"로 된다. (4.442c)

이에 따르면 마지막 세로 칸에 있는 것을 일렬로 적은 표현 즉, "(TT_T)" 또는 더 정확하게 "(TTFT)"는 p ⊃ q의 진리 조건들이다. p ⊃ q라는 명제 기호는 위의 진리표로도 표기할 수 있고, 더 간단하게는 "(TT_T)(p, q)"로, 또는 더 정확하게 "(TTFT)(p, q)"로 표기할 수 있다.

물론 혹자는 이 지점에서 『일기』의 (TF) 표기법과 『논고』의 (TTFT)(p, q) 표기법이 완전히 일치하는 것은 아니라고 주장할 수도 있을 것이다. 그러나 명제 p의 진리 조건들이 TF이듯이, p ⊃ q의 진리 조건들이 TTFT라는 것을 보게 되면 그러한 의문은 분명하게도 해소될 것이다.[18] 그리하여 우리는 P의 논리적 장소가 (TF)이듯이, 명제 기호 p ⊃ q의 논리적 장소는 (TTFT)라는 것을 알 수 있다. 또는 (TTFT)가 명제 기호 (TTFT)(p, q)의 논리적 장소이듯이, (TF)는 (TF)p의 논리적 장소이다.[19]

그러나 이 지점에서 반드시 주의해야 할 것이 있다. 앞에서 우리는 한 명제가 **가능하다**는 것이 무엇을 뜻하느냐 하는 물음은 그 명제의 논리적 장소의 문제와 같다는 것을 지적하였다. 그렇기 때문에 **모든** 진리 조건들이 논리적 장소인 것은 **아니다**. 동어반복과 모순은 가능한 명제, 즉 뜻이 있는 명제가 아니며, (TTTT)와 (FFFF)는 각각 동어반복과 모순의 진리조건들의 표현이지만, 논리적 장소는 아니다. 다시 말해 (나중에 다시 논의되겠지만) 동어반복과 모순은 논리적 공간에 속하지 않는다.

한편 비트겐슈타인은 **진리조건들**뿐만 아니라 "**진리 가능성들**"에 대해서도 논의한다. 비트겐슈타인에 따르면, "요소 명제들의 열에 밑에 있는 "T"와 "F"의 열들은 요소 명제들의 진리 가능성들을 상징학상으로 쉽게 이해할 수 있게 나타낸 것을 의미한다."(4.31) 그리하여 위의 진리표에서는 p와 q의 열에 밑에 있는 T와 F의 열들이 각각의 진리 가능성들이다. 그런데 우리는 앞에서 p라는 요소 명제의 논리적 좌표들이 T_p와 F_p라는 것을 확인하였다. 여기에서 T_p와 F_p는 p의 진리 가능성들이다. 그리고 p의 논리적 장소는 (TF)이다.[20] 마찬가지로 p ⊃ q의 논리적 좌표들은 p와 q라는 "요소 명제들의 진리 가능성들", 즉 (T_p, T_q), (F_p, T_q), (T_p, F_q), (F_p, F_q)이고, 그 논

---

18) 1930년에서 1932년까지 비트겐슈타인의 케임브리지 강의 중 다음 언급도 도움이 된다. "TF 표기법에서, TFFF는 TFFT보다 더 적은 자유를 준다."(Wittgenstein (1980), p. 56)

19) 물론 내가 아는 한, 비트겐슈타인은 어느 곳에서도 가령 p ⊃ q의 논리적 장소가 (TTFT)라고 **명시적으로** 말하지는 않았다. 그렇기 때문에 혹자는 이러한 주장에 대해 정당하게 의문을 제기할 수 있다. 이제 이 문제에 대해 결말을 짓고자 한다면, 우리는 앞에서 거론한 네 가지 문제와 일관성 조건을 유념해야 할 것이다.

20) 참고: "요소 명제는 자기 자신의 진리 함수이다."(5b)

리적 장소는 (TTFT)이다. 즉 이제 우리는 바로 이러한 진리 가능성들이 한 명제의 논리적 좌표들이라는 것을 알 수 있다.[21]

따라서 "명제 기호와 논리적 좌표들, 이것이 논리적 장소이다"(3.41)가 의미하는 것은 p ⊃ q의 경우에는 다음과 같다. 즉 p ⊃ q라는 명제 기호와 p ⊃ q의 논리적 좌표들, 즉 $(T_p, T_q), (F_p, T_q), (T_p, F_q), (F_p, F_q)$에 의해 p ⊃ q의 논리적 장소 (TTFT)가 확정된다. 요컨대 p ⊃ q는 논리적 좌표 (T_p, T_q)에서 참이고 논리적 좌표 (F_p, T_q)에서 참이고 좌표 (T_p, F_q)에서 거짓이고 (F_p, F_q)에서 참이다. p ⊃ q는 바로 이러한 방식으로 참이거나 거짓일 수 있으며, 바로 그런 한에서 논리적으로 가능하고 뜻이 있는 명제이다.

그러나 혹자는 이 지점에서 "(TTFT)(p, q)"에서의 "(p, q)"에 대해 문제 삼을 수 있을 것이다. 이것은 그러니까 직교 좌표체계에서의 가령, A(2, 3) 표기법과 같은가? 그러나 만일 동일하다면 어떻게 되는가? 그렇게 되면 "X(p, q)"가 뜻하는 것은 X가 p이면서 동시에 q라는 것이 될 것이다. 그렇게 되면 그 X는 p & q인 것으로서, 오직 (TFFF)만 허용하게 될 것이다. 그러나 진리 함수들은 진리 조건들의 경우의 수만큼 존재하므로(참고: 5.101), 이러한 해석은 옳지 않다. 따라서 "(TTFT)(p, q)"에서의 "(p, q)"는 그저 p와 q에 T와 F가 각각 주어지는 순서를 뜻할 뿐이다. 즉 "조합 규칙에 의해" 규정된 "진리 가능성들의 순서"(참고: 4.442c)를 뜻할 뿐이다. 다시 말해 이는 기하학에서의 좌표와는 완전히 다르다.

따라서 이제 우리는 근본 좌표와 논리적 좌표 간의 차이에 주목함으로써 다음과 같이 주장할 수 있다. 즉 기하학적 좌표와 유사성을 보이는 것은 근본 좌표이다. 바로 그런 한에서 논리적 공간은 기하학적 공간과 유사한 점이 있다. 반면에 논리적 공간을 구성하는 또 다른 좌표, 즉 논리적 좌

---

21) 그렇기 때문에 ""T"라는 부호들과 진리 가능성들과의 짝짓기에 의해 생기는 기호가 명제 기호이다."(4.44)

표는 기하학적 좌표와는 완전히 다른 것이다.[22] 가령 p ⊃ q의 논리적 좌표들은 (T_p, T_q), (F_p, T_q), (T_p, F_q), (F_p, F_q)이며, 이를 하나의 좌표로 나타낸다면, $((T_p, T_q), (F_p, T_q), (T_p, F_q), (F_p, F_q))$로 표기해서는 안 되며, 오히려 $((T_p, T_q)(F_p, T_q)(T_p, F_q)(F_p, F_q))$로 나타내어야 할 것이다. 이는 p ⊃ q의 논리적 장소가 (T, T, F, T)가 아니라 (TTFT)로 표기해야 하는 것과 같다. 그렇기 때문에 논리적 좌표를 기하학적 좌표와 대응시키려는 시도는 어떤 경우든 실패할 수밖에 없다.[23]

4. 논리적 장소와 논리적 공간

앞에서 우리는 논리적 좌표들과 논리적 장소가 『논고』의 진리표와 근원적인 관련이 있다는 것을 확인하였다. 논리적 좌표들은 진리 함수를 이루는 요소 명제들의 진리 가능성들이며, 명제 기호들의 논리적 장소는 동어반복과 모순을 제외한 명제 기호들의 진리조건들이다.

그리하여 이제 우리는 비트겐슈타인이 문제 삼고 있는 '논리적 공간'이 무엇인지를 알 수 있는 지점에 이르렀다. 먼저 한 요소 명제 p가 주어질 때 논리적 공간이 어떠할지를 생각해 보자. 비트겐슈타인은 이 점에 대해서 『일기』에서 다음과 같이 말하고 있다.

또는 오히려 "p"와 "∼p"는 한 그림과 이 그림 바깥에 있는 무한한 평면과

---

22) 그리핀(Griffin)은 근본 좌표들만을 문제 삼고 있으며, 논리적 좌표들에 대해서는 전혀 접근하지 못하고 있다. 그는 다음과 같이 말한다: "그 은유의 본질은, 나는 이렇게 생각하는데, 한 문장을 좌표체계에 있는 한 점과 비교하고 그리하여 이름들을 단일한 좌표 수들과 비교하는 것이다. 두 개의 수를 함께 놓는 주어진 좌표체계는 한 점을 정의한다. 두 개의 이름들을 함께 놓는 주어진 언어에서는 한 진술을 만든다. 이러한 방식으로, 언어들은 일종의 논리적 좌표체계이다. (…) 각각의 모든 사태들에 대응하는 어떤 한 논리적 장소가 존재한다."(Griffin(1964), pp. 103-104)

23) 강진호(2009)는 비트겐슈타인이 '논리적 좌표', '논리적 장소', '논리적 공간' 등의 비유들이 "어떤 식으로 성립될 수 있는 것인지 설명하지 않고" 있지만, "그러나 이 개념들에 명확한 기하학적 의미를 줄 수 있는 기하학적 모형을 구성하는 것은 그리 어렵지 않다"(pp. 25-26)고 주장한다. 물론 이는 전혀 옳지 않다.

같다. (논리적 공간.)

　　나는 그 공간을 경계지우기 위해서 그 그림에 의거해서만 바깥에 그 무한한 공간을 구성할 수 있다.[24]

이제 이를 그림으로 나타내 보자.

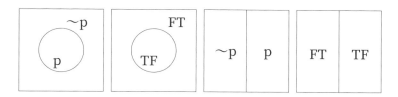

여기에서 전체 사각형은 전체 무한한 공간을 나타낸다. 원 안은 p라는 명제의 영역이고 그 논리적 장소는 (TF)이다. 원 밖은 ~p의 영역이며 그 논리적 장소는 (FT)이다. 그런데 여기에서 문제가 되는 것은 (TF)와 (FT)라는 논리적 장소를 할당하는 것이므로, 우리는 일반성을 잃지 않으면서 오른쪽과 같이 무한한 공간이 양분된 것으로 바꿀 수 있다.

　　마찬가지로 한 요소 명제 q만 주어질 때에 논리적 공간은 위와 유사하게 될 것이다. 다시 말해 요소 명제 p와 q는 **따로따로 단독으로** 고려될 때에는 논리적 좌표들은 상이하지만(p의 논리적 좌표들은 T_p와 F_p이고, q의 논리적 좌표들은 T_q와 F_q이다), 논리적 장소는 모두 (TF)로 동일하다.[25] 반면에 p와 q가 **함께** 고려될 때에는, 다시 말해 p와 q가 각각 p와 q의 진리 함수로서 고려될 때에는 각각의 논리적 장소는 상이하다. 왜냐하면 p와 q의 진리 함수로서 p는 (TFTF)(p,q)이고 q는 (TTFF)(p, q)이기 때문이다(참고: 5.101).

---

24)　Wittgenstein (1961), p. 28.
25)　보다 더 엄밀하게 말하면 다음과 같다: 가령 두 요소 명제 P, Q에 대해서 P가 fa이고 Q가 aRb일 때, P와 Q의 근본 좌표들이 부여하는 논리적 장소는 상이하다. 반면에 그것들의 논리적 좌표들이 부여하는 논리적 장소는 (따로따로 고려될 때) 둘 다 (TF)이다. 바로 이 점에서 P와 Q는 유사하며 그리하여 "어떤 것을 공유할 수 있다."(참고: 5.513)

그렇다면 하나의 요소 명제가 아니라 두 개의 요소 명제를 고려할 때에는, 또는 복합 명제에 대해서는 어떻게 논리적 장소들을 할당해야 하는가?[26] 이 경우에 우리는 다음의 조건을 반드시 지켜야 한다.

> 부정하는 명제는 부정되는 명제의 논리적 장소를 이용하여, 즉 부정하는 명제의 논리적 장소를 부정되는 명제의 논리적 장소 바깥에 놓여 있는 것으로 기술함으로써 하나의 논리적 장소를 확정한다. (4.0641c)

> 그래서 우리들은 이렇게 말할 수 있다: 두 명제가 아무것도 서로 공유하지 않을 때, 그 두 명제는 서로 대립적이다. 그리고 완전히 한 명제 밖에 놓여 있는 명제는 오직 하나밖에 없으므로, 모든 명제는 각각 오직 하나의 부정 명제만을 가진다. (5.513b)

요컨대 우리가 요소 명제 p와 q를 함께 고려하면서 각각에 대해 논리적 장소를 할당하고자 한다면 우리는 p의 논리적 장소 밖에 유일하게 ~p의 논리적 장소가 결정되고 또 이와 동시에 q의 논리적 장소 밖에 유일하게 ~q의 논리적 장소가 결정되게끔 해야 할 것이며, 마찬가지로 p와 q의 진리함

---

26) 블랙(M. Black)은 근본 좌표뿐만 아니라 복합 명제에 대한 논리적 좌표와 논리적 장소를 거론하고 있지만 대단히 피상적인 주장을 하고 있다. 그는 다음과 같이 말한다: "비트겐슈타인은 물리적 공간에서의 각각의 점을 하나의 가능성으로 생각한다—그 위치에서의 물질적 입자의 존재 가능성 말이다. 이와 유사하게, 그는 한 요소 명제를 한 원자적 가능성—**논리적** 공간에서의 한 '점', 또는 '위치', 또는 '장소'—으로 생각한다: 그 명제는 대응하는 원자 사실의 가능성인 것이다. 이러한 생각에 따르면, 논리적 공간은 모든 원자적 상황들의 순서지워진 체계이다. 그러므로 한 명제의 '논리적 좌표들'은 그 명제의 뜻을 결정하는 데 충분한 규정들(specifications)의 한 집합이어야만 한다. 그러한 좌표들에 대한 자연스러운 선택은 그 명제가 이루어지는 이름들의 집합이 될 것이다. 그렇게 되면 언어에서의 각각의 이름은 상이한 '준거 축'으로 간주될 것이고, 논리적 공간에서의 '차원들'의 수는 이름들의 수—또는, 같은 말이지만, 세계 안에 있는 상이한 대상들의 수—와 동일하게 될 것이다. 이러한 비유(analogy)에 따르면, 한 복합 명제는 논리적 공간에서 (…) 한 '점'이라기보다는 한 '부피'(volume)에 대응하게 될 것이다."(Black(1964), pp. 154-155) 그러나 그는 복합 명제의 장소가 왜 부피가 되는지에 대해서는 전혀 해명하지 않고 있다. 또한 그는 『논고』에서 한 요소 명제는 "대응하는 원자 사실의 가능성"이라고 주장하고 있는데, 이는 전혀 옳지 않다.

수인 모든 명제에 대해서도 그렇게 되도록 해야 할 것이다.[27]

그렇다면 요소 명제 p와 q를 동시에 고려할 때에는 어떻게 되는가? 먼저 다음 그림을 살펴보기로 하자.

~p&q FTFF	p&q TFFF
~p&~q FFFT	p&~q FFTF

여기에서 우리는 p와 q가 함께 고려될 때 4개의 복합 명제, 즉 p&q, ~p&q, p&~q, ~p&~q와 각각이 확정하는 논리적 장소를 명기하였다. 가령 p&q의 논리적 장소는 (TFFF)이고, ~p&~q의 논리적 장소는 (FFFT)이다. 그렇다면 이 경우에 p의 논리적 장소와 q의 논리적 장소는 각각 무엇인가? p의 논리적 장소는 p&q의 논리적 장소와 p&~q의 논리적 장소를 합한 장소, 즉 (p&q)∨(p&~q), 다시 말해 p&(q∨~q)의 장소이며, 곧 (TFTF)이다. 마찬가지로 q의 논리적 장소는 q&(p∨~p)의 논리적 장소,[28]

---

27) 앤스컴(G. E. M. Anscombe)은 "구 표면에 표시된 섬"이라는 자신의 비유로 논리적 공간을 해명하고자 시도한다. 그녀는 다음과 같이 말한다. "만일 당신이 구의 표면에 표시된 섬을 고려한다면, 그것은 그 자신의 형태뿐만 아니라 그 표면의 나머지의 형태도 정의한다는 것은 분명하다. 한 명제는 그러한 섬에 비교될 수 있으며, 그 부정은 그 표면의 나머지에 비교될 수 있다. (…) 명백하게도 당신은 이를 실제 지구본(globe)으로 할 수도 있을 것이다. (…) 각각의 해안선은 전체 지구의 표면을 분할(partitions)하며, 그리하여 각각의 명제는 '전체 논리적 공간을 통해 도달한다.'"(Anscombe(1959), pp. 75-76) 그러나 이러한 앤스컴의 설명은 오직 한 개의 섬만을 그릴 때 성립할 뿐이며, 두 개의 섬(즉 두 개의 명제 p와 q의 영역)을 그릴 경우에는 실패할 수밖에 없다. 왜냐하면 그 경우에는 p의 부정에 q가 포함되는 것으로서(다시 말해 q가 ~p를 함축하는 것으로서) 파악될 수밖에 없으며, 이는 요소 명제의 상호 독립성이라는 『논고』의 기본 주장에 위배될 것이기 때문이다. 포겔린(R. J. Fogelin)의 시도도 마찬가지이다. (참고: Fogelin(1987), pp. 8-9)

28) 참고: "q : p∨~p"가 "q"와 동일한 것을 말한다는 것, 그리고 "p∨~p"가 아무것도 말하지 않는다는 것은 그래서 러셀의 표기법에서도 역시 드러난다.(5.513c)

즉 장소 (FTFF)와 (TFFF)를 합한 것으로서 (TTFF)이다. 또한 ~p의 논리적 장소는 (FTFT)이고, ~q의 논리적 장소는 (FFTT)이다. 마찬가지로 아래 그림과 같이 p&q의 논리적 장소는 (TFFF)이고, 그 부정 명제 ~p ∨ ~q의 논리적 장소는 (FTTT)이다.

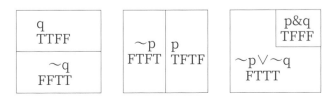

여기에서 우리는 모든 각각의 명제에 대해서 그 부정은 모두 각각 밖에 놓인다는 것을 알 수 있다. 이제 우리는 p와 q의 진리 함수들 중에서 동어반복과 모순의 진리 조건들을 제외한 것들이 논리적 장소가 된다는 것을 알 수 있다. p와 q의 진리 함수들은 16개이며(참고: 5.101), 동어반복과 모순의 진리 조건들, 즉 (TTTT)와 (FFFF)를 제외한 14개의 진리 조건들이 논리적 장소가 되는 것이다.

마찬가지로 우리는 요소 명제가 세 개일 때(가령, p, q, r일 때)에도 위와 같은 방식으로 논리적 장소를 결정할 수 있다. 즉 정육면체를 8등분한 후 각각의 공간은 명제 p&q&r, ~p&q&r, p&~q&r, p&q&~r, ~p&~q&r, ~p&q&~r, p&~q&~r, ~p&~q&~r의 장소가 된다. 그리하여 가령 p&q&r의 논리적 장소는 (TFFFFFFF)이고, 그것의 부정 즉, ~p∨~q∨~r의 논리적 장소는 (FTTTTTTT)이다. 요소 명제가 3개일 때, 그것들의 진리 함수들의 진리 가능성들(즉 논리적 좌표들)은 2^3개이며, 논리적 장소들을 확정하는 진리 함수들, 또는 그것에 해당되는 명제 기호들은 2^{2^3}-2개이다. 마찬가지로 요소 명제들이 모두 주어지면 우리는 이로부터 모든 요소 명제들의 진리 함수들을 생각할 수 있으며, 이 진리 함수들 중 동어반복과 모순을 제외한 진리 함수의 진리 조건들이 곧 각각 논리적 장소들을 결정한다는 것을 알 수 있다. 일반적으로, 요소 명제가 n개일 때, 그것들의 진리 함수들의 진리 가능성들(즉 논리적 좌표들)은 2^n개이며, 그러한 진리 함수들, 즉 그것에 해당되는 명제 기호들의 논리적 장소들은 2^{2^n} -2개이다.[29]

따라서 우리는 이제 "명제 기호와 논리적 좌표들, 이것이 논리적 장소이다"(3.41)라는 언급을 보다 더 분명하게 이해할 수 있다. 즉 명제들(또는 명제 기호들)이 각각 한 논리적 장소를 차지한다는 것은 그 명제 기호들이 참이거나 거짓일 가능성이 논리적 장소에 따라 각각 다른 방식으로 주어진다는 것을 뜻한다. 가령 p&q는 주어진 논리적 좌표들에 대해 (TFFF)의 방식으로 참이거나 거짓일 가능성이 부여되며, p $\vee$ ~q는 (TFTT)의 방식으로 참이거나 거짓일 가능성이 주어지는 것이다. 요컨대 한 명제(또는 명제 기호)가 한 논리적 장소를 차지한다는 것은 그 논리적 장소의 방식으로 참이거나 거짓일 가능성이 주어진다는 것이다. 특히 ~p$\vee$~q와 ~(p&q)와 같이 논리적으로 동치인 명제들은 (근본 좌표들뿐만 아니라) 논리적 좌표들과 논리적 장소가 동일하다.

그리하여 이제 우리는 다음의 언급을 이해할 수 있다.

> 비록 명제는 논리적 공간 속의 한 장소만 확정하면 되지만, 그래도 그 한 장소에 의해서 이미 논리적 공간 전체가 주어져 있어야 한다.
> (그렇지 않다면, 부정, 논리적 합, 논리적 곱 등은 늘 새로운 요소들을—좌표 속에—도입하게 될 것이다.)
> (그림 주위의 논리적 골격이 논리적 공간을 확정한다. 명제는 논리적 공간 전체에 두루 손을 뻗는다.) (3.42)

먼저 (TFFF)와 같은 논리적 장소가 주어지기 위해서는 (TFTT)와 같은 다른 **모든** 논리적 장소가 이미 주어져야 한다. 다시 말해 논리적 공간을 떠나서 (TFFF)와 같은 논리적 장소를 단독으로 거론하는 것은 의미가 없다.

---

29) 물론 세 개보다 많은 요소 명제를 다루는 경우 우리는 이를 시각화할 수 없다.

그렇기 때문에 "그 한 장소에 의해서 이미 논리적 공간 전체가 주어져 있어야 한다." 이때 논리적 장소가 확정되는 방식은 부정, 논리적 합, 논리적 곱 등에 의해 일의적으로 결정된다. 가령 부정은 T와 F를 바꾸는 것으로 성립하며(가령 (TFTF)(p, q)의 부정은 (FTFT)(p, q)이다.), 논리적 합은 (F, F)일 경우에만 F를 할당하고 나머지 경우에는 T를 할당하는 것으로 성립하며(가령 (TFTF)(p, q)와 (TTTF)(p,q)의 논리적 합은 (TTTF)(p, q)이다.), 마찬가지로 논리적 곱은 (T, T)일 경우에만 T를 할당하고 나머지 경우에는 F를 할당하는 것으로 성립한다(가령 (TFTF)(p, q)와 (FTTF)(p,q)의 논리적 곱은 (FFTF)(p, q)이다.). 이렇게 일의적으로 결정되지 않으면, 부정, 논리적 합, 논리적 곱은 필요할 때마다 새롭게 도입되어야 할 것이다. 더 나아가 우리는 가령 명제 p와 ~p가 전체 논리적 공간에 펼쳐져 있다는 것을 확인하였으며, q는 q&(p∨~p)라는 것, 다시 말해 한 요소 명제는 자신과 다른 모든 요소 명제들의 진리 함수라는 것을 확인하였다. 바로 그렇기 때문에 "명제는 논리적 공간 전체에 두루 손을 뻗는다."

"논리적 골격"은 논리적 장소와 대조되는 개념이다. 요컨대 장소들을 구분케 하는 것이 골격이다. 그렇다면 (TFFF)라는 장소와 (FTTT)라는 장소를 구분케 하는 것은 무엇인가? 이는 우리가 그러한 진리표를 그리는 과정을 음미해 보면 알 수 있다. (TFFF)와 같은 장소는 명제 기호와 논리적 좌표들, 그리고 특히 그 명제가 포함하고 있는 논리적 상항 때문에 그렇게 결정된 것이다. 따라서 논리적 골격이란 명제 기호와 논리적 좌표들, 그리고 명제에 포함되어 있는 논리적 상항들의 **의미**이다. 그리하여 "그림 주위의 논리적 골격이 논리적 공간을 확정한다."[30]

마지막으로 『논고』의 다음 언급을 해명하기로 하자.

---

30) 앞에서 지적하였듯이, 논리적으로 동치인 명제들은 (근본 좌표들뿐만 아니라) 논리적 좌표들과 논리적 장소들이 동일하다. 그리하여 가령 ~p∨~q와 ~(p&q)는 동일한 논리적 장소를 차지한다. 그러한 논리적 동치 관계가 성립하게끔 하는 명제 기호들과 논리적 좌표들, 그리고 논리적 상항들의 의미가 논리적 골격이다.

진리 조건들은 명제에 의해 사실들에 허용되는 놀이 공간을 확정한다.

　(부정적인 뜻에서는, 명제, 그림, 모델은 다른 물체들의 운동의 자유를 제한하는 단단한 물체와 같다; 긍정적인 뜻에서는, 단단한 실체에 의해 한계 지어진, 그 곳에서 물체가 자리 잡을 수 있는 공간과 같다.)

　동어 반복은 전체―무한한―논리적 공간을 현실에 허용한다; 모순은 전체 논리적 공간을 가득 채우며, 현실에 아무런 점도 허용하지 않는다. 그렇기 때문에 그 둘 중 어느 것도 현실을 어떤 식으로든 확정할 수가 없는 것이다. (4.463)

여기에서 모순이 전체 논리적 공간을 가득 채운다는 것은 한 명제가 논리적 장소를 차지한다는 것과는 완전히 의미가 다르다. 비트겐슈타인은 "진리 조건들은 명제에 의해 사실들에 허용되는 놀이 공간을 확정한다."라고 말하고 있다. 가령 (TFFF)라는 진리 조건들과 (TTTF)라는 진리 조건들은 사실들에 허용되는 놀이 공간을 **달리** 확정한다. 후자는 전자보다 사실들에 대해 더 큰 놀이 공간을 부여하며, 더 큰 **자유도**(degree of freedom)를 부여한다. 이 점에 대해서 비트겐슈타인은 1930년에서 1932년까지 행한 케임브리지 강의에서 다음과 같이 말하고 있다.

　한 명제는 실재에 한 자유도를 준다. 그것은 그것과 일치하는 사실들 둘레에 선을 그리고, 그러지 않는 것으로부터 그것들을 구분한다. TF 표기법에서, TFFF는 TFFT보다 더 적은 자유를 준다. 그러나 동어반복은 모든 자유도를 주며 그리하여 아무것도 말하지 않는다.[31]

　그렇기 때문에 4.463에서 "진리 조건들은 명제에 의해 사실들에 허용되는 놀이 공간을 확정한다."라는 언급에 이어서 나오는 "부정적인 뜻"과 "긍정적인 뜻"은 바로 이러한 자유도와 관련이 있는 것이다.[32] 가령

---

31)　Wittgenstein (1980), p. 56.
32)　앤스컴은 비록 "긍정적인 뜻"과 "부정적인 뜻"에 대해 논의하고 있지만, 그것이 자유도와 관련이 있다는 것을 전혀 파악하지 못하고 있다. 참고: Anscombe (1959), pp. 64-78.

(TTTF)(p, q) 즉 p∨q는 부정적인 뜻에서는 ~p&~q가 아니라는 의미에서 "다른 물체들의 운동의 자유를 제한하는 단단한 물체와 같다." 또한 그것은 긍정적인 뜻에서는 p&q이거나 p&~q이거나 ~p&q라는 의미에서 "단단한 실체에 의해 한계 지어진, 그 곳에서 물체가 자리 잡을 수 있는 공간과 같다." 이러한 의미에서 TTTF의 자유도는 TFFF의 자유도보다 더 크다. 동어반복의 경우 TTTT는 모든 자유도를 주며, 그러한 의미에서 동어 반복은 "전체—무한한—논리적 공간을 현실에 허용한다." 또한 모순의 경우 FFFF는 어떤 자유도도 주지 않으며, "다른 물체들의 운동의 자유"를 **모두** 제한하는 단단한 물체와 같이, "전체 논리적 공간을 가득 채운다."

5. 논리적 공간에 대한 몇몇 학자의 견해

앞에서 우리는 두 개 이상의 요소 명제를 다루는 논리적 공간을 규명하기 위해서는 한 명제의 논리적 장소 바깥에 그 명제의 부정 명제의 논리적 장소가 할당되어야 하고, 또 그 부정 명제는 오직 하나여야 한다는 점을 지적하였다. 이와 더불어 우리는 앞에서 이러한 조건을 충족시키는 그림을 살펴보았다. 이제 이러한 우리의 그림이 옳다는 것을 확증하기 위해 다른 학자들이 제시한 그림을 살펴보기로 하자. 아마도 최초로 논리적 공간에 대해 그럴듯한 체계적인 해석을 제시한 학자는—하지만 나는 그 해석이 체계적인 오해에 불과하다고 생각하는데—스테니어스(E. Stenius)이다. 그는 다음과 같이 말한다.

우리는 논리적 공간의 개별적인 '장소들'(places)이 (사실들로서) 가능 세계들의 장소들이라고 말했다. 이 장소들은 일상적인 기하학적 장소의 '점들'에 대응한다. 만일 논리적 공간이 세 개의 원자적 사태들만을, 가령 P_1, P_2, 그리고 P_3만을 포함한다면, 이러한 대응은 우리로 하여금 '논리적 공간'이라는 생각을 시각화할 수 있게 한다. 원자적 사태들 P_1, P_2, 그리고 P_3는 삼차원 기

하학적 공간 내에서 직교 좌표체계의 세 개의 축들에 대응한다.[33]

스테니어스에 따르면, 논리적 공간의 장소들은 "(사실들로서) 가능 세계들의 장소들"이다. 또한 그에 따르면 "이 장소들은 일상적인 기하학적 장소의 '점들'에 대응한다." 그러면서 그는 다음의 그림을 제시한 후 이에 대해 다음과 같이 설명한다.

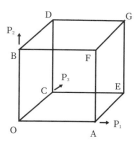

각각의 축들 위에 우리는 두 개의 값들, 가령 0과 1을 취하여, 이 차원에서 부정-값(no-value)과 긍정-값(yes-value)이 대응되게 한다. 원자 사태들을 [가능 세계] W에서의 긍정적인(positive) 사태들과 부정적인(negative) 사태들로 구분함으로써 한 가능 세계를 결정하는 것은 그 세 개의 좌표들에 의해 기하학적 공간에서의 한 점을 결정하는 것에 대응한다. P_1이 W에서 긍정적이라는 것은 기하학적으로는 W의 P_1-좌표가 1이라는 것을 의미하고, P_1이 W에서 부정적이라는 것은 W에서 P_1-좌표가 0이라는 것을 의미하며, 다른 것도 이와 같다. 우리의 논리적 공간은 $2^3 = 8$개의 가능 세계들의 이러한 사례로 이루어지며, 정육면제의 8개 모서리(그림에서의 점들 O-G)에 대응된다. 만일 우리가 P_i의 비-존재(non-existence)를 $\overline{P_i}$로 나타낸다면 점들 O-G에 대응하는 가능 세계들은 다음과 같다:

O: $(\overline{P_1}, \overline{P_2}, \overline{P_3})$ A: $(P_1, \overline{P_2}, \overline{P_3})$ B: $(\overline{P_1}, P_2, \overline{P_3})$ C: $(\overline{P_1}, \overline{P_2}, P_3)$
D: $(\overline{P_1}, P_2, P_3)$ E: $(P_1, \overline{P_2}, P_3)$ F: $(P_1, P_2, \overline{P_3})$ G: (P_1, P_2, P_3)

33) Stenius (1964), p. 54.

괄호들 안에 나오는 표현들을 우리는 사태들로서 가능 세계의 '논리적 좌표들'이라고 부를 수도 있을 것이다.[34]

스테니어스에 따르면, 이 그림은 논리적 공간이 세 개의 원자적 사태들만을, 가령 P_1, P_2, 그리고 P_3만을 포함하는 경우를 시각화(visualize)한 것이며, 이때 P_1, P_2, 그리고 P_3는 직교 좌표체계의 세 개의 축들에 대응한다. 또한 위의 그림에서의 8개 점 즉, O, A, B, C, D, E, F, G가 P_1, P_2, 그리고 P_3에 의해 결정되는 논리적 공간의 장소들에 해당되며, 이는 또 각각 가능 세계들의 장소들이다. 더 나아가 괄호 안에 나오는 표현들, 가령 O에서는 $\overline{P_1}$, $\overline{P_2}$, $\overline{P_3}$가 O의 '논리적 좌표들'이다.

그러나 과연 이러한 스테니어스의 해석은 옳은가? 나는 그렇지 않다고 생각한다. 여기에서 우리의 의문은 다음과 같다. 과연 스테니어스의 그림은 한 명제의 논리적 장소 바깥에 그 부정 명제의 논리적 장소가 유일하게 결정되어야 한다는 조건을 충족시키고 있는가? 위의 그림에 따르면, 가령 P_1&P_2&P_3가 결정하는 논리적 장소는 한 점 G이고, $\sim P_1$&P_2&$\sim P_3$가 결정하는 논리적 장소는 한 점 B이지만, 가령 $P_1 \vee P_2 \vee P_3$가 결정하는 논리적 장소는 한 점이 아니라 일련의 점들, 즉 O를 제외한 나머지 점들이다. 마찬가지로 P_1이 결정하는 논리적 장소는 한 점이 아니라, 일련의 점들 A, E, F, G이고 $\sim P_1$이 결정하는 논리적 장소는 일련의 점들, O, B, C, D이다. 다시 말해, 이러한 스테니어스의 그림에서는 한 명제 바깥에 그 부정 명제가 오직 하나 존재한다고 말할 수 있지만, "논리적 **장소**"의 의미는 애매한 것이 되어버린다. 즉 어떤 경우에는 한 명제의 논리적 장소는 한 점이고, 또 다른 경우에는 한 명제의 논리적 장소는 한 점이 아니라 점들의 집합이 되는 것이다.

스테니어스는 바로 이러한 차이 때문에, '장소'가 아니라 '위치'라는 용

---

34) Stenius (1964), pp. 54-55.

어를 도입한다. 그에 따르면, "Ort라는 단어는 '장소'(place)라기보다는 차라리 '위치'(position)라는 단어로 바꾸어야 한다."[35] 그러나 우리는 이 지점에서 스테니어스가 『논고』의 용어인 '논리적 장소(Ort, place)'를 '논리적 위치(position)' 바꿔야 했다는 점에서 그의 해석이 옳지 않다는 징후를 감지할 수 있다. 사실상 한 점에 대해서 안과 밖을 말하는 것은, 더 나아가 한 점에 대해서 "장소"를 말하는 것은 상당히 어색하며, 그래서 스테니어스에게는 "위치"라는 용어가 필요했을 것이다. 더구나 그는 『논고』의 "논리적 좌표"를 "가능 세계의 논리적 좌표들"로 바꾸어버렸는데, 이는 한 점, 가령 O에 대해서는 그러한 좌표들, 즉 $\overline{P_1}$, $\overline{P_2}$, $\overline{P_3}$를 제시하는 것은 가능하지만, 가령 $P_1 \vee P_2 \vee P_3$와 같은 점들의 집합, 즉 가능 세계들의 집합(또는 합)의 경우에는 그러한 좌표들이 무엇인지에 대해서는 전혀 대답하지 못하고 있다.[36]

그런데 스테니어스는 '논리적 좌표들'에 대한 자신의 규정이 『논고』의 그것과 정확하게 일치하지는 않는다는 점을 스스로 잘 알고 있다. 그는 다음과 같이 말한다.

> 3.41에서 비트겐슈타인은 '문장-사례'(sentence-token)(Satzzeichen)와 '논리적 좌표들'에 대해서 그것들이 '논리적 위치'(logical position)라고 진술한다. 여기에서 비트겐슈타인은 위에서 사용된 바와 같은 '논리적 좌표들'의 개념과는 비록 동일하지는 않지만 어떤 뜻에서는 관련이 있는 '논리적 좌표들'의 개념을 사용하고 있는 것으로 보인다. 3.411에서는 기하학적 위치들과 논리적 위치들은 '존재의 가능성'을 각각 결정한다는 점에서 일치한다고 말해진다. 이는 다음과 같이 해석될 수도 있을 것이다: '기하학적 위치'가 한 물체가 점유할 수도 있고 이러한 의미에서 한 물체의 존재에 대한 가능성을 의

---

35) Stenius (1964), p. 55.
36) 물론 스테니어스는 가령 일련의 점들 A, E, F, G 즉 그 각각의 가능 세계의 합에 대해서 논리적 좌표가 P_1이라고 말할 수 있을 것이다. 반면에 $P_1 \vee P_2 \vee P_3$의 경우에는 동일한 방식으로 대답할 수 없다.

미하는 것과 마찬가지로, 논리적 위치는 '세계들의 존재에 대한 가능성'을
의미한다.[37]

즉 스테니어스는『논고』의 '논리적 좌표들'의 개념이 스테니어스 자신이
말하는 '논리적 좌표들'과 동일하지 않다는 것을 시인하고 있는 것이다.[38]
따라서 나는 스테니어스가『논고』의 '논리적 좌표들'의 개념을 이해하기
위한 한 가지 방책을 제공하려고 시도했을 뿐이며, 정확한 해명에는 이르
지 못했다고 생각한다. 그가 제시한 것은 그저 "논리적 좌표들", "논리적
장소" 등에 대한 체계적인 오해에 불과하다.

한편 핀커턴과 왈디(R. J. Pinkerton and R. W. Waldie)는 이러한 스테니
어스의 문제를 극복하기 위해 다른 방식의 도표를 제시한다. 그들은 다음
과 같이 말한다. "우리 자신의 도표(diagram)에서는, 각각의 직선들 P_1, P_2,
P_3는 한 사태에 대응하지만, 우리는 가능 세계들에 대응하는 점들이 아니
라 영역들(areas)을 갖는다."[39] 그러면서 그들은 다음의 그림을 제시한다.

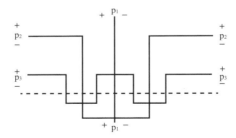

이 그림에 따르면, 각각의 직선들로 분할된 영역들은 각각의 가능 세계

---

37) Stenius (1964), p. 55.
38) Pinkerton and Waldie(1974) 또한 이 점을 지적하고 있다. 또한 그들은 스테니어스
     가 자신의 "논리적 좌표들"과『논고』의 그것이 "어떤 뜻에서" 관련이 있다는 것인지
     에 대해 아무런 해명도 주지 않았다고 지적하고 있다. 참고: Pinkerton and Waldie
     (1974), pp. 27-28.
39) Pinkerton and Waldie (1974), p. 25.

에 대응하며, 바로 이 점에서 그들의 그림은 한 가능 세계가 한 점에 대응하는 스테니어스의 그림과 다르다. 또한 그들에 따르면 각각의 직선들은 논리적 공간의 "논리적 골격"을 나타내며, 예컨대 "p ∨ (q & ∼r)"은 다음 도표에서 빗금을 친 것을 제외한 영역이다.[40]

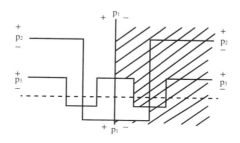

그리고 나서 그들은 다음과 같이 말한다.

한 명제에 의해 결정된 논리적 장소는 만일 그 명제 기호가 명시적으로 그 명제의 진리 조건들을 준다면 명백하게 된다. 비트겐슈타인이 지적하듯이, 우리는 "p ∨ (q & ∼r)"과 같은 명제 기호 대신에 그것의 진리표를—진리 가능성들을 순서지우기 위한 적절한 조합 규칙이 주어질 때—또는 그 명제 기호(TFTFTTTF)(pqr)를 사용할 수도 있다(Cf. 4.44's). 그렇게 되면 비트겐슈타인이 3.41에서 논리적 장소와 연결시키는 "논리적 좌표들을 지니는 명제 기호"는 우리의 견해로는 명백하다. 한 명제가 각각의 가능세계에 할당하는 T와 F 값들의 n-순서열(the ordered n-tuple)(또는 세로 좌표(ordinate))은 그 명제의 논리적 좌표들을 표현한다.[41]

핀커턴과 왈디는 한 점이 아니라 직선들로 분할된 영역을 논리적 장소로 간주함으로써 스테니어스의 어색한 상황을 넘어서고 있다. 즉 그들은

---

40) Pinkerton and Waldie (1974), p. 26.
41) Pinkerton and Waldie (1974), p. 27.

한 점에 대해서 안과 밖을 말하는 것이 어색하기 때문에 "장소"를 "위치"로 바꾸어야 했던 스테니어스와 달리, "장소"라는 용어를 일관성 있게 사용하고 있으며, 그리하여 그들의 "논리적 장소"는 『논고』의 그것과 다소 유사하다. 그러나 과연 그들의 주장은 옳은가? 나는 그렇지 않다고 생각한다. 무엇보다도 그들은 "논리적 좌표들"을 잘못 파악하고 있다. 또는 그들은 논리적 장소들과 논리적 좌표들을 혼동하고 있다. 즉 그들이 지적하는 바 (TFTFTTTF)는 명제 기호 "p $\lor$ (q & $\sim$r)"의 논리적 장소이지 논리적 좌표들이 아니다. 그 명제 기호의 논리적 좌표들은 8개이며, (T_p, T_q, T_r), … (F_p, F_q, F_r)이다.[42] 다음으로 위와 같은 도표는 비트겐슈타인이 확률에 대해서 말한 것과 상충한다. 왜냐하면 위의 도표에 따르면 p와 q, 그리고 r이 차지하는 영역의 면적이 서로 다른 것으로 간주될 것이며, 그리하여 "2개의 요소 명제는 서로에게 1/2의 확률을 준다"(5.152)라는 『논고』의 주장에 위배될 것이기 때문이다.

6. 배위 공간과 위상 공간

우리는 앞에서 논리적 공간에 대한 『논고』의 몇몇 언급들이 상충하는 것처럼 보인다는 것을 지적하였다. 다음의 언급들을 문자 그대로 해석하면 사실들, 상황, 명제 기호, 명제, 그리고 모순이 각각 논리적 공간을 차지하는 것으로 보인다.

> 논리적 공간 속의 사실들이 세계이다. (1.13)
> 그림은 논리적 공간 속의 상황, 즉 사태들의 존립과 비존립을 표상한다.
> (2.11)

---

42) 핀커턴과 왈디는 여전히 스테니어스의 영향에서 벗어나지 못하고 있다. 즉 스테니어스는 "가능세계의 논리적 좌표들"을 거론하면서 한 점(가능 세계)에 해당하는 좌표들을 "논리적 좌표들"이라고 간주했던 것처럼, 핀커턴과 왈디는 한 영역(특히 가능 세계들의 합일 수도 있는 한 영역)에 대해서 그것들에 해당하는 좌표들을 "논리적 좌표들"이라고 간주하고 있다.

명제 기호와 논리적 좌표들, 이것이 논리적 장소이다. (3.41)

명제는 논리적 공간 전체에 두루 손을 뻗는다. (3.42)

모순은 전체 논리적 공간을 가득 채우며, 현실에 아무런 점도 허용하지 않는다. (4.463)

그러나 그것들이 모두 논리적 공간을 차지한다는 것은 불합리한 것으로 보인다. 그렇다면 이 문제를 어떻게 해결해야 하는가?

먼저 이 언급들 중에서 모순이 논리적 공간을 가득 채운다는 것은 그 언급이 제기되는 맥락(4.463)과 비유(즉 "긍정적인 뜻"과 "부정적인 뜻")을 떠나서는 이해될 수 없음을 우리는 앞에서 확인하였다. 그러므로 모순이 논리적 공간을 차지하는 것은 아니다. 그렇게 되면 사실들, 상황, 명제 기호, 그리고 명제가 논리적 공간을 차지하는 것으로 보인다. 그러나 그것들은 논리적 공간을 **모두** 각각 차지할 수 있는가? 그렇다! 그리고 바로 이것이 "논리적 공간"이라는 비유적 표현의 요점이다. 이제 이 점에 대해 논의하기로 하자.

프레게와 러셀은 "논리적 공간"이라는 용어를 전혀 사용하지 않는다. 그렇다면 비트겐슈타인의 "논리적 공간"이라는 이 생소한 개념은 어디서 유래한 것인가? 앞에서 우리는 비트겐슈타인이 『일기』에서 한 명제를 질점(material point)에 비유했으며, 이 "질점"이라는 용어가 헤르츠와 볼츠만의 용어라는 것을 지적하였다. 따라서 우리는 헤르츠와 볼츠만이 "공간"에 대해서 어떤 생각을 펼쳤는지를 살펴보아야 한다.

보통 헤르츠의 공간을 배위 공간(configuration space), 볼츠만의 공간을 위상 공간(phase space)이라고 부른다. 먼저 "논리적 공간"과 관련하여 우리가 주목해야 할 "배위 공간"의 특징은 다음 두 가지이다. 첫째, 한편으로는 그것은 경험으로부터 완전히 독립적인 **선험적인** 개념이며, 둘째, 그럼에도 불구하고 그것이 적용될 때 **경험의 대상들**에 대한 상징들(symbols)로 이해될 수 있는 개념이다. 2권으로 이루어진『역학의 원리들』(*Principles of Mechanics*)에서, 헤르츠는 1권과 2권의 서두(Prefatory Note)

에서 각각 다음과 같이 말한다.

> 1권의 주제는 경험으로부터 완전히 독립적이다. 제시된 모든 주장들은 칸트의 뜻에서 선험적인 판단들이다. 그 주장들은 그 주장들을 하는 사람의 내적인 직관의 법칙들과 그 사람이 따르는 논리적 형식들에 기초해 있다. 그 주장들은 이러한 직관들과 형식들이 갖고 있는 것을 제외하면 그의 외적인 경험들과는 어떤 연관도 없다.[43]

> 이 2권에서 우리는 시간들, 공간들, 그리고 질량들을 외적 경험의 대상들에 대한 상징들(symbols)이라고 이해할 것이다. (…) 따라서 시간들, 공간들, 질량들 간의 관계들에 관련된 우리의 진술들은 사유의 요구들을 만족시켜야 할 뿐만 아니라, 가능한, 특히 미래의 경험들과 부합해야 한다. 그러므로 이 진술들은 우리의 직관과 사유의 법칙들뿐만 아니라 더 나아가 경험에 기초하고 있다.[44]

헤르츠에 따르면, "1권의 시간은 우리의 내적 직관의 시간"이며, "1권의 공간은 우리가 생각하는바 그러한 공간이다."[45] 다시 말해 헤르츠의 공간은 처음에는 선험적인 것으로 규정되지만, 그렇게 정립된 이후에는 물리학적 공간에 적용될 수 있는 것으로 상정되고 있는 것이다. 나는 바로 이 점이 "논리적 공간"이라는 비유적 표현을 가능케 했다고 생각한다. 즉 논리적 공간은 우리에게 선험적으로 주어지는 것으로서 뜻 있는 명제들의 체계이다. 가령 우리는 "비가 오거나 비가 오지 않거나이다"가 참이라는 것을 선험적으로 알며, 그리하여 "비가 오다"와 "비가 오지 않다"가 각각 뜻 있는 명제라는 것을 이해한다. 바로 이렇게 어떤 것이 뜻 있는 명제들이라는 것은 우리에게 선험적으로 주어진다. 그런데 바로 이 공간은 세계에도 적용될 수 있다. 이 경우에 한 명제에 대해서 대응하는 사실이 존재

---

43) Hertz (1956), p. 45.
44) Hertz (1956), p. 139.
45) Hertz (1956), p. 45.

하면, 대응되는 그 사실이 바로 논리적 공간을 차지하는 것으로 볼 수 있다. 바로 이러한 의미에서 "논리적 공간 속의 사실들이 세계"(1.13)이다. 만일 한 명제에 대응하는 사실이 존재하지 않는다면, 그 명제는 그저 가능한 상황을 묘사하고 있을 뿐이다. 그리하여 "그림은 논리적 공간 속의 상황, 즉 사태들의 존립과 비존립을 표상한다."(2.11)

그렇기 때문에 선험적인 공간으로 파악되는 논리적 공간은 뜻 있는 명제들의 체계이며, 경험 세계에 적용되는 공간으로 파악되는 논리적 공간은, 측정자와 측정되는 것이 한 공간에 있어야만 측정이 가능하듯이,[46] 사실로서의 명제 기호들과 (명제 기호들을 마치 자처럼 갖다 대는) 사실들이나 상황들을 포함한다. 그리하여 비트겐슈타인은 이를 간단히 다음과 같이 요약하고 있다. "모든 각각의 명제는 하나의 자와 같이 실재에 갖다 댄 명제들의 한 체계의 일부이다. (논리적 공간.)"[47]

다음으로 헤르츠는 1권에서 논의되는 공간이 "유클리드의 기하학의 공간"이며, "이 기하학이 그것이 부여하는 모든 속성들을 지니고 있다"[48]고 말하고 있지만, 그 공간은 우리가 보통 생각하는 3차원 공간과는 다르다. 헤르츠에 따르면, n개의 질점들의 한 체계의 위치는 그 체계의 점들의 3n 직교 좌표들(rectangular coordinates)에 의해 표현된다. n개의 점들은 각각 세 개의 좌표들을 갖는데, 이를 모두 열거하여 하나의 좌표로 간주하면 3n개의 직교 좌표들이 주어진다.[49] 마찬가지로 볼츠만의 '위상 공간(phase space)'에서도 이러한 방식의 좌표들이 주어진다. 위상 공간에서는 3차원

---

46) 케임브리지 강의에서 비트겐슈타인은 이 점에 대해 다음과 같이 말하고 있다. "우리는 측정자를 어떻게 적용하는지, 적용의 한 방법을 우리에게 말해 주는 한 약정(arrangement)을 지녀야만 한다. 측정자는 길이를 지녀야만 하며, 즉 측정되는 것과 동일한 공간에 있어야만 하며, 우리는 그것을 어떻게 적용하느냐 하는 약정을 했어야만 한다. 이 조건들은 또한 명제들에도 적용된다."(Wittgenstein (1980), p. 7)

47) Wittgenstein (1979), p. 76.

48) Hertz (1956), p. 45.

49) 참고: Hertz (1956), p. 49.

공간에서의 한 분자 A의 위치를 나타내는 좌표를 (a, b, c)로 나타내고 x축, y축, z축에 따른 그 분자의 운동량을 (a_A, b_A, c_A)로 나타낼 때, A의 좌표는 (a, b, c, a_A, b_A, c_A)로 나타낼 수 있다. 그리고 이 공간에 오직 분자 A만 존재한다면, 이 공간은 6차원 공간이다. 또 A와 B라는 두 개의 분자만 존재한다면, 이 공간은 12차원 공간이다. 마찬가지로 분자의 수가 n개라면 이 공간은 6n차원 공간이다. 재닉과 툴민은 이를 간명하게 다음과 같이 해명하고 있다.

> 우리가 앞에서 언급했던 것처럼, 비트겐슈타인의 '논리적 공간'은 이론물리학의 좌표 체계와 유사하다. 좌표들의 집합은 어떤 것이든 전체 체계의 존재를 전제로 한다. 실제로 공간적인 은유는 통계역학의 '위상 공간(phase space)'의 은유와 유사하다. 후자는 6n개의 차원들로 이루어진 인위적인 공간이며, 여기서 n은 해당 기체의 해당 부피 내 분자들의 수를 가리킨다. 6n개의 차원들은 해당 순간에 각 분자의 위치와 운동량에 의해 정의되는 기체의 미시적 상태를 표상한다(그래서 분자의 위치에 관한 세 좌표와 운동량에 관한 세 좌표를 합쳐 6n개가 되는 것이다) 이러한 위상 공간 개념은 개별적인 분자들의 모든 가능한 상태를 표상하기 위한 장치이며, 그것은 가장 개연성이 높은 거시적 상태를 확률 계산이라는 수단을 통해 계산할 수 있게 해 줄 선험적 확률들을 제공한다. 비트겐슈타인의 과학적 배경 지식과 루트비히 볼츠만의 작업에 대한 그의 분명한 관심에 비추어 볼 때, 이러한 은유가 가지는 유사성은 분명히 우연 이상의 것이다.[50]

앞에서 우리는 한 요소 명제가 여러 개의 근본 좌표들을 지닐 수 있다는 것과, 또 이와 동시에 요소 명제의 수가 n일 때 그 요소 명제들의 진리 함수들은 2^n개의 논리적 좌표들을 지닌다는 것을 확인하였다. 이제 요소 명제의 수가 n일 때 그러한 근본 좌표들과 논리적 좌표들을 결합하면, 논리

---

50) 앨런 재닉 · 스티븐 툴민, (2013), p. 312.

적 공간은 2^n개를 넘는 차원의 공간이다.[51] 이렇듯 복잡한 좌표들을 지니는 공간의 개념은 헤르츠와 볼츠만에서 비롯된 것이며, 바로 이것이 "논리적 공간"이라는 비유의 두 번째 요점이다.

7. 부정 명제 유일성 논제

앞에서 지적했듯이 논리적 공간은 비유적인 표현이다. 그것은 이론물리학에서의 헤르츠의 배위 공간과 볼츠만의 위상 공간을 모델로 삼아 비트겐슈타인이 착안해낸 개념이다. 그럼에도 불구하고 논리적 공간이 뜻하는 것은 아주 분명하다. 즉 『논고』에서 논리적 공간은 모든 뜻 있는 명제들의 체계이며, "논리적 골격의 도움을 받아서" 명제들이 구성하는 "세계"(4.023)인 것이다. 그리고 배위 공간과 위상 공간에서 선험적인 입장에서 규정된 질점이 실제로 적용되는 경우 한 천체나 분자일 수 있는 것과 마찬가지로, 논리적 공간에서도 한 장소에 있는 것은 명제이지만, 경험 세계에 적용되는 것으로 파악되는 논리적 공간에서는 그 명제가 묘사하는 것은 사실이나 상황이고 또 실제로 그 사실이나 상황에 대응되는 것은 사실로서의 명제 기호이므로, 명제 기호와 사실, 그리고 상황이 논리적 공간을 차지하는 것으로 볼 수 있는 것이다.

논리적 공간은 뜻 있는 명제들의 체계(공간)이며, 바꿔 말하면 가능한 모든 상황들의 공간이다. 바로 이러한 점에서 "기하학적 장소와 논리적 장소는 둘 다 어떤 한 존재의 가능성이라는 점에서 일치한다."(3.411) 『논고』에서 동어반복과 모순이 논리적 명제이고, 동어반복이 논리학을 구성하는 반면, 논리적 공간에서 참인 명제들은 자연과학을 구성한다.

그렇다면 비트겐슈타인은 왜 이러한 "논리적 공간"이라는 비유적 표현

---

51) 이 점에 대해 비트겐슈타인은 다음과 같이 말하고 있다. "한 명제는 그것 안에 나타나는 상황들이 존재하는 것만큼 많은 차원들에서 변경될 수 있다. 그 명제가 속하는 공간은 바로 그 만큼 많은 차원들을 지닌다."(Wittgenstein (1979), p. 91)

이 필요했는가? 이를 통하여 그가 해결하고자 했던 문제는 무엇인가? 나는 그 문제가 바로 한 명제의 부정 명제 유일성 논제[52]라고 생각한다. 비트겐슈타인은 다음과 같이 말한다.

> 우리들은 이렇게 말할 수 있을 것이다: p도 q도 긍정하는 모든 상징들에 공통적인 것이 "p.q"라는 명제이다. p 또는 q를 긍정하는 모든 상징들에 공통적인 것이 "p∨q"라는 명제이다.
>
> 그래서 우리들은 이렇게 말할 수 있다: 두 명제가 아무것도 서로 공유하지 않을 때, 그 두 명제는 서로 대립적이다. 그리고 완전히 한 명제 밖에 놓여 있는 명제는 오직 하나밖에 없으므로, 모든 명제는 각각 오직 하나의 부정 명제만을 가진다.
>
> "q : p∨∼p"가 "q"와 동일한 것을 말한다는 것, 그리고 "p∨∼p"가 아무것도 말하지 않는다는 것은 그래서 러셀의 표기법에서도 역시 드러난다. (5.513)

여기에서 비트겐슈타인은 한 명제에 대해 그 부정 명제가 유일한 이유는 완전히 그 명제 밖에 놓여 있는 명제가 유일하기 때문이라고 말하고 있으며, p와 ∼p는 서로 대립적이고 아무것도 서로 공유하지 않는다고 말하고 있다. 그렇다면 여기에서 "두 명제가 어떤 것을 서로 공유한다"는 것과 "완전히 한 명제 밖에 놓여 있다"는 것은 무엇을 뜻하는가?

비트겐슈타인은 『일기』에서 바로 이 문제에 대해서 심각하게 고민한다. 이러한 비트겐슈타인의 고민은 주로 1915년 6월 6일부터 심각하게 전개되고 6월 13일에 종결된다. 이제 이 과정을 간략하게 살펴보기로 하자. 1915년 6월 6일, 그는 다음과 같이 말한다.

> 나의 오류는 부정 등의 본성으로부터 따라 나오는 것을 그것의 정의로 사용하려고 한다는 점에 놓여있음이 틀림없다. ─"p"와 "∼p"가 공통된 경계

---

52) 이를 확장하면 요소 명제들의 (선언 명제, 연언 명제, 등) 진리 함수의 유일성 논제가 될 것이다.

를 갖는다는 것은 내가 추구하는 부정에 대한 설명에는 전혀 나타나지 않는다.[53]

여기에서 비트겐슈타인은 의미체에 대한 자신의 생각을 구체화하고 있다. 즉 그는 부정의 의미(Bedeutung)로부터 부정에 관한 규칙들이 따라 나온다는 프레게의 생각을 받아들이고 있으며, 이제 자신이 그러한 규칙들을 부정의 정의로 사용하려고 했다는 것이 자신의 오류였다는 점을 지적하고 있다.[54] 이와 동시에 그는 자신의 이전의 생각에는 "p"와 "∼p"가 공통된 경계를 갖고 있다는 점이 다루어지지 않았다는 점을 지적하고 있다. 즉 ∼p가 p 바깥에 놓여있다는 것으로는 충분하지 않으며 공통된 경계를 지녀야 한다는 것이 더 필요하다는 것이다. 그리하여 다음날(1915년 6월 7일) 그는 다음과 같이 말한다.

> ∼p가 p 바깥에 놓여있다는 것을 지적하는 것은 **충분하지 않다**. "∼p"의 모든 속성들을 도출하는 것은 만일 "∼p"가 **본질적으로 p의 부정으로서** 도입된다면 가능할 뿐이다.
>
> 그러나 어떻게 그것을 하는가!?—
>
> 또는 다음과 같지 않은가? 즉 우리는 명제 ∼p를 도대체 "도입"할 수 없으며, 오히려 그것은 우리에게 완결된 사실로서 맞닥뜨리며, 우리는 그것의 개별적인 형식적 속성들을 예컨대, 그것이 p와 공통된 것을 아무것도 지니지 않는 것으로, 어떤 명제도 그것과 p를 포함하지 않는 것으로, 등등 지적할 수 있을 뿐이다?[55]

여기에서 비트겐슈타인은 한 명제 p에 대해 그것의 부정 ∼p가 도입될 수 있는 것인지 아니면 "완결된 사실"로서 우리에게 주어지는 것인지를 문제 삼고 있다. 그 다음날(1915년 6월 8일) 두 명제 p와 ∼p가 "공통된 경

---

53) Wittgenstein (1961), pp. 56-57.
54) 참고: 5장.
55) Wittgenstein (1961), p. 57.

계를 갖는다"는 것이 무슨 뜻인지가 규정된다.

> p와 ~p가 공통된 경계를 갖고 있다는 것은 한 명제의 부정이 그 명제 자체에 의해서만 결정된다는 사실에 의해 표현된다. 왜냐하면 우리는 다음과 같이 말하기 때문이다: 한 명제의 부정은 …한 명제이고 이제 p에 대한 ~p의 관계가 따라 나온다.—[56]

즉 p와 ~p가 공통된 경계를 갖고 있다는 것은 "한 명제의 부정이 그 명제 자체에 의해서만 결정된다"는 것이다. 그리하여 ~p는 p 자체에 의해 결정된다. 그렇기 때문에 ~p는 새롭게 도입되는 것이 아니며 p와 함께 이미 "완결된 사실"로 우리에게 주어진다. 이제 이러한 생각은 1915년 6월 9일 다시 다음과 같은 착상으로 바뀐다.

> 우리는 다음과 같이 말할 수 없는가: 오직 p에만 의존하는 모든 명제들 중에는, p를 긍정하는 것들과 그것을 부정하는 것들만 존재한다?
>   따라서 나는 p의 부정은 오직 "p"에만 의존하면서 **"p"를 긍정하지 않는** 모든 명제들의 집합이라고 말할 수 있다.[57]

비트겐슈타인은 6월 10일에 이어[58] 최종적으로 6월 13일에 다음과 같이 말함으로써 이 생각이 옳다는 것을 재확인한다.

> 우리는 다음과 같이 말했다: 만일 한 명제가 오직 p에만 의존하고 그 명제가 p를 긍정한다면 그 명제는 그것을[p를] 부정하지 않으며, 역도 마찬가지이다: **이는 p와 ~p의 그 상호 배제의 그림인가?** ~p가 p 밖에 놓이는 **것**이라는 사실의?

---

56) Wittgenstein (1961), p. 57.
57) Wittgenstein (1961), pp. 57-58.
58) "부정에 대한 마지막 설명으로부터 오직 p에만 의존하면서 p를 긍정하지 않는 모든 명제들—그리고 오직 이것들만—이 p를 부정한다는 것이 따라 나온다. 따라서 "p ∨ ~p"와 "p . ~p"는 명제들이 아니다. 왜냐하면 전자의 기호는 p를 긍정하지도 않고 부정하지도 않으며, 후자는 둘 다 긍정해야만 할 것이기 때문이다."(Wittgenstein (1961), p. 58)

그런 것으로 보인다! 명제 "~p"는 동일한 의미에서 "p" 밖에 놓이는 것이다.—(그 그림이 세계에 대해 아주 복잡한 좌표들을 지닐 수 있다는 것을 잊지 말라.)[59]

그리하여 p의 부정은 오직 "p"에만 의존하면서 "p"를 긍정하지 않는 모든 명제들의 집합이다. 또한 p와 ~p는 공통된 경계를 지니면서(즉 ~p는 p에 의해서만 결정되면서), 서로 아무것도 공유하지 않기 때문에(즉 요소 명제 p와 q는 p&q를 형성함으로써 둘 다 참일 수 있다는 점에서 어떤 것을 공유할 수 있지만, p와 ~p는 그럴 수 없기 때문에) 서로 대립적이며, ~p는 완전히 p의 논리적 장소 바깥에 놓인다. 그렇기 때문에 부정하는 명제는 부정되는 명제의 논리적 장소 바깥에 놓여 있으며(4.0641), 또 "완전히 한 명제 밖에 놓여 있는 명제는 오직 하나밖에 없으므로, 모든 명제는 각각 오직 하나의 부정 명제만을 가진다."

이렇게 비트겐슈타인은 한 명제의 부정과 그 부정 명제의 유일성을 이해하기 위해서는 논리적 공간이라는 개념이 필요하다고 간주하였다. 이 점에 대해 그는 슐리크 및 바이스만과의 대화에서 다음과 같이 말한다. "한 명제는 전체 논리적 공간을 관통하여 미친다. 그렇지 않다면 부정은 이해 불가능한 것이 될 것이다."[60]

그러나 왜 비트겐슈타인은 한 명제의 부정 명제 유일성 논제를 주장하기 위하여 논리적 공간이라는 비유적 표현을 우회하면서 사용하고 있는가? 한 명제의 부정 명제가 유일하다는 것은 다음과 같이 아주 쉽게 증명될 수 있는 것 아닌가? 즉 『논고』에 따르면, "p가 q로부터, 그리고 q가 p로부터 따라 나온다면, 그것들은 하나의 동일한 명제이다."(5.141) 이제 p의 부정이 둘이라고 가정하자. 그 하나를 $\sim_1 p$라고 하고 다른 하나를 $\sim_2 p$라고 하자. 그러면 p와 $\sim_1\sim_1 p$는 논리적 동치이고 또 p와 $\sim_2\sim_2 p$도 논리적

---

59) Wittgenstein (1961), p. 59.
60) Wittgenstein (1979), p. 91.

동치이다. 따라서 $\sim_1\sim_1p$와 $\sim_2\sim_2p$가 논리적 동치이며, ($\sim_1$와 $\sim_2$가 따르는 규칙은 동일하므로) $\sim_1p$와 $\sim_2p$도 동치이다. 그러므로 $\sim_1p$와 $\sim_2p$는 하나의 동일한 명제이며, 결론적으로 p의 부정 명제는 유일하다. 증명 끝.

그렇다면 비트겐슈타인은 왜 이러한 손쉬운 방법을 사용하지 않고 논리적 공간을 통해 우회하면서 나아갔는가? 나는 바로 이것은 당시 그가 프레게의 생각을 받아들였기 때문이라고 생각한다. 비트겐슈타인은 "부정적 사실"에 대해 심각한 고민을 거쳐 『논고』의 근본 사상에 도달하였다.[61] 그 근본 사상에 따르면, "논리적 상항들"은 대표하지를 않는다 (4.0312). 반면에 그는 "$\sim$"의 의미(Bedeutung)로부터 그 규칙들이 따라 나온다는 프레게의 생각을 받아들인다. 그리하여 그는 "$\sim$"은 세계에 존재하는 어떤 대상을 대표하지는 않지만, 그럼에도 불구하고 그것이 의미 (Bedeutung)를 지닌다는 사실을 어떻게 바라보아야 하는지를 두고 고민을 한다. 이제 그는 이러한 프레게의 영향 하에서 한 명제의 부정 명제가 유일하다는 것을 보이고자 한다. 그렇게 해서 그 대답은 "논리적 공간"이라는 생각과 함께 주어졌던 것이다.

그러나 우리는 비트겐슈타인이 『논고』 이후에 의미와 관련된 프레게의 생각을 포기하였으며, 힐베르트와 바일의 형식주의를 비판적으로 받아들인 후, 규칙들의 총체가 의미를 구성한다는 생각에 도달하였다는 것을 알고 있다.[62] 만일 비트겐슈타인이 프레게의 생각이 아니라, 규칙들의 총체가 의미를 구성한다는 생각을 받아들였다면, 그는 한 명제의 부정 명제가 유일하다는 것을 "논리적 공간"이라는 우회적인 방법이 아니라 위에서 서술한 손쉬운 방법으로 증명했을 것이다.

---

61) 참고: 2장.
62) 참고: 5장.

9
『논리-철학 논고』의
동일성 개념에 관하여

1. 들어가는 말

비트겐슈타인의 『논리-철학 논고』(이하 '『논고』'로 약칭함)에서 '동일성'은 일견 보이는 바와는 달리 참으로 접근하기 어려운 개념이다. 그 어려움은 『논고』가 난해한 저작이고 특히 동일성에 대한 『논고』의 서술이 매우 압축적이라는 점에도 있지만, 사실상 더 중요한 것은 (나중에 살펴보겠지만) 동일성에 대한 프레게와 러셀의 생각이 끈질기게 달라붙어서 우리로 하여금 『논고』를 투명하게 바라보는 것을 방해하기 때문이다. 동일성에 대한 비트겐슈타인의 생각은 프레게와 러셀의 그것과는 완전히 다르다. 그렇다면 동일성에 대한 프레게와 러셀의 생각은 각각 무엇이며, 비트겐슈타인은 이를 어떻게 비판했는가? 또한 동일성의 본성에 대한 전기 비트겐슈타인의 생각은 무엇인가? 나는 이 글에서 바로 이 물음에 대해 대답하고자 한다.

앞으로의 논의를 위하여, 'a'와 'b'가 이름이고, '그 F'('the F')와 '그 G'('the G')가 (러셀이 부르는바) 확정 기술(definite description)일 때, "a = a", "a = b", "a = 그 F", "그 F = 그 G" 형식의 표현을 동일성 진술(identity statements)이라고 부르자. 가령 '김구'와 '백범'이 이름일 때, "김구 = 김구"와 "김구 = 백범"은 동일성 진술의 예이고, 마찬가지로 '대한민국 임시정부 주석'과 『백범일지』의 저자'가 확정 기술일 때, "김구는 대한민국 임시정부 주석이다"와 "대한민국 임시정부 주석은 『백범일지』의 저자이다"도 그러한 예이다. 여기에서 "="은 동일성 기호(Gleichheitenzeichen)라고 부른다.[1]

그러면 이제 우리가 다루어야 할 문제를 정리하기로 하자. 먼저 흥미로운 것은 비트겐슈타인은 『논고』에서 '동일성 진술'과 같은 용어를 단 한 번도 사용하지 않는다는 점이다. 대신에 그가 『논고』에서 명시적으로 사용하는 용어는 '등식'(Gleichung)이다. 그렇다면 비트겐슈타인의 '등식'이란 무엇인가? 또한 '등식'과 '동일성 진술'은 동일한가?

둘째, 잘 알려져 있듯이, 동일성에 대한 현대 분석철학적 논의는 프레게로부터 시작된다. 프레게는 「뜻과 지시체에 관하여」(1892)에서 다음과 같이 묻는다. 동일성은 관계인가? 만일 그것이 관계라면 그것은 대상들 간의 관계인가 아니면 대상들의 이름들이나 기호들 간의 관계인가? 프레게 자신은 『개념표기법』(1879)에서는 동일성이 기호들 간의 관계라고 간주했지만 「뜻과 지시체에 관하여」(1892)에서는 그 대답을 거부하고 대상들 간의 관계라고 주장한다. 그렇다면 『논고』에서 비트겐슈타인은 프레게의 물음들과 프레게 자신의 생각에 대해 어떻게 응수하고 있는가?

셋째, 러셀은 프레게의 뜻과 지시체 구분을 거부한 후, 『수학 원리』에서 라이프니츠의 구별 불가능한 것들의 동일성 원리(principle of the identity of indiscernibles)에 의거하여 동일성에 대한 정의를 제시한다. 비트겐슈타인은 러셀의 이러한 정의에 대해 『논고』에서 명시적으로 비판하고 있다. 그렇다면 러셀의 동일성 정의에 대한 비트겐슈타인의 비판의 요점은 무엇인가?

넷째, 『논고』에 따르면 동일성 기호 '='는 개념 표기법에서 제거 가능하다. 그리하여 "a = a"나 "a = b"와 같은 표현은 사이비 명제이다. 그런데 비

---

[1]   비트겐슈타인 또한 "="을 '동일성 기호'라고 부르고 있다. 참고: 3.323, 5.53, 5.533.

트겐슈타인에 따르면 수학은 등식들로 이루어지며, 등식은 "a = b"의 형식을 지니는 것으로 간주되고 있다. 따라서 올바른 개념 표기법에서는 수학의 등식들에 나오는 동일성 기호들도 모두 제거될 것이며, 결국 수학의 등식들도 모두 제거될 것이다. 그렇다면 이는 애초에 수학의 성립 가능성을 부정하는 것 아닌가? 또는 러셀이 말하듯, 수리논리학은 불가능하게 되는 것 아닌가?

이러한 물음들에 대해 정확하고 공정하게 대답하고자 할 때 가장 경계해야 하는 것은 동일성에 대한 프레게와 러셀의 생각을 무비판적으로 받아들이려는 경향이다. 나는 다음의 순서로 논의하고자 한다. 『논고』에서 등식은 동일성 진술과 다르다. 등식은 동일성 기호 양변에 나오는 표현들의 사용에 대한 규칙이며, 그 표현들의 의미나 지시체에 대한 진술이 아니다(2절). 그런데 프레게와 러셀은 어떤 동일성 진술은 경험적인 명제라고 간주한다(3절). 그러나 비트겐슈타인의 관점에서 보면 동일성은 세계에 존재하는 속성이나 관계가 아니다. 그리하여 세계에 속하는 사물(들)에 관하여 동일성을 부여하는 것은 의미가 없다(4절). 그렇기 때문에 동일성을 사물들 간의 관계로, 또는 한 사물의 자기 자신과의 관계로 파악하는 러셀의 정의는 적절하지 않다(5절). 더 나아가 『논고』에 따르면, 동일성에 대한 정의는 불가능하다. 또한 사물(들)에 대해서 '동일성'을 부여하는 동일성 진술은 "묘사의 미봉책"일 뿐이다. 그리하여 동일성 진술에 대한 프레게와 러셀의 사유는 불필요한 철학적 혼동을 양산하고 있을 뿐이다(6절). 『논고』에 따르면 비록 등식은 올바른 개념 표기법에 포함되지 않지만, 이는 우리의 언어 사용에서 등식을 제거해야 한다는 것을 뜻하지 않는다. 또한 "동일한 대상"과 "대상의 동일성"은 한 사물의 자기 자신과의 동일성을 함축하지 않는다(7절).

2. 동일성과 등식

비트겐슈타인이 동일성 개념과 관련된 문제들에 대해 매우 심각하게 고민했다는 것, 그리고 그러한 문제들은 비트겐슈타인 자신에게도 실로 어려운 것들이었다는 점은 분명하다. 이를 우리는 그가 1913년 10월 29일 러셀에게 보낸 편지에서 확인할 수 있다.

> 동일성은 정말로 악마(the very Devil)이고 **엄청나게 중요하며**, 제가 생각했던 것보다 **정말로** 훨씬 더 그러합니다. 그것은—다른 모든 것과 마찬가지로—가장 근본적인 물음들과 직접 관련이 있으며, 특히 한 함수의 상이한 자리들에서 **동일한** 논항이 등장하는 것과 관련된 물음들과 관련이 있습니다. 저는 그 문제를 해결하기 위해 온갖 종류의 생각들을 하고 있지만 아직 어떤 확정적인 것에도 도달할 수 없었습니다. 하지만 저는 용기를 잃지 않고 계속 생각하고 있습니다.[2]

비트겐슈타인에 따르면, 동일성은 "가장 근본적인" 철학적 물음들과 관련이 있고, 특히 "한 함수의 상이한 자리들에서 **동일한** 논항이 등장하는 것과 관련된 물음들"과 관련이 있다. 가령 한 명제 함수 xRy(예컨대 "x는 y를 사랑한다")에서 상이한 자리 x와 y에 각각 동일한 논항 a가 나오는 aRa의 경우에 생겨나는 물음들과 관련이 있다는 것이다. (우리는 이 점을 나중에 확인하게 될 것이다.)

뿐만 아니라 동일성의 본성에 관한 물음은 비트겐슈타인에게는 "논리학의 근본적인 물음"이었다. 그는 1913년 12월 15일 러셀에게 보낸 편지에서 다음과 같이 말한다.

> 동일성의 본성에 대한 물음은 동어반복들의 본성이 설명된 후에야 비로소 대답될 수 있습니다. 그러나 그 물음은 **모든** 논리학의 근본적인 물음입니

---

2) Wittgenstein (1961), p. 122.

다.[3]

그렇다면 『논고』에서의 동일성에 대한 비트겐슈타인의 생각은 무엇인가? 그는 먼저 등식(Gleichung)에 대해서 다음과 같이 말한다.

> 내가 두 기호를 하나의 동일한 의미로 사용한다면, 나는 이것을 그 두 기호 사이에 "=" 기호를 놓음으로써 표현한다.
> "a = b"는 그러니까, 기호 "a"가 기호 "b"로 대체될 수 있다는 뜻이다 (heißt).
> (내가 등식에 의해 새로운 기호 "b"를 도입하여, 그것이 이미 알려져 있는 기호 "a"를 대체할 수 있도록 확정한다면, 나는 그 등식—정의—을 (러셀처럼) "a = b Def."의 형식으로 쓴다. 정의는 하나의 기호 규칙이다.) (4.241)

『논고』에서 동일성에 대한 논의는 바로 이 언급과 함께 시작된다. 그리고 나는 이렇게 생각하는데, 『논고』에서의 동일성 개념을 이해하기 위해서는 바로 이 언급을 정확하게 파악하는 것이 결정적으로 중요하다.

먼저 위의 언급에서 비트겐슈타인이 "a = b"와 같은 표현을 '등식'이라고 부르고 있다는 점을 주목하자. 그렇다면 "a = b"와 같은 표현은 어떻게 형성되는가? 비트겐슈타인은 이 점에 대해 내가 가령 기호 'a'와 기호 'b'를 하나의 동일한 의미로 사용한다면, 나는 그 두 기호, 즉 'a'와 'b' 사이에 "=" 기호를 놓음으로써, 다시 말해 "a = b"라고 함으로써 "내가 그 두 기호를 하나의 동일한 의미로 사용한다"는 것을 표현한다고 말하고 있다.

이제 내가 "a = b"라고 함으로써 표현하는 것은 "내가 그 두 기호를 하나의 동일한 의미로 사용한다"는 언어 사용에 관한 **경험적인 사실**이지만, "a = b"가 뜻하는(heißt) 것은 언어 사용에 관한 경험적 사실이 아니라 언어 사용에 관한 **규칙** 또는 **규정**이라는 것을 유념하자. 왜냐하면 이어지는 위의 언급에서 비트겐슈타인은 ""a = b"는 그러니까, 기호 "a"가 기호 "b"

---

3) Wittgenstein (1961), p. 128.

로 대체될 수 있다는 뜻이다."라고 분명하게 밝히고 있기 때문이다. 바로 이 문장에서 "대체될 수 있다"는 표현에 주목하자. 이는 여기에서 문제가 되는 것은 내가 두 기호, 'a'와 'b'를 서로 대체해서 사용**한다**는 경험적 사실이 아니라, 그것들이 서로 대체**될 수 있다**는 언어 사용(더 정확하게 말하면, "논리적·구문론적 사용"(3.327))의 규칙이라는 점을 말해주고 있다.[4]

그리고 위의 언급에서 알 수 있듯이 비트겐슈타인은 "a = b Def."와 같은 정의도 하나의 등식으로 파악하고 있다. 정의는 정의항(즉 "이미 알려져 있는 기호") 'a'로 피정의항(즉 "새로운 기호") 'b'를 정의하는 상황에서 성립하는 등식이다. 비트겐슈타인에 따르면, "정의는 하나의 기호 규칙이다." 다시 말해 등식은 기호 규칙, 즉 논리적·구문론적 사용의 기호 규칙이다.[5]

이제 우리는 위의 인용문과 관련하여 다음 세 가지를 유념해야 한다. 첫째, 『논고』에서 비트겐슈타인은 기호와 상징(표현)을 구분한다. 상징(표현)이란 "명제의 뜻을 특징짓는 명제의 각 부분"(3.31)이며, 기호는 "상징에서 감각적으로 지각될 수 있는 것"(3.32)이다. 또한 "기호에서 상징을 알아내려면, 우리들은 뜻이 있는 쓰임에 유의해야 한다."(3.326) 이제 위의 인용문에서 문제가 되는 '기호'는 논리적·구문론적 사용과 관련 있는 것임을 주목하자. 따라서 위의 인용문에서 비트겐슈타인은 단순히 기호가

---

4) 가령 내가 다음과 같이 말했다고 하자. "내가 '가위'와 '보'를 가위바위보 놀이의 의미로 사용한다면, 나는 **이것**을 "가위>보"로 표현한다. "가위>보"는 그러니까, 가위가 보를 이긴다는 뜻이다." 이 경우에 **이것**은 내가 '가위'와 '보'를 그러그러한 방식으로 사용한다는 경험적인 사실을 지시하고 있지만, 두 번째 문장에서 "가위>보"가 뜻하는 것은 분명하게도 기호 사용의 규칙이다. 이 점에 대해서 비트겐슈타인은 『철학적 고찰』에서 다음과 같이 말한다. "당신은 확실하게도 기호-규칙들, 예컨대 정의들을 기호들에 관한 명제들로 해석할 수도 있지만, 우리는 결코 그것들을 명제들로 파악해서는 안 된다(man *muß* sie gar nicht als Sätze auffassen). 그것들은 언어의 장치들에 속한다. 언어의 명제들과는 다른 종류의 장치들 [말이다]."(Wittgenstein (1964), p. 143, Wittgenstein (1975), p. 143)

5) 비트겐슈타인은 이 점에 대해 슐리크 및 바이스만과의 대화에서 다음과 같이 말한다: "한 등식은 정의와 마찬가지로, 하나의 기호 규칙이다."(Wittgenstein (1979a), p. 158)

아니라 상징(표현)을 다루고 있다.[6]

둘째, 비트겐슈타인에 따르면 ""A"는 "A"와 동일한 기호이다"(3.203). 비트겐슈타인은 위의 언급에서 등식에 대해 해명할 때 **두 개**의 기호(상징)에 대해서만 명시적으로 언급하고 있다. 즉 비트겐슈타인은 등식에서 좌변에 나오는 기호와 우변에 나오는 기호가 서로 다른 경우만을 명시적으로 다루고 있으며, 동일한 경우는 다루고 있지 않다. 다시 말해 그는 등식 "a = b"만을 명시적으로 다루고 있으며, "a = a"는 문제 삼고 있지 않다. 그렇기 때문에 "a = a"가 '등식'인가 하는 점은 열려 있다.[7]

셋째, 등식 "a = b"에 나오는 두 상징 'a'와 'b'는 (『논고』에서의) 어떤 대상의 이름일 수도 있고, 복합체에 대한 상징일 수도 있으며(왜냐하면 정의는 하나의 등식이고, 비트겐슈타인은 "복합체의 상징을 단순한 상징으로 요약하는 일은 정의에 의해 표현될 수 있다"(3.24d)라고 말했으므로), (수와 같은) 어떤 형식적 개념에 대한 상징일 수도 있다. 다시 말해 위의 언급에서 두 상징 'a'와 'b'는 세계에 속하는 사물의 이름이나 표현일 수도 있고 그렇지 않은 형식적 개념에 대한 것일 수도 있다. 이 점에 대해서는 어떤 특별한 제한도 주어져 있지 않다.[8]

---

6) 참고: Muehlmann, (1969), pp. 229-230. Muehlmann(1969)은 비트겐슈타인이 5.53에서 "기호"를 비일관적으로 사용하고 있으며, 그리하여 "상징"으로 대체되어야 한다고 주장한다. 그러나 우리는 "기호"가 사용되는 맥락(4.241)을 검토하면 바로 그 "기호"가 "상징"을 뜻한다는 것을 알 수 있다.

7) 이 점에 대해 비트겐슈타인은 『청색책』에서는 "a = a"는 '등식'이지만, "a = b"와는 "전혀 다른 종류의 것"이라고 말한다. ("이를테면 삼각형의 세 각의 합은 180°라는 증명에서 우리는 "α = α', β = β', γ = γ'"라고 말한다. 첫 번째 두 등식은 세 번째 것과는 전혀 다른 종류이다."(121쪽)) 한편 그는 『비트겐슈타인의 강의, 케임브리지, 1932-1935』에서는 다음과 같이 말한다. "논리식 "a = a"는 동일성 기호를 특수한 방식으로 사용한다. 왜냐하면 a가 a에 대입될 수 있다고 우리는 말하지 않게 될 것이기 때문이다."(Wittgenstein (1979b), p. 207) 또한 『철학적 문법』에서는 "a = a"를 "옳은 퇴화된 등식"이라고 부르고 있다(참고: Wittgenstein (1974), p. 317).

8) Black(1962)은 이 점을 놓치고 있다. 그는 4.241에 대해 다음과 같이 말한다. "이 언급(section)과 다음 두 언급에서, W.[비트겐슈타인]는 분명하게도(apparently) 순수 이름들만을 연결하는 등식들만을 염두에 두고 있다."(Black, (1962), p. 210)

요컨대 등식 "a = b"는 우리가 두 상징 'a'와 'b'를 서로 대체해서 사용할 수 있다는 기호 규칙이며, 'a'와 'b'의 의미나 지시체에 대해서는 아무것도 진술하지 않는다.[9] 다시 말해 등식 "a = b"는 상징에 관한 우리의 사용 규칙일 뿐이며, (나중에 살펴보겠지만) 세계나 실재에 관한 것이 아니다.

그리하여 비트겐슈타인은 위의 인용문에 이어 다음과 같이 말한다.

> 그러므로 "a = b" 형식의 표현들은 단지 묘사의 미봉책일 뿐이다; 그것들은 기호 "a", "b"의 의미에 관해서 아무것도 진술하지 않는다. (4.242)

> 두 이름이 동일한 사물을 지칭하는지, 아니면 두 개의 상이한 사물을 지칭하는지 알지 못하고서도 우리가 그 두 이름을 이해할 수 있는가?—두 이름이 동일한 것을 의미하는지, 아니면 상이한 것을 의미하는지 알지 못하고서도 우리가 그 두 이름이 나타나는 명제를 이해할 수 있는가?
> 내가 가령 어떤 영어 낱말의 의미와 그것과 같은 의미의 어떤 독일어 낱말의 의미를 안다면, 그 두 낱말이 같은 의미라는 것을 내가 알지 못한다는 것은 불가능하다; 내가 그것들을 서로 번역할 수 없다는 것은 불가능하다.
> "a = a"와 같은 표현들이나 이런 표현들로부터 도출된 표현들은 요소 명제들도 아니요 그 밖에 달리 뜻이 있는 기호도 아니다. (이 점은 나중에 드러날 것이다.) (4.243)

이 두 인용문에는 이해하기가 상대적으로 쉬운 부분도 있고 매우 어려운 부분도 있다. 먼저 쉬운 부분부터 검토해 보자. 가령 우리는 '김구'와

---

9) 비트겐슈타인의 이러한 생각은 "노르웨이에서 무어에게 구술한 단상들"(1914년 4월)에서 처음으로 등장한다. 그는 1913년 러셀에게 보낸 편지에서는 "(∃x) x = x"와 같은 명제가 "물리학의 명제"라고 말한다(Wittgenstein (1961), p. 127). 그리고 "논리학에 관한 단상들"(1913년 9월)에서 그는 "그러나 명제 "(x).x = x"가 존재하며, 또 "소크라테스 = 소크라테스" 등과 같은 명제들도 존재한다."(Wittgenstein (1961), p. 103)라고 말한다. 그러나 약 7개월 후 그는 다음과 같이 말한다. "한 명제가 뜻을 지니느냐 하는 물음은 결코 그 명제의 구성 요소에 관한 다른 명제의 **참**에 의존할 수 없다. 예컨대 (x) x = x가 뜻을 지니느냐 하는 물음은 (∃x) x = x가 **참**이냐 하는 물음에 의존할 수 없다. 그것은 실재를 전혀 기술하지 않으며, 그러므로 오직 상징들만을 다룬다. 그리고 그것은 그것들이 **기호화**(지칭, symbolize)해야 한다는 것만을 말하며 그것들이 기호화(지칭)하는 **것**을 말하지 않는다."(Wittgenstein (1961), p. 116)

'백범'이 김구라는 동일한 인물을 지칭한다는 것을 알고 있으며 이와 함께 그 두 이름을 이해한다. 반면에 그러한 것을 모른다면 그 두 이름을 이해할 수 없을 것이다. 그렇기 때문에 우리가 이해하고 있고 알고 있는 것을 표현하기 위해서 "김구 = 백범"이라는 등식은 사실상 필요하지도 않을 것이다. 왜냐하면 우리는 그저 '김구'와 '백범'이라는 표현만 보아도 알기 때문이다.[10)]

위의 두 인용문에는 이해하기가 매우 어려운 부분은 다음과 같다. 비트겐슈타인에 따르면, "a = b" 형식의 표현들은 "단지 묘사의 미봉책일 뿐이다." 여기에서 도대체 "묘사의 미봉책"이란 무엇인가? 또한 그는 왜 4.242에서 "a = b"를 "등식"이라고 부르지 않고 ""a = b" 형식의 표현들"이라고 부르고 있는가? 그리고 4.242에서 "그러므로"는 전제와 결론의 관계를 나타내고 있다. 그렇다면 정확하게 여기에서 전제는 무엇이고 결론은 무엇인가? 그리하여 우리는 4.242를 어떻게 해석해야 하는가? 더구나 그는 "a = a"와 같은 표현들은 요소 명제도 아니며, 더 나아가 뜻 있는 기호도 아니라고 말하고 있다. 그러면서 그는 "이 점은 나중에 드러날 것이다."라고 말하고 있다. 그렇다면 그는 『논고』 어디에서 그 점을 해명했는가?

3. 프레게와 러셀의 동일성 진술

문제를 다시 정리해 보자. 앞에서 우리는 등식 "a = b"는 두 기호 'a'와 'b'에 대한 논리적·구문론적 사용을 위한 기호 규칙이라는 점을 확인하였다. 여기에서 비트겐슈타인은 명시적으로 **두 기호**에 대해서 말했음을 주목하자. 그러한 등식은 그 두 기호의 의미에 관해서는 아무것도 진술하지

---

10) 이러한 비트겐슈타인의 생각은 6.232에서 다음과 같이 표현되어 있다. "프레게는 그 두 표현이 동일한 의미를 가지지만 상이한 뜻을 가진다고 말한다. 그러나 등식에서 본질적인 것은, 동일성 기호가 결합시키는 두 표현이 동일한 의미를 가진다는 점을 보여주기 위해 등식이 필수적이지는 않다는 것이다. 왜냐하면 그 점은 그 두 표현 자체에서 알아볼 수 있기 때문이다." (6.232)

않는다. 그런데 비트겐슈타인은 당혹스럽게도 "a = a"를 언급하고 있다. 과연 이것은 등식인가? 왜냐하면 이 표현에서는 2개의 기호가 아니라 하나의 기호 'a'만 등장하고 있기 때문이다! 더구나 그는 "a = a"와 같은 표현들은 요소 명제들도 아니고 뜻 있는 기호도 아니라고 하면서 이 점은 나중에 드러날 것이라고 말하고 있다. 그렇다면 그는 그 점을 『논고』 어디에서 밝혔는가? 더 나아가 그는 "a = b" 형식의 표현들은 "묘사의 미봉책"에 불과하다고 말한다. 그렇다면 여기에서 도대체 "묘사의 미봉책"(Behelfe der Darstellung)이란 무엇인가?

이 물음들에 대답하기 위해서는 우리는 먼저 동일성에 대한 프레게와 러셀의 생각을 살펴보아야 한다. 왜냐하면 이 물음들은 결국 일반적으로 말하는 동일성 진술과 비트겐슈타인의 등식이 동일한가 하는 문제와 관련이 있고, 또 비트겐슈타인이 동일성에 대한 프레게와 러셀의 생각을 어떻게 비판했느냐 하는 것과 연계되어 있기 때문이다.

먼저 동일성에 대한 프레게의 생각을 살펴보기로 하자. 앞에서 지적했듯이, 프레게는 『개념표기법』(1879)에서는 동일성이 기호들 간의 관계라고 간주하였지만 「뜻과 지시체에 관하여」(1892)에서는 그 대답을 거부한다. 그가 『개념표기법』에서 동일성이 기호들 간의 관계라고 간주하였던 이유는 가령, "샛별 = 샛별"과 "샛별 = 개밥바라기"가 인식적 차이를 지니고 있기 때문이다. 프레게에 따르면, 전자는 어떤 정보도 제공하지 않는 사소한 문장인데 반해, 후자는 천문학적 발견을 기록한 것으로서 우리에게 중요한 정보를 제공해 준다. 만일 동일성이 기호들 간의 관계가 아니라 내용들에 관한 것이라면 ('샛별'과 '개밥바라기'의 내용은 동일하므로) 그 인식적 차이가 드러나지 않는다.

반면에 프레게가 「뜻과 지시체에 관하여」에서 동일성이 기호들 간의 관계가 아니라고 보는 이유는 기호와 지시체 간의 관련이 자의적이기 때문이다. "어느 누구도 자의적으로 산출 가능한 사건이나 대상을 어떤 것에 대한 기호로서 사용하는 것을 금지할 수 없다.”[11] 즉 동일성 진술이 기호에 관한 것이라면 기호는 자의적이기 때문에 “샛별 = 개밥바라기”는 (케니(A. Kenny)가 지적하듯이) “천문학적 사실이라기보다는 사전상의 사실을 기록하는 것이 될 것”[12]이기 때문이다. 그리하여 프레게는 ‘뜻’과 ‘지시체’를 구분한다. ‘샛별’과 ‘개밥바라기’는 지시체는 동일하지만(즉 지시체는 둘 다 금성이지만) 뜻(즉 제시 방식)은 다르다. 이러한 구분으로부터 프레게는 “샛별 = 샛별”과 “샛별 = 개밥바라기”의 인식적 차이가 해명될 수 있다고 간주하였다. “샛별은 샛별이다”와 “샛별은 개밥바라기이다”는 둘 다 참이지만(그리하여 각각의 문장의 지시체는 참이지만), 그 뜻, 즉 사상은 다르다.[13]

동일성에 대한 이러한 프레게의 생각에서 주목해야 하는 것은 그가 **어떤** 동일성 진술은 경험적인 명제이고 우리에게 중요한 정보를 준다고 주장하고 있다는 점이다. 다시 말해 그는 “a = b” 형식의 어떤 문장들(“샛별 = 개밥바라기”와 같은 동일성 진술들)을 경험적인 명제로 간주하고 있다.

한편 러셀은 프레게의 뜻과 지시체 구분을 거부하지만, 기본적인 관점에서는 동일성 진술에 대한 프레게의 생각을 따르고 있다. 즉 프레게가 동일성 진술이 지시체(대상)에 관한 것이라고 생각한 것과 마찬가지로 러셀 또한 동일성 진술은 대상(사물)에 관한 것이라고 주장한다. 또한 프레게가 “a = b” 형식의 어떤 문장들이 경험적인 명제라고 간주하였던 것처럼, 러셀은 “a = 그 F”와 같은 형식의 어떤 문장들은 경험적인 명제라고 생각한다. 가령 “김구는『백범일지』의 저자이다”(이를 “a = 그 F”로 기호화하자.)라는 동일성 진술에 대해 생각해 보자. 여기에서 ‘김구’를 ‘a’로 기호화하고, ‘…는『백범일지』를 썼다’를 ‘f’로 기호화하자. 그러면 그 동일성 진

---

11) Frege (1997), p. 152.
12) 안토니 케니 (2002), p. 182. 참고: Linsky (1983), p. 7.
13) 참고: 1장.

술(a = 그 F)은 러셀의 기술 이론에 따르면 다음과 같이 기호화된다.

$$(\exists x)(fx \,\&\, (y)((fy \supset x = y) \,\&\, fa))$$

그리고 이는 다음과 동치이다.

$$fa \,\&\, (x)(fx \supset x = a)$$

요컨대 러셀의 기술 이론에 따르면, "김구는 『백범일지』의 저자이다"라는 동일성 진술은 "김구는 『백범일지』를 썼고, 오직 김구만이 『백범일지』를 썼다"로 분석된다. 이제 이 동일성 진술이 참인지 여부를 알기 위해서는 fa(즉 "김구는 『백범일지』를 썼다")가 참인지 여부를 확인해야만 한다. 그렇기 때문에 러셀에게 그 동일성 진술은 선험적인 명제가 아니라 경험적인 명제가 되는 것이다.

이 지점에서 동일성에 대한 프레게와 러셀의 생각과 비트겐슈타인의 생각이 다르다는 점이 극명하게 드러난다. 프레게와 러셀은 어떤 동일성 진술은 경험적인 명제로 간주한다. 반면에 앞에서 살펴보았듯이, 비트겐슈타인의 등식은 어떤 경우에도 경험적인 명제가 아니다. 또한 프레게와 러셀은 동일성 명제는 대상이나 지시체에 관한 것이라고 주장한다. 반면에 비트겐슈타인의 등식은 상징들의 논리적·구문론적 사용을 위한 기호 규칙이다.

그리하여 비트겐슈타인에게 "샛별 = 개밥바라기"는 묘사의 미봉책에 불과하다. 만일 그것이 등식이라면 그것은 결코 묘사가 아니다. 즉 등식으로서 그것은 세계에 속하는 어떤 사실이나 사태도 묘사하지 않는다. 반면에 그러한 표현은 묘사인 것처럼 보일 수 있고, 실제로 (프레게와 러셀에서 확인할 수 있듯이) 경험적인 명제로 간주되기도 한다. 그런데 만일 그것이 묘사로 간주된다면, 그 표현의 뜻은 애매한 것이 되어버린다. 왜냐하면 그것은 천문학적 발견을 뜻하는 것으로 해석될 수도 있고, '샛별'과 '개밥바라기'라는 표현에 대한 사람들의 언어사용의 사실을 뜻하는 것으로 해석될 수도 있기 때문이다. 그리고 그렇게 해석되는 경우, 그 내용이나 뜻은(즉 그 해석에 해당되는 경험적 사실은) 사실상 동일성 기호를 사용하지 않고서도 표현될 수 있다. 가령 천문학적 사실과 관련되는 경우, "샛별 = 개밥바라기"는 "금성은 아침에는 그러한 위치에서 관측되고 저녁에는 그러한 위치에서 관측된다"거나 "금성은 아침에는 그러한 위치에 있으며 그러그러한 운동을 한 후에 저녁에는 그러한 위치에 있게 된다"와 같은 방식으로 바꾸어 표현할 수 있으며, 언어 사용의 사실을 뜻하는 것으로 해석되는 경우에는 "한국인은 금성을 아침에 관측될 때에는 '샛별'이라고 부르고 저녁에 관측될 때에는 '개밥바라기'라고 부른다"와 같은 방식으로 표현할 수 있는 것이다. 요컨대 "샛별 = 개밥바라기"가 묘사라면 그것은 좋은 묘사도 아니고 정확한 묘사도 아니며("="을 사용하지 않는 더 정확한 묘사가 있으며), 그저 묘사의 미봉책에 불과하다.

이러한 비트겐슈타인의 생각에 대해 프레게와 러셀은 우리가 어떤 동일성 진술들을 경험적 명제로 사용하는 경우가 있다는 것은 분명하므로, "샛별 = 개밥바라기"와 "김구 =『백범일지』의 저자"는 모두 묘사에 해당된다고, 즉 경험적 명제라고 응수할 것이다. 그러나 비트겐슈타인은 가령 "샛별은 아주 밝다"가 샛별에 대해 어떤 것을 진술하고 있는 반면에, "이다(ist)"가 **동일성 기호인 한**, "샛별은 개밥바라기이다"는 샛별이나 개밥바라기에 대해서도 아무것도 진술하지 않는다고 주장한다. 그러나 왜 "이다(ist)"가 동일성 기호일 때 "샛별은 개밥바라기이다"는 샛별이나 개밥바라기에 대해 아무것도 진술하지 않는가? 비트겐슈타인의 대답은 이러하다: 동일성은 사물(대상)에 관한 것이 아니다. 동일성은 한 사물의 속성도 아니고, 사물들 간의 관계도 아니며, 한 사물의 자기 자신과의 관계도 아니다.

4. 동일성과 『논고』의 근본 사상

그렇다면 비트겐슈타인은 동일성이 사물에 관한 것이 아니며, 사물(들) 간의 관계도 아니고 한 사물의 속성도 아니라는 것을 어떻게 보였는가? 그 방법은 바로 『논고』의 "근본 사상"과 관련이 있다.

> 명제의 가능성은 기호들이 대상들을 대표한다는 원리에 의거한다.
>
> 나의 근본 사상은, "논리적 상항들"은 대표하지를 않는다는 것이다. 즉, 사실들의 **논리**는 대표될 수가 없다는 것이다. (4.0312)

『논고』의 근본 사상에 따르면 "논리적 상항들"은 대표하지를 않는다. 가령 '∼'과 같은 논리적 상항은 세계에 실재하는 어떤 대상도 가리키지 않는다. 그렇다면 이러한 근본 사상의 근거는 무엇인가? 비트겐슈타인은 먼저 함수와 연산을 구분한다. 함수는 그 자신의 논항이 될 수 없는 것 (3.333)인 반면에, 연산의 결과는 그 자신의 토대가 될 수 있다(5.251). 그 다음으로 비트겐슈타인은 부정과 같은 논리적 상항을 연산으로 파악한다 (5.2341). 가령 "∼∼p"는 "∼"이라는 연산을 두 번 "p"에 적용한 결과이다(5.32). 그런데 비트겐슈타인에 따르면, 연산은 사라질 수 있다. "연산은 사라질 수 있다(예를 들면 "∼∼p"에서의 부정: ∼∼ p= p)." (5.254) 요컨대 ∼∼p는 p와 논리적으로 동등하다. 따라서 "∼"이 사라진다는 것은 "∼"이 실재하는 대상이 아니라는 것, 또는 실재하는 대상을 가리키는 것이 아니라는 것을 말해준다. 왜냐하면 "만일 "∼"이라고 불리는 대상이 존재한다면, "∼∼p"는 "p"와는 다른 어떤 것을 말하지 않으면 안 될 것이다. 왜냐하면 그 경우 전자는 ∼을 다루는데, 후자는 그것을 다루지 않게 될 것이기 때문이다."(5.44d)

또한 "∼"나 "⊃" 등에 대해서 교차적 정의가 가능하다는 것은 그것들이 (왼쪽이나 오른쪽과 같은) 진정한 관계가 아니라는 점을 보여준다.[14]

---

14) "∨, ⊃ 등등이 왼편, 오른편 따위와 같은 뜻에서의 관계들이 아니라는 것은 자명하다.

다시 말해 "p⊃q"와 "~p∨q"가 동치라는 점, 또 "p∨q"와 "~p⊃q"가 동치라는 점은 "⊃", "∨" 등이 실제로 세계에 속하는 관계가 아니라는 것을 보여준다. 마지막으로, 어떤 규약이나 사용에 따라 "~p"라는 기호가 p를 뜻하고 "p"라는 기호가 ~p를 뜻하게 되는 것은 가능하다. "그러나 "p"라는 기호와 "~p"라는 기호가 같은 것을 말**할 수 있다**는 것은 중요하다. 왜냐하면 그것은 "~"이라는 기호에는 현실 속에서 아무것도 대응하지 않음을 보여주기 때문이다."(4.0621) 그리하여 "여기서 (프레게와 러셀의 뜻에서의) "논리적 대상들"이나 "논리적 상항들"은 존재하지 않는다는 것이 드러난다."(5.4)[15]

논리적 상항 '~'에 대한 바로 이러한 생각은 동일성 기호 '='에도 그대로 적용된다. 이는 다음의 언급에 잘 나타나 있다.

> 외견상의 논리적 상항들이 이렇게 사라지는 일은 "~(∃x).~fx"가 "(x).fx"
> 와 동일한 것을 말할 때, 또는 "(∃x).fx, x = a"가 "fa"와 동일한 것을 말할 때
> 에도 역시 발생한다. (5.441)

비트겐슈타인에 따르면, "~~p"의 부정 기호 '~'이 사라지는 것을 우리는 ~~p와 p가 동치라는 것에서 알 수 있듯이, "(∃x).fx, x = a"의 동일성 기호 '='이 사라지는 것을 우리는 "(∃x).fx, x = a"와 "fa"가 동일한 것을 말한다는 점에서 확인할 수 있다.[16] 이 점에 대해서 비트겐슈타인은 『일기 1914-1916』에서 다음과 같이 말하고 있다.

프레게와 러셀의 논리적 "원초 기호들"에 대한 교차적 정의의 가능성은 그것들이 원초 기호들이 아니라는 것, 더구나 그것들이 관계들을 지칭하지 않는다는 것을 이미 보여주고 있다. 그리고 우리가 "~"과 "∨"에 의해서 정의하는 "⊃"는 우리가 "~"과 함께 "∨"를 정의하는 "⊃"과 동일하다는 것, 그리고 이 "∨"는 처음의 "∨"와 동일하다는 것 등등은 명백하다." (5.42)

15) 참고: 1장.
16) 참고: "요소 명제에는 실로 이미 모든 논리적 연산들이 포함되어 있다. 왜냐하면 "fa"
   는 "(∃x).fx, x = a"와 동일한 것을 말하기 때문이다." (5.47)

"x = y"는 명제 형식이 **아니다.** (귀결들.)

"aRa"가 "aRb. a = b"와 동일한 지시체를 지닐 것이라는 것은 분명하다. 따라서 우리는 한 완전히 분석된 표기법에 의해서 사이비 명제 "a = b"가 사라지게 만들 수 있다. 위의 언급이 옳다는 것에 대한 최선의 증명.[17]

이 언급에서 비트겐슈타인은 "x = y"가 명제 형식이 아니고, 그리하여 "a = b"가 명제가 아니라 사이비 명제일 뿐이라는 것을 동일성 기호 "="이 사라지게 만들 수 있다는 점에서 그 근거를 찾고 있다. 더 나아가 그는 이를 "최선의 증명"이라고 말하고 있다. 즉 a = b인 경우에,[18] "aRb. a = b"와 "aRa"는 동치이다. 또는 "aRa. a = a"와 "aRa"는 동치이다. 그리하여 "a = b"나 "a = a"는 사라질 수 있다. 따라서 '∼'에 대한 (5.44d의) 생각은 그대로 '='에도 적용된다. "aRa"와 "aRa. a = a"는 동치이며 동일한 것을 말한다. 그러나 만일 "="이라고 불리는 대상이 존재한다면 "aRa. a = a"는 "aRa"와는 다른 어떤 것을 말하지 않으면 안 될 것이다. 왜냐하면 그 경우 전자는 =을 다루는데, 후자는 그것을 다루지 않기 때문이다. 마찬가지로 "(∃x).fx, x = a"와 "fa"에 대해서도 그러하다.

그렇기 때문에 비트겐슈타인에 따르면, '='은 세계에 실재하는 어떤 속성이나 관계도 가리키지 않는다.[19] 그리하여 그것은 세계에 속하는 어떤 대상도 가리키지 않는다.[20] 그렇다면 '='은 이름이 아니다. 따라서 'a'와 'b'가 대상의 이름일 때 "a = b"는 이름들의 연쇄도 아니다. 다시 말해 그것은 (요소 명제는 이름들의 연쇄(4.22)이므로) 요소 명제도 아니고 뜻이 있는 기호(명제)도 아니다. 더 나아가 "x = y"는 명제 형식이 아니다.

---

17) Wittgenstein (1961), p. 19.
18) 엄밀하게 말하면 "aRa"와 "aRb. a = b"는 동치가 아니다. 왜냐하면 a = b가 거짓인 경우에는 전자는 참이면서 후자는 거짓일 수 있기 때문이다.
19) Muehlmann(1969) 또한 이 점을 지적하고 있다. "비트겐슈타인은 존재론적으로 동일성과 다름이라는 관계들과 같은 존재자들(entities)이 없다는 것은 명백하다고 생각한다."(Muehlmann (1969), p. 229)
20) 『논고』에서는 속성이나 관계도 대상임을 유념하자. 참고: 7장.

5. 비트겐슈타인의 러셀 동일성 정의 비판

앞에서 우리는 "a = a"에서와 같이 하나의 기호가 문제되든 아니면 "a = b"에서와 같이 두 개의 기호가 문제되든지 간에 그러한 표현들은 뜻이 없으며 요소 명제가 아니라는 비트겐슈타인의 생각을 살펴보았다. "aRa & a = a"는 "aRa"와 동치이기 때문에 "a = a"는 사라질 수 있으며, '='은 세계에 실재하는 어떤 대상(속성, 관계)도 가리키지 않는다. 비트겐슈타인은 이러한 결론을 5.5301, 5.5302, 5.5303에서 명시적으로 정리한다. 이 부분은 대단히 중요하므로 하나하나 인용하면서 논의하기로 하자.

> 동일성이 대상들 사이의 관계가 아니라는 것은 자명하다. 이는 예컨대 "(x):fx.⊃.x=a"라는 명제를 고찰해 보면 매우 분명해질 것이다. 이 명제가 말하는 것은 단순히, **오직** a만이 함수 f를 만족시킨다는 것이지, a에 대해 어떤 관계를 가지는 오직 그런 사물들만이 함수 f를 만족시킨다는 것이 아니다.
>
> 물론 이제 우리들은 정확히 **a만이** a에 대해 이러한 관계를 가진다고 말할 수 있을 것이나, 이를 표현하려면 우리는 동일성 기호 자체를 필요로 할 것이다. (5.5301)

앞에서 우리는 러셀의 기술 이론에 따르면, "a = 그 F"와 같은 형식의 문장이 fa & (x)(fx ⊃ x = a)로 분석된다는 것을 확인하였다. 위의 인용문에서 비트겐슈타인은 이 논리식의 오른쪽 연언지 (x)(fx ⊃ x = a)를 문제 삼고 있다. "a = 그 F"에서의 동일성은 결국 (x)(fx ⊃ x = a)에서 주어진다(왜냐하면 왼쪽 연언지 fa는 동일성과 관련이 없으므로). 이때 비트겐슈타인에 따르면, "이 명제가 말하는 것은 단순히, **오직** a만이 함수 f를 만족시킨다는 것이지, a에 대해 어떤 관계를 가지는 오직 그런 사물들만이 함수 f를 만족시킨다는 것이 아니다." 그렇기 때문에 "a = 그 F"에서의 동일성은 사

물들 간의 관계가 아니다.[21)]

그러나 여기에서 문제는 동일성 진술 "a = 그 F"를 분석하면, fa & (x)(fx ⊃ x = a)에서 보이듯이, **다시** 동일성 기호가 등장한다는 것이다.[22)] 따라서 혹자는 진정한 동일성 진술은 "a = 그 F"와 같이 확정 기술을 포함하는 것이 아니라 오히려 고유 이름들에만 제한되어야 한다고 주장할 수 있을 것이다. 다시 말해 진정한 동일성 기호는 "a = 그 F"에서의 '='이 아니라 오히려 (x)(fx ⊃ x = a)에서의 '='이다. 이러한 상황에서 비트겐슈타인은 다음과 같이 말하고 있다. "물론 이제 우리들은 정확히 **a만이** a에 대해 이러한 관계를 가진다고 말할 수 있을 것이나, 이를 표현하려면 우리는 동일성 기호 자체를 필요로 할 것이다." 다시 말해 a만이 a에 대해 어떤 관계 R을 가진다고 말하기 위해 가령 (x)(y)((xRy ⊃ x = y) & x =a)라고 말해야 하는데, 이때 우리는 동일성 기호 '='를 필요로 하게 될 것이다.

그렇다면 비트겐슈타인은 이러한 논의를 통하여 러셀의 기술 이론이 옳다는 것을 인정하고 있는가? 나는 오히려 그 반대라고 생각한다. 만일 "a = 그 F"가 등식이라면, 이는 상징 'a'와 '그 F'에 대한 우리의 기호 규칙이며 결코 경험적 명제가 아니다. 그렇기 때문에 그것은 더 이상의 분석을 필요로 하지 않는다. 반면에 러셀의 기술 이론에 따르면, 어떤 "a = 그 F"는 경험적 명제이다. 즉 러셀은 등식 "a = 그 F"를 분석한 것이 아니라, 묘사의 미봉책으로서의 "a = 그 F"를 분석했을 뿐이다. 그렇기 때문에 등식에 관한 한, 비트겐슈타인은 러셀의 기술 이론을 거부하고 있다. 따라서 위의 언급에서 비트겐슈타인이 말하고자 하는 것은 다음과 같다: 동일성이 대상들에 관한 것이며, 대상들 간의 관계라고 하자. 그렇게 되면 "a = 그 F"는 사물들에 관한 진술이 될 것이다. 즉 "a = 그 F"는 경험적 명제가

---

21) 비트겐슈타인이 5.5301에서 문제 삼고 있는 것은 동일성이 **대상들 사이의** 관계가 아니라는 것"이지 "관계가 아니라는 것"이 아니다. White(1978)는 비트겐슈타인이 문제 삼고 있는 것은 후자라고 오해하고 있다. 참고: White (1978), p. 166.
22) White(1978) 또한 이 점을 지적하고 있다. 참고: White (1978), pp. 166-167.

될 것이고, 러셀의 기술 이론에 따라 분석되면 동일성은 (x)(fx ⊃ x = a)에 있게 될 것이다. 그러나 이는 대상들 간의 관계에 대해서는 말하지 않는다. 다시 말해 설령 "a = 그 F"에 대한 러셀의 생각과 기술 이론이 옳다고 하더라도, 동일성은 대상들 간의 관계가 아니다.

그리하여 이제 비트겐슈타인은 "a = 그 F"와 같은 형식의 동일성 진술이 아니라 "a = a"나 "a = b"와 같이 **이름들**만 등장하는 동일성 진술을 문제 삼는다. 더 나아가 그는 "정확히 **a만이** a에 대해 이러한 관계를 가진다"라는 표현에서 알 수 있듯이, 동일성이 사물들 간의 관계가 아니라 하나의 사물이 자신과 갖는 관계인지를 문제 삼는다. 바로 이 두 가지 측면이, 나는 이렇게 생각하는데, 비트겐슈타인이 5.5301에 이어서 곧바로 동일성에 대한 러셀의 정의를 다룰 때 염두에 두고 있는 것이다. 러셀은 동일성에 대해 다음과 같은 정의를 제시한다.

a = b. = : (φ):φ!a. ⊃. φ!b : Def.

러셀에 따르면, "우리[러셀과 화이트헤드]는 'x는 y와 동일하다'를 'y는 x의 모든 서술적(predicative) 속성들을 지닌다'를 의미하는 것으로 정의했다."[23] 즉 두 대상 a와 b는 만일 그것들이 서술적 속성들을 모두 공통으로 갖고 있다면 동일하다.[24] 이때 φ!는 서술적 속성을 나타내는데, 서술적 속성이란 속성들의 어떤 총체(totality)도 가리키지 않는 속성이다.[25]

이에 대해 비트겐슈타인은 다음과 같이 비판한다.

"="에 대한 러셀의 정의는 충분하지 못하다; 왜냐하면 그 정의에 따르면 우리들은 2개의 대상이 모든 속성들을 공통으로 가진다고 말할 수 없기 때문

---

23) Russell (1959), p. 115.
24) 또한 러셀은 『수학 원리』에서는 "이 정의는 x에 의해 만족되는 각각의 모든 서술적 함수가 y에 의해서도 만족될 때 x와 y는 동일하다고 불린다는 것을 진술한다."(Russell & Whitehead (1910), p. 176)라고 말하고 있다.
25) Russell (1959), p. 114.

이다. (이 명제는 비록 옳지는 않지만, 그럼에도 불구하고 **뜻**은 가지고 있
다.) (5.5302)

여기에서 비트겐슈타인은 러셀의 동일성 정의에서 2개의 대상이 등장하
는 경우, 정의항은 뜻이 있는 명제라고 말하고 있다. 가령 어떤 세계 W에
2개의 대상 a와 b만 존재하고, 또 세 개의 속성들 f, g, h만 존재한다고 하
자. 그리고 이 세계에서는 fa, fb, ga, gb, ha, hb가 모두 성립한다고 하자. 그
러면 a와 b는 모든 서술적 속성들을 공통으로 지니고 있다. 즉 a의 모든 속
성은 f, g, h이고 또 그것뿐이며, b의 모든 속성도 f, g, h이고 또 그것뿐이
다. 그리고 이 경우에 우리는 2개의 대상이 모든 (서술적) 속성들을 공통
으로 가진다고 말할 수 있다.[26] 그렇기 때문에 비트겐슈타인에 따르면, 2
개의 대상들이 모든 속성들을 공통으로 가진다고 말하는 것은 항상 옳은
것은 아니지만, 어떤 특수한 경우에는 참일 수 있으며 그리하여 2개의 대
상들이 모든 속성들을 공통으로 가진다는 명제는 뜻을 지닌다.[27]

반면에 러셀은 2개의 대상 a와 b는 결코 모든 서술적 속성들을 공유할

---

26) 이 점에 대해 램지는 다음과 같이 말한다. "그 [러셀의] 정의는 두 개의 사물들이 그것
들의 모든 요소 속성들(elementary properties)을 공통으로 지니는 것을 자기 모순적
인 것으로 만든다. 하지만 이는 사실상 비록 그것이 결코 일어나지 않는다 해도 실제로
는 완전히 가능하다. 두 개의 사물들 a와 b를 취하기로 하자. 그러면 a가 요소 속성들
의 자기 일관적인 어떤 집합을 지니는 것에도, b가 이 집합을 지니는 것에도 어떤 자기
모순적인 것도 없으며, 그러므로 명백하게도, a와 b가 둘 다 그것들을 지니는 것에도,
그리하여 a와 b가 그것들의 모든 요소 속성들을 공통으로 지니는 것에도 자기 모순적
인 것은 없다."(Ramsey (1931), p. 31)
27) 이영철 교수는 5.5302에 대한 옮긴이 주에서 다음과 같이 말한다. "《수학 원리》 1권
*13에서 러셀은 다음과 같이 말한다: "x에 의해 만족되는 모든 가술적 함수가 y에 의해
서도 역시 만족될 때, x와 y는 동일하다고 할 수 있다. 우리는 x에 의해 만족되는 모든
함수가 y에 의해 만족되어야 한다고 진술할 수 없다." 비트겐슈타인의 비판은, 러셀의
두 번째 문장에서 금지시킨 그 진술은 비록 옳지는 않더라도 뜻은 지니며, 따라서 논리
상으로는 금지시킬 수 없다는 것이다."(비트겐슈타인(2006a) p. 85) 이러한 이영철 교
수의 생각은 마치 "금지시킨" 두 번째 문장만을 비트겐슈타인이 문제 삼고 있다는 것
으로 오해를 불러일으킬 수 있다. 오히려 비트겐슈타인은 첫 번째 문장을 더 심각하게
문제 삼고 있다. 즉 그 속성이 서술적 속성이든 비서술적 속성이든 러셀 식의 동일성에
대한 정의는 성립하지 않는다는 것이다.

수는 없다고 간주한다. 그에 따르면 2개의 대상이 동일하다는 것은 불가능하다. 그는 『수학 원리』에서 다음과 같이 말한다. ""구별 불가능한 것들"이라는 말로 그[라이프니츠]가 그것들의 **모든** 속성들에 관하여 일치하는 두 대상을 의미할 수 없었다는 것은 주목해야 한다. 왜냐하면 x의 속성들 중 하나는 x와 동일함(to be identical with x)이고, 그러므로 이 속성은 만일 x와 y가 그것들의 **모든** 속성들에서 일치한다면 필연적으로 y에 속하게 될 것이기 때문이다."[28] 요컨대 두 대상 a와 b가 존재한다면, "a와 같음"이라는 속성은 a의 속성이고 이 속성을 b는 가질 수 없다. 달리 말하면, 두 대상 a와 b에 대해서, "b와 다름"이라는 속성은 a의 속성이고, 이 속성을 b는 가질 수 없다. 이 점에 대해서 러셀은 다음과 같이 말한다. "하지만 만일 다름(diversity)이 인정된다면, 그렇게 되면 만일 a와 b가 둘이라면, a는 b가 갖지 않은 속성, 즉 b와 다름(being diverse from b)이라는 속성을 갖고 있다."[29]

그렇기 때문에 동일성에 대한 러셀의 정의에서 다루어지는 대상은 2개가 아니라 하나일 뿐이다. 이 경우에 러셀의 정의는 다음과 같이 될 것이다.

$$a = a. = : (\varphi) : \varphi!a. \supset. \varphi!a : \text{Def.}$$

여기에서 정의항 $(\varphi) : \varphi!a. \supset. \varphi!a$는 비트겐슈타인의 『논고』에 따르면, 동어반복이다. 왜냐하면 이것은 $fa \supset fa$와 같은 형식의 논리식들의 연언(논리곱)인데,[30] $fa \supset fa$는 동어반복이고 또 그러한 논리식들의 연언도 동어반복이기 때문이다. 따라서 "a = a"는 러셀의 정의에 따르면 동어반복이므로, 『논고』에 따르면 "현실의 그림"이 아니며, "어떤 가능한 상황도 묘사하지 않는다."(4.462)

---

28) Russell & Whitehead (1910), p. 60.
29) Russell (1959), p. 115.
30) 참고: 4장.

요약하자면, 설령 러셀의 기술 이론이 옳을지라도 "a = 그 F"와 같은 동일성 진술에서의 동일성은 2개의 대상들 간의 관계가 아니다. 만일 동일성에 대한 러셀의 정의에서와 같이 "a = b"와 같은 동일성 진술이 2개의 대상을 다루고 있다면 이러한 정의는 옳지 않다. 왜냐하면 비트겐슈타인에 따르면 "a = b"는 등식이고 우리의 기호 규칙인데, 러셀의 정의에서 정의항은 뜻이 있는 명제이기 때문이다. 만일 러셀의 정의에서 하나의 대상의 자기 자신과의 동일성을 다루고 있다면 그 경우에 "a = a"는 동어반복이 되며 아무것도 말하지 않는다.[31] 그렇지만 어쨌든 이 경우 "a = a"가 뜻 없는 표현이라는 점에서는 옳다. 그렇기 때문에 동일성에 대한 러셀의 정의는 "충분하지 못하다."[32]

그리하여 비트겐슈타인은 동일성 기호가 세계에 실재하는 어떤 속성이나 관계도 가리키지 않는다는 것을 토대로, 다음과 같이 말한다.

> 대충 말해서, **두 개**의 사물에 관하여 그 둘이 동일하다고 말하는 것은 무의미한 것이다. 그리고 **하나**의 사물에 관하여 그것이 그 자체와 동일하다고 말하는 것은 전혀 아무것도 말하는 바가 없다. (5.5303)

---

31) 램지는 동일성에 대한 러셀의 정의는 잘못된 해석(misinterpretation)에 불과하다고 지적한다. 그는 다음과 같이 말한다. "만일 우리가 우리의 낱말 '동일한'의 뜻에서 러셀의 동일성의 기호를 사용한다면―그리고 이것은 러셀의 의도이다―그러면 우리는 '(크 x).x=x'와 같은 논리식이 사물들(things)이 존재한다는 것, '아무것도 없기보다는 오히려 어떤 것이 존재한다'는 것을 표현한다고 생각하기 쉽다. (그리고 이와 유사한 일련의 논리식들을 형성하는 것은 쉽다.) 그러나 그러한 논리식은, 사실상, 그것의 기호들의 정의들로부터 추론될 수 있는 것만을 말할 뿐이다. 만일 그것이 러셀의 정의에 따라 변형된다면, 그것은 단지 그 자신과 공통으로 모든 그것의 속성들을 지니는 한 x가 존재한다는 것을 의미한다. 그러나 이것은 하나의 동어반복이; 그것은 아무것도 말하지 않으며, 따라서 그것은 '사물들이 존재한다'고 말하지 않는다."(Ramsey (1931), p. 28) 또한 참고: Waismann (1977), p. 28.

32) Rosenkrantz(2009)는 러셀의 동일성에 대한 비트겐슈타인의 비판의 요점을 전혀 파악하지 못하고 있다. 그는 『논고』 5.53에 기초한 "이상-언어 방법"에 따르면, 『논고』 5.5302에서 쟁점이 되고 있는 것은 동일성이 아니라 개별화(individuation)라고 주장한다. 그러면서 그는 비트겐슈타인은 동일성을 "아무것도 아닌 것"(nothing)으로 파악하고 있다고 간주한다. 물론 이는 전혀 옳지 않다.

비트겐슈타인은 여기에서 동일성이 두 개의 사물 간의 관계라고 말하거나 한 사물이 자신과 지니는 관계라고(또는 한 사물의 속성이라고) 말하는 것은 무의미하거나 아무것도 말하는 바가 없다고 선언하고 있다. 왜 그러한가? 왜냐하면 세계에 존재하지도 않은 속성이나 관계를 대상들에게 부여하는 것은 의미가 없기 때문이다.

6. 동일성의 정의 가능성

비트겐슈타인은 동일성은 세계에 실재하는 속성이나 관계도 아니고, 또 두 대상 간의 관계도 아니며 한 대상의 속성이나 그것 자신과의 관계도 아님을 분명히 하고 있다. 이를 뒷받침하는 핵심 근거는 논리적으로 동치인 명제에서 논리적 상항 '∼'이 사라지는 것과 같이 동일성 기호 '='도 사라진다는 점에 있었다. 이제 비트겐슈타인은 그러한 생각을 체계적으로 확장한다. 즉 동일성 기호는 개념 표기법에서 제거 가능하다는 것이다. 이는 상이한 대상들은 상이한 기호로 표현하고 하나의 대상에는 오직 하나의 기호를 사용하는 것으로 이루어진다. 그는 다음과 같이 말한다.

> 나는 대상의 동일성을 기호의 동일성에 의해서 표현하고, 동일성 기호를 써서 표현하지 않는다. 대상들의 상이성은 기호들의 상이성에 의해 표현한다. (5.53)

이 언급에 이어서, 앞에서 살펴본 바와 같이, 비트겐슈타인은 동일성이 대상들 사이의 관계가 아니며(5.5301), 동일성에 대한 러셀의 정의는 불충분하고(5.5302), 그리하여 사물들에 관하여 동일성을 부여하는 것은 무의미하다(5.5303)고 주장한 후에, 실제로 동일성 기호가 개념 표기법에서 제거 가능하다고 말한다. 그에 따르면, 개념 표기법에서 동일성 기호는 제거될 수도 있다. 그는 "f(a, b).a = b" 대신에 "f(a, a)"(또는 "f(b, b)")를 쓰고, "f(a, b).∼a = b" 대신에 "f(a, b)"로 쓸 것을 제안하며(5.531), 마찬가지로 "(∃x, y).f(x, y).x = y" 대신에 "(∃x)f(x, x)"를 쓰고, "(∃x, y).f(x, y).∼

x = y" 대신에 "(∃x, y).f(x, y)"라고 쓰는 것을 제안한다(5.532). 이러한 방식으로 동일성 기호는 제거될 수 있으므로, 비트겐슈타인은 "그러므로 동일성 기호는 개념 표기법의 본질적 구성 요소가 아니다."(5.533)라고 말한다. 그리하여 그는 자신이 생각하는 올바른 개념 표기법에서는 등식들은 모두 제거될 것이며, 이와 더불어 등식들과 관련된 철학적 문제들도 모두 사라질 것이라고 선언한다.

> 그리고 이제 우리는 "a=a", "a=b.b=c.⊃a=c", "(x).x=x", "(∃x).x=a" 등과 같은 사이비 명제들은 올바른 개념 표기법에서는 아예 적힐 수조차 없다는 것을 안다. (5.534)

> 그와 동시에 그러한 사이비 명제들과 연결되어 있던 모든 문제들도 사라진다.
> 러셀의 "무한성의 공리"가 야기하는 모든 문제들은 이미 여기서 해결될 수 있다.
> 무한성의 공리가 말하려 하는 것은 상이한 의미를 지닌 무한히 많은 이름들이 존재한다는 점에 의하여 언어에서 표현될 수 있을 것이다. (5.535)

그렇다면 "그러한 사이비 명제들과 연결되어 있던 모든 문제들"이란 (무한성 공리와 관련된 문제를 제외하면) 어떤 문제들인가? 나는 바로 그 문제들은 프레게의 문제라고 생각한다. 이미 살펴보았듯이, 프레게는 "a = a"와 "a = b"는 인식적 차이를 지니는 것으로 보았다. 프레게에 따르면, 전자는 아무런 정보도 제공해 주지 않으며, 후자는 ("샛별 = 개밥바라기"의 경우에는) 어떤 중요한 정보를 제공해 준다. 요컨대 프레게는 전자를 선험적인 것으로, 그리고 후자를 경험적인 것으로 파악하고 있다. 한편 러셀은 (앞에서 제시한) "a = 그 F"와 (a와 b가 두 개의 대상일 때) "a = b"를 (『논고』의 해석에 따르면) 경험적인 명제로 간주하고 있고, "a = a"는 동어반복인 것으로 다루고 있다. 다시 말해 프레게와 러셀은 어떤 동일성 명제는 선험적인 것으로, 그리고 어떤 다른 동일성 명제는 경험적인 것으로 다루고 있는 것이다.

반면에 앞에서 살펴보았듯이, 비트겐슈타인의 등식은 경험적인 명제가 아니다. 비트겐슈타인에게 등식이란 두 기호(상징)에 대한 논리적·구문론적 사용의 규칙이다. 더 나아가 비트겐슈타인은 동일성이 세계에 실재하는 속성이나 관계가 아니라고 간주하였다. 그렇기 때문에 비트겐슈타인이 파악하는 등식에서는 프레게의 문제가 발생하지 않으며 사라진다. 다시 말해 "a = a"와 "a = b"의 인식적 차이를 설명하는 문제는 애초부터 제기되지 않는다.[33]

뿐만 아니라 프레게의 물음, 즉 동일성이 관계인지, 또 관계라면 대상들 간의 관계인지 아니면 기호들 간의 관계인지 하는 물음에 대해 비트겐슈타인은 동일성은 세계에 실재하는 관계가 아니며, 또 단순히 기호가 아니라 상징(표현)에 관한 것이라고 응수하고 있다.[34] 등식은 세계나 실재에 관한 것이 아니라 우리의 상징(표현)의 사용 규칙이다.[35]

더 나아가 비트겐슈타인은 명시적으로는 동일성에 대한 러셀의 정의가 "충분하지 못하다"라고 비판하였지만, 나는 이렇게 생각하는데, 실제로는 더 강력한 비판을 하고 있다. 왜냐하면 『논고』에서 비트겐슈타인은 동일성이 정의 불가능하다고 간주하고 있기 때문이다. 다시 말해 동일성에 대한 러셀의 정의는 옳지 않기 때문에 거부되어야 하는 것이라기보다는 오히려 러셀이 동일성에 대해 정의하려고 시도했다는 것 자체가 옳지 않다.

---

33) 그렇기 때문에 "비트겐슈타인의 논변은 모든 정보를 주는(informative) 동일성 명제의 뜻을 분석하는 한 가지 방법을 구체적으로 제공할 수 있을 것"(p. 174)이라는 White(1978)의 주장은 오해에 불과하다.

34) 비트겐슈타인에 따르면, "p ∴ p∨q에서 우리가 쓰는 ∴도 =과 동일한 종류의 기호다." 즉 "그것들은 둘 다 상징들에 관한 것이다." 참고: Wittgenstein (1980), p. 58.

35) McGuinn(2000)은 이러한 비트겐슈타인의 생각을 전혀 파악하지 못하고 있다. 그는 "오래전에 프레게가 우리에게 가르쳐주었던 바와 같이, 동일성 명제들은 항상 분석적이거나 선험적인 것은 아니다."라고 말하면서 그렇기 때문에 비트겐슈타인은 "동일성 개념의 인식적 역할을 무시"하고 있다고 간주한다(McGuinn (2000). p. 13). 나는 바로 이러한 무비판적인 생각을 가장 경계해야 한다고 생각한다.

이제 이 점을 확인하기로 하자. 비트겐슈타인은 다음과 같이 말한다.

> 두 표현의 의미의 동일성은 **주장**될 수 없다. 왜냐하면 그것들의 의미에 관해 무엇인가를 주장할 수 있으려면 나는 그것들의 의미를 알아야 하며, 또한 그것들의 의미를 앎으로써 나는 그것들이 동일한 것을 의미하는지 아니면 상이한 것을 의미하는지 알기 때문이다. (6.2322)

비트겐슈타인은 "두 표현의 의미의 동일성은 주장될 수 없다"고 말하고 있다. 왜냐하면 두 표현의 의미에 관해 무엇인가를 주장할 수 있으려면 그 전에 "나는 그것들의 의미를 알아야 하며", "그것들의 의미를 앎으로써" 이미 그것들이 의미가 동일한지 여부를 알기 때문이다. 즉 두 표현의 의미의 동일성 여부를 아는 것이 두 표현에 대해 무엇인가를 주장할 수 있는 선결 조건이다. 그러한 선결 조건에 해당되는 것 자체를 주장하는 것은 불가능하다.

마찬가지로 우리는 두 표현의 의미의 동일성은 **정의**될 수도 없다는 것을 알 수 있다. 왜냐하면 두 표현의 의미에 관해 무엇인가를 정의할 수 있으려면, 우리는 그것들의 의미를 알아야 하고, 또 그것들의 의미를 앎으로써 그것들이 동일한 것을 의미하는지 아니면 상이한 것을 의미하는지 알기 때문이다. 요컨대 두 표현의 의미의 동일성 여부를 아는 것이 두 표현에 대해 무엇인가를 정의할 수 있는 전제 조건이며, 그렇기 때문에 두 표현의 의미의 동일성을 정의한다면 이는 순환적일 수밖에 없는 것이다.[36]

---

36) 비트겐슈타인이 『논고』의 "재탕"(rehash)에 불과하다고 비난했던(Wittgenstein (1979a), p. 184) 바이스만의 "논제들"(Theses)에는, 나는 이렇게 생각하는데, 『논고』의 논리적 공간 개념에 대한 옳지 않은 서술이 포함되어 있지만, 동일성 개념에 대해서는 상대적으로 정확하게 서술되어 있다. 바이스만은 다음과 같이 기록하고 있다: "러셀은 동일성을 다음과 같이 정식화하려고 시도하였다. '두 대상 a와 b는 만일 그것들이 그것들의 속성들을 모두 공통으로 갖고 있다면 동일하다.' a = b. = : (φ):φ!a. ⊃. φ!b : Def. 이 명제는 동일성의 본질을 포착하지 않는다. 왜냐하면 그것을 이해하기 위해서는, 나에게는 기호들 'a'와 'b'가 이미 주어져야 하고, 내가 그것들에 한 의미를 줄 때 나는 그것들이 동일한 것을 의미하는지 그렇지 않은지를 알기 때문이다. 동일한 것이 F. P. 램지의 시도에 대해서도 말해져야 한다. 러셀의 오류는 동일성에 대한 **잘못된** 정

7. 동일성의 기준

그런데 비트겐슈타인에 따르면 수학은 등식으로 이루어진다.

> 수학적 방법에 본질적인 것은, 등식들을 가지고 작업한다는 것이다. 수학의
> 모든 명제가 저절로 이해되어야 한다는 것은 말하자면 이러한 방법에 기인
> 한다. (6.2341)

> 수학이 그 등식들에 이르는 방법은 대입의 방법이다.
>   왜냐하면 등식들은 두 표현의 대체 가능성을 표현하고, 우리는 등식들에
> 따라서 표현들을 다른 표현들로 대체함으로써 일정한 수의 등식들로부터
> 새로운 등식들로 전진해 나가기 때문이다. (6.24)

또한 그에 따르면, "수학의 명제들은 등식들이며, 따라서 사이비 명제들
이다."(6.2b) "논리학의 명제들이 동어반복들 속에서 보여 주는 세계의 논
리를 수학은 등식들 속에서 보여 준다."(6.22)

그러나 앞에서 살펴보았듯이 비트겐슈타인에 따르면, 동일성 기호는
어떤 경우 사라지며, 또 개념 표기법에서 제거 가능하고 올바른 개념 표기
법에 포함되지 않는다. 그러나 만일 그러하다면 수학에서 등식은 모두 제
거 가능한 것 아닌가? 이는 결국 수학과 더 나아가 수리 논리학의 성립 가
능성을 부정하는 것 아닌가?

실제로 러셀은 동일성에 대한 비트겐슈타인의 생각은 수리 논리학을
불가능하게 만든다고 주장한다. 우리는 앞에서 비트겐슈타인이 동일성에
대한 러셀의 정의를 어떻게 비판하였는지를 살펴보았다. 이러한 비트겐슈
타인의 비판에 대해 러셀은 자신은 "한때는 이 비판을 받아들였지만, 곧
그 비판이 수리논리학을 불가능하게 만들며, 사실상 비트겐슈타인의 비판

식화를 제시하는 것에 있지 않았으며, 오히려 도대체 한 **정식화**를 주려고 했다는 데 있
다. 한 명제에 의해 그 명제를 이해하기 위한 조건인 바로 그것을 정식화하려고 바라는
것은 무의미하다." (Wittgenstein (1979a), p. 243)

은 부당하다는 결론에 이르렀다"[37]라고 말한다. 그러면서 러셀은 다음과 같이 말한다.

예컨대 수 2의 정의를 들어보자. 우리는 어떤 집합이 x와 y라는 원소들을 갖고 있고 x가 y와 동일하지 않으며, 만일 z가 그 집합의 원소라면 z는 x나 y와 동일하다면, 그 집합은 2개의 원소를 지닌다고 말한다. 이 정의를 "x = y"나 "x ≠ y" 형식의 표현을 결코 사용해서는 안 된다고 요구하면서, 우리는 다른 사물을 지칭(represent)하기 위해서는 다른 문자들을 사용해야 하고 동일한 사물을 지칭하기 위해서는 2개의 다른 문자들을 사용해서는 안 된다는 비트겐슈타인의 규약에 적응시키는 것은 아주 어렵다. 그러한 전문적인 난점을 차치하더라도, 위에서 언급한 이유 때문에, 만일 2개의 사물들이 모든 속성들을 공통으로 지니고 있다면 그것들은 둘로 **셀**(counted) 수 없는데, 왜냐하면 이는[이 셈은] 그것들을 구분하는 것을 포함하며 그리하여 그것들에 다른 속성들을 부여하는 것을 포함하기 때문이다.[38]

그러나 러셀은 여기에서 비트겐슈타인의 생각을 잘못 파악하고 있다. 비트겐슈타인은 결코 "x = y"나 "x ≠ y" 형식의 표현을 사용해서는 안 된다고 요구한 적이 없다.[39] 그는 개념 표기법에서 그러한 표현은 제거 가능하고 올바른 개념 표기법에는 그러한 표현은 포함되지 않는다고 말했을 뿐이다. 또한 러셀은 2개의 사물이 모든 속성들을 공통으로 지니는 경우가 불가능하다고 함으로써 동일성을 한 사물이 자신과 지니는 관계로 파악하고 있는데, 이는 비트겐슈타인이 거부하고 있는 생각이다.[40] 동일성

---

37) Russell (1959), p. 115.
38) Russell (1959), p. 116.
39) 이 점을 앤스컴 또한 지적하고 있다. 참고: Anscombe (1959), p. 146, Black (1964), p. 291.
40) 램지는 이러한 러셀의 생각에 대해 다음과 같이 반박하고 있다: "모든 그것들의 속성들을 공통으로 지니는 두 개의 사물들을 구분하는 것은, 상이한 이름들을 그것들에 부여하는 것은 그것들이 그러한 이름들을 지님이라는 상이한 속성들을 지닌다는 것을 함축할 것이기 때문에, 가능하지 않다는 반론을 제기하는 것은 쓸모없다. 왜냐하면 비록 이는 완벽하게 참이지만—다시 말해, 나는 주어진 이유 때문에 두 개의 특수한 구분 불

은 사물들 간의 관계도 아니고 한 사물의 자신과의 관계도 아니다.

요컨대 위의 인용문에서의 러셀의 생각은 오해에 불과하다. '∼'과 같은 논리적 상항이 사라지는 경우가 있고 또 개념 표기법에서 제거 가능하다고 하더라도, 이로부터 우리가 일상 언어에서 "∼p"와 같은 명제를 사용해서는 안 된다는 결론이 나오지도 않으며, 논리학을 할 때 '∼'을 사용해서는 안 된다는 결론도 나오지 않는다. 마찬가지로 동일성 기호가 개념 표기법에서 제거 가능하다고 해서 수학에서 동일성 기호를 사용해서는 안 된다는 결론은 나오지도 않는다. 또한 앞에서 확인하였듯이, 비트겐슈타인은 동일성은 사물이나 실재에 관한 것이 아니며, 우리의 기호 사용의 규칙에 관한 것이라고 분명히 밝히고 있다. 그렇기 때문에 기호들의 규칙을 표현하기 위해서 등식을 사용하는 것은 전혀 문제가 되지 않는다.

이제 이 지점에서 비트겐슈타인은 동일성을 사물이나 실재에 관한 것으로 파악하는 견해가 전혀 옳지 않다고 생각했다는 것을 유념하자. 동일성 진술을 때로는 선험적인 것으로, 그리고 때로는 경험적인 것으로 파악하는 것은 철학적 혼동에 불과하다. 이러한 혼동은 러셀의 무한성 공리에서 극명하게 드러난다. 무한성 공리에 따르면, "n이 어떠한 귀납적 기수이든, n개 항의 개별자들의 집합이 최소한 하나 존재한다."[41] 여기에서 문제는 '개별자들'(individuals)이라는 표현이다. 비트겐슈타인의 관점에서는 수학은 세계에 속하는 어떤 개별자나 대상에 관한 것이 아니다. 수학은 등식으로 이루어지며, 이 등식들은 기호 사용 규칙들의 표현이다. 반면에 러셀의 무한성 공리에서는 한편으로는 기수를 거론함으로써 수학적 명제를 선

가능한 사물들 어떤 것이든 알 수 없지만—그럼에도 나는 그 가능성을 완벽하게 잘 고려할 수 있거나 심지어 그것들이 어느 것인지를 알지도 못하면서 두 개의 구분 불가능한 사물들이 존재한다는 것을 알 수 있기 때문이다. 유사한 상황을 들어보자: 지구상에는 한 사람의 머리에 있는 머리카락의 수보다 더 많은 사람들이 존재하므로, 나는 동일한 수의 머리카락들을 지니는 사람들이 최소한 둘이 있어야만 한다는 것을 알지만, 나는 어느 두 사람이 그들인지는 알지 못한다."(Ramsey (1931), p. 31)

41) Russell (2007), p. 131.

험적인 것으로 보이게 하며, 다른 한편으로는 개별자를 거론함으로써 수학을 경험적인 것으로 보이게 한다. 그러나 비트겐슈타인의 관점에서는 수학에 경험적인 요소를 도입하는 것은 허용되지 않는다. 그렇기 때문에 그는 다음과 같이 말한다. "무한성의 공리가 말하려 하는 것은 상이한 의미를 지닌 무한히 많은 이름들이 존재한다는 점에 의하여 언어에서 표현될 수 있을 것이다."(5.535c)

또한 동일성에 대한 러셀과 비트겐슈타인 사유의 극명한 차이는 러셀이 『수학 원리』(1910)에서 사물들 전체를 "x = x"를 만족하는 모든 x의 집합으로 정의하였다는 점에서 잘 드러난다.[42] 가령 샛별과 3은 "x = x"를 만족한다. 그렇기 때문에 러셀에게는 샛별과 3은 사물(thing)이다. 그러나 이는 비트겐슈타인의 관점에서는 거대한 혼란의 서막이다. 왜냐하면 샛별은 세계에 실재하는 사물이고, 3은 형식적인 개념이기 때문이다. 러셀은 동일성 진술을 한편으로는 표현(상징)의 규칙인 것으로 사용하고 다른 한편으로는 사물에 관한 것으로 사용하면서 거대한 혼동을 초래하고 있다.[43] 비트겐슈타인의 이러한 비판은 수에 대한 프레게의 정의에도 그대로 적용된다. 프레게는 0을 '자기 자신과 같지 않은'이란 개념에 귀속되는 기수라고 정의하고, 또 1을 '0과 같은'이라는 개념에 귀속되는 기수라고 정의한다.[44] 프레게는 이 정의에서 '자기 자신'에 샛별이나 3과 같은 것들을 모두 허용하고 있는 것이다.

그러나 동일성이 프레게나 러셀의 생각처럼 대상이나 사물에 관한 것

---

42) Russell & Whitehead (1910), p. 229.
43) 『비트겐슈타인의 강의, 케임브리지, 1932-1935』에서 비트겐슈타인은 『수학 원리』에는 동일성이 두 가지 의미로 사용되고 있다는 것을 지적하고 있다. 하나는 정의이다. 다른 하나는 사물에 관한 것으로 간주되는 동일성 진술이다(Wittgenstein (1979b), p. 207). 또한 사물에 관한 것을 말하는 동일성 진술과 대입 규칙을 뜻하는 등식은 구분되어야 한다. 그리하여 그에 따르면 "러셀의 표기법에 관해서 나쁜 것은 x = y, 또는 x = x와 같은 명제가 존재한다고 사람들로 하여금 생각하도록 이끈다는 것이다."(Wittgenstein (1979b), p. 146)
44) 프레게 (2003), p. 183, p. 189.

이라면 어떻게 되는가? 만일 그렇게 되면 "a = b"나 "a = a"는 경험적인 명제가 될 것이고, 또 그렇게 되면 그것들은 어떤 경우에는 참이고 어떤 경우에는 거짓이 될 것이다. 다시 말해 동일성이 **사물에 관한 것이라면**, 'a'가 사물을 가리킬 때 "a = a"는 어떤 특수한 경우에 거짓일 수도 있다. 그리하여 비트겐슈타인은 다음과 같이 말한다.

> 그와 마찬가지로 사람들은 "아무 **것(사물)**도 없다"를 "∼(∃x).x=x"로 표현하려 하였다. 그러나 설령 이것이 하나의 명제라고 할지라도,―"사물들이 존재"하되 이 사물들이 자기 자신과 동일하지 않다면 그 명제 역시 참이지 않을까? (5.5352)

여기에서 비트겐슈타인은 "아무 **것(사물)**도 없다"를 "∼(∃x).x=x"로 표현하는 것은 옳지 않다는 것을 논증하고 있다. 『논고』에서는 "대상들이 존재한다"나 "아무것도 없다"는 무의미하다(참고: 4.1272). 반면에 **동일성이 사물에 관한 것이라면**, "∼(∃x).x=x"는 사실을 묘사하는 명제가 될 것이며, 그리하여 어떤 경우에는 참이고 어떤 경우에는 거짓이 될 것이다. 특히 ""사물들이 존재하되" 이 사물들이 자기 자신과 동일하지 않은" 경우에 이 명제는 참이 된다. 즉 "a = a"가 등식이 아니라 사물에 관한 것으로 해석되면 어떤 경우에는 거짓이다. 그렇기 때문에 "아무 것도 없다"를 "∼(∃x).x=x"로 표현하는 것은 옳지 않다.

그러나 혹자는 다음과 같이 비트겐슈타인에게 반론을 제기할 수 있다. 즉 비트겐슈타인 자신은 "동일한 사물", "상이한 사물"(4.243), "대상의 동일성", "대상들의 상이성"(5.53)이라는 표현을 사용하지 않았는가? 이는 결국 한 사물은 그 자신과 동일하고, 또 두 개의 사물은 다르다는 것을 뜻하지 않는가? 이는 결국 동일성이 한 사물의 속성이거나 또는 자기 자신과의 관계라는 것을 이미 인정하고 있는 것 아닌가?

그러나 이는 그렇지 않다. 빨간 장미를 보면서 우리는 "이 장미는 빨갛다"라고 말할 수 있지만, 그 동일한 장미를 보면서 "이 장미는 동일하다"

라고 말할 수 없다. ""소크라테스는 동일하다"는, "동일하다"라고 불리는 속성이 존재하지 않기 때문에, 아무것도 뜻하지 않는다."(5.473, 5.4733) 즉 동일성은 사물의 속성이 아니다. 또한 동일성은 한 사물의 자기 자신과의 관계도 아니다. 왜냐하면 동일성은 사라질 수 있으며, 올바른 개념 표기법에서 제거 가능하기 때문이다.

그러나 혹자는 다시 다음과 같이 항변하게 될 것이다. 우리는 빨간 장미를 보면서 "이 장미는 이 장미와 빨갛다"라고 말할 수 없지만, 그 동일한 장미를 보면서 "이 장미는 이 장미와 동일하다"라고 말할 수 있지 않은가? 다시 말해 우리가 대상들과 사물들에 대해 동일성과 상이성을 부여하는 경우가 있지 않은가? 가령 어제의 나와 오늘의 나는 동일한 사람 아닌가? 이 책상과 저 책상은 다른 사물 아닌가? 요컨대 동일성이 한 사물의 속성도 아니고, 또 한 사물의 자신과의 관계도 아니고, 사물들 간의 관계가 아니라 하더라도 우리는 사물들에 대해서 동일성과 상이성을 부여하지 않는가?

내가 아는 한, 이러한 물음에 대해서 『논고』에서 제시된 명시적인 대답은 없다.[45] 그러나 비트겐슈타인의 중기 및 후기 철학과 연계하여 고찰하면, 이러한 물음들에 대해서 그가 어떻게 대답할 것인지는 분명하다. 비트겐슈타인에 따르면, "A"는 "A"와 동일한 기호이다(3.203). 자, 이 언급으로부터 결정되는 것은 무엇인가? 이 언급으로부터 결정되는 것은 **동일성**의 개념이 아니라 오히려 **기호**의 개념이다! 우리는 '단어'에 대해서 단어 사례(word token)와 단어 유형(word type)을 구분한다. "철학"과 "철학"은 단어 사례로서는 상이하지만, 단어 유형으로서는 동일하다. 단어 사례는

---

45) 혹자는 비트겐슈타인이 6.2323("등식은 내가 두 표현을 고찰하는 관점을, 다시 말해 그 두 표현의 의미 동등성의 관점을 특징지을 뿐이다.")에서 이미 동일성의 기준에 상당하는 것을 언급했다고 오해할 수도 있을 것이다. 그러나 6.2323의 "관점"은 등식에 관한 것이며, 동일성의 "기준"은 사물(들)이나 (고통과 같은) 현상에 대해 우리가 동일성을 부여하는 동일성 진술에 관한 것이다.

말하자면 물리적인 측면이나 기준으로 단어를 구분하는 것이며, 단어 유형은 한국어의 문법이라는 기준으로 단어를 구분하는 것이다. 마찬가지로 "'A'는 'A'와 동일한 기호이다"라고 말할 때 우리는 'A'와 'A'가 동일한 기호 유형이라고 보고 있는 것이다. 기호 사례라는 기준에서 보면 'A'와 'A'는 상이하다. 기호 유형이라는 기준에서 보면 'A'와 'A'는 동일하다.

마찬가지로 내가 연구실에서 항상 사용하는 책상을 가리키며 "어제의 이 책상은 오늘의 이 책상과 동일한 사물이다"라고 말한다면, 여기에서 문제가 되고 있는 것은 **동일성** 개념이 아니라 오히려 **사물**의 개념이다. 만일 사례(token)라는 기준으로 본다면 우리는 어제의 이 책상과 오늘의 이 책상이 다르다고 말할 수 있다. 반면에 유형(type)이라는 기준으로 본다면 우리는 어제의 이 책상은 오늘의 이 책상과 같다고 말할 수 있다.[46] 바로 이러한 생각이 비트겐슈타인의 중기 철학에서 등장하는 "동일성의 기준"(criterion of identity)이다. 시간 및 공간적 연속성이라는 기준에서는 어제의 나와 오늘의 나는 동일하다. 반면에 하루 동안에 수많은 변화를 겪었다는 점에서는 어제의 지구와 오늘의 지구는 다르다. 그러나 그럼에도 불구하고 그러한 동일성 진술들은 표현들의 사용 규칙이 아닌 한에서 모두 묘사의 미봉책일 뿐이다. 그것들은 동일성 기호를 사용하지 않고 더 정확하게 다른 경험적인 명제로 표현될 수 있다.[47]

이제 "A"는 "A"와 동일한 기호(3.203)라는 언급으로부터 귀결되는 것은 기호 유형으로서 "A"가 "A"와 동일하다는 것이지, 기호 "A"가 그 자신과 동일하다는 것이 아님을 유념하자. 다시 말해 (5.53에서의) "기호의 동

---

46) 물론 이는 매우 거칠게 말했을 때 그렇다는 것이다. 각각의 경우 우리는 보다 더 엄밀한 표현으로 동일성의 기준을 제시할 수 있다.

47) 동일성의 기준 없이 사물들 자체에 대해 동일성을 부여하는 것은 비트겐슈타인에 따르면 무의미한 것이다. 그는 『철학적 탐구』 216절에서 다음과 같이 말한다. ""사물은 자기 자신과 동일하다."—무익한, 그러나 그럼에도 불구하고 상상의 유희와 결합되어 있는 명제의 예로서 이보다 더 훌륭한 것은 존재하지 않는다."(비트겐슈타인 (2006c), p. 157)

일성"이라는 언급은 기호 "A"가 그 자신과 동일하다는 것을 함축하지 않는다. 마찬가지로 a라는 대상을 5분 후에 다시 확인할 때 우리는 a와 5분 후의 a가 시간 및 공간적 연속성이라는 동일성의 기준에서 동일하다고 말할 수 있다. 즉 (5.53에서의) "대상의 동일성"이라는 언급은 대상 a가 그 자신과 동일하다는 것을 함축하지 않는다.

지금까지의 논의를 정리해 보자. 동일성 진술들은 한편으로는 아리스토텔레스의 동일률에서 알 수 있듯이 사물들의 본질을 다루는 것처럼 보이고 또 그리하여 일종의 형이상학적인 법칙인 것으로 보이며, 다른 한편으로는 프레게와 러셀의 생각에서 알 수 있듯이 어떤 경우에는 경험적인 정보를 제공해주는 것처럼 보이기도 하고, 또 정의에서와 같이 규칙인 것처럼 보이기도 한다. 요컨대 동일성 진술들은 사물에 관한 것으로 보이기도 하고 규칙이나 법칙에 관한 것으로 보이기도 한다. 이렇게 프레게와 러셀은 동일성 진술들이 사물에 관한 것이면서 또 규칙에 관한 것으로 간주함으로써, 또 이를 토대로 수를 정의함으로써 중대한 혼란을 불러일으키고 있다.[48] 이러한 혼란을 잠재우기 위해서는 선명하고 명확한 개념이 요구된다. 바로 그 개념이 등식인 것이다. 등식은 사물에 관한 것이 아니며 우리의 논리적·구문론적 사용 규칙이다.[49]

---

48) 사실상 나는 이렇게 생각하는데, "샛별 = 개밥바라기"가 중대한 천문학적 발견을 뜻하기 때문에 경험적 명제로서 중요한 정보를 준다고 파악한 것은 프레게와 같은 정밀한 사상가에게는 전혀 걸맞지 않는 오류이다. 왜냐하면 "샛별 = 개밥바라기"에서 "="(이다)를 아무리 분석해도 "천문학적 발견"은 도출되지 않을 것이며, 어떤 분석이나 해석에 의해서 만일 도출된다면 그와 유사한 어떤 것이든 도출될 수 있을 것이기 때문이다.
49) 한 심사자는 이 논문의 초고에 대해 "전기 비트겐슈타인의 동일성 개념에 대한 유력한 해외 연구자들의 논의를 체계적으로 기술하고 그에 대해 비판적 관점을 제시했으면 더 좋았을 것"이라며 아쉬움을 표명했다. 그러나 내가 아는 한, 국내든 국외든 그러한 유력한 연구는 **없다.** 오히려 비트겐슈타인의 동일성 개념에 대한 기존의 연구들을 검토해보면 우리는 그러한 기존의 연구들이 얼마나 피상적이고 허술했는지를 알 수 있다. 이 자리를 빌려 세 분의 심사위원께 깊이 감사드린다.

10
비트겐슈타인과
환원 가능성 공리

1. 들어가는 말

잘 알려져 있듯이, 비트겐슈타인은 『논리-철학 논고』(이하, '『논고』'로 약칭함)에서 러셀의 유형 이론(theory of types)과 특히, 환원 가능성 공리 (axiom of reducibility)를 명시적으로 비판한다. 그렇다면 러셀의 유형 이론에 대한 비트겐슈타인의 비판의 요점이란 무엇인가? 나는 이를 해명하는 일은 결코 쉽지 않다고 생각한다. 그리하여 나는 이 물음에 대답하기 위한 예비적인 작업으로서, 비트겐슈타인이 러셀의 환원 가능성 공리를 어떻게 비판했는지를 살펴보려고 한다. 『논고』에서 비트겐슈타인은 환원 가능성 공리에 대해서 다음과 같이 말한다.

> 논리적인 일반적 타당성은 가령 "모든 사람은 죽는다"라는 명제의 우연적인 일반적 타당성과는 대조적으로, 본질적이라고 불릴 수 있을 것이다. 러셀의 "환원 가능성 공리"와 같은 명제들은 논리적 명제들이 아니다. 그리고 이는 다음과 같은 우리의 느낌을 설명해 준다: 그 명제들이 참이라고 하더라도, 그것들은 오직 운 좋은 우연에 의해서만 참일 수 있을 것이다. (6.1232)
>
> 환원 가능성 공리가 적용되지 않는 세계가 생각될 수 있다. 그러나 논리학이 우리의 세계가 실제로 그러한가 또는 그렇지 않은가 하는 물음과 아무

관계도 없다는 것은 분명하다. (6.1233)

이제 우리의 물음은 다음과 같다. 비트겐슈타인은 러셀의 환원 가능성 공리가 논리적 명제가 아니라고 말하고 있다. 더 나아가 그는 그것이 만일 참이라면 그저 "오직 운 좋은 우연에 의해서만" 참일 수 있으며, "환원 가능성 공리가 적용되지 않는 세계가 생각될 수 있다"고 선언하고 있다. 자, 그렇다면 그 근거는 무엇인가?

그런데 그러한 근거들에 대해 비트겐슈타인은 『논고』에서 전혀 명시적으로 해명하고 있지 않다. 반면에, 나중에 살펴보겠지만, 그는 1913년 노르웨이에서 러셀에게 보낸 편지에서 어떻게 환원 가능성 공리가 성립하지 않는 모델을 구성할 수 있는지를 간략하게 설명하고 있다. 한편 우리는 램지(F. P. Ramsey)와 바이스만(F. Waismann)이 각각 환원 가능성 공리가 성립하지 않는 모델을 제시했고, 특히 후자는 보다 더 명시적으로 이 모델에서 환원 가능성 공리가 성립하지 않음을 보이는 증명을 제시했다는 것을 확인할 수 있다. 그렇다면 환원 가능성 공리에 대한 비트겐슈타인, 램지 그리고 바이스만의 모델과 생각은 서로 어떤 관련이 있는가? 나는 이 글에서 램지와 바이스만의 증명은 어떤 점에서는 본질적으로 유사하며, 그것들은 모두 비트겐슈타인의 착상으로부터 유래한 것임을 보이고자 한다.

2. 러셀의 유형 이론

러셀은 『나의 철학적 발전』(*My Philosophical Development*)(1959)에서 1901년 봄에 이른바 러셀의 역설, 즉 자기 자신의 원소가 아닌 집합들의 집합으로부터 발생하는 모순을 발견하였다고 말하고 있다. 러셀은 이 사실을 서신으로 프레게에게 알렸고 프레게는 한없는 절망에 빠지게 된다. 러셀 자신은 『수학의 원리들』(*The Principles of Mathematics*)(1903)을 집필하는 과정에서 러셀의 역설을 발견하였는데, 그는 그 저작의 마지막 부록(Appendix B)에서 역설에 대한 해결책으로서 유형 이론(the doctrine of types)을 제시한다. 여기에서 제시된 착상은 보통 단순 유형 이론(simple theory of types)이라고 불린다. 러셀은 다음과 같이 말한다.

모든 명제 함수 φ(x)는 (⋯) 참의 범위 외에 유의미성의 범위(a range of significance), 즉 φ(x)가 참이든 거짓이든 명제가 되기 위해 x가 속해야만 하는 한 범위를 갖는다. 이것이 유형들의 이론(the theory of types)의 첫 번째 요점이다. 두 번째 요점은 유의미성의 범위들이 **유형들**(types)을 형성한다는 것이다. 즉 만일 x가 φ(x)의 유의미성의 범위에 속한다면, φ가 어떻게 변하든, φ(x)의 유의미성의 범위에 속해야 하는 대상들의 집합, 즉 x의 **유형**이 존재하며, 그 유의미성의 범위는 항상 단일한 유형이거나 여러 전체 유형들의 합이다.[1]

이 인용문에서 러셀은 '유형'을 정의하고 있다. 그에 따르면, 한 명제 함수가 명제가 되기 위한, 다시 말해 그 명제 함수에 포함된 변항에 상항을 대입시킬 때 명제가 되는 그러한 상항들의 범위, 간단히 유의미성의 범위들이 유형들을 형성한다. 그는 먼저 φ(x)에서 φ가 고정되었을 때, φ(x)에 논항을 대입했을 때 명제가 되는 x의 범위들을 문제 삼고 있으며, 그 다음에는 φ가 변화할 때에도 변항에 상항을 대입할 때 명제가 되게끔 하는 유의미성의 범위들을 문제 삼고 있다.[2]

그리하여 러셀은 항(term) 또는 **개별자**(individual)를 "가장 낮은 대상의 유형"(the lowest type of object)이라고 말하며, 그 다음 높은 유형은 "개체들의 범위들 또는 집합들"이고, 그 다음 높은 유형은 "개체들의 집합들의 집합들"이며, 계속 이와 같이 유형들이 형성된다고 말한다. 뿐만 아니라 그는 2항 관계와 3항 관계 등등에 대해서도 유형을 정의할 수 있다고 말한다.

---

1) Russell (1992), p. 523. 참고: 정인교 (1999), p. 196.
2) 러셀 자신도 고백하고 있듯이, "두 번째 요점은 첫 번째보다 덜 정확하고, 수들의 경우에는 난점들을 도입한다." (Russell (1992), p. 523)

이러한 유형 이론은 러셀의 역설을 해결하는 데 실마리를 제공할 수 있다. 즉 단순 유형 이론에 따르면, "x ∈ y"가 의미 있기 위해서는 y가 x보다 유형이 하나 더 높아야만 한다. 그리하여 가령 "x ∈ x"나 "x ∉ x"는 무의미하다. 그런데 러셀의 역설은 집합 S = {x | x ∉ x}로부터 발생하므로, "x ∉ x"가 무의미하다면 그러한 집합 S는 애초에 존재하지 않는다. 그리하여 모순은 제거된다.

그러나 단순 유형 이론은 일종의 임시방편으로 제시된 것이었으며, 러셀 자신도 역설의 문제에 대한 해결책으로서는 불충분하다는 것을 잘 알고 있었다.[3] 첫째, 단순 유형 이론에서는 집합과 명제 함수 간의 관계가 분명치 않다. 특히 집합의 개념에 대해 어떻게 접근해야 할 것인지에 대해 당시 러셀은 분명한 생각을 갖고 있지 않았다.[4] 둘째, 단순 유형 이론은 러셀의 역설에 대해서는 그 해결의 실마리는 제공해줄 수 있지만, 거짓말쟁이 역설, 리샤르의 역설 그리고 그렐링의 역설 등과 같은 다른 여러 역설들에 대해서는 전혀 그러한 실마리를 주지 않는다.[5]

그리하여 러셀은 「유형 이론에 기초한 수리 논리학」(Mathematical Logic as Based on the Theory of Types)(1908)[6]과 『수학 원리』(*Principia Mathematica*)(1910-1913)에서 새롭게 완성된 형태의 이론을 제시하는데,

---

3) 러셀은 이 점에 대해서 『나의 철학적 발전』에서 다음과 같이 말하고 있다. "내가 『수학의 원리들』(1903)을 집필하던 당시에는 단지 조잡한 형태의 유형 이론을 개발했을 뿐이었고, 그런 형태의 유형 이론으로는 문제를 해결할 수 없었다." (러셀 (2008), p. 129)

4) 『나의 철학적 발전』에서 러셀은 다음과 같이 말한다. "집합들의 경우에 나는 집합에 대해 생각하는 데 필요한 조건들을 만족시키는 어떤 이론적 개념도 파악하지 못했다고 고백하지 않을 수 없다. 그래서 10장에서 검토한 모순은 무언가 잘못된 점이 있지만 그것이 무엇인지 내가 아직까지 찾아내지 못했다는 것을 증명하고 있다." (러셀 (2008), p. 133)

5) 『수학의 원리들』(1903)의 마지막 단락에서 러셀은 "10장의 특수한 모순은 유형들의 이론(doctrine)에 의해 해결되지만, 이 이론에 의해서 해결될 수 없는 최소한 하나의 아주 유사한 모순이 존재한다."고 말하면서 자신이 완전한 해결책을 발견하는 데 성공하지 못했음을 고백하고 있다. 참고: Russell (1992), p. 528.

6) Russell (1956), pp. 59-102.

이는 보통 분지 유형 이론(ramified theory of types)이라고 불린다. 러셀은 먼저 역설들은 모두 소위 악순환 원리(vicious-circle principle)를 어겼기 때문에 발생한다고 진단한다.

> 피해야 할 역설들에 대한 분석은 그것들이 모두 어떤 종류의 악순환으로부터 나온다는 것을 보여준다. 그 문제가 되는 악순환은 대상들의 모임이 그 모임 전체에 의해서 단지 정의될 수 있는 원소들을 포함할 수도 있다고 가정하는 것으로부터 일어난다. 그리하여, 예를 들어, **명제들**의 모임은 "모든 명제들은 참이거나 거짓이다"라고 진술하는 명제를 포함하는 것으로 상정될 것이다. 그렇지만, 그러한 진술은 만일 "모든 명제들"이 어떤 이미 확정된 모임을 지시하지 않는다면 (…) 합법적일 수 없을 것이다.[7]

러셀은 악순환 원리를 다음과 같이 규정한다. "한 모임의 **모든** 것을 포함하는 것은 무엇이든 그 모임의 하나여서는 안 된다." "만일, 어떤 한 모임이 어떤 한 전체를 지닌다고 할 때, 그것이 단지 그 전체에 의해 정의 가능한 원소들을 지니고 있다면, 그 말해진 모임은 어떤 전체도 지니지 않는다."[8] 또한 그는 이러한 악순환 원리를 위반했을 때 발생하는 오류를 '재귀적 오류'(reflexive fallacies)라고 부른다. 유형들을 구분하는 것은 이러한 재귀적 오류를 피하기 위해 필수적이다. 그는 다음과 같이 말한다.

> 한 **유형**(type)은 한 명제 함수의 유의미성의 범위로서, 즉 그 말해진 함수가 값들을 갖기 위한 논항들의 모임(collection)으로 정의된다. 한 외관[속박] 변항이 한 명제에 나타날 때마다, 그 외관 변항의 값들의 범위는 한 유형이고, "모든 값들"이 관여하는 함수에 의해서 그 유형은 고정된다. 대상들을 유형들로 나누는 것은 그렇지 않으면 일어나는 재귀적 오류들에 의해 필수적이다.[9]

---

7) Russell & Whitehead (1910), p. 37.
8) Russell & Whitehead (1910), p. 37.
9) Russell (1956), p. 75.

여기에서 러셀은 『수학의 원리들』(1903)에서와 동일하게 '유형'을 한 명제 함수의 유의미성의 범위로 정의하고 있지만, 이제 그 저작과 달리 새롭게 외관 변항(apparent variables, 속박 변항)에 대해 논의하고 있다. 한 명제 함수의 유의미성의 범위뿐만 아니라, "외관 변항의 값들의 범위"도 문제 삼고 있는 것이다. 그리하여 유형 이론은 다소 복잡한 것으로 분지된다. 먼저 주어진 대상 a에 대해서, a가 논항일 수 있는 함수가 주어진다. 이와 함께 그 함수의 논항일 수 있는 다른 대상들도 a와 동일한 유형에 속하는 것으로 규정된다. 그 다음에 그러한 함수들이 논항일 수 있는 함수들에로 나아가며, 계속 이와 같이 진행된다. 러셀은 이렇게 분지된 유형 이론을 구성해야 하는 이유에 대해서 다음과 같이 말하고 있다.

> $f(\varphi\hat{z}, x)$를 두 변항 $\varphi\hat{z}$와 x의 함수라고 하자. 그러면 잠시 동안 x가 고정된 것으로 간주하고, 이것이 가능한 모든 함숫값 φ와 함께 주장될 때, $(\varphi).f(\varphi\hat{z}, x)$를 얻는다. 여기서 다시 x가 변항이라고 간주하면, x의 함수를 얻는다. 그러나 이러한 함수는 $\varphi\hat{z}$에 대한 함숫값 전체를 포함하기 때문에, 악순환 원리에 의해서 그것은 그 자체로 전체 속에 포함된 함숫값 중 하나일 수가 없다. 따라서 $(\varphi).f(\varphi\hat{z}, x)$와 관련한 $\varphi\hat{z}$의 함숫값의 전체는 x가 논항으로 나타날 수 있는 모든 함수 전체가 아니고, x가 논항으로 나타날 수 있는 모든 함수 전체와 같은 것도 없게 된다.[10]

패터슨(W. A. Patterson)은 이를 다음과 같이 간결하게 해명하고 있다.[11] 먼저 다음의 두 문장에 대해 생각해 보자.

(1) 나폴레옹은 지도력이 있다.
(2) 나폴레옹은 위대한 장군의 모든 속성들을 지니고 있다.

---

10) Russell & Whitehead (1910), p. 48-49. 참고: 윌리엄 닐 & 마사 닐(2015), pp. 414-415.
11) 참고: Patterson (1993), pp. 305-307.

(1)은 한 개별자, 즉 유형이 0인 존재자(entity)인 나폴레옹에 대해서 유형 1인 존재자, 즉 한 속성('지도력이 있음')이 부여되었음을 말해주고 있다. 이는 "완전히 의미 있는" 명제이며, 유형 이론의 제한을 위배하지 않는다. 이제 '지도력이 있음', '총명함', '용기 있음', 그리고 '행정력이 있음'이 위대한 장군이 되기 위한 모든 속성들이라고 가정하자. 그렇게 되면, (2)는 "나폴레옹은 지도력이 있고, 총명하고, 용기 있고, 행정력이 있다"를 뜻하게 될 것이다. 그러나 혹자는 "위대한 장군의 모든 속성들을 지님"도 나폴레옹의 속성이며, 그리하여 (2)는 "나폴레옹은 지도력이 있고, 총명하고, 용기 있고, 행정력이 있으며, 위대한 장군의 모든 속성들을 지니고 있다"를 뜻한다고 간주할 수 있다. 그렇게 되면 (2)는 자기 자신에 의해 정의된 전체를 갖는 것이 된다. 다시 말해, "위대한 장군의 모든 속성들인 전체가 자기 자신을 한 원소로 포함"[12]하게 되는 것이다. 따라서 이는 어떤 전체도 자기 자신에 의해 정의될 수 없다는 러셀의 악순환 원리를 위반하고 있다.[13] 패터슨은 이 상황을 다음과 같이 설명하고 있다.

이 문제를 극복하기 위해서 우리는 유형 1의 속성들을 위계로 구분하는 것이 필요하다. 유형 1 속성의 가장 낮은 단계(level)는 어떤 종류의 전체도 포함하지 않는, 좋은 지도자임[지도력이 있음]과 같은 속성들로 이루어진다. 이것들은 유형 1의 1차 속성들(type 1 properties of order 1)이라고 부른다. 유형 1의 2차 속성들(type 1 properties of order 2)은 위대한 장군의 모든 속성들을 지님과 같은 속성들로 이루어진다. 2차 속성들은 1차 속성들의 어떤 모임에 의해 정의된다. 계속해서, 3차 속성들은 2차 속성들의 전체에 의해 정

---

12) Patterson(1993), p. 305.
13) 그리하여 러셀은 다음과 같이 말한다. "따라서 (⋯) $\phi\hat{z}$가 논항으로 나타나는 한 함수는 "$\phi\hat{z}$"가 한 주어진 논항일 수 있는 **어떤** 함수**든** 그 함수를 나타내서는 안 되고, "$\phi\hat{z}$"의 가능한 값들인 함수들 중 아무 것도 그러한 함수들의 전체에 대한 어떤 지칭(reference)도 포함하지 않아야 하는 방식으로 제한되어야 한다." (Russell & Whitehead (1910), p. 49)

의되고, 이와 같이 계속된다.[14)]

그러면 이제 러셀이 분지 유형 이론을 어떻게 구성했는지를 간략하게 살펴보기로 하자.[15)] 러셀은 먼저 외관 변항이 없는 명제 함수들을 '매트릭스'라고 부른다. 그는 첫 번째 매트릭스들로서, 값이 다음과 같은 형식들로 되어 있는 명제 함수를 제시한다.

$$\varphi x, \ \psi(x, y), \ \chi(x, y, z \cdots)$$

여기에서 논항들은 모두 개별자이며, 함수들 $\varphi, \psi, \chi \cdots$은 (정의에 의해서) 어떤 외관 변항도 포함하지 않기 때문에, 함수들의 어떤 총체들도 전제하지 않는다. 이로부터 우리는 가령 $(y).\psi(x, y)$, $(\exists y).\psi(x, y)$, $(y, z)\chi(x, y, z)$, $(y):(\exists z).\chi(x, y, z)$를 형성할 수 있는데, 이것들은 모두 "개별자들의 전체를 제외한 어떤 전체도 전제하지 않는다." 러셀은 이러한 함수들을 "1차 함수"(first-order function)라고 부르고, "$\varphi!\hat{x}$"로 기호화한다.

다음으로 러셀은 "$\varphi!a$는 $\psi!b$를 함축한다"—여기에서 a와 b는 상항이고, φ(또는 $\varphi!\hat{z}$)와 ψ(또는 $\psi!\hat{z}$)는 변항이다.—와 같은 명제 함수를 다룬다. 그리하여 그는 다음과 같이 두 번째 매트릭스들을 제시한다.

$$f(\varphi!\hat{z}), \ g(\varphi!\hat{z}, \psi!\hat{z}), \ F(\varphi!\hat{z}, x), \ 등등.$$

이로부터 일반화를 통하여 우리는 가령, $(\varphi).g(\varphi!\hat{z}, \psi!\hat{z})$, $(x).F(\varphi!\hat{z}, x)$ 등을 얻을 수 있는데, 러셀은 이를 "2차 함수"(second-order function)라고 부른다. 이와 마찬가지로 2차 함수를 논항으로 갖는 명제 함수인 세 번째 매트릭스를 형성할 수 있고, 그렇게 해서 "3차 함수"를 형성할 수 있으며, 계속 이와 같이 진행된다.[16)]

---

14) Patterson (1993), pp. 306-307.
15) 이 절의 이하의 내용은 Russell & Whitehead (1910), pp. 49-55를 요약한 것이다.
16) 또한 러셀은 "한 함수에서 논항들의 수와 외관 변항들의 수는 유한해야 하기 때문에, 우리는 무한 차수의 함수에는 도달하지 않으며, 그러므로 모든 함수의 차수는 유한하

더 나아가 러셀은 명제 함수의 위계로부터 명제의 위계를 도출한다. 그는 먼저 어떤 함수도, 그리고 어떤 외관 변항도 포함하지 않는 명제를 **기본 명제**(elementary propositions)라고 부른다.[17] 이는 램지가 지적하듯이 유한하게 많은 원자 명제들의 진리함수이다.[18] 그 다음으로 러셀은 "기본 명제가 아니면서, 어떤 함수도 포함하지 않고, 개별자들을 제외한 어떤 외관 변항도 포함하지 않는 명제"를 **1차 명제**(first-order propositions)라고 부른다. 그렇게 되면 기본 명제와 1차 명제는 1차 함수의 값이 된다. 그 다음에 1차 명제들이 외관 변항들로서 나타날 수 있는 새로운 명제들이 형성될 수 있는데, 러셀은 이를 2차 명제라고 부른다.[19] 마찬가지로 러셀은 n차 명제는 명제 함수의 위계에서 (n−1)차의 외관 변항을 포함하는 것으로 정의한다.

3. 러셀의 서술적 함수와 환원 가능성 공리

러셀의 분지 유형 이론은 러셀의 역설뿐만 아니라 거짓말쟁이 역설, 리샤르의 역설 등 다른 여러 역설들도 제거할 수 있는 해결책을 제공해 준다. 가령 "나는 거짓말하고 있다"는 "나에 의해 긍정된 모든 1차 명제들은 거짓이다"가 되고, 이는 2차 명제이며, 이로부터는 어떤 모순도 발생하지 않는다.[20] 뿐만 아니라, 러셀의 역설에 대해서도 악순환 원리에 의거해서 그 해결책을 제시할 수 있다.[21] 그러나 함수와 속성을 위계에 따라 구분하

다"고 말하고 있다.

17) 이 글에서는 러셀과 램지의 용어인 "elementary proposition"을 『논고』의 "요소 명제"와 구분하기 위해 "기본 명제"로 번역하고 있다.

18) Ramsey (1931), p. 25. Russell & Whitehead (1910), pp. 54-55.

19) Russell (1956), p. 76.

20) 참고: Russell (1956), p. 76.

21) 러셀은 이 점에 대해서 다음과 같이 말한다. "자기 자신의 원소들이 아닌 집합들의 집합에 관한 모순을 해결하기 위해서, 우리는, (⋯) 집합에 관한 한 명제는 그 집합을 정의하는 함수, 즉 그 집합의 원소들에 의해서만 만족되고 다른 논항들에 의해서는 만족되지 않는 함수에 관한 진술로 항상 환원되어야 한다고 가정할 것이다. 그리하

는 것이 여러 역설들을 해소하는 데 성공적이었다고 할지라도, 이러한 분지 유형 이론은 매우 심각한 문제들을 유발한다.[22] 러셀 자신은 이 점을 충분히 알고 있었던 것으로 보인다. 예컨대 그는 라이프니츠의 구별 불가능한 것들의 동일성 원리(principle of the identity of indiscernibles)에 의거하여 동일성을 정의하고자 한다. 그러나 가령 "x는 y와 동일하다"를 "x에 대해 성립하는 것은 무엇이든 y에 대해 성립한다.", 즉 "$(\varphi)(\varphi x$는 φy를 함축한다)"로 정의하면, 여기에서는 모든 차수의 속성들이 등장한다. 그렇게 되면 동일성에 대한 정의는 불가능하다. 그리하여 이러한 문제를 해결하기 위해 러셀이 제시한 것이 환원 가능성 공리이다.[23]

그런데 환원 가능성 공리를 이해하기 위해서는 먼저 러셀의 서술적 함수와 비-서술적 함수의 개념에 대해 이해하는 것이 필요하다. 앞에서 확인할 수 있는 것처럼, 러셀의 분지 유형 이론에서 특징적인 것은 동일한 변항의 명제 함수에 대해서 차수(order)가 상이하게 부여되는 경우가 있다는 점이다. 러셀은 $(y).\psi(x, y)$와 $(\varphi). F(\varphi!\hat{z}, x)$가 둘 다 x의 함수이지만, 전자를 1차 함수, 후자를 2차 함수라고 부르고 있다. 가령, "x는 용감하다"와 "x는 위대한 장군이 지니는 모든 속성을 지녔다"는 둘 다 x의 명제 함수이지만, 전자는 x의 1차 명제 함수(또는 1차 속성)이고, 후자는 x의 2차 명제

여 한 집합은 예컨대 $(x). \varphi x$가 함수 $\varphi\hat{z}$를 정의하는 것과 마찬가지로, 한 함수로부터 도출되고 그 함수를 전제하는 한 대상이다. 따라서 한 집합은, 악순환 원리에 의해서, 그것을 정의하는 함수의 논항이 유의미하게 될 수 없으며, 다시 말해, 만일 우리가 $\varphi\hat{z}$에 의해 정의된 집합을 "$\hat{z}(\varphi z)$"로 나타낸다면, 기호 "$\varphi\{\hat{z}(\varphi z)\}$"는 무의미해야만 한다. 따라서 한 집합은 그것을 정의하는 함수를 만족하지도 않고 만족하지 않지도 않으며, 그리하여 (…) 자기 자신의 원소도 아니고 자기 자신의 원소가 아닌 것도 아니다. (…) 그리하여 만일 a가 집합이라면, "a는 a의 원소가 아니다"는 항상 무의미하며, 그러므로 "자기 자신의 원소들이 아닌 집합들의 집합"이라는 문구는 어떤 뜻도 지니지 않는다. 따라서 그러한 집합이 존재한다고 가정하는 것으로부터 발생하는 모순은 사라진다." (Russell & Whitehead (1910), pp. 62-63), 또한 pp. 75-79 참조.

22) 이러한 난점들에 대해서는 윌리엄 닐 & 마사 닐 (2015), pp. 416-417, pp. 426-428, 정인교 (1999)를 참고할 것.

23) 참고: Russell & Whitehead (1910), p. 49, pp. 57-58.

함수(또는 2차 속성)이다.

이제 가령 '지도력 있음', '총명함', '용감함', '행정력 있음'이 위대한 장군이 지니는 모든 속성이라고 가정할 때, "위대한 장군의 모든 속성을 지니고 있음"이라는 속성은 악순환 원리에 따라, "나폴레옹은 위대한 장군의 모든 속성을 지니고 있다"에서 그 모든 속성의 목록 안에 포함되어서는 안 된다는 점을 상기하자. 그럼에도 불구하고 (1)과 (2)는 중요한 차이를 지니고 있다.

(1) 나폴레옹은 지도력이 있다.
(2) 나폴레옹은 위대한 장군의 모든 속성들을 지니고 있다.

이 차이를 러셀은 서술적 함수(predicative function)와 비-서술적 함수(non-predicative function)라는 개념으로 설명한다. 즉 "x는 지도력이 있다"는 서술적 함수이고, "x는 위대한 장군의 모든 속성들을 지니고 있다"는 비-서술적 함수이다. 러셀은 다음과 같이 말한다.

> 우리는 이제 하나의 변항을 갖는 함수를 그것이 그것의 논항의 차수 위의 다음 차수이면, 즉 그것이 그 논항을 갖고 있는 것과 양립 가능한 가장 낮은 차수로 되어 있다면 **서술적**(predicative)이라고 정의하겠다. 만일 한 함수가 여러 논항들을 갖고 있다면, 그리고 그 논항들 중에 나타나는 함수의 가장 높은 차수가 n이고, 그 함수가 (n+1) 차수로 되어 있다면, (…) 그 함수를 서술적이라고 부른다.[24]

그리하여 $(y).\psi(x, y)$와 $(y, z)\chi(x, y, z)$는 각각 x의 서술적 함수이고, 또 $(\varphi).g(\varphi!\hat{z}, \psi!\hat{z})$와 $(x).F(\varphi!\hat{z}, x)$는 각각 $\psi!\hat{z}$와 $\varphi!\hat{z}$의 서술적 함수이지만, $(\varphi).F(\varphi!\hat{z}, x)$는 x의 함수이면서, 비-서술적 함수이다. 러셀이 지적하듯이, 일반적으로 "n차의 비-서술적 함수는 n차의 서술적 함수로부터 (n—1)차

---

24) Russell & Whitehead (1910), p. 53.

의 모든 논항들을 외관 변항으로 바꿈으로써 획득된다."[25] 앞에서 우리는 2차 함수 $F(\varphi!\hat{z}, x)$로부터 1차의 논항 φ를 외관 변항으로 바꿈으로써 $(\varphi).F(\varphi!\hat{z}, x)$라는 x의 비-서술적 함수를 얻었다.

환원 가능성 공리란 이러한 모든 비-서술적 함수에 대해서 그것과 형식적으로 동등한 서술적 함수가 존재한다는 공리를 말한다. 두 개의 함수 $\varphi\hat{x}$와 $\psi\hat{x}$는 가능한 모든 논항 x에 대해서 φx가 ψx와 동치일 때 "형식적으로 동등"(formally equivalent)하다. 요컨대 $(x)(\varphi x \equiv \psi x)$가 성립하면, 함수 $\varphi\hat{x}$와 $\psi\hat{x}$는 형식적으로 동등하다. 그리하여 환원 가능성 공리는 다음과 같다.

$$\vdash (\exists\psi)(x)(\varphi x \equiv \psi!x)$$

환원 가능성 공리에 따르면, 어떤 명제 함수 $\varphi\hat{x}$에 대해서도, $\varphi\hat{x}$와 형식적으로 동등한 서술적 명제 함수 $\psi!\hat{x}$가 존재한다. 러셀은 바로 이러한 환원 가능성 공리에 의거해서 동일성의 정의를 다음과 같이 제시한다.

$$a = b. = : (\varphi) : \varphi!a. \supset. \varphi!b : \text{Def}.$$

그렇다면 왜 환원 가능성 공리는 참인가? 과연 그것은 설득력 있는 명제인가? 이 점에 대해서 러셀은 다음과 같이 말한다.

만일 우리가 어떤 한 대상의 **술어**를 그 대상에 적용되는 서술적 함수라고 부른다면, 한 대상의 술어들은 그것의 속성들 중에 있는 어떤 것일 뿐이다. 예를 들어 '나폴레옹은 한 위대한 장군으로 만드는 모든 성질들을 지녔다'와 같은 명제를 고려해 보자. 여기에는 외관 변항인 한 술어가 존재한다. 만일 우리가 '$\varphi!\hat{z}$는 위대한 장군에서 요구되는 한 술어이다'를 '$f(\varphi!\hat{z})$'로 나타낸다면, 우리의 명제는 다음과 같다.

$(\varphi): f(\varphi!\hat{z})$는 $\varphi!$(나폴레옹)을 함축한다.

25) Russell & Whitehead (1910), p. 54.

이 명제는 술어들의 한 전체를 가리키기 때문에, 그것은 그 자체로 나폴레옹의 한 술어가 아니다. 그렇지만 위대한 장군들에게 공통되고 특유한 어떤 한 술어가 존재하지 않는다는 것은 결코 따라 나오지 않는다. 사실상, 그러한 술어가 존재한다는 것은 확실하다. 왜냐하면 위대한 장군들의 수는 유한하고, 그들 각자는 확실하게도 다른 인간들이 지니고 있지 않은 어떤 술어—예컨대, 그의 탄생의 정확한 순간—를 소유하고 있기 때문이다. 그러한 술어들의 선언은 위대한 장군들에게 공통되고 특유한 어떤 한 술어를 구성할 것이다. 만일 우리가 이 술어를 $\psi!\hat{z}$라고 부른다면, 우리가 나폴레옹에 대해서 만들었던 그 진술은 $\psi!$(나폴레옹)과 동등하다. 그리고 이러한 동등성은 만일 우리가 나폴레옹에 대해서 어떤 다른 개별자를 대입시킨다 할지라도 동등하게 성립한다. 따라서 우리는 우리가 나폴레옹에 귀속했던 속성과 항상 동등한 술어에 도달한 것이다. 즉 그것은 이 속성을 갖고 있는 대상들에만 속하며, 다른 어떤 것들에도 속하지 않는다. 환원 가능성 공리는 그러한 술어가 항상 존재한다는 것을 (⋯) 진술한다.[26]

러셀에 따르면, "나폴레옹은 위대한 장군의 모든 속성을 지니고 있다"는 어떤 술어들의 선언(가령 "위대한 장군 A는 t_1에 태어났고, B는 t_2에 태어났고, ⋯, Z는 t_n에 태어났다"로부터 얻어지는 "t_1에 태어났거나 t_2에 태어났거나, ⋯, t_n에 태어났다")에 대해서, 이 술어를 F라고 부른다면, F(나폴레옹)과 동등하며, 이때 F(나폴레옹)은 서술적 함수이고, 그러한 F가 존재한다는 것은 "확실"하다. 이는 결국 비-서술적 함수에서 술어는 어떤 서술적 함수들의 술어들의 연언이나 선언과 동일하다는 주장과 같다. 그리하여 러셀은 다음과 같이 말한다.

환원 가능성 공리는 "술어들의 연언이나 선언은 한 단일한 술어와 동등하다"는 가정과, 즉 만일 우리가 x는 함수 $f(\varphi!\hat{z})$를 만족하는 모든 술어들을 가지고 있다고 주장한다면, 우리의 가정이 참일 때마다 x가 가지게 될 어떤 한 술어가 존재하고, 그것이 거짓일 때마다 x가 가지게 되지 않을 그러한 어

---

26) Russell & Whitehead (1910), pp. 56-57.

떤 한 술어가 존재한다는 가정과 동등하다. (⋯) 왜냐하면 이러한 가정에 의해서, 비-서술적 함수의 차수는 하나가 낮아질 수 있고, 따라서 어떤 유한한 수의 단계 후에, 우리는 어떤 비-서술적 함수로부터 형식적으로 동등한 서술적 함수로 나아갈 수 있을 것이기 때문이다.[27]

그렇다면 이러한 환원 가능성 공리가 옳다는 근거는 무엇인가? 러셀은 "귀납적 증거"를 제시한다.

환원 가능성 공리의 경우에는, 그것을 옹호하는 귀납적 증거는 아주 강하다. 왜냐하면 그것이 허용하는 추리들과 그것이 이끄는 결과들은 모두 타당해 보이기 때문이다. 그러나 비록 그 공리가 거짓인 것으로 판명되는 것은 거의 가능성이 없을 것으로 보이지만, 그것이 어떤 다른 더 근본적이고 더 명백한 공리로부터 연역되리라는 것은 결코 개연성이 낮은 것은 아니다.[28]

4. 비트겐슈타인의 환원 가능성 공리 비판

혹자는 당연히 논리학의 공리나 논리적 명제가 이른바 "귀납적 증거"에 의해 뒷받침된다면, 이는 분명히 무엇인가가 잘못되었다는 신호로 받아들일 것이다. 왜냐하면 논리적 명제는 귀납적 증거를 필요로 하는 경험적 명제와는 엄연히 다른 것이기 때문이다. 마찬가지로 비트겐슈타인은 논리적 명제와 경험적 명제를 날카롭게 구분한다. 그는 1913년 노르웨이에서 러셀에게 보낸 편지에서 환원 가능성 공리에 대해 다음과 같이 말한다.

이제 선생님의 환원 가능성 공리에 대해 논의하겠습니다. 우리가 다음과 같은 세계에서 살고 있다고 가정해 보십시오. 그 세계에서는 **사물들**(things)과, 그리고 그 외에도 **오직 하나의 관계**(only one relation)를 제외하면 아무것도 없고, 그 관계는 무한하게 많은 이 사물들 간에 성립하며, 하지만 각각의

---

27) Russell & Whitehead (1910), pp. 58-59.
28) Russell & Whitehead (1910), pp. 59-60.

모든 것과 각각의 다른 모든 것 사이에는 성립하지 않습니다(does not hold between every one and every other of them). 게다가 유한한 수의 사물들 사이에는 성립하지 않는다고 가정하겠습니다. 그러한 세계에서는 환원 가능성 공리는 확실하게도 성립하지 **않을** 것이라는 점은 분명합니다.[29]

사실상, 이 짧은 언급은 이해하기가 대단히 어렵다. 이제 위의 인용문에서 언급된 세계의 특징을 정리하기로 하자. 즉 이 세계 W는 다음을 만족한다.

(1) 이 세계에는 무한하게 많은 대상들이 존재한다.
(2) 이 세계에는 오직 한 개의 관계만 존재한다.
(3) 그 관계는 오직 무한하게 많은 대상들 사이에서만 성립하며, 유한하게 많은 대상들 사이에서는 성립하지 않는다.
(4) 그 관계는 그 대상들 각각의 모든 것과 그것들과 다른 각각의 모든 대상들 사이에서는 성립하지 않는다.

이제 (1), (2), (3), 그리고 (4)를 만족하는 모델을 생각해 보자. 먼저 yRx라는 관계를 다음과 같이 정의하기로 하자.

(∃z)(y는 x의 직후자이고, 만일 y가 x의 직후자라면 z는 y의 직후자이다.)

관계 yRx는 유한한 대상들 사이에서는 성립하지 않는다. 가령 {1, 2, 3, 4, 5}에서 5는 4의 직후자이지만, 5의 직후자는 존재하지 않는다. 그렇기 때문에, yRx는 오직 무한한 대상들 사이에서만 성립한다.

또한 (0, 1, 2, 3, 4, 5, …)에 대해서 각각의 원소들과 다르게끔 원소들을 배열한다고 하자. 그러면 가령 우리는 (1, 0, 3, 2, 5, 4, …) 또는 (2, 1, 0, 5, 4, 3, …) 등을 얻을 수 있다. 이제 가령,

---

29) Wittgenstein (1961), p.127.

$$A = (0, 1, 2, 3, 4, 5, \cdots)$$
$$B = (1, 0, 3, 2, 5, 4, \cdots)$$

에 대해서 A와 B의 동일한 순서에 따른 각각의 대상들에 대해서는 yRx가 모두 성립하지는 않는다. 예컨대 A의 첫 번째 원소 0과 B의 첫 번째 원소 1 사이에는 0R1은 성립하지 않는다. 더 나아가 주어진 A에 대해서 어떤 B를 생각하든 0Rx를 만족하는 x는 존재하지 않으며, 따라서 yRx는 모두 성립할 수는 없다. 그렇기 때문에 모든 각각의 대상들과 다른 각각의 모든 대상들 사이에서 yRx는 모두 성립하지는 않는다.

따라서 나는 비트겐슈타인이 생각하는 W를 만족하는 한 가지 모델은 자연수의 집합과 관계 yRx로 이루어진다고 생각한다(물론 여기에서 W의 대상들은 모두 자연수에 대응한다). 즉 이 모델에서는 (1) 논의역의 대상들은 무한하게 많고, 또 (2) 오직 하나의 관계 yRx가 주어져 있으며, (3) 관계 yRx는 무한한 대상들 사이에서만 성립하고 유한한 대상들 사이에서는 성립하지 않으며, (4) 모든 각각의 대상들과 다른 각각의 모든 대상들 사이에서는 yRx는 성립하지 않는다.

이제 환원 가능성 공리의 반례를 찾기 위해서 W에서는 대상들이 무한하게 많은 속성들을 지닌다고 가정하자. 그리고 (앞으로 다루게 될 바이스만의 모델과 유사하게) 다음과 같이 W의 대상들이 지니는 서술적 속성들을 정의하기로 하자. 즉 W의 한 대상(또는 그것과 대응하는 한 자연수)의 서술적 속성은 그 자연수가 원소이고 또 반드시 그것과 다른 자연수도 원소인 그러한 집합이다. 그 집합에는 어떤 자연수들의 집합도 포함되지 않는다. 가령 {1, 2}는 1의 서술적 속성이고 또 2의 서술적 속성이다. 그러나 그것은 3의 서술적 속성은 아니다. 반면에 {2}는 2의 서술적 속성이 아니다. 왜냐하면 그 집합에는 2와 다른 자연수가 포함되어 있지 않기 때문이다. {2, {5, 6}}은 2의 서술적 속성이 아니다. 왜냐하면 그 집합에는 자연수의 집합 {5, 6}이 포함되어 있기 때문이다.

이제 W에서는 이러한 무한하게 많은 서술적 속성들이 무한하게 많은 대상들에 대해서 만족 가능하다. 그렇게 되면, 이러한 서술적 속성들을 지니는 세계는, 환원 가능성 공리가 성립하지 않는 세계의 조건으로서 바이스만이 제시한 다음 4가지 조건을 충족시킨다.

(1*) 그 세계에는 무한하게 많은 개별자들이 존재한다.
(2*) 각각의 개별자는 무한하게 많은 서술적 속성들을 지닌다.
(3*) 어떤 두 개별자도 그것들의 모든 서술적 속성들을 공통으로 가지지 않는다.
(4*) 한 서술적 속성이 한 개별자에게 속할 때마다 그 속성은 또한 어떤 다른 개별자에 속한다. 달리 말하면, 한 개별자에만 속하는 어떤 서술적 속성도 없다.[30]

다시 말해 이 세계에는 무한하게 많은 자연수들(또는 그것에 대응하는 대상들)이 존재하기 때문에, (1*) 이 세계에는 무한하게 많은 개별자가 존재하고, 각각의 자연수는 자신과 다른 수를 포함하는 무한하게 많은 집합의 원소이기 때문에, (2*) 각각의 개별자는 무한하게 많은 서술적 속성들을 지니며, 어떤 두 자연수도 모든 동일한 집합에 속하는 것은 아니므로. (3*) 어떤 두 개별자도 그것들의 모든 서술적 속성들을 공통으로 가지지 않으며, 한 자연수가 자신과 다른 수를 포함하는 집합에 속할 때마다 어떤 다른 수가 그 집합에 속하므로, (4*) 한 서술적 속성이 한 개별자에게 속할 때마다 그 속성은 또한 어떤 다른 개별자에 속한다.

바이스만은 이러한 세계에서 환원 가능성 공리가 성립하지 않는다는 것을 다음과 같이 증명한다.

만일 'a'가 한 개별자의 이름이라면, a와 공통된 모든 서술적 속성들을 지니는 개별자들의 집합 c는 다음에 의해 정의된다.

---

30) Waismann (1977), p. 2.

$$(\varphi)\varphi!\,\hat{x} \equiv \varphi!a$$

이렇게 구성된 이 명제 함수는 (모든 서술적 속성들을 거론하고 있으므로) 확실하게도 비-서술적 함수이다. 이것을 $\varphi_1\hat{x}$ 라고 부르자. 그러면 환원 가능성 공리에 따라 다음이 성립하는

$$\vdash(\exists\psi)(\varphi_1 x \equiv_x \psi!x)$$

$\varphi_1\hat{x}$ 와 형식적으로 동등한 서술적 함수 $\psi!\hat{x}$ 가 존재해야 한다. 그러나 그러한 어떤 서술적 함수도 존재할 수 없다. 그 이유는 다음과 같다. 가정 (3) [(3*)]에 따르면, 어떤 개별자도 그것의 모든 서술적 속성들에서 a와 일치하지 않는다. 그러므로 집합 c는 단일한 개별자 a만을 포함한다. 반면에, 만일 한 서술적 속성이 a에 속한다면, 조건 (4)[(4*)]에 따라서 그것은 또한 [a와] 다른 어떤 개별자에 속한다. 따라서 $\varphi_1\hat{x}$ 와 외연이 같은 어떤 서술적 함수도 존재하지 않는다는 것이 따라 나온다.[31]

여기에서 바이스만은 먼저 비-서술적 함수 $(\varphi)\varphi!\,\hat{x} \equiv \varphi!a$를 문제 삼고 있으며, 이것을 $\varphi_1\hat{x}$ 라고 부르고 있다. 그러면 환원 가능성 공리에 따라 $\vdash(\exists\psi)(x)(\varphi_1 x \equiv \psi!x)$가 성립한다. 이제 그러한 서술적 함수 $\psi!\hat{x}$ 가 존재한다면, $\varphi_1 x$와 $\psi!x$는 형식적으로 동등하므로, $\varphi_1 a \equiv \psi!a$가 성립한다. 이제 $(\varphi)(\varphi!\hat{x} \equiv \varphi!a)$를 만족시키는 것은 오직 a뿐이라는 점을 주목하자. 그런데 조건 (3*)에 따라 어떤 두 개별자도 무한한 서술적 속성들을 공유하지 않으므로, 그리고 $\varphi_1 a \equiv \psi!a$이므로, $\psi!a$가 성립하며, 더 나아가 $\psi!\hat{x}$를 만족시키는 것은 오직 a뿐이다. 그러나 조건 (4*)에 따르면 이 세계에서는 오직 한 개별자만 어떤 서술적 속성을 지닐 수 없기 때문에 a와 다른 어떤 b에 대해서 $\psi!b$가 성립해야 한다. 이는 모순이다. 그러므로 $\vdash(\exists\psi)(x)(\varphi_1 x \equiv \psi!x)$인 그러한 ψ는 존재하지 않는다.

---

31) Waismann (1977), p. 2. 여기에서 $\vdash(\exists\psi)(\varphi_1 x \equiv_x \psi!x)$는 $\vdash(\exists\psi)(x)(\varphi_1 x \equiv \psi!x)$를 뜻한다.

이제 남은 것은 (1*), (2*), (3*), 그리고 (4*)로부터 모순이 나오지 않는다는 것, 즉 그것들이 무모순임을 보이는 것이다. 바이스만은 다음과 같은 방법으로 그 무모순성을 보임으로써 자신의 증명을 완결하고 있다. 유리수의 체계를 생각하고, 각각의 유리수가 (1*), (2*), (3*), 그리고 (4*)를 만족하는 세계의 개별자들에 대응된다고 가정하자. 또한 r이라는 유리수에 대해서 그것을 포함하는 유리수들의 집합들(또는 개구간들)이 r에 대응하는 개별자의 서술적 속성들에 대응된다고 가정하자. 그러면 (1*)는 무한하게 많은 유리수들이 존재한다는 것을, (2*)는 각각의 유리수 r은 무한하게 많은 개구간들 안에 놓인다는 것을, (3*)는 어떤 두 개의 유리수도 모든 개구간들 안에 함께 놓이지 않는다는 것을, 그리고 (4*)는 각각의 개구간은 한 유리수보다 더 많은 것을 포함한다는 것을 말한다. 그렇기 때문에 (1*), (2*), (3*), 그리고 (4*)를 모두 만족하는 모델이 존재하며, 그리하여 (1*), (2*), (3*), (4*)는 무모순이다.[32]

그런데 바이스만의 논문 「환원 가능성 공리의 본성」(The Nature of the Axiom of Reducibility)[33]은 1928년에 출판된 것이었으며, 이보다 앞서서 환원 가능성 공리가 논리적 명제가 아니라고 간략하게 증명한 논문이 있었다. 바로 램지의 「수학의 기초들」(The Foundations of Mathematics)(1925)[34]이다. 이 논문에서 램지는 바이스만과 마찬가지로 무한하게 많은 개별자들과 무한하게 많은 서술적 함수들(또는 원자적 함수들)이 주어진 세계를 상정한다.[35] 램지는 환원 가능성 공리가 동어반복이 아니고 거짓 명제일 수 있다는 것을 다음과 같이 설명한다.

왜냐하면 무한하게 많은 원자 함수들이 존재하고, 어떤 개별자 a가 존재해

---

32) Waismann (1977), p. 3.
33) Waismann (1977), pp. 1-3.
34) Ramsey (1931), pp. 1-61.
35) 다시 말해 램지 또한 바이스만의 조건 (1*)와 (2*)가 충족되는 세계를 상정하고 있다.

서 우리가 어떤 원자 함수를 선택하든지간에 다른 모든 함수들에 관해서 a와 일치하는 다른 개별자가 존재하지만, 그 선택한 함수에 관해서는 그러하지 않는 것은 분명하게도 가능하기 때문이다(For it is clearly possible that there should be an infinity of atomic functions, and an individual a such that whichever atomic function we take there is another individual agreeing with a in respective all the other functions, but not in respect of the function taken). 그렇게 되면 $(\varphi)(\varphi!x \equiv \varphi!a)$는 x의 어떤 기본 함수(elementary function)와도 동등할 수 없을 것이다.[36]

사실상 램지의 이 짧은 언급은 이해하기가 매우 어렵다. 반면에 앞에서 확인한 바이스만의 4가지 조건을 염두에 둔다면 우리는 이 어려운 터널을 통과할 수 있다. 가령 우리가 f_1, f_2, f_3, $\cdots$, f_n이라는 서술적 함수(또는 서술적 속성)를 선택한다고 하자. 이제 램지의 설명에 따르면, f_1a, f_2a, f_3a, $\cdots$, f_na가 성립하지만 a와 다른 임의의 대상 b가 f_1x, f_2x, f_3x, $\cdots$, f_nx를 모두 만족하지는 않는 것은 가능하다.[37] 더 나아가 f_1x, f_2x, f_3x, $\cdots$, f_nx와 다른 모든 임의의 함수 gx에 대해서는 어떤 b가 존재해서 $ga \equiv gb$이고, ga와 gb가 둘 다 성립하는 경우도 가능하다. 결론적으로 이 세계에서는 (3*) 어떤 두 개별자도 그것들의 모든 서술적 속성들을 공통으로 가지지 않는다. 왜냐하면 $ga \equiv gb$이므로, ga와 gb가 성립할 때, a는 b와 g를 공통으로 갖지만, f_1x, f_2x, f_3x, $\cdots$, f_nx에 대해서는 그렇지 않기 때문이다. 또한 이는 임의의 대상 b에 대해서도 성립한다. 마찬가지로 이 세계에서는 (4*) 한 서술적 속성이 한 개별자에게 속할 때마다 그 속성은 또한 어떤 다른 개별자에 속한다. 왜냐하면 $ga \equiv gb$이므로, ga가 참이면 gb도 참이 될 것이기 때문이다.

---

36) Ramsey (1931), p. 57. Wahl(2011)은 이 인용문과 비트겐슈타인의 노르웨이 편지를, 그리고 Black(1964)은 후자를 인용하고 있지만(p. 328), 둘 다 전혀 그 내용을 해명하지 못하고 있다.
37) 물론 n = 1인 경우에도 성립한다.

5. 맺는 말

앞에서 우리는 러셀의 환원 가능성 공리가 무엇이며, 또 비트겐슈타인, 램지, 그리고 바이스만이 환원 가능성 공리가 성립하지 않는 모델을 어떻게 착안하거나 구성했는지를 살펴보았다. 나는 특히 비트겐슈타인의 모델로부터 필요한 변경을 가하여 램지와 바이스만의 모델을 각각 유도할 수 있다는 것을 보이고자 노력했다. 사실상 그들의 모델이 모두 무한하게 많은 대상들을 포함한다는 점에서 (그리하여 비트겐슈타인의 모델이 무한하게 많은 서술적 속성들을 예견하고 있고, 램지와 바이스만의 모델이 무한하게 많은 서술적 속성들을 포함하고 있다는 점에서) 일치한다는 것은 단지 우연이 아닐 것이다. 왜냐하면 실제로 비트겐슈타인의 첫 번째 제자는 램지였고, 두 번째 제자는 바이스만이었기 때문이다.

레이 몽크의 보고에 따르면, 램지는 1923년 9월 17일 푸흐베르크에 있는 비트겐슈타인을 방문했고, 2주일가량 머물렀는데, "이 동안 비트겐슈타인은 매일 다섯 시간을—그가 2시에 학교 수업이 끝난 후부터 저녁 7시까지—램지와 함께 『논고』를 한 줄 한 줄 검토했다."[38] 램지의 편지에 따르면, 비트겐슈타인과 램지는 "한 시간에 한 페이지 정도" 읽어나갔다. 또한 레이 몽크에 따르면, "비트겐슈타인과 램지 모두에게, 램지가 그 책을 완전히 그리고 마지막까지 상세하게 이해하는 것이 중요했다."[39] 한편 바이스만은 최소한 1927년 여름경에 비트겐슈타인을 처음 만났고[40], 1929년 12월 18일부터 시작되는 『비트겐슈타인과 비엔나 학파』의 대화는 바로 바이스만이 기록한 것이었다. 특히 바이스만의 "논제들"(Theses)[41]은 그가 『논고』를 재구성한 것이었으며, 비트겐슈타인으로부터 "재탕"(rehash)[42]

---

38) 레이 몽크 (2000), p. 299.
39) 레이 몽크 (2000), p. 300.
40) 레이 몽크 (2000), p. 341.
41) Wittgenstein (1979), pp. 233-261.
42) Wittgenstein (1979), p. 184.

이라는 비판을 받은 후 집필을 그만둔 것이었다.

그렇기 때문에 램지는 비트겐슈타인이 왜 환원 가능성 공리가 논리적 명제가 아니라고 생각하는지를 직접 질문했을 것이며, 비트겐슈타인 자신의 대답을 들었을 것이다. 더 나아가 바이스만은 조건 (1*), (2*), (3*), (4*)를 제시할 때 자신의 논문 각주에서 램지의 논문과 (앞에서 논의한 인용문의) 언급을 지목하고 있다.[43] 그리하여 나는 램지와 바이스만의 모델은 모두 비트겐슈타인의 모델이나 착상으로부터 연유한 것이라고 생각한다.[44]

그렇다면 왜 환원 가능성 공리는 그것이 참이라면 운 좋은 우연에 의해서만 그럴 수 있는가? 우리는 앞에서 환원 가능성 공리가 참일 수 있는 경우를 확인하였다. 즉 러셀의 생각과 같이 어떤 유한한 속성들의 선언을 하나의 속성으로 간주하는 것이 가능한 경우가 있다면, "x는 위대한 장군의 모든 속성을 지니고 있다"와 같은 비-서술적 함수는 "x는 t_1에 태어났거나 t_2에 태어났거나, …, t_n에 태어났다"와 같은 서술적 함수와 동등하다. 또는 위대한 장군의 모든 속성이 '지도력 있음', '총명함', '용감함', '행정력 있음'이고 또 이것뿐이라면, "x는 위대한 장군의 모든 속성을 지니고 있다"는 "x는 지도력 있고 총명하고 용감하고 행정력 있다"와 동등하다. 그러나 이는 속성들이 유한하게 많은 경우에만 성립할 뿐이다. 대상들과 속성들이 무한하게 많은 경우에는 러셀은 그러한 속성들의 연언이나 선언을 생각할 수 없을 뿐 아니라, 그러한 무한한 속성들의 연언이나 선언으로서의 속성이 과연 존재하는지도 말할 수 없다. 그렇기 때문에 대상들과 속성들이 무한하게 많은 경우를 생각한다면, 환원 가능성 공리는 만일 그것이 참인 경우가 있다면 그저 운 좋은 우연에 의해 그럴 수 있을 뿐이다. 또한 그것은 어떤 경우에는 참일 수 있고 다른 경우에는 거짓일 수 있으므로,

---

43) Waismann (1977), p. 3.
44) 물론 바이스만이 램지의 논문으로부터 착상을 얻고 카르납에게서 도움을 받아 독자적으로 자신의 증명을 제시했을 가능성도 있다. 참고: Waismann(1977), p. 3.

논리적 명제, 즉 동어반복이 아니다.

이제 이러한 문제의 핵심에는 일반성 개념을 어떻게 파악해야 하는가 하는 문제가 놓여있음을 주목하자. 러셀은 매트릭스로부터 일반화함으로써 양화된 명제 함수와 양화 명제를 얻는다. 반면에 비트겐슈타인은『논고』에서 보편 명제를 (ξ-조건 하에서)[45] (무한) 연언 명제로, 그리고 존재 명제를 (무한) 선언 명제로 파악한다. 즉『논고』에 따르면, x의 모든 값들이 a, b, c, d, …라면, N($\bar{\xi}$) = ~fa & ~fb & ~fc & ~fd & … = ~(∃x)fx = (x)~fx이다. 또한 x의 모든 값들이 a, b, c, d, …라면, (∃x).fx = fa ∨ fb ∨ fc ∨ fd ∨ …이다.[46] 따라서 러셀의 비-서술적 명제 함수 (φ)F(φ!$\hat{z}$, x)는『논고』에 따르면, φ의 모든 값들이 φ_1, φ_2, φ_3, …라면, F(φ_1!$\hat{z}$, x) & F(φ_2!$\hat{z}$, x) & F(φ_3!$\hat{z}$, x) & …가 될 것이다.

그렇기 때문에 무한 연언 명제와 무한 선언 명제를 허용하는『논고』의 관점에서는 러셀의 서술적 함수와 비-서술적 함수는 본질적인 차이를 지니지 않는다. 실제로 램지는 바로 이러한 비트겐슈타인의 생각을 받아들인 후, 러셀의 "기본 명제"(elementary proposition)와 "서술적 함수"를 새롭게 다시 정의하고 있다.[47] 더 나아가 램지는 단순 유형 이론은 "의심의 여지없이 옳으며"[48], 반면에 분지 유형 이론이 환원 가능성 공리를 요구한다는 것은 분지 유형 이론이 잘못된 것임을 결정적으로 보여주는 증명이라고 간주한다.[49] 물론 지금 우리는 비트겐슈타인이『논고』의 일반성 개념을 포기했다는 것을 알고 있다. 다시 말해, 그는 1929년에 철학에 복귀한 후에, 무한 연언 명제와 무한 선언 명제가 명제들의 진리함수라는 생각에 오

---

45) 참고: 4장.
46) "ξ의 값들이 x의 모든 값들에 대한 함수 fx의 값 전체라면, N($\bar{\xi}$) = ~(∃x)fx가 된다."(5.52)
47) Ramsey (1931), pp. 38-39.
48) Ramsey (1931), p. 24.
49) Ramsey (1931), p. 29.

류가 있었음을 인정하고 있다.[50] 그러나 그렇다 하더라도 환원 가능성 공리가 성립하지 않는다는 것을 보이는 비트겐슈타인, 램지, 그리고 바이스만의 모델은 지금도 여전히 유효하다.

---

50) 참고: 4장.

11
전기 비트겐슈타인과
러셀의 역설

1. 들어가는 말

잘 알려져 있듯이, 비트겐슈타인은 『논리-철학 논고』(이하, '『논고』'로 약칭함)에서 러셀의 역설을 해결했다고 선언한다. 그는 다음과 같이 말한다.

> 함수는 그 자신의 논항이 될 수 없다. 왜냐하면 함수 기호는 이미 그것의 논항의 원형을 포함하고 있으며, 또 그것은 자기 자신을 포함할 수 없기 때문이다.
>
> 요컨대 함수 $F(fx)$가 자기 자신의 논항이 될 수 있을 거라고 가정해 보자. 그렇다면 "$F(F(fx))$"라는 명제가 주어질 것이다. 그리고 이 명제에서 외부 함수 F와 내부 함수 F는 상이한 의미를 가져야 한다. 왜냐하면 그 내부 함수는 $\phi(fx)$의 형식을 지니고, 외부 함수는 $\psi(\phi(fx))$의 형식을 지니기 때문이다. 그 두 함수에는 단지 "F"라는 문자만이 공통적인데, 그러나 그 문자는 그 자체로는 아무것도 지칭하지 않는다.
>
> 이것은 우리가 "$F(F(u))$" 대신에 "$(\exists\phi):F(\phi u).\phi u = Fu$"라고 쓴다면 곧 분명해진다.
>
> 이로써 러셀의 역설은 풀린다. (3.333)

그러나 이 짧은 언급은 결코 이해하기가 쉽지 않다. 이제 우리가 다루어야 할 문제들을 정리해 보자.

첫째, 비트겐슈타인에 따르면 함수는 그 자신의 논항이 될 수 없다. 그렇다면 『논고』에서 함수와 논항은 각각 무엇인가? 가령 함수와 논항은 프레게에서와 같이 지시체, 또는 언어외적 존재인가? 또한 비트겐슈타인에 따르면, 함수 기호는 이미 그것의 논항의 원형을 포함하고 있다. 그렇다면 여기에서 '원형'이란 무엇인가?

둘째, 비트겐슈타인은 함수 $F(fx)$가 자기 자신의 논항이 되는 경우를 가정하고 있다. 이 가정에 따라, "$F(F(fx))$"라는 명제가 주어진다. 이 명제에서 논항은 $F(fx)$이다. 그렇다면 함수 $F(fx)$의 논항 자리는 무엇인가? 그것은 x인가 아니면 f인가 아니면 fx인가? 어떤 방식으로 논항 $F(fx)$를 대입할 때 "$F(F(fx))$"라는 명제가 주어지는가?

셋째, 비트겐슈타인에 따르면 "$F(F(fx))$"라는 명제에서 "외부 함수 F와 내부 함수 F는 상이한 의미를 가져야 한다." "왜냐하면 그 내부 함수는 $\phi(fx)$의 형식을 지니고, 외부 함수는 $\psi(\phi(fx))$의 형식을 지니기 때문이다." 그러나 왜 그렇게 형식이 다르면 함수는 상이한 것이 되는가? 그리고 "$F(F(u))$" 대신에 "$(\exists\phi):F(\phi u).\phi u = Fu$"라고 쓰면 무엇이 곧 분명하게 되는가?

넷째, 비트겐슈타인은 "이로써 러셀의 역설은 풀린다."라고 말한다. 그러나 어떻게 해서 러셀의 역설이 해결되었다는 것인가? 그리고 비트겐슈타인은 3.333에서 왜 "$F(fx)$"와 "$F(F(fx))$"를 문제 삼고 있는가? 그것들과 러셀의 역설은 정확하게 무슨 관련이 있는가?

나는 다음의 순서로 논의하고자 한다. 먼저 우리는 『논고』에서 함수와 논항이 각각 무엇인지를 살펴보아야 한다(2절). 그 다음에 우리는 '원형'이 무엇인지를 살펴보아야 한다. 그런데 '원형'의 개념을 해명하기 위해서는 이와 더불어 '일반성 표시' 개념도 해명되어야 한다(3절). 비트겐슈타인은 함수 $F(fx)$가 자신의 논항이 되는 경우를 문제 삼고 있다. 그렇다면 일반적으로 함수가 논항이 되는 함수가 무엇인지에 대해 해명해야 한다(4절).

다음으로 우리는 함수와 연산이라는 『논고』의 구분에 주목해야 한다. 이를 통해 우리는 형식이 다른 함수는 의미도 상이하다는 것을 알 수 있다(5절). 무엇보다도 우리는 러셀의 역설에 대해서 러셀 자신이 어떻게 해결하려고 시도했는지를 면밀히 검토해야 한다. 오직 러셀의 해결책을 이해할 수 있을 때에만 비로소 3.333은 이해 가능하다(6절). 이러한 논의를 바탕으로 우리는 비트겐슈타인이 러셀의 역설을 어떻게 해결하려고 했는지를 이해할 수 있다. 특히 비트겐슈타인이 1913년 노르웨이에서 러셀에게 보낸 편지는 우리에게 결정적인 실마리를 제공해 준다(7절).

2. 『논고』의 함수와 논항 개념

잘 알려져 있듯이, 함수와 논항(Argument)이라는 수학적 개념을 최초로 일상 언어에 적용한 철학자는 프레게이다.[1] 프레게에 따르면, 예를 들어 $2 \times 1^2 + 1$, $2 \times 4^2 + 4$, $2 \times 5^2 + 5$라는 표현에서 공통된 내용이 함수이고, 이는 "$2 \times (\ )^2 + (\ )$"로, 또는 "$2 \times \xi^2 + \xi$"로 표현할 수 있다. 이때 1, 4, 5는 논항이다. 논항은 함수의 일부가 아니며, 함수와 결합하여 완전한 전체를 만든다. 함수 자체는 불완전한, 불포화된 것이며, 논항으로서의 1, 4, 5는 자립적인 대상이다. 프레게는 「함수와 개념」(1891)에서 다음과 같이 말한다.

> 우리는 "시저는 가울을 정복했다"는 문장을 '시저'와 '는 가울을 정복했다'로 나눈다. 두 번째 부분은 불포화되어 있다. 그것은 빈자리를 포함하고 있다. 이 자리가 고유 이름으로 혹은 고유 이름을 대체하는 표현으로 채워질 때에만 완전한 뜻이 나타난다. 여기에서도 나는 이 불포화된 부분의 지시체에 '함수'라는 이름을 부여한다. 이 경우에 논항은 시저이다.[2]

---

1) 참고: 1장.
2) Frege (1997), p. 139.

여기에서 프레게는 『개념 표기법』(1879)에서 '함수'와 '논항'을 일종의 언어적 표현으로 간주하였던 것과는 달리, '함수'와 '논항'을 모두 **지시체**로, 또는 어떤 언어외적 존재자로 규정하고 있다.[3] 다시 말해, 프레게는 '는 가울을 정복했다'라는 불포화된 부분의 **지시체**를 함수라고 부르고 있으며, 논항은 '시저'라는 이름이 아니라 **대상** 시저라고 간주하고 있다.

그런데 프레게는 '샛별'과 같은 이름, 또 '5 + 3', '영국의 현 왕'과 같은 기술구뿐만 아니라 모든 언어적 표현에 대해서도 일관성 있게 뜻과 지시체를 구분하였다. 가장 특이한 것은 그가 한 문장에 대해서도 뜻과 지시체를 구분하였다는 점이다. 그에 따르면, 한 문장의 지시체는 **진리치**(truth value)이고 그 문장의 뜻은 **사상**(Gedanke, thought)이다. 가령, "샛별은 샛별이다"와 "샛별은 개밥바라기이다"는 둘 다 참(The True)이라는 대상을 가리키며 따라서 두 문장의 지시체는 동일하다. 반면에 두 문장의 뜻, 즉 사상은 상이하다.

그리하여 프레게에 따르면, "시저는 가울을 정복했다"는 '시저'와 '( )는 가울을 정복했다'로 나누어지며, 전자의 지시체는 논항 시저이고, 후자의 지시체는 함수이며, 전자가 후자를 채울 때 "시저는 가울을 정복했다"를 얻을 수 있는데, 이 문장의 지시체는 진리치 참이고, 그 문장의 뜻은 사상이다. 또한 "시저는 가울을 정복했다"라는 문장은 진리치 참의 이름이다.

러셀은 프레게의 뜻과 지시체 구분은 거부하였지만, 그럼에도 불구하고 함수와 논항 개념을 받아들이고 있다. 러셀은 "$2 \times x^2 + x$"와 "x의 그 아버지"와 같은 것을 기술 함수(descriptive function)라고 부르고, "x는 가울을 정복했다"와 "x는 현명하다"와 같은 것을 명제 함수(propositional function)라고 부른다. 러셀에 따르면, 명제 함수는 "변항 x를 포함하고, 값이 할당되자마자 명제를 표현하는 것"이다. 명제 함수는 "그것이 애매하다는 사실, 즉 그것이 값이 할당되는 변항을 포함하고 있다는 사실에 의해

---

3) 참고: 안토니 케니 (2002), p. 35, p. 163.

서만 명제와 다르다."⁴⁾ 이러한 러셀의 설명에 따르면, 함수와 논항으로 분석되는 명제만을 문제 삼을 경우, 명제 함수는 프레게의 함수에 해당되며, 변항에 할당되는 값은 논항이 될 것이다.⁵⁾

비트겐슈타인은 프레게의 뜻과 지시체 구분을 받아들이지 않았지만, 기본적인 정신에서는 함수와 논항의 개념에 관한 프레게와 러셀의 생각을 받아들이고 있다. 다시 말해, 함수와 논항이 대조될 때에는 함수는 항상 어떤 변항을 지니고 있다. 가령 "x는 현명하다"를 'Wx'로 기호화하고, 소크라테스를 's'로 기호화하자. 그러면 Wx는 (명제) 함수이고, 표현 s는 논항이다. 마찬가지로 Xs("s는 …하다")는 함수이고, 표현 W는 논항이며, 이로부터 Ws라는 명제가 나온다. 더 나아가 Xx는 명제 함수이며, 논항 W와 s에 대해 우리는 명제 Ws를 얻는다. 이렇게 변항을 지니는 표현, Wx, Xs, Xx는 모두 함수 표현이다. 『논고』에서 비트겐슈타인은 그러한 함수 표현을 간단히 "함수"라고 부른다. 그리하여 그는 명시적으로 fx가 함수라고 말하고 있고(5.501, 5.52), 마찬가지로 F(fx)가 함수라고 말하고 있으며(3.333), 때로는 변항 x를 생략한 채 f가 함수라고 말하기도 한다(5.5301).

그런데 비트겐슈타인은 『논고』에서 명제와 요소 명제에 대해 다음과 같이 말한다.

> 명제를 나는—프레게와 러셀처럼—그 속에 포함된 표현들의 함수로 파악한다. (3.318)

---

4) Russell & Whitehead (1910), p. 38.
5) 그러나 나는 이렇게 생각하는데, 명제 함수와 논항에 대한 러셀의 설명은 다소 혼란스럽다. 그는 『수학 원리』에서 명제가 대상이라고 말한다(Russell & Whitehead (1910), p. 38). 이러한 언급은 그가 명제뿐만 아니라 명제 함수와 논항도 대상이라고 간주했음을 강력하게 암시한다. 왜냐하면 명제 함수와 논항이 그저 표현일 뿐이라면 이로부터 명제라는 대상이 어떻게 산출되는지는 설명하기 어려울 것이기 때문이다. 반면에 1919년에 출판된 『수리철학입문』에서 그는 명제 함수는 하나의 "도식, 껍질, 의미를 위한 빈 그릇"일 뿐이라고 말하며(Russell (2007), p. 157), 『나의 철학의 발전』에서는 "명제 함수는 순전히 표현일 뿐이다."라고 말한다(Russell (1959), p. 69, 버트런드 러셀 (2008), p. 115).

나는 요소 명제를 이름들의 함수로서, "fx", "φ(x, y)" 등의 형식으로 쓴다. (4.24)

여기에서 비트겐슈타인은 명제가 "그 속에 포함된 표현들의 함수"이고, 요소 명제가 "이름들의 함수"라고 말하고 있다. 그러나 이러한 언급은 몇 몇 의문들을 불러일으킬 수 있으며, 특히 프레게와 러셀의 관점에서는 기묘하게 보일 것이다. 우리의 의문은 다음과 같다. 첫째, 어떻게 명제가 함수—그 속에 포함된 표현들의 함수이든 이름들의 함수이든—일 수 있는가? 함수는 자유 변항을 포함하는 것이며, 명제는 상항이나 속박 변항만을 포함하지 않는가? 둘째, 프레게는 함수와 그것의 함숫값을 엄격하게 구분한다.[6] 이는 러셀도 마찬가지이다. 러셀에게 명제 Ws는 논항 s에 대한 함수 Wx의 값이며, 프레게에게는 논항 s에 대한 함수 Wx의 값은 Ws의 진리치 참이다.[7] 그렇다면 비트겐슈타인은 함수와 그것의 함숫값을 혼동하고 있는 것 아닌가?

앞에서 우리는 함수와 논항을 대조할 때에는 비트겐슈타인이 프레게와 러셀 방식으로 함수 개념을 사용하고 있다는 것을 확인하였다. 또한 분명하게도 『논고』에서는 함수와 함수의 값을 구분하고 있다. 즉 "기술되어야 할 x의 모든 값에 대해 값으로 가지는 함수 fx의 제시"(5.501), 또 " ξ 의 값들이 x의 모든 값들에 대한 함수 fx의 값 전체라면, N($\bar{\xi}$) = ∼(∃x)fx가 된다."(5.52)에서 알 수 있듯이, 비트겐슈타인은 가령, 함수 fx와 논항 "a"에

---

6) 프레게는 『산수의 근본 법칙 Ⅰ』에서 다음과 같이 말한다. "논항에 의해 함수는 보충된다. 함수가 보충될 때 나오는 것을 나는 그 논항에 대한 함수의 **값**이라고 부른다. 그리하여 우리는 함수 이름에서 논항 자리를 논항의 이름으로 채우게 되면, 그 논항에 대한 함숫값의 이름을 얻는다."(Frege (1997), p. 212)

7) 디리클레(Dirichlet) 등에 의해 확립된 현대 수학에서의 함수 개념에 따르면, 함수란 두 집합의 원소들을 대응시킴에 있어서 한 집합의 원소에 대해 다른 집합의 원소가 오직 하나 대응되는 관계를 뜻한다. 이러한 함수 개념의 관점에서 보면, 프레게의 (명제) 함수는 대상들과 진리치들 간의 대응관계이며, 러셀의 명제 함수는 대상들과 명제들 간의 대응관계이다.

대한 함수 fx의 값, 즉 fa를 구분하고 있다.

그렇기 때문에 명제를 표현들의 함수로(3.318), 그리고 요소 명제를 이름들의 함수로(4.24) 간주하는 것은 **엄밀한 의미에서** 명제가 함수라는 것을 뜻하지 않는다. 다시 말해 3.318과 4.24는 다음 세 가지 측면에서 압축적이면서 느슨한 표현이다. 첫째, 명제들이 표현들의 함수라는 것은 가령 Ws는 함수 Wx, Xs, Xx에 대해서 논항 s, W, (W, s)가 주어지면 각각의 명제 함수의 값인 명제 Ws가 주어진다는 뜻이다.[8] 이로부터 『논고』에서는 명제, 함수, 이름이 모두 상징(표현)이라는 것을 알 수 있다.[9] 함수와 논항은 프레게에게서와 같이 지시체들이 아니라 표현(상징)이다. 둘째, 한 명제의 뜻은 그것이 포함하는 표현들에 의해 결정된다는 것이다.[10] 요소 명제의 경우, 요소 명제의 뜻을 결정하는 것은 그것이 포함하는 이름들의 의미이다. 복합 명제의 경우, 그것의 뜻은 그것이 포함하는 요소 명제(들)의 뜻에 의해 결정된다.[11] 셋째, 복합 명제의 경우, 그 복합 명제의 진리치는 그것이 포함하는 요소 명제들의 진리치에 따라서 결정된다는 것이다. 이에 대해 비트겐슈타인은 다음과 같이 언급하고 있다. "명제는 요소 명제들의 진리 함수이다. (요소 명제는 자기 자신의 진리 함수이다.)"(5) "요소 명제들은 명제의 진리 논항들이다."(5.01)

지금까지의 논의를 정리해 보자. 『논고』에서 비트겐슈타인은 "함수"라는 용어를 두 가지 방식으로 사용하고 있다. 첫째, 함수와 논항을 대조할 경우, "함수"는 fx, f, F(fx)와 같은 함수 표현을 뜻한다. 둘째, 명제를 표현

---

8) 이는 x와 y 사이에서 x의 값이 정해지면 이에 따라 y값이 유일하게 결정될 때, y는 x의 함수라고 하는 통상적인 어법과 일치한다고 볼 수도 있다. 이러한 관점에서 보면, 3.318과 4.24에서의 '명제'와 '표현', '요소 명제'와 '이름'은 상항이라기보다는 변항에 해당된다.

9) 참고: "명제 자체도 하나의 표현이다."(3.31)

10) 표현(상징)은 "명제의 뜻을 특징짓는 명제의 각 부분"(3.31)이다. 즉 "표현은 명제의 뜻을 위해 본질적인, 명제들이 서로 공유할 수 있는 모든 것이다."(3.31)

11) 참고: "p의 진리 함수의 뜻은 p의 뜻의 함수이다."(5.2341)

들의 함수로, 요소 명제를 이름들의 함수로 파악하는 경우, "함수"는 함수 표현을 가리키지 않는다. 이는 한 명제는 그 속에 포함된 표현을 변항으로 대체하여 그 명제로부터 만들어지는 명제 함수에 대해서 그 표현이 논항인 그 함수의 값이라는 뜻이며, 한 명제의 뜻은 그 속에 포함된 표현들의 의미나 뜻에 의해 결정되고, 또 한 명제의 진리치는 그것 자신의 진리치에 의해(요소 명제의 경우), 또는 그것이 포함하고 있는 요소 명제들의 진리치에 의해(복합 명제의 경우) 결정된다는 뜻이다.

그리하여 "합성이 있는 곳에는 논항과 함수가 있으며, 또 이것들이 있는 곳에는 이미 모든 논리적 상항들이 있다."(5.47)에서와 같이 함수와 논항이 대조되는 경우 '함수'는 함수 표현을 뜻한다. 마찬가지로 3.333에서도("함수는 그 자신의 논항이 될 수 없다.") 함수와 논항이 대조되고 있으므로, 여기에서 함수는 함수 표현, 또는 함수 기호이다.

3.『논고』의 원형과 일반성 표시 개념

이제 "함수 기호의 논항의 원형"에서 '원형'이 무엇인지를 논의하기로 하자. 먼저 원형이 무엇인지를 이해하기 위해서는『논고』의 다음의 언급을 주의 깊게 읽어야 한다.

> 우리가 어떤 한 명제의 구성 요소를 변항으로 바꾸면, 그렇게 해서 생긴 가변적 명제의 값 전체를 이루는 명제들의 집합이 존재하게 된다. 일반적으로 이 집합은 우리가, 자의적인 약정에 따라, 원래 명제의 부분들로 무엇을 뜻하느냐에 달려 있다. 그러나 우리가 그 의미가 자의적으로 확정된 기호들을 모두 변항들로 바꾼다면, 그 때도 여전히 그런 집합은 존재한다. 그러나 이제 이 집합은 아무런 약정에도 의존하지 않고, 단지 그 명제의 본성에 의존할 뿐이다. 그것은 논리적 형식—논리적 원형—에 대응한다. (3.315)

이제 가령 "소크라테스는 현명하다"를 Ws로 나타낼 때, 먼저 s를 변항으로 바꾸면, Wx가 주어진다. 이제 우리는 Wx의 "값 전체를 이루는 명제들의 집합"을 생각할 수 있는데, 이는 가령 {Ws, Wp, Wc, …}이다. 이제 Wx에서 W를 변항으로 바꾸면, Xx가 주어진다. 그리고 다시 Xx의 "값 전체를 이루는 명제들의 집합"이 존재한다. 이 집합은, 집합 {Ws, Wp, Wc, …}가 Wx에 대응하듯이, 논리적 형식, 즉 논리적 원형, Xx에 대응한다. 이로부터 우리는 이 경우에 Xx가 논리적 원형이라는 것을 알 수 있다.

그러나 이 언급은 **논리적 원형**에 대해서는 해명하고 있지만, **'원형'**에 대해서는 명시적으로 해명하고 있지 않다. 그럼에도 불구하고, 나는 이렇게 생각하는데, 우리는 Wx에서 x와 Xs에서 X가 원형이라는 것을 충분히 짐작할 수 있다. 다시 말해 명제 함수 Wx는 가령 논항 s의 원형 x를 포함하고 있고, 명제 함수 Xs는 가령 논항 W의 원형 X를 포함하고 있다. 그리고 이러한 원형의 개념은 러셀의 유형(type)과 유사하다. 즉 원형은 변항에 논항을 대입함에 있어서, 정당한(적법한) 대입만을 허용한다. 그렇기 때문에 s의 원형은 X가 아니라 x이며, W의 원형은 x가 아니라 X이다.

그러나 과연 Wx에서 x가, 그리고 Xs에서 X가 원형인가? 이 물음에 대답하기 위해서 우리는 『논고』에서 원형 개념에 대해 언급한 것을 살펴보아야 한다. 『논고』에서 '원형'이라는 용어는 3.24에서 처음으로 등장한다. "일반성 표시는 실로 하나의 원형을 **포함한다**."(3.24) 그렇다면 여기에서 '일반성 표시'란 무엇인가? 비트겐슈타인은 '일반성 표시'에 대해서 다음과 같이 말한다.

> 일반성 표시에 독특한 것은, 첫째로 그것은 하나의 논리적 원형을 지시한다는 것이요, 둘째로 그것은 상황들을 부각시킨다는 것이다. (5.522)

> 일반성 표시는 논항으로서 등장한다. (5.523)

그러나 이 짧은 언급은 참으로 이해하기가 어렵다. 이제 일반 명제(또는 일반화된 명제) "(∃x)fx"와 "(x)fx"에 대해서 생각해 보자. 여기에서 '일반성 표시'란 무엇인가?[12] 앤스컴은 다음과 같이 말한다.

> 그가 [비트겐슈타인이] '일반성의 기호는 논항으로 등장한다'라고 말할 때 그는 '(x)φx'에 있는 'x'를 가리키고 있다: 우리는 형식 'φa'로부터 형식 'φ 모든 것'('φ everything')의 구성으로 나아갔는데, 이는 우리가 할 수 있는 것이다. 왜냐하면 표현 'φ( )'는 'φa'와 동일한 형식의 모든 명제들을 모으며, 그것은 명제들의 어떤 한 범위를 결정하기 때문이다.[13]

여기에서 앤스컴은 일반성 표시가 '(x)φx'에 있는 'x', 즉 '(x)'에 있는 'x'와 'φx'에 있는 'x'로 간주하고 있으며, 'φa'에서 (또는 'φ(a)'에서) a가 논항으로 나타나듯이, 'φ 모든 것'에서 (또는 'φ(모든 것)'에서) '모든 것'(everything)이 논항으로 나타나며, 바로 이것이 "일반성 표시는 논항으로 등장한다"의 뜻이라고 주장하고 있다. 블랙(Black)은 이러한 앤스컴의 주장을 부분적으로 받아들이면서, '(x)(⋯x⋯)'가 일반성 표시라고 주장한다.

> 일반성 표시(generality symbol)—그것에 포함된 변항을 지니는 양화사, (x)(⋯x⋯)—는 여기에서 한 고유 이름과 유사한 것으로 간주된다. 명제 함수 fx의 논항 자리에 고유 이름 a를 집어넣으면 a는 한 사물을 대표하기 때문에 세계와 연결된 확정적인 명제가 산출된다. 이와 유사하게, fx에 있는 변항 x를 한 양화사와 연결해서 묶으면, **모든** 사물을 지칭하는 것에 의해 세계와 연결되는 확정적인 명제가 산출된다. fa 대신에, 우리는 말하자면 'f(모든 것)'(f(everything))을 얻는다.[14]

블랙은 앤스컴이 일반성 표시를 '(x)φx'에 있는 'x'로 파악한 것과 다소 유

---

12) 『논고』에서 일반 명제와 일반성 표시는 상이하다. 만일 일반 명제 "(∃x)fx"가 일반성 표시라면 5.523에 따라 그것은 논항으로 등장해야 한다. 이는 "(∃x)fx"가 논항으로 등장하고 있다는 것이 된다. 그러나 그것은 명제이지 그것의 논항이 아니다. 그러므로 일반 명제와 일반성 표시는 구분되어야 한다.

13) Anscombe (1959), p. 144.

14) Black (1964), p. 285.

사하게, '(x)(···x···)'로 파악하고 있으며, fa와 f(모든 것)을 비교함으로써 "일반성 표시는 논항으로 등장한다"에 대한 앤스컴의 해석을 받아들이고 있다.[15]

그러나 포겔린이 지적하듯이, 'f(모든 것)'은 우스꽝스러운 표현이다. 포겔린은 앤스컴과 블랙의 해석에 반대하면서, 일반성 표시는 "(x)fx"에서 두 번째 x, 즉 fx에 나오는 x라고 주장한다.

> 5.523은 확실하게도 특이하게 들린다. 왜냐하면 그것은 (예컨대) 존재 양화사가 "F(∃x)" 방식으로 한 함수의 논항으로 나타나야 한다고 말하는 것으로 보이기 때문이다. 그러나 이는 비트겐슈타인의 의도일 수 없는데, 왜냐하면 이 생각은 그 자체로 우스꽝스러울 뿐만 아니라, 그가 명시적으로 (4.0411에서) 거부하고 있는 것이기 때문이다. 따라서 비트겐슈타인이 일반성-기호(generality-sign)[일반성 표시]에 관해 이야기할 때 그는 양화사 "(x)"와 "(Ex)"를 지칭하고 있지 않다. 표준 표기법 "(x)Fx"를 사용하면, 비트겐슈타인이 일반성-기호라고 부르는 것은 두 번째 나오는 문자 "x"라는 것은 분명하다. 왜냐하면 그것은 그것의 등장을 한 논항으로 만들기 때문이다. 따라서 비트겐슈타인의 기본적인 생각은 **일반성**은 한 **변항**의 나타남과 함께 나온다는 것이다.[16]

포겔린에 따르면 "(x)Fx"에서 일반성-기호[일반성 표시]는 Fx의 "x"이며, 이는 5.523, 즉 "일반성 표시는 논항으로서 등장한다."를 설명할 수 있다.[17] 그리고 그에 따르면, "비트겐슈타인의 기본적인 생각은 **일반성**은 한

---

15) 그러나 엄밀하게 말하면 일반성 표시에 대한 앤스컴과 블랙의 생각은 다르다. 왜냐하면 전자는 일반성 표시를 '(x)φx'에 있는 'x', 즉 **변항**으로 파악하고 있고, 반면에 후자는 '(x)(···x···)', 즉 변항을 지니는 **양화사**로 파악하고 있기 때문이다. 또한 크레머는 일반성 표시를 'x fx'라는 패턴으로 간주하고 있는데, 이는 결코 정확한 규정이라고 할 수 없으며, 그는 어떤 엄밀한 근거도 제시하고 있지 않다. 참고: Kremer (1992), p. 413.
16) Fogelin (1987), p. 65.
17) 마운스의 견해 또한 이러한 포겔린와 일치한다. 그는 (x)fx에서, "비트겐슈타인이 일반성 기호[일반성 표시]로서 지칭하고 있는 것은 양화사가 아니라 오히려 **두 번째** x이다."(Mounce (1981), p. 68)라고 말한다.

변항의 나타남과 함께 나온다는 것이다."

　그러나 앤스컴, 블랙, 그리고 포겔린의 주장은 옳은가? 나는 그렇지 않다고 생각한다. 먼저 포겔린은 "(x)fx"에서 두 번째 x, 즉 fx에 나오는 x가 일반성 표시라고 주장한다. 이는 "일반성 표시는 논항으로서 등장한다."(5.523)를 성공적으로 해명하는 것처럼 보일 수 있다. 그러나 이는 전혀 옳지 않다. 왜냐하면 fx에서 x는 논항으로 등장하는가? fx에서 x는 논항 자리일 뿐이며 논항이 아니다! 더 나아가 포겔린의 주장이 옳다고 하자. 3.24에 따르면, "일반성 표시는 실로 하나의 원형을 **포함한다.**" 그렇다면 포겔린이 주장하는바 일반성 표시 x는 하나의 원형을 포함하고 있다. 그러나 도대체 fx에서 x가 포함하고 있는 것은 무엇인가? 포겔린은 바로 이 물음에 대해서 어떤 대답도 할 수 없다. 반면에 앤스컴과 특히 블랙은 일반성 표시는 '(x)(…x…)'이고, 이 일반성 표시는 원형 x를 포함하고 있다고 대답할 수 있다. 그러나 반대로 블랙은 5.523 즉, "일반성 표시는 논항으로서 등장한다."를 해명할 수 없다. 그는 그저 'f(모든 것)'이라는 궁색한 표현을 끌어들이고 있을 뿐이다.

　그렇기 때문에 나는 앤스컴, 블랙, 포겔린의 생각은 모두 옳지 않다고 생각한다. 그렇다면 『논고』에서 일반성 표시는 무엇인가? 이 물음에 대답하기 위해 『논고』의 다음 언급을 살펴보자.

> 만일 우리가 논항 자리에 어떤 표시를—가령 "(G, G).F(G, G)"처럼—도입함으로써 그 일을 시도하려 한다면, 그것은 충분하지 못할 것이다; 우리는 변항들의 동일성을 확립할 수 없을 것이다. 등등. (4.0411)

이 언급과 함께 비트겐슈타인은 "(x)fx"는 그 지칭 방식이 필연적인 수학적 다수성을 지니고 있지만, "(G, G).F(G, G)"는 지칭 방식이 "필연적인 수학적 다수성을 지니고 있지 않기 때문에 충분하지 못하다"(4.0411)고 주장하고 있다. 그런데 여기에서 주목해야 할 표현은 "논항 자리"이다. 비트겐슈타인은 (x)(y).F(x, y), 즉 (x, y).F(x, y)에서 x와 y를 모두 "논항 자리"

라고 부르고 있다. 즉 그는 양화사에 나오는 변항 x와 y, 그리고 F(x, y)에서 나오는 x와 y를 모두 논항 자리라고 부르고 있는 것이다. 그렇기 때문에 가령 (x)fx에서 x는 (첫 번째 x와 두 번째 x는) 논항 자리를 나타내고 있다. 그런데 우리는 가령 Wx에서 논항 자리 x에 이름 s를 집어넣음으로써 Ws라는 명제를 얻을 수 있다. 그렇다면 우리는 (x)fx에서 논항 자리 x에 어떻게 이름을 집어넣을 수 있는가? 그 논항 자리에 이름 s를 대입하면 (s)fs라는 무의미한 표현이 산출되지 않는가?

이제 이러한 문제에 대해 대답하기 위해서는『논고』의 일반성 개념에 대한 정확한 파악이 선결되어야 한다. 비트겐슈타인은『논고』에서 보편 명제를 (ξ-조건 하에서)[18] (무한) 연언 명제로, 그리고 존재 명제를 (무한) 선언 명제로 파악한다. 즉『논고』에 따르면, x의 모든 값들이 a, b, c, d, … 라면, 다음이 성립한다. (논의를 더 분명하게 하기 위해 (x)fx를 $(\forall x)$fx로 나타내기로 하자.)

$$(\forall x)fx = fa \ \& \ fb \ \& \ fc \ \& \ fd \ \& \ \cdots$$
$$(\exists x)fx = fa \ \lor \ fb \ \lor \ fc \ \lor \ fd \ \lor \ \cdots$$

이제 가령 $(\forall x)$fx에서 논항 자리는 양화사 안에 있는 x와 fx에 있는 x이다. 그렇다면 이와 동치인 fa & fb & fc & fd & …에서 논항 자리는 무엇인가? 그 대답은 이러하다: fx_1 & fx_2 & fx_3 & fx_4 & …에서 x_1, x_2, x_3, x_4, …가 논항 자리이다. 다시 말해 $(\forall x)$fx에서 논항 자리는 그 논리식에 나오는 x이지만, $(\forall x)$fx의 정의항에서의 논항 자리는 x_1, x_2, x_3, x_4, …인 것이다.

이제 $(\forall x)(\cdots x)$는 $(\cdots a)$ & $(\cdots b)$ & $(\cdots c)$ & $(\cdots d)$ & …에 해당되고, 또 $(\exists x)(\cdots x)$는 $(\cdots a)$ $\lor$ $(\cdots b)$ $\lor$ $(\cdots c)$ $\lor$ $(\cdots d)$ $\lor$ …에 해당된다는 것을 주목하자. 우리는 전자를 보편 일반성 표시라고 부를 수 있고, 후자를 존재 일반성 표시라고 부를 수 있다. 그리고 보편 일반성 표시 $(\forall x)(\cdots x)$와 존

---

18) 참고: 4장.

재 일반성 표시 (∃x)(⋯x)에 공통된 것, 즉 (*x)(⋯x)는 일반성 표시이다. (*x)(⋯x)는 (⋯a) & (⋯b) & (⋯c) & (⋯d) & ⋯와 (⋯a) ∨ (⋯b) ∨ (⋯c) ∨ (⋯d) ∨ ⋯에서 논항 a, b, c, d, ⋯에 해당된다. 그렇기 때문에 일반성 표시 (*x)(⋯x)는 논항으로서 등장한다(5.523).[19] 그리고 일반성 표시 (*x)(⋯x)는 하나의 원형 x를 포함하고 있다(3.24).[20]

더 나아가 완전히 일반화된 명제 (∃φ)(∃x)φx에서와 같이, 일반성 표시 (*φ)(*x)φx는 논리적 원형 φx를 지시하며, (∀X)Xs와 (∀x)Wx에서와 같이, 일반성 표시 (*X)(X⋯)와 (*x)(⋯x)는 각각 상항 s와 W를 부각시킨다.[21] 그렇기 때문에, "일반성 표시에 독특한 것은, 첫째로 그것은 하나의 논리적 원형을 지시한다는 것이요, 둘째로 그것은 상항들을 부각시킨다는 것이다."(5.522)

4. 함수가 논항이 되는 함수

지금까지의 논의를 정리해 보자. 비트겐슈타인은 다음과 같이 말한다. "함수는 그 자신의 논항이 될 수 없다. 왜냐하면 함수 기호는 이미 그것의 논항의 원형을 포함하고 있으며, 또 그것은 자기 자신을 포함할 수 없기 때문이다." 물론 여기에서 '함수'는 명제 함수를 말한다. Wx라는 명제 함수는 s가 논항이 될 수 있는 것(그리하여 Ws라는 명제가 도출되는 것)과 달리, 자기 자신의 논항이 될 수 없다. 왜냐하면 Wx라는 함수 기호는 그것

---

19) 비트겐슈타인은 1916년 12월 2일, 『일기 1914-1916』에서 다음과 같이 말한다. "일반성 표시와 논항 간의 유사성은 만일 우리가 φa 대신에 (ax)φx라고 쓰면 드러난다."(Wittgenstein (1961), p. 90) 여기에서 "(ax)φx"라는 기묘한 기호는, 결국 "φa"와 동일한 것이므로, "φx"의 변항 x에는 a가 그리고 오직 a만 대입된다("(ax)")는 것을 뜻할 것이다. 마찬가지로, fx_1 & fx_2 & fx_3 & fx_4 & ⋯의 변항 x_1, x_2, x_3, x_4, ⋯에는 논항 a, b, c, d, ⋯가 그리고 오직 그것들만 대입된다.
20) 한대석은 "한 함수 기호의 원형은 그 논항의 원형과 동일하다"(Han (2013), p. 130)고 주장한다. 물론 이는 전혀 옳지 않다.
21) 참고: Ramsey (1931), pp. 123-124.

의 논항의 원형, 즉 x를 포함하고 있는데, 원형 x는 (일종의 유형과 같다는 점에서) s와 같은 표현을 제외한 W나 Wx와 같은 것의 대입을 허용하지 않기 때문이다. 다시 말해 W와 Wx는 s와는 유형이 다르기 때문에, 또는 s의 원형과 부합하지 않기 때문에, x에 대한 대입이 허용되지 않는다.

더 나아가 비트겐슈타인은 함수는 "자기 자신을 포함할 수 없다"고 주장한다. 이를 위해 그는 귀류법 논증을 제시하고 있다. 그는 "요컨대 함수 F(fx)가 자기 자신의 논항이 될 수 있을 거라고 가정해 보자."라고 말한 후에, 그러한 가정으로부터 모순이 도출됨을 보이려고 한다. 이제 그가 그 가정으로부터 어떤 한 명제가 산출된다고 간주하고 있음을 주목하자. 함수 F(fx)가 자기 자신의 논항이 된다고 가정하는 경우, 그 논항 자리는 개체 변항이거나 함수 변항일 것이다. 그러나 전자일 수는 없다. 왜냐하면 앞에서 지적한 바와 같이, 개체 변항 또는 원형 x는 그것과 유형이 다른 F(fx)의 대입을 허용하지 않기 때문이다. 러셀은 이를 다음과 같은 방식으로 설명할 것이다. 가령 Wx가 자신의 논항이 된다고 하자. 그러면 WWx가 도출될 것이며, 이는 "…는 현명하다는 현명하다"와 같다. 그러나 이는 문법에 맞지 않는, 무의미한 표현이며, 따라서 명제가 아니다.[22] 이는 F(fx)에 대해서도 마찬가지이다.

그렇기 때문에 함수 F(fx)는 논항 자리가 함수 변항일 때에만 자기 자신의 논항일 때 명제가 산출될 수 있다. 프레게가 예로 든 $\phi(2)$에 대해 생각해 보자(여기에서 ϕ는 변항, 즉 함수 변항이다). 프레게에 따르면, ϕ라는 논항 자리에 함수 $\xi + 1$을 대입하면 함수 $\phi(2)$의 값은 3이다. 또한 ϕ라는 논항 자리에 함수 $\xi + 1 = 4$를 대입하면 그 값은 (2 + 1 = 4의 지시체는 거짓이므로) 거짓이다. 프레게에 따르면, $\xi + 1 = 4$는 "논항이 대상인 함수"이며, 1단계 함수이다. 또한 $\phi(2)$는 "논항이 1단계 함수인 함수"로서 2단계 함수이다. 마찬가지로 프레게는 (x)ϕx와 (∃)ϕx와 같은 함수를 2단계 함수

_____

22) 참고: Russell & Whitehead (1910), p. 40.

라고 부른다. 그에 따르면, 가령 '∼(x)∼(x² = 4)'와 '∼(x)∼(x는 0보다 크다)'는 논항들이 1단계 함수인 2단계 함수이다."[23]

러셀 또한 이러한 프레게의 생각을 받아들인다. 그는 다음과 같이 말한다.

> 이제 우리는 다양한 새로운 함수들의 집합들을 갖게 된다. 먼저, 우리는 일차 함수인 논항을 지니는 이차 함수들을 갖는다. 우리는 이러한 종류의 변항 함수를 기호법 $f!(\hat{\phi}!\hat{z})$에 의해 지칭할 것이고, 그러한 함수의 값을 $f!(\phi!\hat{z})$로 나타낼 것이다. (⋯) 우리는 그러한 함수들을 "일차 함수들의 서술적 함수들"이라고 부를 것이다.[24]

여기에서 2차 함수 $f!(\hat{\phi}!\hat{z})$에서 $\hat{\phi}!\hat{z}$는 함수 변항이고, 또 $\phi!\hat{z}$는 함수 상항이며, $\phi!\hat{z}$는 1차 함수임을 주목하자.

이제 우리의 물음은 다음과 같다. 비트겐슈타인은 "요컨대 함수 F(fx)가 자기 자신의 논항이 될 수 있을 거라고 가정해 보자. 그렇다면 "F(F(fx))"라는 명제가 주어질 것이다."라고 말한다. F(fx)는 함수, 즉 명제 함수이므로, 반드시 논항 자리를 지녀야 한다. 그렇다면 F(fx)에서 논항 자리는 무엇인가? 그리고 어떻게 그 논항 자리에 F(fx)를 대입하였기에 "F(F(fx))"라는 명제가 주어지는가?

먼저 "F(fx)"에서 논항 자리는 x일 수 없다. 왜냐하면 그렇다면 그 대입의 결과는 F(F(fx))가 아니라 F(f(F(fx))가 될 것이기 때문이다(사실상, 앞에서 지적하였듯이, 이러한 대입조차 허용되지 않는다). 마찬가지로 그 논항 자리는 f일 수 없다. 왜냐하면 그 대입의 결과는 F(F(fx)x)가 될 것이기 때문이다. 또한 그 논항 자리는 F일 수도 없다. 왜냐하면 그 대입의 결과는 F(fx)(fx)가 될 것이기 때문이다. 그렇다면 그 논항 자리는 무엇인가? 그것은 fx이다. 여기에서 비트겐슈타인은 러셀의 표기법을 거의 유사하게

---

23) 참고: Frege (1893), pp. 36-39, 안토니 케니 (2002), p. 220.
24) Russell & Whitehead (1910), p. 52.

따르고 있다. 러셀에 따르면, "우리는 일차 함수인 논항을 지니는 이차 함수들을 갖는다. 우리는 이러한 종류의 변항 함수를 기호법 f!($\hat{\phi}$!$\hat{z}$)에 의해 지칭할 것이고, 그러한 함수의 값을 f!(ϕ!$\hat{z}$)로 나타낼 것이다." 즉 f!($\hat{\phi}$!$\hat{z}$)에서 논항 자리는 $\hat{\phi}$!$\hat{z}$이고, 이 논항 자리인 함수 변항에 상항인 함수 ϕ!$\hat{z}$를 대체할 때, 그 함숫값은 f!(ϕ!$\hat{z}$)이다. 마찬가지로 F(fx)에서 논항 자리는 함수 변항 fx이고, 여기에 대해 논항 F(fx)를 대입하면 "F(F(fx))"가 주어진다.

5. 함수와 형식

그러나 왜 F(fx)가 자기 자신의 논항이 될 거라고 가정하면, "F(F(fx))"라는 **명제**가 주어지는가? 앞에서 우리는 프레게의 2단계 함수와 러셀의 2차 함수를 살펴보았다. 그것들은 모두 1단계 함수를 논항으로 가지며, 지금 우리의 논의를 명제 함수에만 제한한다면, 그것들의 값은 프레게의 경우 진리치이며, 러셀의 경우 명제이다. 먼저 우리는 "요컨대 함수 F(fx)가 자기 자신의 논항이 될 수 있을 거라고 가정해 보자. 그렇다면 "F(F(fx))"라는 명제가 주어질 것이다."라는 언급으로부터, 그 값이 명제라는 점에서, 비트겐슈타인이 러셀의 생각을 따르고 있다는 것을 알 수 있다.

다음으로, 한 명제가 함수와 논항으로 분석된다는 것은 그 함수와 논항이 결합될 때 그 명제가 산출된다는 것을 뜻한다는 점을 유념하자. 가령 Ws라는 명제가 함수 Wx와 s로 분석된다는 것은 's'라는 표현이 Wx의 논항일 때 함수 Wx의 값은 명제 Ws라는 것을 뜻한다. 마찬가지로 한 명제 함수가 어떤 다른 명제 함수의 논항이 될 수 있다는 것은 그러한 대입의 결과가 명제라는 것을 뜻한다. 가령, 함수 ϕ(2)에서 논항 자리 ϕ에 함수 ξ + 1 = 4를 대입하면 "2 + 1 = 4"라는 (수학적) 명제가 산출되듯이(여기에서 'ϕ'는 함수 변항이고, 'ξ + 1 = 4'는 함수 상항임을 주목하자), 한 명제 함수가 어떤 다른 명제 함수의 논항이 될 수 있다는 것은 그러한 대입에서 명제가 산출된다는 것을 뜻한다. 따라서 함수 F(fx)가 자기 자신의 논항이 될 수 있다면, 그러한 규정에 의해서 "F(F(fx))"라는 명제가 주어진다.

그리하여 이제 우리는 가정에 의해 주어진 명제 "F(F(fx))"의 형식에 대해서, 더 나아가 그 명제가 포함하고 있는 함수에 대해서 유의미하게 논의할 수 있다. 그리하여 비트겐슈타인은 다음과 같이 말한다.

> 요컨대 함수 F(fx)가 자기 자신의 논항이 될 수 있을 거라고 가정해 보자. 그렇다면 "F(F(fx))"라는 명제가 주어질 것이다. 그리고 이 명제에서 외부 함수 F와 내부 함수 F는 상이한 의미를 가져야 한다. 왜냐하면 그 내부 함수는 ϕ(fx)의 형식을 지니고, 외부 함수는 ψ(ϕ(fx))의 형식을 지니기 때문이다. 그 두 함수에는 단지 "F"라는 문자만이 공통적인데, 그러나 그 문자는 그 자체로는 아무것도 지칭하지 않는다.

비트겐슈타인에 따르면, "F(F(fx))"라는 명제에서 외부 함수 F와 내부 함수 F는 상이한 의미를 가져야 한다. F(fx))는 ϕ(fx)의 형식을 지니고 있고, F(F(fx))는 ψ(ϕ(fx))의 형식을 지니고 있다. 다시 말해 전자는 러셀의 2차 함수의 형식이고, 후자는 3차 함수의 형식으로 되어있다. 전자는 속성의 속성이고, 후자는 속성의 속성의 속성이다. 그렇기 때문에 외부 함수 F와 내부 함수 F는 상이한 의미를 가져야 한다.[25]

비트겐슈타인은 그 다음에 "이것은 우리가 "F(F(u))" 대신에 "(∃ϕ):F(ϕu).ϕu = Fu"라고 쓴다면 곧 분명해진다."라고 말하고 있다. "(∃ϕ):F(ϕu).ϕu = Fu"에서 "F(ϕu)"를 보면 그것의 형식은 ψ(ϕ(u))이다. 반면에 "ϕu = Fu"의 "Fu"를 보면 그것의 형식은 ϕ(u)이다. 다시 말해 외부 함

---

25) 물론 우리는 러셀이 "ϕ($\phi\hat{z}$)"가 무의미하다고 설명하는 것(참고: Russell & Whitehead (1910), pp. 40-41)처럼, "F(F(fx))"도 그러하다고 설명할 수 있을 것이다. 그러나 비트겐슈타인은 3.333에서 ϕ(2)와 같이 함수 변항에 함수 상항을 대입했을 때 명제가 산출되는 경우를 염두에 두고 있다. 그는 이 점에 관해서 다음과 같이 말한다: "여러분은 "f(f)"가 무의미하다고, 또는 괄호 밖의 "f"가 더 높은 차수의 함수를 나타낸다고 말할 수 있다."(Wittgenstein (1979b), p. 224)

수 F와 내부 함수 F가 형식이 상이하다는 것이 드러난다. 그러나 이것은 "F(F(u))"가 하나의 명제라는 것을 전제했을 때 성립한다. 왜냐하면 그러한 조건 하에서만 그것의 형식에 대해 논의할 수 있고, 또 그것과 논리적으로 동치인 것을 생각할 수 있기 때문이다.

그러나 3.333에서 왜 함수들은 형식이 다르면 상이한 의미를 지니는가? 왜냐하면 3.333에서 문제 삼고 있는 함수는 "실질적 함수"(5.44)이고, 비트겐슈타인은 함수와 연산을 엄격하게 구분하고 있기 때문이다. 가령 "x는 y의 왼쪽에 있다"는 실질적 관계를 나타내는 실질적인 함수이며, 이는 "x는 현명하다"라는 실질적 함수와는 형식이 다르므로, 왼편이라는 함수는 현명함이라는 함수와 의미가 다르다. 반면에 비트겐슈타인에 따르면, "∨, ⊃ 등등이 왼편, 오른편 따위와 같은 뜻에서의 관계들이 아니라는 것은 자명하다."(5.42) 가령 p ∨ q는 p와 q의 실질적 관계를 다루는 함수가 아니다. 비트겐슈타인에 따르면, ∨는 연산이다. 그리고 ∼∼p = p에서와 같이, ∼과 같은 연산은 사라질 수 있다(5.254). ∼∼p와 p는 형식은 상이하지만 뜻은 같다. 그리하여 비트겐슈타인은 다음과 같이 말한다.

> 연산은 변항 속에서 드러난다; 그것은 어떻게 우리들이 명제들의 한 형식으로부터 다른 한 형식에 도달할 수 있는지를 보여 준다.
> 그것은 형식들의 차이를 표현한다. (5.24)

> 연산의 출현은 명제의 뜻을 특징짓지 않는다.
> 연산은 실로 아무것도 진술하지 않는다; 오직 연산의 결과만이 뭔가를 진술하며, 이것은 연산의 토대에 의존한다.
> (연산과 함수는 서로 혼동되어서는 안 된다.) (5.25)

가령 "∼"이라는 연산은 [p, ξ, ∼∼ξ]라는 변항 또는 형식에서 드러나며, 이에 따라 우리는 "p"로부터 "∼∼p", "∼∼∼∼p", "∼∼∼∼∼∼p" 등에 도달할 수 있다. 그것들은 모두 형식이 상이하지만, 뜻은 동일하다. "연산의 출현은 명제의 뜻을 특징짓지 않는다." 그렇기 때문에 명제는 형식이 상이하더라도 뜻이 동일할 수 있다.

반면에 함수, 즉 실질적 함수는 형식이 상이하면 그 의미도 상이하다. 비트겐슈타인은 다음과 같이 말한다.

> 그리고 만일 "∼"이라고 불리는 대상이 존재한다면, "∼∼p"는 "p"와는 다른 어떤 것을 말하지 않으면 안 될 것이다. 왜냐하면 그 경우 전자는 ∼을 다루는데, 후자는 그것을 다루지 않게 될 것이기 때문이다. (5.44)

이로부터 "∼"이라고 불리는 대상이 존재하지 않는다는 것, 그리고 『논고』의 근본 사상, 즉 "논리적 상항들"은 대표하지를 않는다는 것(4.0312)이 따라 나온다. 마찬가지로, "F(F(fx))"가 명제라면, 그 명제에서 외부 함수 F는 F(fx)라는 속성, 즉 임의의 속성의 속성에 관한 것이고, 내부 함수 F는 fx라는 임의의 속성에 관한 것이다. 그렇기 때문에 그것들은 의미가 상이하다. 그렇게 되면 "F(F(fx))"는 뜻이 확정적인 것이 될 수 없으며, 이는 명제의 "뜻의 확정성"(3.23)에 위배된다. 그러므로 F(fx)는 자기 자신의 논항이 될 수 없으며, 함수 기호는 자기 자신을 포함할 수 없다. 더 나아가 "F(F(fx))"는 명제가 아니다.

6. 러셀의 역설에 대한 러셀의 해결

3.333은 "이로써 러셀의 역설은 풀린다."라는 말과 함께 끝나고 있다. 그러나 당연하게도 어떻게 해서 러셀의 역설이 해결되었는지 우리는 대단히 의아하게 된다. 지금까지 비트겐슈타인이 보인 것은 F(fx)와 같은 함수는 자기 자신의 논항이 될 수 없다는 것이다. 만일 그럴 수 있다면 명제 F(F(fx))가 산출되는데, 그렇게 되면 외부 함수 F와 내부 함수 F는 의미가 상이하게 되어서, 그 명제는 확정적인 뜻을 지닐 수 없다. 그러나 그렇다 할지라도 어떻게 해서 러셀의 역설은 해소되는가?

이를 이해하기 위해서는 우리는 러셀의 역설을 러셀 자신이 어떻게 해결하려고 시도했는지를 살펴보아야 한다. 왜냐하면 이를 이해할 때에만 비로소 비트겐슈타인의 해결 방법도 이해할 수 있기 때문이다.

러셀이 여러 역설에 대한 해결책으로서 제시한 것이 유형 이론이라는 것은 잘 알려져 있다. 그는 처음에는 『수학의 원리들』(*The Principles of Mathematics*)(1903)에서 러셀의 역설에 대한 해결책으로서 단순 유형 이론(simple theory of types)을 제시했으며, 나중에는 『수학 원리』(*Principia Mathematica*)(1910-1913)에서 분지 유형 이론(ramified theory of types)을 제시한다.

간단히 말하면, 단순 유형 이론에서는 개별자(individual)가 "가장 낮은 대상의 유형"(the lowest type of object)이고, 그 다음 높은 유형은 "개별자들의 집합들"이고, 그 다음 높은 유형은 "개별자들의 집합들의 집합들"이며, 계속 이와 같이 유형들이 형성된다. 다시 말해 그는 개별자, 개별자들의 속성, 개별자들의 속성의 속성, 개별자들의 속성의 속성의 속성 등을 구분하고 있는 것이다. 마찬가지로 2항 관계와 3항 관계 등등에 대해서도 유형을 정의할 수 있다.

반면에 분지 유형 이론에서는 이른바 악순환 원리(vicious-circle principle)[26]에 따라, "외관[속박] 변항의 값들의 범위"를 문제 삼는다. 그리하여 유형 이론은 다소 복잡한 것으로 분지된다. 가령 다음의 (1)과 (2)는

(1) 나폴레옹은 지도력이 있다. La
(2) 나폴레옹은 위대한 장군의 모든 속성들을 지니고 있다.
　　$(\varphi)\{f(\varphi!\hat{z}) \supset \varphi!a\}$

단순 유형 이론에서는 동일한 유형으로 분류되지만, 분지 유형 이론에서

---

26) 러셀은 역설들은 모두 소위 악순환 원리(vicious-circle principle)를 어겼기 때문에 발생한다고 진단한다. 러셀은 악순환 원리를 다음과 같이 규정한다. "한 모임의 **모든** 것을 포함하는 것은 무엇이든 그 모임의 하나여서는 안 된다." "만일, 어떤 한 모임이 어떤 한 전체를 지닌다고 할 때, 그것이 단지 그 전체에 의해 정의 가능한 원소들을 지니고 있다면, 그 말해진 모임은 어떤 전체도 지니지 않는다."(Russell & Whitehead (1910), p. 37)

는 외관[속박] 변항의 범위와 위계에 따라 상이한 차수가 부여된다. (1)에서 지도력이 있음은 1차 속성이고, (2)에서 위대한 장군의 모든 속성들을 지님은 2차 속성이다.[27]

러셀은 이러한 자신의 분지 유형 이론에 의거해서 러셀의 역설이 어떻게 해결될 수 있는지를 다음과 같이 밝히고 있다.

> 자기 자신의 원소들이 아닌 집합들의 집합에 관한 모순을 해결하기 위해서, 우리는, (…) 집합에 관한 명제는 그 집합을 정의하는 함수, 즉 그 집합의 원소들에 의해서만 만족되고 다른 논항들에 의해서는 만족되지 않는 함수에 관한 진술로 항상 환원되어야 한다고 가정할 것이다. 그리하여 한 집합은 예컨대 $(x).\varphi x$가 함수 $\varphi \hat{x}$를 전제하는 것과 마찬가지로, 한 함수로부터 도출되고 그 함수를 전제하는 대상이다. 따라서 한 집합은, 악순환 원리에 의해서, 그것을 정의하는 함수의 논항이 유의미하게 될 수 없으며, 다시 말해, 만일 우리가 $\varphi \hat{z}$에 의해 정의된 집합을 "$\hat{z}(\varphi z)$"로 나타낸다면, 기호 "$\varphi\{\hat{z}(\varphi z)\}$"는 무의미해야만 한다. 따라서 한 집합은 그것을 정의하는 함수를 만족하지도 않고 만족하지 않지도 않으며, 그리하여 (…) 자기 자신의 원소도 아니고 자기 자신의 원소가 아닌 것도 아니다. (…) 그리하여 만일 α가 한 집합이라면, "α는 α의 한 원소가 아니다"는 항상 무의미하며, 그러므로 "자기 자신의 원소들이 아닌 집합들의 집합"이라는 문구는 어떤 뜻도 지니지 않는다. 따라서 그러한 집합이 존재한다고 가정하는 것으로부터 발생하는 모순은 사라진다.[28]

여기에서 러셀은 집합에 관한 명제는 그 집합을 정의하는 함수에 관한 진술로 항상 환원된다고 가정하고 있다. 러셀에 따르면, 집합은 허구적 존재이고, 집합을 나타내는 기호는 불완전한 기호, 즉 "단독으로는 어떤 의미도 갖지 않지만 어떤 맥락들에서 단지 정의되는 기호"[29]이다. 집합은 그것

---

27) 참고: 10장.
28) Russell & Whitehead (1910), pp. 62-63.
29) Russell & Whitehead (1910), p. 66.

을 정의하는 함수에 의해 주어지기 때문에, 러셀에 따르면, 한 집합은 "악순환 원리에 의해서, 그것을 정의하는 함수의 논항이 유의미하게 될 수 없다." 그리하여 $\varphi\hat{z}$와 그것에 의해 정의된 집합 "$\hat{z}(\varphi z)$"에 대해서, 기호 "$\varphi\{\hat{z}(\varphi z)\}$"는 무의미하다. 그런데 이는, 러셀에 따르면, 한 집합 α에 대해 "$\alpha \in \alpha$"와 "$\alpha \notin \alpha$"는 둘 다 무의미하다는 것을 뜻한다. 그리하여 "자기 자신의 원소들이 아닌 집합들의 집합"은 무의미하며, 러셀의 역설은 제거된다.

이제 문제는 위의 인용문에서 명시된 러셀의 가정이다. 즉 러셀은 집합에 관한 명제는 그 집합을 정의하는 함수에 관한 진술로 항상 환원된다고 가정하고 있다. 그렇다면 어떻게 그러한 환원은 가능한가? 먼저 f{$\hat{z}$ (φz)}에 대해 생각해 보자. $\hat{z}(\varphi z)$는 함수 $\varphi\hat{z}$에 의해 정의된 집합이다. 따라서 f{$\hat{z}(\varphi z)$}는 집합에 관한 명제이다. 이제 여기에서 φ를 변항으로 파악하면, f{$\hat{z}(\varphi z)$}는 2차 함수가 된다. 러셀은 "f{$\hat{z}(\varphi z)$}"를 유도 함수(derived function)라고 부르면서 다음과 같이 정의한다. 주어진 함수 f($\psi!\hat{z}$)에 대해서 유도 함수 "f{$\hat{z}(\varphi z)$}"는 다음과 같다: "$\varphi\hat{z}$와 형식적으로 동치이고 f를 만족하는 서술적 함수 $\psi!\hat{z}$가 존재한다."[30] 러셀은 이 유도 함수에 대해서 다음과 같이 말한다.

> 따라서 만일 우리의 원래의 함수가 f($\psi!\hat{z}$)라면, 우리는 그 유도된 함수를 f{$\hat{z}(\varphi z)$}으로 쓰는데, 여기에서 "$\hat{z}(\varphi z)$"는 "$\varphi\hat{z}$를 만족하는 논항들의 집합", 또는 더 단순하게 "$\varphi\hat{z}$에 의해 결정된 집합"이라고 읽을 수 있다. 그리하여 "f{$\hat{z}(\varphi z)$}"는 "$\varphi\hat{z}$와 형식적으로 동등하고 f($\psi!\hat{z}$)가 참인 서술적 함수 $\psi!\hat{z}$가 존재한다."를 의미한다. 이것은 실제로는 $\varphi\hat{z}$의 함수이지만, 우리는 그것을 마치 그것이 논항 $\hat{z}(\varphi z)$를 갖는 것처럼 기호적으로 다룬다.[31]

그리하여 러셀은 이를 다음과 같이 기호로 나타내고 있다.

---

30) Russell & Whitehead (1910), p. 74.
31) Russell & Whitehead (1910), p. 75.

$$f\{\hat{z}(\varphi z)\}. \,=: (\exists\psi): \varphi x. =_x \psi!x : f\{\psi!\hat{z}\} \ \text{Df.}$$

유도 함수에 대한 이 정의에 의해서 집합에 관한 명제는 그 집합을 정의하는 함수에 관한 진술로 환원된다.

다음으로 러셀은 한 집합과 원소의 관계(membership)를 다룬다. 그는 기호 "$x \in \hat{z}(\varphi z)$"를 다음과 같은 과정을 거쳐 정의한다. 먼저 기호 "$x \in \hat{z}(\varphi z)$"는 다음과 같다.

x는 $\varphi\hat{z}$에 의해 결정된 집합의 한 원소이다.

그런데 이는 러셀에 따르면, $f\{\hat{z}(\varphi z)\}$ 형식의 함수이다. 그렇기 때문에 그것은 어떤 대응하는 함수 $f\{\psi!\hat{z}\}$로부터 유도되어야 한다. 그것은 $(\exists\psi): \varphi x. =_x \psi!x : f\{\psi!\hat{z}\}$이고, 여기에서 "$f\{\psi!\hat{z}\}$"는 "x는 $\psi!\hat{z}$에 의해 결정된 집합의 한 원소이다"를 뜻하게 될 것이다. 이를 러셀은 "$x \in \psi!\hat{z}$"로 기호화한 후 다음과 같이 정의한다.

$$x \in \psi!\hat{z}. \,=. \psi!x \ \text{Df.}$$

이어서 러셀은 다음과 같이 말한다. "이 정의는 "$x \in \hat{z}(\varphi z)$"에 의미를 부여하기 위해서 필요할 뿐이며, 그것이 부여하는 의미는, $f\{\hat{z}(\varphi z)\}$의 정의에 의해서, $(\exists\psi): \varphi y. \equiv_y. \psi!y : \psi!x$이다."[32] 이로부터 우리는 여기에서 러셀이 "$f\{\psi!\hat{z}\}$", "x는 $\psi!\hat{z}$에 의해 결정된 집합의 한 원소이다", "$x \in \hat{z}(\varphi z)$", 그리고 "$\psi!x$"를 동일한 것으로 규정하고 있음을 알 수 있다.

러셀의 역설은 S = $\{x \mid x \notin x\}$로부터 발생하므로, "$x \notin x$"가 무의미하다면 그러한 집합 S는 애초에 존재하지 않으며, 그리하여 모순은 제거된다. 이제 x가 개별자의 집합일 때, "$x \in x$"와 "$x \notin x$"가 왜 무의미한지에 대해 러셀이 어떻게 해명했는지를 살펴보자. 러셀은 다음과 같이 말한다.

---

32) Russell & Whitehead (1910), p. 78.

(…) "$\hat{z}(\varphi z) \in \hat{z}(\varphi z)$"가 무의미해야 한다는 요건에 대해 생각해 보자. $f\{\hat{z}(\varphi z)\}$의 정의를 적용할 때, 만일 이 기호들의 모임이 의미가 있다면 그것은

$$(\exists \psi): \varphi x. \equiv_x . \psi!x : \psi! \hat{z} \in \psi! \hat{z}$$

를 의미하게 될 것이라는 것을 우리는 알게 된다. 즉 다음의 정의에 의해서

$$x \in \psi! \hat{z}. =. \psi!x \ Df.$$

그것은 $(\exists \psi): \varphi x. \equiv_x . \psi!x : \psi!(\psi! \hat{z})$를 의미한다. 그러나 여기에서 기호 "$\psi!(\psi! \hat{z})$"가 나타나는데, 이는 한 함수를 논항으로서 자기 자신에게로 할당한다. 그러한 기호는 항상 무의미하다. (…) 따라서 "$\hat{z}(\varphi z) \in \hat{z}(\varphi z)$"는 무의미하다. (…)[33]

여기에서 러셀은 "$\hat{z}(\varphi z) \in \hat{z}(\varphi z)$"를 $f\{\hat{z}(\varphi z)\}$으로 파악한 다음, 유도 함수 $f\{\hat{z}(\varphi z)\}$에 대응하는 함수 $f(\psi! \hat{z})$를 "$\psi! \hat{z} \in \psi! \hat{z}$"로 기호화하고 있으며, 그 다음에 여기에 정의 $x \in \psi! \hat{z}. =. \psi!x$를 적용하여 $(\exists \psi): \varphi x. \equiv_x . \psi!x : \psi!(\psi! \hat{z})$를 얻어내고 있다. 그런데 러셀에 따르면, 여기에서 $\psi!(\psi! \hat{z})$는 무의미하다. 그렇기 때문에 개별자들의 집합 x에 대해서, "$x \in x$"와 "$x \notin x$"는 무의미하다.

마지막으로 앞의 논의로부터 우리는 러셀이 집합들의 집합을 어떻게 논의할지를 충분히 짐작할 수 있다.[34] $f\{\hat{z}(\varphi z)\}$의 정의에 따라, 집합들의 집합을 $f\{\hat{z}(\varphi z)\}$를 만족하는 $\hat{z}(\varphi z)$의 값들로 이루어진다고 간주하는 것은 자연스럽다. 이제 $\hat{z}(\varphi z)$를 α로 놓자. 그러면 $f\alpha$를 만족하는 α의 값들의 집합을 우리는 $\hat{\alpha} f(\alpha)$로 놓을 수 있다. 그러면 우리는 $f\{\hat{z}(\varphi z)\}$와 동일한 방식의 정의에 따라 다음을 얻을 수 있는데,

$$F\{\hat{\alpha} f(\alpha)\}. = : (\exists g): f\beta . \equiv_\beta. g!\beta: F\{g! \hat{\alpha}\} \ Df.$$

---

33) Russell & Whitehead (1910), p. 79.
34) Russell & Whitehead (1910), p. 79.

여기에서 α와 β는 변항 집합을 나타내며, "β"는 형식 $\hat{z}(\psi!z)$의 표현을 나타낸다. 러셀은 "$\hat{z}(\varphi z) \in \hat{z}(\varphi z)$"가 무의미한 것처럼 "$\hat{a} f(\alpha) \in \hat{a} f(\alpha)$"도 무의미하다고 주장하게 될 것이다. 전자가 무의미한 이유는 "$\psi!\hat{z} \in \psi!\hat{z}$", 즉 "$\psi!(\psi!\hat{z})$"가 무의미하기 때문이었다. 따라서 후자가 무의미한 이유는 "$g!\hat{a} \in g!\hat{a}$", 즉 "$g!(g!\hat{a})$"가 무의미하기 때문이다.

7. 러셀의 역설에 대한 비트겐슈타인의 해결

앞에서 지적했듯이, 3.333에서 핵심적인 문제는 왜 비트겐슈타인이 F(fx)라는 함수와 또 그것이 자신의 논항이 되는 명제 F(F(fx))를 문제 삼고 있으며, 이것들이 러셀의 역설과 정확하게 어떤 관련이 있느냐 하는 것이다. 우리는 이를 러셀의 유도 함수와 1913년 비트겐슈타인이 노르웨이에서 러셀에게 보낸 편지의 내용을 비교함으로써 그 결정적인 실마리를 얻을 수 있다. 그 편지에서 비트겐슈타인은 다음과 같이 말한다.

> 만일 선생님의 환원 가능성 공리가 성립하지 않는다면, 많은 것들이 변경되어야 할 것입니다. 다음을 집합들의 정의로 사용하는 것은 어떤지요?
>
> $$F[\hat{z}(\varphi z)] =: \varphi x \equiv_x \psi x. \supset_\psi. F(\psi) \text{ Def.}^{35)}$$
>
> 물론 이러한 비트겐슈타인의 제안은 러셀의 정의
>
> $$f\{\hat{z}(\varphi z)\}. = : (\exists \psi): \varphi x. =_x \psi!x : f\{\psi! \hat{z}\} \text{ Df.}$$

와 관련 있다. 이 러셀의 정의에는 환원 가능성 공리가 포함되어 있다. 왜냐하면 주어진 임의의 함수 φx에 대해서 그것과 형식적으로 동등한(φx. =ₓ

---

35) Wittgenstein (1961), p. 127; p. 128. 원문은 "$F[\hat{X}(\varphi x)] =: \varphi z \equiv_z \psi x. \supset_\psi. F(\psi)$ Def."이지만, 명백하게도 여기에는 오자가 포함되어 있으며, 이는 "$F[\hat{X}(\varphi x)] =: \varphi x \equiv_x \psi x. \supset_\psi. F(\psi)$ Def." 또는 "$F[\hat{z}(\varphi z)] =: \varphi z \equiv_z \psi z. \supset_\psi. F(\psi)$ Def." 또는 "$F[(\hat{z} \varphi z)] =: \varphi x \equiv_x \psi x. \supset_\psi. F(\psi)$ Def."로 수정되어야 한다.

ψ!x) 서술적 함수 ψ!x가 존재한다는 것이 환원 가능성 공리이기 때문이다. 환원 가능성 공리는 성립하지 않으므로, 비트겐슈타인에 따르면, 이러한 러셀의 정의는 수정되어야 한다.[36)]

이제 비트겐슈타인이 제안한 위의 정의에 따를 때 "$\hat{\alpha} f(\alpha) \in \hat{\alpha} f(\alpha)$"가 어떻게 서술될 것인지를 살펴보자. 이는 러셀이 제시한 방식을 따라가면 알 수 있다. 러셀은 다음과 같은 방법으로 그것이 어떻게 변형되는지를 보였다.

$$f\{\hat{z}(\varphi z)\}. = : (\exists \psi): \varphi x. =_x \psi!x : f\{\psi! \hat{z}\} \text{Df.}$$
"$\hat{z}(\varphi z) \in \hat{z}(\varphi z)$"의 경우:
$$(\exists \psi): \varphi x. \equiv_x . \psi!x : \psi! \hat{z} \in \psi! \hat{z}$$
$$x \in \psi! \hat{z}. =. \psi!x \text{ Df.}$$
$$(\exists \psi): \varphi x. \equiv_x . \psi!x : \psi!(\psi! \hat{z})$$

$$F\{\hat{\alpha} f(\alpha)\}. = : (\exists g): f \beta. \equiv_\beta . g! \beta : F\{g! \hat{\alpha}\} \text{ Df.}$$
"$\hat{\alpha} f(\alpha) \in \hat{\alpha} f(\alpha)$"의 경우:
$$(\exists g): f \beta. \equiv_\beta . g! \beta : g! \hat{\alpha} \in g! \hat{\alpha}$$
$$\beta \in g! \hat{\alpha} =. g! \beta \text{ Df.}$$
$$(\exists g): f \beta. \equiv_\beta . g! \beta : g!(g! \hat{\alpha})$$

이제 비트겐슈타인의 정의 $F[\hat{z}(\varphi z)] =: \varphi x \equiv_x \psi x. \supset_\psi. F(\psi)$ Def.로부터 $F\{\hat{\alpha} f(\alpha)\}$는 다음과 같이 정의될 것이다.

$$F\{\hat{\alpha} f(\alpha)\}. = : f \beta. \equiv_\beta . g \beta. \supset_g. F(g) \text{ Df.}$$

이 정의를 "$\hat{\alpha} f(\alpha) \in \hat{\alpha} f(\alpha)$"에 적용하면 우리는 다음을 얻는다.

$$f \beta. \equiv_\beta . g \beta. \supset_g. g \hat{\alpha} \in g \hat{\alpha}$$

여기에서 우리는 러셀과 유사한 방식으로 다음과 같은 정의를 생각할 수

36) 참고: 10장.

있다.

$$\beta \in g\hat{\alpha} \ =. \ g\beta \ \text{Df}.$$

최종적으로 우리는 다음을 얻는다.

$$f\beta. \ \equiv_{\beta}. \ g\beta. \ \supset_{g}. \ g(g\hat{\alpha})$$

여기에서 α는 $\hat{z}(\varphi z)$임을 유념하자. 러셀은 $g!(g!\hat{\alpha})$가 무의미하므로 "$\hat{\alpha}$ $f(\alpha) \in \hat{\alpha} f(\alpha)$"가 무의미하다고 주장하였다. 비트겐슈타인은 말하자면, 3.333에서 $g(g\hat{\alpha})$에서 외부 함수 g와 내부 함수 g는 의미가 상이하게 되므로, "$\hat{\alpha} f(\alpha) \in \hat{\alpha} f(\alpha)$"는 허용되지 않는다고 주장하고 있다. 만일 비트겐슈타인이 문자 그대로 러셀의 해결책을 받아들였다면, 그는 F(F(fx))가 아니라 F!(F!(fx))를 언급했을 것이다. 그러나 그는 러셀의 환원 가능성 공리를 거부하였고 더 나아가 러셀의 서술적 함수와 비-서술적 함수라는 구분을 거부하였으므로,[37] 그리고 자신의 새로운 정의에 따라 유도 함수를 달리 정의하였으므로, $g(g\hat{\alpha})$를 문제 삼고 있으며, 바로 이것에 대응하는 것이 F(F(fx))인 것이다.[38][39]

---

37) 참고: 10장.
38) Ishiguro (1981), pp. 51-53, Ruffino (1994), pp. 411-412, Jolley (2004), pp. 292-293, Floyd (2005), pp. 93-94, Han (2013), pp. 137-139는 모두 3.333에서 비트겐슈타인이 왜 "F(F(fx))"를 문제 삼고 있으며, 이것과 러셀 자신의 해결과 어떤 관련이 있는지를 전혀 파악하지 못하고 있다.
39) 한 심사위원은 이 논문의 초고에서 프레게의 의미 이론과 러셀의 분지 유형 이론에 관한 나의 서술에 오류가 있음을 정확하게 지적해 주었다. 이 자리를 빌려 세 분의 심사위원께 깊이 감사드린다.

12
전기 비트겐슈타인과
유형 이론

1. 들어가는 말

잘 알려져 있듯이, 비트겐슈타인은 『논리-철학 논고』(이하, '『논고』'로 약칭함)에서 러셀의 유형 이론을 명시적으로 비판한다. 그렇다면 러셀의 유형 이론에 대한 비트겐슈타인의 비판의 요점이란 무엇인가? 나는 이 글에서 바로 이 물음에 대해 대답하고자 한다.

그런데 이러한 비트겐슈타인의 비판을 해명하는 것은 결코 쉽지 않다. 또한 나는 이렇게 생각하는데, 이러한 문제에 체계적으로 대답하기 위해서는 반드시 다음의 물음이 선행되어야 한다. 러셀의 유형 이론을 비판한다는 것은 무엇인가? 또는 러셀의 유형 이론에 대한 비판은 어떻게 이루어지는가? 비트겐슈타인뿐만 아니라 어느 누구든 러셀의 유형 이론을 비판하고자 한다면 그러한 비판에서 수행되어야 하는 것은 무엇인가? 이 물음에 대한 대답이 주어질 때, 우리는 비로소 비트겐슈타인이 러셀의 유형 이론을 어떻게 비판했는지를 공정하게 조명할 수 있을 것이다.

이 물음은 다시 다음 세 가지로 구체화할 수 있다. 첫째, 러셀이 『수학의 원리들』(1903)에서 최초로 제안했던 유형 이론은 단순 유형 이론이고, 『수학 원리』(1910-1913)에서 제시했던 것은 분지 유형 이론이다. 러셀의 유형 이론은 러셀 논리학 체계의 형성 규칙이며, 또 이를 위한 이론이다.

그렇기 때문에 유형 이론에 따라 어떤 명제는 적법한 것으로, 또 어떤 다른 것은 부적법한 것으로 규정된다. 그렇다면 그러한 유형 이론의 철학적 근거는 무엇인가? 나중에 살펴보겠지만,『수학 원리』에서 러셀 자신이 제시하는 가장 중요한 근거는 악순환 원리이다. 그렇다면 악순환 원리는 설득력 있는가?

둘째, 러셀의 유형 이론은 형성 규칙을 위한 이론일 뿐만 아니라,『수학 원리』에서 환원 가능성 공리와 무한성 공리를 요구한다는 점에서 논리학적 이론이기도 하다. 그렇다면 환원 가능성 공리와 무한성 공리는 논리학의 근본 원리로서 정당하고 정합적인가? 이에 대한 러셀 자신의 생각은 과연 설득력 있는가?

셋째, 잘 알려져 있듯이, 러셀이『수학 원리』(1910-1913)에서 분지 유형 이론을 제시한 것은 (소위 수학의 위기를 가능하게 했던) 러셀의 역설, 칸토어의 역설, 거짓말쟁이 역설 등, 역설의 문제를 해결하기 위해서였다. 그렇다면 러셀은 유형 이론을 통하여 역설의 문제를 성공적으로 해결했는가? 그의 해결 방법은 적절한가?

이 세 가지 물음은 긴밀하게 얽혀 있다. 그럼에도 불구하고 우리는 대충 첫 번째 물음이 유형 이론의 철학적 측면을 문제 삼고 있고, 두 번째와 세 번째 물음이 유형 이론의 논리학적 측면을 문제 삼고 있다고 말할 수 있다. 이제 우리는 이러한 물음들을 염두에 두면서, 비트겐슈타인이 논리학적 측면과 철학적 측면에서 러셀의 유형 이론에 대해 어떻게 비판하였는지를 살펴보아야 할 것이다.

나는 다음의 순서로 논의하고자 한다. 먼저 우리는 우리의 논의를 위해 러셀의 유형 이론을 간략하게 정리하는 것이 좋을 것이다. 러셀의 유형 이론은『수학 원리』에서는 일종의 형성 규칙이고 또 이를 위한 이론이다. 러셀은 분지 유형 이론에서 서술적 함수와 비-서술적 함수를 구분한다. 그의 악순환 원리는 가령 "자기 자신의 원소가 아닌 모든 집합들"이라는 '지시어'를 '포괄적 자기 지시어'로 해석해서는 안 된다는 원리이다. 러셀은 이를 통하여 여러 역설들을 해결하고자 하였다(2절). 러셀은 유형 이론을 일관성 있게 견지하기 위해 환원 가능성 공리와 무한성 공리를 요청하였다. 또한 그는 유형 이론에 입각해서 집합에 관한 명제를 함수에 관한 진술로 환원함으로써 러셀의 역설을 해결하려고 하였다(3절). 비트겐슈타인은 환원 가능성 공리가 논리적 명제가 아니며, 반례가 존재한다는 것을 보인다. 또한 그는 러셀의 역설에 대한 자신의 해결책을 제시한다. 러셀의 역설에 대한 러셀의 해결책과 비트겐슈타인의 그것은 어떤 점에서는 유사하다. 반면에 우리는 비트겐슈타인이 러셀의 분지 유형 이론을 거부하고 있고, 오직 수정된 단순 유형 이론에 입각한 해결책만을 제시하고 있다는 것을 알 수 있다. 또한 비트겐슈타인은 무한성 공리가 동일성 개념에 대한 러셀의 오해와 혼동과 유사한 방식으로 유래하였다고 간주한다(4절).『논고』에서 비트겐슈타인의 논리적 구문론은 말하자면 러셀의 유형 이론에 대한 대안이다. 논리적 구문론은『논고』의 기호법의 기호 규칙들이며 특히 형성 규칙들이다. 비트겐슈타인의 말하기-보이기 구분은 논리적 구문론의 가장 근본적인 근거이다(5절). 러셀의 유형 이론에 대한 비판과 함께 비트겐슈타인은 논리적 문법의 임의성(자의성)과 선험성으로 나아간다(6절). 유형 이론에 대한 이러한 비트겐슈타인의 비판은 결국 프레게와 러셀의 논리학관에 대한 도전이다(7절).

2. 러셀의 유형 이론과 역설

러셀은 여러 역설에 대한 해결책으로서 유형 이론을 제시한다. 그는 『수학의 원리들』(*The Principles of Mathematics*)(1903)에서 단순 유형 이론(simple theory of types)을 제시했으며, 이후『수학 원리』(*Principia Mathematica*)(1910-1913)에서 분지 유형 이론(ramified theory of types)을 제시한다.

간단히 말하면, 단순 유형 이론에서는 개별자(individual)가 "가장 낮은

대상의 유형"(the lowest type of object)이고, 그 다음 높은 유형은 "개별자들의 집합들"이고, 그 다음 높은 유형은 "개별자들의 집합들의 집합들"이며, 계속 이와 같이 유형들이 형성된다. 다시 말해 그는 개별자, 개별자들의 속성, 개별자들의 속성의 속성 등을 구분하고 있는 것이다. 마찬가지로 2항 관계와 3항 관계 등등에 대해서도 유형을 정의할 수 있다. 그리하여 가령 "x ∈ y"나 "x ∉ y"와 같은 표현은 오직 y가 x보다 유형이 하나 더 클 때에만 적법하다. 이에 따라 "x ∉ x"는 무의미하고, 러셀의 역설은 S = {x | x ∉ x}로부터 발생하므로, 집합 S는 애초에 존재하지 않으며, 모순은 제거된다.

그러나 단순 유형 이론은 러셀의 역설을 해결할 수는 있지만, 거짓말쟁이 역설, 그렐링의 역설 등은 해결할 수 없다. 그리하여 러셀은 분지 유형 이론을 제시한다. 분지 유형 이론에서는 "외관[속박] 변항의 값들의 범위"를 문제 삼으며, 다소 복잡한 것으로 분지된다. 가령 다음의 (1)과 (2)는

(1) 나폴레옹은 지도력이 있다.   La
(2) 나폴레옹은 위대한 장군의 모든 속성들을 지니고 있다.
     $(\varphi)\{f(\varphi!\,\hat{z}) \supset \varphi!a\}$

단순 유형 이론에서는 동일한 유형으로 분류되지만, 분지 유형 이론에서는 외관[속박] 변항의 범위와 위계에 따라 상이한 차수가 부여된다. 다시 말해 러셀의 분지 유형 이론에서 특징적인 것은 동일한 변항의 명제 함수에 대해서 차수(order)가 상이하게 부여되는 경우가 있다는 점이다. 러셀은 $(y).\psi(x, y)$와 $(\varphi). F(\varphi!\,\hat{z}, x)$가 둘 다 x의 함수이지만, 전자를 1차 함수, 후자를 2차 함수라고 부르고 있다. 가령, "x는 용감하다"와 "x는 위대한 장군이 지니는 모든 속성을 지니고 있다"는 둘 다 x의 명제 함수이지만, 전자는 x의 1차 명제 함수(또는 1차 속성)이고, 후자는 x의 2차 명제 함수

(또는 2차 속성)이다.[1]

또한 러셀은 "x는 용감하다"와 "x는 위대한 장군이 지니는 모든 속성을 지니고 있다"가 중요한 차이를 지니고 있다고 간주한다. 그는 이 차이를 서술적 함수(predicative function)와 비-서술적 함수(non-predicative function)라는 개념으로 설명한다. 전자는 서술적 함수이고, 후자는 비-서술적 함수이다. 그에 따르면, "하나의 변항을 갖는 함수는 그것이 그것의 논항의 차수 위의 다음 차수이면"[2] 서술적 함수이다. 가령 $(\varphi).g(\varphi!\hat{z}, \psi!\hat{z})$와 $(x).F(\varphi!\hat{z}, x)$는 각각 $\psi!\hat{z}$와 $\varphi!\hat{z}$의 서술적 함수이지만, $(\varphi).F(\varphi!\hat{z}, x)$는 x의 함수이면서, 비-서술적 함수이다. 러셀이 지적하듯이, 일반적으로 "n차의 비-서술적 함수는 n차의 서술적 함수로부터 (n−1)차의 모든 논항들을 외관 변항으로 바꿈으로써 획득된다."[3]

러셀은 분지 유형 이론의 근거로서 악순환 원리(vicious-circle principle)와 직접 검사(direct inspection)를 제시한다. 그는 악순환 원리를 다음과 같이 규정한다. "한 모임의 **모든** 것을 포함하는 것은 무엇이든 그 모임의 하나여서는 안 된다." "만일, 어떤 한 모임이 어떤 한 전체를 지닌다고 할 때, 그것이 단지 그 전체에 의해 정의 가능한 원소들을 지니고 있다면, 그 말해진 모임은 어떤 전체도 지니지 않는다."[4] 러셀에 따르면, 역설들은 모두 악순환 원리를 어겼기 때문에 발생한다. 또한 러셀에 따르면, 우리가 예컨대 "$\varphi\hat{x}$는 사람이다"나 "'$\hat{x}$는 사람이다'는 사람이다"와 같은 것을 직접 검사해 보면 그것들이 무의미하다는 것을 알 수 있다.[5]

러셀의 악순환 원리가 겨냥하는 것을 우리는 다음과 같이 해명할 수 있다. 다음을 살펴보자.

---

1) 참고: 10장.
2) Russell & Whitehead (1910), p. 53.
3) Russell & Whitehead (1910), p. 54.
4) Russell & Whitehead (1910), p. 37.
5) Russell & Whitehead (1910), pp. 47-48.

(3) (눈은 노랗다, 1 + 2 = 5)

(4) 이[(3)의] 괄호 안에 있는 모든 문장들은 거짓이다.

(5) (눈은 노랗다, 1 + 2 = 5, 이[(5)의] 괄호 안에 있는 모든 문장들은 거
    짓이다)

여기에서 (4)는 참이지만, (5)의 "이 괄호 안에 있는 모든 문장은 거짓이
다"로부터는 모순이 산출된다. 우리는 (4)에서의 지시를 "외부 지시", 또
(5)에서의 지시를 "포괄적 자기 지시"라고 부를 수 있다. 또한 (4)를 "외부
지시 문장", (5)의 세 번째 문장을 "포괄적 자기 지시 문장", 그리고 (4)의
"이 괄호 안에 있는 모든 문장"을 "외부 지시어", (5)의 "이 괄호 안에 있
는 모든 문장"을 "포괄적 자기 지시어"라고 부를 수 있다. (5)에서는 포괄
적 자기 지시에 의해 "이 괄호 안에 있는 모든 문장"의 모임 안에 바로 그
문장 자신이 포함되며, 이는 러셀의 악순환 원리를 어기는 것이다. 반면에
(4)에서는 외부 지시에 의해, "이 괄호 안에 있는 모든 문장"의 모임에 (4)
자신이 포함되지 않는다. "이 문장은 거짓이다"와 같은 자기 지시 문장 또
한 "이 문장"의 모임 안에 그 문장 자신이 포함되는 것이므로 악순환 원리
를 어기고 있다. 마찬가지로 "(다음 문장은 참이다, 앞 문장은 거짓이다)"
에서와 같은 "순환 지시"의 경우에도 외관상으로는 외부 지시인 것처럼
보이지만, 악순환 원리를 어기고 있다.

반면에 "나폴레옹은 위대한 장군의 모든 속성들을 지니고 있다"는 문장
을 지시하는 외부지시 문장도 아니고 포괄적 자기 지시 문장도 아니다. 그
러나 "이 괄호 안에 있는 모든 문장"이 (4)에서와 같이 외부 지시어로 사
용되고 (5)에서와 같이 포괄적 자기 지시어로 사용되는 것과 마찬가지로,
"위대한 장군의 모든 속성들"은 외부 지시어로 해석될 수도 있고 포괄적
자기 지시어로 해석될 수도 있다. 전자의 경우, 가령 '지도력 있음', '총명
함', '용감함', '행정력 있음'이 위대한 장군이 지니는 모든 속성이라고 가
정할 때, "나폴레옹은 위대한 장군의 모든 속성들을 지니고 있다"는 나폴
레옹이 지도력이 있고, 총명하고, 용감하며, 행정력이 있다는 것을 말하

며, 후자의 경우, 그 문장은 나폴레옹이 그러한 (1차) 속성들뿐만 아니라 "위대한 장군의 모든 속성들을 지니고 있음"이라는 (2차) 속성도 지니고 있다는 것을 말하게 된다. 러셀의 악순환 원리가 배제하는 것은 후자의 경우이다. "자기 자신에게 들어맞지 않는 모든 속성들의 속성"도 마찬가지이다. "자기 자신에게 들어맞지 않는 모든 속성들"이라는 지시어가 포괄적인 자기 지시어로 해석되면 그렐링의 역설이 발생한다. 또한 "자기 자신의 원소가 아닌 모든 집합들의 집합"도 "자기 자신의 원소가 아닌 모든 집합들"을 포괄적인 자기 지시어로 해석하면 러셀의 역설이 도출된다.[6] 요컨대 분지 유형 이론과 함께 악순환 원리는 자기 지시, 순환 지시, 포괄적 자기 지시를 엄격하게 금지하면서 오직 외부 지시만을 허용하는 원리이다.

그렇게 되면 "자기 자신의 원소가 아닌 모든 집합들의 집합"에서 "자기 자신의 원소가 아닌 모든 집합들"은 포괄적 자기 지시어로 해석될 수 없다. 다시 말해 "자기 자신의 원소가 아닌 모든 집합들"은 자기 자신의 원소가 아닌 모든 집합들의 집합을 지시할 수 없다. 그리하여 S = {x | x ∉ x}일 때, "S ∈ S"나 "S ∉ S"와 같은 표현은 차단되므로, 역설은 제거된다. 러셀은 분지 유형 이론에 의해 러셀의 역설이 어떻게 해결될 수 있는지를 다음과 같이 밝히고 있다.

> 자기 자신의 원소들이 아닌 집합들의 집합에 관한 모순을 해결하기 위해서, 우리는, (…) 집합에 관한 명제는 그 집합을 정의하는 함수, 즉 그 집합의 원소들에 의해서만 만족되고 다른 논항들에 의해서는 만족되지 않는 함수에 관한 진술로 항상 환원되어야 한다고 가정할 것이다. 그리하여 한 집합은 예컨대 (x).φx가 함수 φ$\hat{x}$를 전제하는 것과 마찬가지로, 한 함수로부터 도출되고 그 함수를 전제하는 대상이다. 따라서 한 집합은, 악순환 원리에 의해서, 그것을 정의하는 함수의 논항이 유의미하게 될 수 없으며, 다시 말해,

---

6) 베리의 역설, 리샤르의 역설, 칸토어의 역설, 부랄리-포티의 역설도 마찬가지이다.

만일 우리가 φ$\hat{z}$에 의해 정의된 집합을 "$\hat{z}$(φz)"로 나타낸다면, 기호 "φ{$\hat{z}$ (φz)}"는 무의미해야만 한다. 따라서 한 집합은 그것을 정의하는 함수를 만족하지도 않고 만족하지 않지도 않으며, 그리하여 (…) 자기 자신의 원소도 아니고 자기 자신의 원소가 아닌 것도 아니다. (…) 그리하여 만일 α가 한 집합이라면, "α는 α의 한 원소가 아니다"는 항상 무의미하며, 그러므로 "자기 자신의 원소들이 아닌 집합들의 집합"이라는 문구는 어떤 뜻도 지니지 않는다. 따라서 그러한 집합이 존재한다고 가정하는 것으로부터 발생하는 모순은 사라진다.[7]

이 인용문에서 우리는 다음 두 가지를 주목해야 한다. 첫째, 집합에 관한 명제는 그 집합을 정의하는 함수에 관한 진술로 항상 환원된다는 러셀의 가정이다. 나중에 살펴보겠지만 비트겐슈타인 또한 이러한 가정을 필요한 수정을 덧붙이면서 받아들이고 있다. 둘째, 러셀에 따르면, 한 집합이 그것을 정의하는 함수의 논항이 유의미하게 될 수 없다는 것은 악순환 원리의 귀결이다. 이는 결국 한 함수가 그 자신의 논항이 될 수 없다는 것은 악순환 원리의 귀결이라는 주장과 대동소이하다.[8] 반면에 나중에 살펴보겠지만, 비트겐슈타인은 그러한 주장을 받아들이지 않는다.

3. 환원 가능성 공리, 무한성 공리, 러셀의 역설

악순환 원리와 분지 유형 이론에 따르면, 자기 지시, 순환 지시, 포괄적 자기 지시가 금지되고 오직 외부 지시만 허용되므로, 거짓말쟁이 역설, 그

---

7) Russell & Whitehead (1910), pp. 62-63.
8) 이 점에 대해 러셀은 다음과 같이 말한다. "우리는, 악순환 원리에 따라, 한 함수의 값들은 그 함수에 의해 단지 정의가능한 항들을 포함할 수 없다는 것을 살펴보았다. 이제 함수 φ$\hat{x}$가 주어지면, 그 함수에 대한 값들은 모두 φx 형식의 명제들이다. 그리하여 x가 φ$\hat{x}$를 포함하는 값을 지니는, φx 형식으로 된 어떤 명제들도 존재하지 않아야 한다는 것이 따라 나온다. (…) 따라서 논항 φ$\hat{x}$를 지니는, 또는 φ$\hat{x}$를 포함하는 어떤 논항을 지니는, φ$\hat{x}$에 대한 값과 같은 것은 존재하지 않아야 한다."(Russell & Whitehead (1910), p. 40)

렐링의 역설, 베리의 역설, 러셀의 역설 등은 모두 제거된다. 그러나 함수와 속성을 위계에 따라 구분하는 것이 여러 역설들을 해소하는 데 성공적이었다고 할지라도, 이러한 분지 유형 이론은 매우 심각한 문제들을 유발한다.[9] 분지 유형 이론을 받아들이면, 예컨대 닐이 지적하는 바와 같이, "공집합이 아닌 상계(upper bound)를 지닌 실수의 집합은 모두 최소 상계(the least upper bound)를 갖는다"라는 수학의 정리는 정식화될 수 없다.[10] 최소 상계란 한 실수 집합의 모든 상계들 중에서 가장 작은 상계이다. 여기에서 "한 실수 집합의 모든 상계들"을 포괄적 자기 지시어로 해석하지 않는다면(다시 말해 악순환 원리를 고수한다면), 저 수학의 정리는 정식화될 수 없다.

러셀은 이러한 문제들을 해결하기 위해 환원 가능성 공리를 제시한다. 환원 가능성 공리란 임의의 비-서술적 함수에 대해서 그것과 형식적으로 동등한 서술적 함수가 존재한다는 공리를 말한다. 두 개의 함수 $\varphi\hat{x}$와 $\psi\hat{x}$는 가능한 모든 논항 x에 대해서 φx가 ψx와 동치일 때 "형식적으로 동등"(formally equivalent)하다. 요컨대 $(x)(\varphi x \equiv \psi x)$가 성립하면, 함수 $\varphi\hat{x}$와 $\psi\hat{x}$는 형식적으로 동등하다. 그리하여 환원 가능성 공리는 다음과 같다.

$$\vdash (\exists\psi)(x)(\varphi x \equiv \psi!x)$$

그렇다면 환원 가능성 공리가 참인 근거는 무엇인가? 러셀에 따르면, "나폴레옹은 위대한 장군의 모든 속성을 지니고 있다"는 어떤 술어들의 선언(가령 "위대한 장군 A는 t_1에 태어났고, B는 t_2에 태어났고, …, Z는 t_n에 태어났다"로부터 얻어지는 "t_1에 태어났거나 t_2에 태어났거나, …, t_n에 태어났다")에 대해서, 이 술어를 F라고 부른다면, F(나폴레옹)과 동등하다. 그리고 그에 따르면, F(나폴레옹)은 서술적 함수이고, 그러한 F가 존재

---

9) 참고: 윌리엄 닐 & 마사 닐 (2015), pp. 416-417, pp. 426-428, 정인교 (1999).
10) 윌리엄 닐 & 마사 닐 (2015), p. 416.

한다는 것은 확실하다. 이는 결국 비-서술적 함수에서 술어는 어떤 서술적 함수들의 술어들의 연언이나 선언과 동일하다는 주장과 같다.[11]

한편 분지 유형 이론은 『수학 원리』에서 또 다른 난점을 불러일으킨다. 러셀은 자연수를 어떤 집합의 수로 간주하였다. 그에 따르면, 수 0은 공집합의 원소의 수이다. 1은 원소가 하나인 집합의 수이며, 원소가 하나인 집합의 집합이다. 마찬가지로 2는 원소가 두 개인 집합의 수이며, 원소가 두 개인 집합의 집합이다. 일반적으로 "수는 '비슷함'(similarity)이라고 불리는 속성들을 지니는 집합들의 집합"이며, 두 집합 사이의 원소들 간에 일대일 대응이 성립하면 그 두 집합은 비슷하다. 그러나 러셀에 따르면, 가령 세계에 정확하게 9개의 개별자들이 존재한다고 가정하면, 이러한 수의 정의에 따르면, (9 + 1로 정의된) 10은 공집합이 되어 버린다. 왜냐하면 "n + 1은 x를 빼버릴 때 n개의 원소들의 집합이 남는, 그러한 모든 집합들의 모임"인데, "이 정의를 적용하면, 9 + 1은 집합들이 아닌 것으로 이루어지는 집합, 즉 공집합이기 때문이다."[12] 그렇게 되면 10 이상의 수들은 모두 공집합이 되어 버린다. 마찬가지로 세계에 정확하게 n개의 개별자들이 존재한다고 가정하면 n + 1은 공집합이 된다.

이러한 문제를 해결하기 위해 러셀은 무한성 공리(the axiom of infinity)를 제시한다. 무한성 공리는 다음과 같다: "만일 n이 임의의 귀납적 기수라면, n개의 원소들을 지니는 개별자들의 집합이 최소한 하나 존재한다."[13] 러셀에 따르면, 이 공리가 참이라면, 세계에 존재하는 개별자들의 수는 어떤 임의의 귀납적 수보다 크며, 그리하여 무한하다.

러셀은 이러한 유형 이론을 토대로 러셀의 역설을 해결하려고 한다. 앞에서 우리는 러셀 자신이 러셀의 역설을 해결하는 방법의 얼개를 살펴보

---

11) Russell & Whitehead (1910), pp. 56-59. 또한 러셀은 환원 가능성 공리가 옳다는 근거로 "귀납적 증거"도 제시한다(Russell & Whitehead (1910), pp. 59-60)
12) Russell (2007), p. 132.
13) Russell (2007), p. 131.

았다. 그러한 방법에서 가장 중요한 것은 집합에 관한 명제는 그 집합을 정의하는 함수에 관한 진술로 항상 환원된다는 러셀의 가정이다. 그렇다면 러셀은 어떻게 집합에 관한 명제를 그 집합을 정의하는 명제 함수에 관한 진술로 환원하였는가?

러셀은 "유도 함수"(derived function)를 도입한다. 러셀은 이를 다음과 같이 정의한다. 주어진 함수 $f(\psi!\hat{z})$에 대해서 유도 함수 "$f\{\hat{z}(\varphi z)\}$"는 다음과 같다: "$\varphi\hat{z}$와 형식적으로 동치이고 f를 만족하는 서술적 함수 $\psi!\hat{z}$가 존재한다."[14] 그리하여 러셀은 이를 다음과 같이 기호로 나타내고 있다.

$$f\{\hat{z}(\varphi z)\}. =: (\exists \psi): \varphi x. =_x \psi!x : f\{\psi!\hat{z}\}\ \ \text{Df.}$$

유도 함수에 대한 이 정의에 의해서 집합에 관한 명제는 그 집합을 정의하는 함수에 관한 진술로 환원된다.

그리하여 러셀은 다음과 같은 과정을 거쳐, $S = \{x \mid x \notin x\}$일 때, "$S \in S$"나 "$S \notin S$"와 같은 표현이 무의미하다는 것을 보인다.[15]

x가 개별자일 때, "$x \in \hat{z}(\varphi z)$"의 경우:
$$f\{\hat{z}(\varphi z)\}. =: (\exists \psi): \varphi x. =_x \psi!x : f\{\psi!\hat{z}\}\ \ \text{Df.}$$
$$(\exists \psi): \varphi x. =_x \psi!x : x \in \psi!\hat{z}$$
$$x \in \psi!\hat{z}. =. \psi!x\ \ \text{Df.}$$
$$(\exists \psi): \varphi y. \equiv_y . \psi!y : \psi!x$$

x가 개별자들의 집합일 때, "$\hat{z}(\varphi z) \in \hat{z}(\varphi z)$"의 경우:
$$f\{\hat{z}(\varphi z)\}. =: (\exists \psi): \varphi x. =_x \psi!x : f\{\psi!\hat{z}\}\ \ \text{Df.}$$
$$(\exists \psi): \varphi x. \equiv_x . \psi!x : \psi!\hat{z} \in \psi!\hat{z}$$
$$x \in \psi!\hat{z}. =. \psi!x\ \ \text{Df.}$$
$$(\exists \psi): \varphi x. \equiv_x . \psi!x : \psi!(\psi!\hat{z})$$

---

14) Russell & Whitehead (1910), pp. 74-75.
15) 참고: 11장.

α가 집합들의 집합일 때, "$\hat{\alpha}\,f(\alpha) \in \hat{\alpha}\,f(\alpha)$"의 경우:

$$F\{\hat{\alpha}\,f(\alpha)\}. = : (\exists g): f\beta. \equiv_\beta . g!\beta : F\{g!\hat{\alpha}\} \quad Df.$$

$$(\exists g): f\beta. \equiv_\beta . g!\beta : g!\hat{\alpha} \in g!\hat{\alpha}$$

$$\beta \in g!\hat{\alpha} =. g!\beta \quad Df.$$

$$(\exists g): f\beta. \equiv_\beta . g!\beta : g!(g!\hat{\alpha})$$

러셀에 따르면, "$\hat{z}(\varphi z) \in \hat{z}(\varphi z)$"와 "$\hat{\alpha}\,f(\alpha) \in \hat{\alpha}\,f(\alpha)$"는 무의미하다. 전자가 무의미한 이유는 "$\psi!\hat{z} \in \psi!\hat{z}$", 즉 "$\psi!(\psi!\hat{z})$"가 무의미하기 때문이며, 후자가 무의미한 이유는 "$g!\hat{\alpha} \in g!\hat{\alpha}$", 즉 "$g!(g!\hat{\alpha})$"가 무의미하기 때문이다.

4. 비트겐슈타인의 유형 이론 비판: 논리학적 측면

비트겐슈타인은 『논고』에서 러셀의 환원 가능성 공리, 무한성 공리, 그리고 러셀의 역설에 대한 러셀 자신의 해결 방법을 모두 비판한다. 먼저 환원 가능성 공리에 대한 비트겐슈타인의 비판은 그 공리에 대한 반례가 존재한다는 것이다. 즉 (1) 무한하게 많은 대상들이 존재하고, (2) 오직 한 개의 관계만 존재하며, (3) 그 관계는 오직 무한하게 많은 대상들 사이에서만 성립하고, 유한하게 많은 대상들 사이에서는 성립하지 않으며, (4) 그 관계는 그 대상들 각각의 모든 것과 그것들과 다른 각각의 모든 대상들 사이에서는 성립하지 않는 그러한 세계에 대해서, 그 대상들에 대해서 성립하는 서술적 속성을 적절하게 정의하면, 이러한 세계에서는 환원 가능성 공리는 성립하지 않는다.[16] 그리하여 비트겐슈타인은 다음과 같이 말한다.

환원 가능성 공리가 적용되지 않는 세계가 생각될 수 있다. 그러나 논리학

---

16) 참고: 10장.

이 우리의 세계가 실제로 그러한가 또는 그렇지 않은가 하는 물음과 아무 관계도 없다는 것은 분명하다. (6.1233)

그런데 환원 가능성 공리에 대한 비트겐슈타인의 비판을 가능케 한 가장 근본적인 생각은 일반성 개념에 대한 비트겐슈타인의 파악이다. 『논고』에 따르면, "ξ의 값들이 x의 모든 값들에 대한 함수 fx의 값 전체라면, $N(\bar{\xi}) = \sim(\exists x).fx$가 된다."(5.52) 이 정의에 따르면, 보편 명제는 (ξ-조건 하에서)[17] (무한) 연언 명제와 동일하고, 존재 명제는 (무한) 선언 명제와 동일하다. 즉 『논고』에 따르면, x의 모든 값들이 a, b, c, d, …라면, 다음이 성립한다.

$$(x)fx = fa \,\&\, fb \,\&\, fc \,\&\, fd \,\&\, \cdots$$
$$(\exists x)fx = fa \lor fb \lor fc \lor fd \lor \cdots$$

그리하여 유한 연언 명제와 무한 연언 명제가 본질적인 차이가 없다고 간주되면, 러셀의 서술적 함수와 비-서술적 함수 간의 구분은 의의를 잃게 된다. 왜냐하면 가령 비-서술적 함수 $(\varphi)F(\varphi!\hat{z}, x)$는 『논고』에 따르면, φ의 모든 값들이 $\varphi_1, \varphi_2, \varphi_3, \cdots$라면, $F(\varphi_1!\hat{z}, x) \,\&\, F(\varphi_2!\hat{z}, x) \,\&\, F(\varphi_3!\hat{z}, x) \,\&\, \cdots$ 가 될 것이며, 이는 그저 연언 명제가 될 것이기 때문이다. 그렇기 때문에 임의의 비-서술적 명제 함수에 대해서 그것과 형식적으로 동등한 서술적 함수가 존재한다는 환원 가능성 공리는 불필요하다.[18]

더 나아가 러셀의 생각과 같이 어떤 유한한 속성들의 선언을 하나의 속

---

17) 참고: 4장.
18) 램지는 바로 이러한 비트겐슈타인의 생각을 받아들인다. 램지는 "유한한 수의 원자 명제들의 진리 함수"를 '기본(elementary) 명제'라고 부르고, 그 값이 기본 명제인 개별 자들의 함수를 '기본 함수'라고 부른다(Ramsey (1931). p. 25) 그렇게 되면 러셀의 환원 가능성 공리는 램지의 어법에 따르면, "모든 비-기본 함수에 대해 동치인 기본 함수가 존재한다는 주장(p. 28)과 같다. 그러나 램지에 따르면, '기본'과 '비-기본'은 명제를 구분하는 특성이 아니다. 동일한 명제가 기본 명제이면서 비-기본 명제일 수 있다. 예컨대 'φa'와 'φa: (∃x).φx'는 '(∃x).φx'가 무한 선언 명제일 때, 전자는 기본 명제이고 후자는 비-기본 명제이지만 동일한 명제이다(pp. 34-35).

성으로 간주하는 것이 가능한 경우가 있다면, "x는 위대한 장군의 모든 속성을 지니고 있다"와 같은 비-서술적 함수는 "x는 t_1에 태어났거나 t_2에 태어났거나, …, t_n에 태어났다"와 같은 서술적 함수와 동등하다. 그러나 이는 속성들이 유한하게 많은 경우에만 성립할 뿐이다. 대상들과 속성들이 무한하게 많은 경우에는 러셀은 그러한 속성들의 연언이나 선언을 생각할 수 없을 뿐 아니라, 그러한 무한한 속성들의 연언이나 선언으로서의 속성이 과연 존재하는지도 말할 수 없다. 그렇기 때문에 대상들과 속성들이 무한하게 많은 경우를 생각한다면, 환원 가능성 공리는 만일 그것이 참인 경우가 있다면 그저 운 좋은 우연에 의해 그럴 수 있을 뿐이다. 또한 그것은 어떤 경우에는 참일 수 있고 다른 경우에는 거짓일 수 있으므로, 논리적 명제, 즉 동어반복이 아니다.[19] 그리하여 비트겐슈타인은 다음과 같이 말한다.

> 논리적인 일반적 타당성은 가령 "모든 사람은 죽는다"라는 명제의 우연적인 일반적 타당성과는 대조적으로, 본질적이라고 불릴 수 있을 것이다. 러셀의 "환원 가능성 공리"와 같은 명제들은 논리적 명제들이 아니다. 그리고 이는 다음과 같은 우리의 느낌을 설명해 준다: 그 명제들이 참이라고 하더라도, 그것들은 오직 운 좋은 우연에 의해서만 참일 수 있을 것이다. (6.1232)

한편 비트겐슈타인은 기본적으로 러셀의 환원 가능성 공리를 거부하고 있지만, 그럼에도 불구하고 집합에 관한 명제는 그 집합을 정의하는 함수에 관한 진술로 환원된다는 러셀의 생각을 필요한 수정을 덧붙여서 받아들이고 있다. 이는 러셀의 유도 함수와 1913년 비트겐슈타인이 노르웨이에서 러셀에게 보낸 편지의 내용을 비교함으로써 알 수 있다. 그 편지에서 비트겐슈타인은 다음과 같이 말한다.

> 만일 선생님의 환원 가능성 공리가 성립하지 않는다면, 많은 것들이 변경되

---

19) 참고: 10장.

어야 할 것입니다. 다음을 집합들의 정의로 사용하는 것은 어떤지요?

$$F[\hat{z}(\varphi z)] =: \varphi x \equiv_x \psi x. \supset_\psi. F(\psi) \quad \text{Def.}[20]$$

이를 러셀의 유도 함수에 대한 정의($f\{\hat{z}(\varphi z)\}. = : (\exists \psi): \varphi x. =_x \psi!x : f\{\psi!\hat{z}\}$ Df.)와 비교하면, 러셀의 정의에는 환원 가능성 공리와 서술적 함수가 포함되어 있지만, 비트겐슈타인의 정의에는 그렇지 않다는 것을 알수 있다. 요컨대 집합에 관한 명제를 그 집합을 정의하는 함수로 환원하는 그들의 방식은 상이하다.

비트겐슈타인은 자신의 유도 함수의 정의에 따라 러셀의 해결 방법과 유사하게 다음의 과정을 거쳐 러셀의 역설을 해결한다.[21] α가 집합들의 집합일 때,

$$F[\hat{z}(\varphi z)] =: \varphi x \equiv_x \psi x. \supset_\psi. F(\psi) \quad \text{Def.}$$
$$F\{\hat{\alpha} f(\alpha)\}. = : f\beta. \equiv_\beta. g\beta. \supset_g. F(g) \quad \text{Df.}$$
"$\hat{\alpha} f(\alpha) \in \hat{\alpha} f(\alpha)$"의 경우:
$$f\beta. \equiv_\beta. g\beta. \supset_g. g\hat{\alpha} \in g\hat{\alpha}$$
$$\beta \in g\hat{\alpha} =. g\beta \quad \text{Df.}$$
$$f\beta. \equiv_\beta. g\beta. \supset_g. g(g\hat{\alpha}).$$

비트겐슈타인은 3.333에서 $g(g\hat{\alpha})$에서 외부 함수 g와 내부 함수 g는 의미가 상이하게 되므로, "$\hat{\alpha} f(\alpha) \in \hat{\alpha} f(\alpha)$"는 허용되지 않는다고 주장한다. 여기에서 $g(g\hat{\alpha})$에 해당하는 것이 3.333의 F(F(fx))이다.

그렇기 때문에 한편으로는 러셀의 역설에 대한 비트겐슈타인의 해결 방법은 러셀의 방법과 유사하다. 반면에 우리는 다음과 같이 세 가지 차이를 지적할 수 있다. 첫째, 러셀과 달리 비트겐슈타인은 서술적 함수와 비-서술적 함수의 구분을 거부한다. 둘째, 집합에 관한 명제를 그 집합을 정

---

20) Wittgenstein (1961), p. 127, p. 128. 참고: 11장.
21) 참고: 11장.

의하는 함수로 환원하는 그들의 방법은 다르다. 셋째, (나중에 살펴보겠지만) 비트겐슈타인은 분지 유형 이론을 거부하고 있으며, 러셀의 역설을 해결하는 데 수정된 단순 유형 이론으로 충분하다고 생각한다.

러셀의 무한성 공리에 대한 비트겐슈타인의 비판은 동일성 개념과 깊은 관련이 있다. 먼저 비트겐슈타인이 러셀의 무한성 공리에 대해 최초로 어떻게 비판했는지를 살펴보자. 1913년 비트겐슈타인은 노르웨이에서 러셀에게 보낸 편지에서 다음과 같이 말한다.

> 모든 논리학의 명제들은 동어반복들의 일반화들이고 동어반복들의 모든 일반화들은 논리학의 명제들입니다. 이것들을 제외하면 어떤 논리적 명제들도 없습니다. (저는 이것이 결정적이라고 생각합니다.) "(∃x) x = x"와 같은 명제는 예를 들어 실제로 물리학의 명제입니다. 명제 "(x): x = x. ⊃. (∃y). y = y"는 논리학의 명제입니다: **어떤 것이 존재하는지를** 말하는 것은 물리학의 일(Sache)입니다. 동일한 것이 무한성 공리에 관해서도 성립합니다. $\aleph_0$개의 사물이 존재하는지는 경험이 해결해야 하는 것입니다(그리고 경험은 그것을 결정할 수 없습니다.).[22]

이 인용문으로부터 우리는 비트겐슈타인이 1913년 당시 무한성 공리를 물리학적 명제로 간주하였다는 것을 알 수 있다. 그러나 그러한 비판은 불완전한 것이었으며, 『논고』에서 비트겐슈타인은 무한성 공리에 대해 다음과 같이 비판한다.

> 그러므로 동일성 기호는 개념 표기법의 본질적 구성 요소가 아니다. (5.533)

> 그리고 이제 우리는 "a = a", "a = b.b = c. ⊃ a = c", "(x).x = x", "(∃x).x = a" 등과 같은 사이비 명제들은 올바른 개념 표기법에서는 아예 적힐 수조차 없다는 것을 안다. (5.534)

> 그와 동시에 그러한 사이비 명제들과 연결되어 있던 모든 문제들도 사라진다.

---

22) Wittgenstein (1961), p. 126, p. 127.

러셀의 "무한성 공리"가 야기하는 모든 문제들은 이미 여기서 해결될 수 있다.

무한성 공리가 말하려 하는 것은 상이한 의미를 지닌 무한히 많은 이름들이 존재한다는 점에 의하여 언어에서 표현될 수 있을 것이다. (5.535)

나는 이미 비트겐슈타인이 프레게의 동일성 개념과 러셀의 동일성 정의에 대해 어떻게 비판했는지를 논구했다.[23] 그 비판의 핵심은 "프레게와 러셀은 동일성 진술들이 사물에 관한 것이면서 또 규칙에 관한 것으로 간주함으로써, 또 이를 토대로 수를 정의함으로써 중대한 혼란을 불러일으키고 있다"[24]는 것이었다. 러셀과 같이 『수학 원리』(1910-1913)에서 사물들 전체를 "$x = x$"를 만족하는 모든 x의 집합으로 정의하는 것[25]은 거대한 혼란의 서막이다. 가령 샛별과 3은 "$x = x$"를 만족하며, 러셀에게는 샛별과 3은 사물(thing)이지만, 비트겐슈타인의 관점에서는 샛별은 세계에 실재하는 사물이고, 3은 형식적인 개념이다. 러셀은 동일성 진술을 한편으로는 표현(상징)의 규칙인 것으로 사용하고 다른 한편으로는 세계에 실재하는 사물에 관한 것으로 사용하면서 거대한 혼동을 초래하고 있다.[26] 이러한 혼란을 제거하기 위한 방안으로서 비트겐슈타인은 『논고』에서 '등식'의 개념을 도입한다. 등식은 사물에 관한 것이 아니며, 우리의 논리적·구문론적 사용 규칙이다. 더 나아가 동일성 기호는 올바른 개념 표기법에서 제거될 수 있다(5.531-5.533).

그렇기 때문에 개별자들이 세계에 무한하게 많이 존재한다거나 유한하게 많이 존재한다고 하는 것은 결코 수학적 명제나 논리적 명제가 될 수 없다. 반면에 비트겐슈타인은 무한의 개념을 거부하지 않는다.[27] 오히려

---

23) 참고: 9장.
24) 참고: 9장, p. 280.
25) Russell & Whitehead (1910), p. 229.
26) 참고: Wittgenstein (1979), p. 146.
27) 참고: Wittgenstein (1980), p. 119. 여기에서 비트겐슈타인은 자신이 『논고』에서 무한을 하나의 수로 다루었다는 것을 지적하고 있다.

무한은 우리의 언어의 표현들이나 개념들, 그리고 이와 관련된 연산과 관련 있는 것이다. 그리하여 비트겐슈타인은 다음과 같이 말한다. "무한성 공리가 말하려 하는 것은 상이한 의미를 지닌 무한히 많은 이름들이 존재한다는 점에 의하여 언어에서 표현될 수 있을 것이다."(5.535)

5. 비트겐슈타인의 유형 이론 비판: 철학적 측면

앞에서 우리는 비트겐슈타인이 『수학 원리』의 논리학적 이론을 어떻게 비판했는지를 살펴보았다. 비트겐슈타인은 환원 가능성 공리는 논리적 명제가 아니고 반례를 지니며, 무한성 공리는 기껏해야 물리학적 명제이고, 표현의 규칙과 경험적 명제를 혼동한 결과에 불과하며, 러셀의 역설에 대한 러셀 자신의 해결보다 더 적절한 해결책이 제시될 수 있다고 생각하였다. 그렇다면 이제 남은 문제는 비트겐슈타인이 철학적 측면에서 러셀의 유형 이론에 대해 어떻게 비판했느냐 하는 것이다. 앞에서 지적했듯이, 러셀의 분지 유형 이론의 가장 중요한 철학적 근거는 악순환 원리이다. 그렇다면 비트겐슈타인은 악순환 원리에 대해서 어떤 비판을 하고 있는가? 그리고 만일 악순환 원리와 분지 유형 이론을 거부한다면, 다른 대안이 필요하게 될 것이다. 그렇다면 『논고』에서 비트겐슈타인의 그 대안이란 무엇인가?

먼저 악순환 원리에 대해 논의하기로 하자. 앞에서 우리는 러셀에게는 함수가 자기 자신의 논항이 될 수 없다는 것이 악순환 원리의 귀결이었음을 살펴보았다. 반면에 비트겐슈타인이 생각하는, 함수가 자기 자신의 논항이 될 수 없는 근거는 러셀과 다르다. 그는 다음과 같이 말한다.

> 함수는 그 자신의 논항이 될 수 없다. 왜냐하면 함수 기호는 이미 그것의 논항의 원형을 포함하고 있으며, 또 그것은 자기 자신을 포함할 수 없기 때문이다.
> 요컨대 함수 F(fx)가 자기 자신의 논항이 될 수 있을 거라고 가정해 보자.

그렇다면 "F(F(fx))"라는 명제가 주어질 것이다. 그리고 이 명제에서 외부 함수 F와 내부 함수 F는 상이한 의미를 가져야 한다. 왜냐하면 그 내부 함수는 $\varphi(fx)$의 형식을 지니고, 외부 함수는 $\psi(\varphi(fx))$의 형식을 지니기 때문이다. 그 두 함수에는 단지 "F"라는 문자만이 공통적인데, 그러나 그 문자는 그 자체로는 아무것도 지칭하지 않는다. (3.333)

비트겐슈타인에 따르면, "함수는 그 자신의 논항이 될 수 없다. 왜냐하면 함수 기호는 이미 그것의 논항의 원형을 포함하고 있으며, 또 그것은 자기 자신을 포함할 수 없기 때문이다." 가령 Wx(…는 현명하다)라는 명제 함수 기호는 이미 그것의 논항 s, t, r …의 원형 x를 포함하고 있고, 원형 x는 자기 자신을 포함할 수 없다. 나는 이러한 비트겐슈타인의 생각은 필요한 수정을 가하면, 러셀의 단순 유형 이론과 (집합에 관한 명제는 그 집합을 정의하는 명제 함수로 환원된다는 주장과 함께) 정합적이라고 생각한다. 왜냐하면 위의 인용문에서 분명하듯이, 비트겐슈타인은 $\varphi(fx)$의 형식과 $\psi(\varphi(fx))$의 형식을 지니는 함수를 인정하고 있고, 더 나아가 위계 구조를 인정하고 있기 때문이다("위계구조는 실재로부터 독립해 있으며, 또 그래야 한다."(5.5561)). 또한 그가 러셀의 서술적 함수와 비-서술적 함수 구분에 대해 비판적이었다는 것은 그가 러셀의 분지 유형 이론을 거부한 반면 단순 유형 이론은 필요한 변경을 가하여 부분적으로 수용하였다는 것을 강력하게 암시한다.

그렇기 때문에 혹자가 주장하듯 비트겐슈타인이 러셀의 유형 이론을 전적으로 부정하거나 불필요하다고 간주한 것은 아니다. 오히려 그는 부분적으로 필요한 수정을 덧붙여서 러셀의 단순 유형 이론을 인정하고 있다. 그리하여 비트겐슈타인은 다음과 같이 말한다. "어떤 명제도 자기 자신에 관해 무엇인가를 진술할 수 없다. 왜냐하면 명제 기호는 자기 자신 속에 포함될 수 없기 때문이다. (이것이 "유형 이론"의 전부이다.)"(3.332) 이 언급에서 중요한 점은, 나는 이렇게 생각하는데, 비트겐슈타인이 자기 지시 문장, 순환 지시 문장, 포괄적 자기 지시 문장을 무의미한 것으로 거부했다는 것이다. 왜냐하면 "자기 자신에 관해 무엇인가를 진술할 수" 있는 문장은 바로 그러한 것들이기 때문이다. 그렇게 되면 거짓말쟁이 역설 등은 제거된다.

3.332와 관련하여 세 가지가 지적될 필요가 있다. 첫째, 3.332는 단순 유형 이론과 (집합에 관한 명제는 그 집합을 정의하는 함수로 환원된다는 주장과 함께) 정합적이다. 왜냐하면 결국 단순 유형 이론에서는 외부 지시만 허용될 것이기 때문이다. 둘째, 반면에 『논고』에서는 또 다른 근거가 있다. 『논고』에 따르면, 요소 명제는 이름들의 연쇄(4.22)이고, 명제는 요소 명제들의 진리 함수(5)이다. 그렇기 때문에, "명제 기호는 자기 자신 속에 포함될 수 없다"(3.332). 그리하여 『논고』의 체계에서는 자기 지시 문장 같은 것은 들어설 곳이 없다.

셋째, 나는 이렇게 생각하는데, 비트겐슈타인은 비록 『논고』에서 자기 지시 문장과 포괄적 자기 지시 문장을 거부했지만, 지시어가 포괄적 자기 지시어로 해석되는 모든 경우를 거부하지는 않았다. 이는 그가 러셀의 서술적 함수와 비-서술적 함수 구분을 거부했다는 것, 그리고 그가 러셀의 악순환 원리와 분지 유형 이론을 거부했다는 것의 귀결이다. 물론 가령 "자기 자신의 원소들이 아닌 모든 집합들의 집합"에서 지시어 "자기 자신의 원소들이 아닌 모든 집합들"이 포괄적 자기 지시어로 해석되면 역설이 발생한다. 반면에 "나폴레옹은 훌륭한 장군들이 지니는 모든 속성들을 지니고 있다"에서 지시어 "훌륭한 장군들이 지니는 모든 속성들"을 포괄적 자기 지시어로 해석한다 하더라도(다시 말해 훌륭한 장군들이 지니는 모든 속성들을 지니고 있음이라는 속성을 지시하는 것으로 해석된다 하더라도) 모순은 발생하지 않을 수 있다. 가령 "이 반의 모든 학생들 중에서 가장 키가 큰 학생은 철수이다"에서 지시어 "이 반의 모든 학생들"이 그 중의 한 명으로 "이 반의 모든 학생들 중에서 가장 키가 큰 학생"을 지시한다 하더라도 모순은 발생하지 않는다. 오히려 그 명제는 (이 반에 속하는 학생들이 확정되어 있을 때) "철수는 영희보다 키가 크다"와 같은 명제의 연언이기 때문에, 『논고』에서는 사실을 묘사하는 그림이다. 그렇기 때문에 비트겐슈타인은 지시어가 포괄적 자기 지시어로 해석되는 모든 경우를 거부할 필요가 없다. 그리하여 비트겐슈타인에게는 러셀의 역설을 해소하기 위한 장치로서 악순환 원리와 분지 유형 이론은 과도한 해결책이며, 그저 "함수는 자기 자신의 논항이 될 수 없다"(3.333)라는 원리로 충분하다.[28]

비록 비트겐슈타인이 러셀의 단순 유형 이론을 부분적으로 받아들였지만, 그렇다고 해서 러셀이 제시한 바로 그것 자체를 인정한 것은 아니다. 앞에서 살펴보았듯이, 러셀은 동일성에 대한 정의와 무한성 공리에서 세계에 존재하는 개별자와 3과 같은 형식적 개념을 혼동한다. 이러한 혼동은 러셀이 자신의 유형 이론을 서술할 때에도 그대로 드러난다. 가령 그는 단순 유형 이론과 분지 유형 이론을 서술할 때 세계에 속하는 개별자들과 속성들, 관계들, 그리고 개별자의 전체를 언급한다. 그러나 비트겐슈타인에 따르면 이런 것은 허용되지 않는다. 그렇기 때문에 비트겐슈타인은 다음과 같이 말한다.

> 이러한 고찰로부터 러셀의 "유형 이론"을 살펴보자: 러셀의 오류는 그가 기호 규칙들을 세울 적에 기호들의 의미에 관해 이야기하지 않으면 안 되었다는 점에서 드러난다. (3.331)

다시 말해 논리학은 자연과학과 같은 세계에 속하는 사물들에 관한 학문이 아니기 때문에, 논리학의 형성 규칙과 그 기호들이 어떻게 지칭하는지에 대한 해명은 기호들의 의미, 가령 사물이나 속성, 개별자들의 전체

---

28) 「수학의 기초들」(The Foundations of Mathematics)(1925) (Ramsey (1931), pp. 1-61)에서 여러 역설들을 수학 또는 논리학의 용어들로 이루어지는 역설들과 인식론적인 역설들로 구분한 것은 램지 자신의 고유한 생각이다. 반면에 램지는 『논고』의 일반성 개념, 비트겐슈타인의 환원 가능성 공리의 반례 증명, 러셀의 서술적 함수와 비-서술적 함수 구분의 불필요성, 분지 유형 이론은 불필요하고 단순 유형 이론으로 충분하다는 비트겐슈타인의 생각을 받아들이고 있다.

등에 관해 이야기하지 않고서 수립되어야 한다.[29] 그리하여 비트겐슈타인은 다음과 같이 말한다.

> 논리적 구문론에서 기호의 의미는 어떤 역할도 해서는 안 된다. 논리적 구문론은 기호의 **의미**에 관해 이야기하지 않고서도 수립될 수 있어야 한다. 논리적 구문론은 **오직** 표현들의 기술들만을 전제할 수 있다. (3.33)

이 지점에서 우리는『수학 원리』에서 유형 이론에 해당되는 것이 바로『논고』에서는 논리적 구문론, 즉 "논리적 문법"(3.325)이라는 것을 알 수 있다. 말하자면『논고』에서 논리적 구문론은 비트겐슈타인에게는 유형 이론의 대안이다.[30] 그렇다면 논리적 구문론이란 무엇인가? 그리고 논리적 구문론은 어떻게 형성되는가? 비트겐슈타인은 다음과 같이 말한다.

> 이러한 오류들을 피하려면 우리는 같은 기호를 상이한 상징으로 사용하지 않음으로써, 그리고 상이한 방식으로 지칭하는 기호들을 외면상 같은 방식으로 사용하지 않음으로써 그러한 오류들을 배제하는 기호 언어를 사용해야 한다. 그러니까, **논리적** 문법—논리적 구문론—에 따르는 기호 언어를 사용해야 한다.
> (프레게와 러셀의 개념 표기법은, 물론 모든 결함들을 다 배제하지는 못하고 있지만, 그러한 언어이다.) (3.325)

---

29) 러셀과 같이 기호들의 의미에 대해 언급하는 것은, Davant(1975)가 지적하듯이 "구문론과 의미론을 혼동"(pp. 104-105)하는 것이다. 반면에 Davant(1975)는 비트겐슈타인이 유형 이론의 비판과 관련하여 우리를 오도했다고 주장하는데(p. 106), 이는 오해에 불과하다. 그는 3.333을 전혀 정확히 이해하지 못하고 있다. 한편 Ishiguro(1981)는 3.331과 관련해서 비트겐슈타인에게는 "명제 함수임과 대상임은 우리 언어의 어떤 논리적 범주들의 상관자들"이고 "명제 함수들과 대상들은 테이블과 동물들이 상이한 종류들인 것처럼 상이한 사물들이 아니다"라고 말한다(p. 45). 그러나 이는 "구문론과 의미론의 혼동"이라는 지적과 비교하면 대단히 피상적이다.

30) 논리적 구문론과 유형 이론이 매우 밀접한 관계를 지니고 있다는 것은 비트겐슈타인의 다음 언급들로부터도 알 수 있다. "문법은 '논리적 유형들의 이론'이다."(Wittgenstein (1975), p. 14) "모든 문법은 논리적 유형들의 이론이다. 그리고 논리적 유형들은 언어의 적용에 관해서는 이야기하지 않는다. 러셀은 이것을 보지 못하고 있다."(Wittgenstein (1980), p. 13)

"논리적 구문론"이라는 용어는 『논고』에서는 3.325에서 처음 등장한다. 여기에서 비트겐슈타인은 "논리적 구문론에 따르는 기호 언어"가 같은 기호를 상이한 상징으로 사용하지 않으면서 동시에 상이한 방식으로 지칭하는 기호들을 외면상 같은 방식으로 사용하지 않는 언어, 요컨대 상이한 기호는 상이한 상징으로, 그리고 동일한 기호는 동일한 상징으로 사용하는 언어임을 밝히고 있다.

그렇다면 논리적 구문론은 어떻게 형성되는가? 이 물음에 대답하기 위해서는 다음의 언급을 꼼꼼히 살펴볼 필요가 있다.

> 논리적 구문론의 규칙들은 각각의 기호가 어떻게 지칭하는지를 우리들이
> 알기만 하면 저절로 이해되어야 한다. (3.334)

먼저 우리는 이 인용문에서 "논리적 구문론의 규칙들"이라는 표현으로부터 논리적 구문론이 규칙들, 즉 『논고』의 표기법의 형성 규칙들로 이루어진다는 것을 알 수 있다. 그런데 그러한 형성 규칙들은 기호들을 포함한다. 이 기호들에 대해 우리에게 필요한 것은 그것들이 어떻게 지칭하느냐 하는 것을 아는 것이다. 다시 말해 논리적 구문론은 기호들의 지칭 방법에 대한 해명을 포함한다. 바로 이러한 해명이 "표현들의 기술들"(3.33)이다. 즉 "논리적 구문론은 **오직** 표현들의 기술들만을 전제할 수 있다."(3.33)

그렇다면 "표현들의 기술들"이란 구체적으로 무엇인가? 이 물음에 대답하기 위해서는 우리는 먼저 다음의 물음을 다루어야 한다. 논리적 구문론의 근거란 무엇인가? 왜 우리는 기호의 의미들을 언급하지 않으면서 구문론을 수립해야 하는가? 요컨대 의미론과 구문론을 엄격하게 구분해야 하는 근거는 무엇인가? 그 근거는 『논고』의 유명한 말하기-보이기 구분이다("보여질 **수 있는** 것은 말해질 **수 없다**."(4.1212)) 비트겐슈타인이 말하기-보이기 구분을 최초로 제시한 것은 "노르웨이에서 무어에게 구술한 단상들"(1914년 4월)에서이다. 그는 다음과 같이 말한다.

소위 논리적 명제들은 언어의, 그리하여 우주의 논리적 속성들을 **보여주지**

만(shew), 아무것도 **말하지**(say) 않는다.

이는 그것들을 단지 바라봄으로써 당신은 이들 속성을 **볼** 수 있는 반면에, 진정한(proper) 명제에서는, 당신은 그것을 바라봄으로써 참인 것을 볼 수 없다는 것을 의미한다.[31]

더 나아가 말하기-보이기 구분이 유형 이론과 관련이 있음은 다음의 언급으로부터 알 수 있다.

논리적 명제들은 어떤 것을 **보여준다**. **왜냐하면** 그것들이 표현되어 있는 언어는 **말해질** 수 있는 모든 것을 각각 **말**할 수 있기 **때문**이다.

언어에 의해서 **보여질** 수 있지만 **말해질** 수 없는 것 간의 그 동일한 구분은 유형들에 관해—예컨대, 사물들, 사실들, 속성들, 관계들 간의 차이에 관해—느끼게 되는 어려움을 설명해 준다. M이 **사물**(thing)이라는 것은 **말해질** 수 없다. 그것은 무의미하다. 그러나 상징 "M"에 의해 **어떤 것**이 **보여진다**. 동일한 방식으로, 한 **명제**가 주어-술어 명제라는 것은 말해질 수 없으며 오히려 그 상징에 의해 **보여진다**.[32]

이 언급에서 '유형들'이란 "사물들, 사실들, 속성들, 관계들"임을 주목하자. 그것들은 '차이'를 지니기 때문에 유형이 다르다. 그리고 이는 러셀의 '유형' 개념과 같다. 러셀에 따르면, 개별자들, 속성들, 관계들은 유형이고, 특히 개별자는 가장 낮은 대상의 유형이다.[33] 그런데 비트겐슈타인에 따르면, M이 사물일 때 "M은 사물이다"라고 우리는 말할 수 없다. 마찬가지로 한 명제에 대해서 그것이 주어-술어 명제라고 또는 주어-술어 형식이라고 우리는 말할 수 없다. 그렇다면 그 근거는 무엇인가? 비트겐슈타인은 다음과 같이 말한다.

예컨대, 한 주어-술어 명제로, 만일 그것이 어떤 의미든 지니고 있다면, 당신

---

31) Wittgenstein (1961), p. 107. 참고: 6.12.
32) Wittgenstein (1961), p. 108. 참고: 6.113.
33) Russell (1992), p. 497.

이 그 형식을 **본다**는 것은 **명백**하다. 그것이 참이거나 거짓인지를 알지 못함에도 불구하고, 당신이 그 명제를 **이해**하자마자 말이다. "M은 사물이다" 형식의 명제들이 **존재한다** 할지라도, 그것들은 쓸모없는데 (동어 반복적인데) 왜냐하면 이것이 말하려고 하는 것은 당신이 "M"을 볼 때 이미 **보여진** 것이기 때문이다.[34]

비트겐슈타인에 따르면, 가령 "지금 비가 온다"라는 명제는 단지 그 명제를 바라봄으로써 그것이 참인지를 볼 수 없는 반면, 논리학적 명제는 그저 바라봄으로써 우주와 언어의 논리적 속성을 볼 수 있는 것("소위 논리적 명제들은 언어의, 그리하여 우주의 논리적 속성들을 **보여주지만**, 아무것도 **말하지** 않는다.")과 마찬가지로, 상징 "M"을 바라볼 때 우리는 M이 사물이라는 것을 이미 본다. 그렇기 때문에 "M은 사물이다"는 쓸모없고 동어 반복적이며, 말할 수 없다. 요컨대 "지금 비가 온다"라는 명제는 사실을 묘사하는 그림인 반면, "M은 사물이다"는 그림이 아니다. 그리고 M이 사물이라는 것은 그저 상징 "M"에 의해 보여진다.

말하기와 보이기의 구분에 관해서 비트겐슈타인은 『논고』 출판 이후, 1930년대 초에 슐리크와 바이스만과의 대화에서 다음과 같이 말한다.

말하기(saying)와 보이기(showing) 간의 차이는 언어가 표현하는 것과 문법이 말하는 것 간의 차이이다. "보여진다"(it is shown)라는 표현을 선택한 이유는 기호법에서 한 연관을 우리가 본다는 것이었다. 우리가 기호법으로부터 배우는 것은 언어가 표현하는 것과는 사실상 다른 것이며, 이는 결국 우리는 **사실들**로부터 문법을 도출할 수 없다는 것을 의미할 뿐이다. 달리 말하면, 문법은 언어의 사용 전에 확립될 수 있다. 나중에서야 어떤 것은 언어로 말해진다. 내가 언어를 사용하기 전에, 즉 내가 어떤 것을 말하기 전에, 나는 오직 문법으로부터만 내적인 관계들을 배운다.[35]

---

34) Wittgenstein (1961), p. 109.
35) Wittgenstein (2003), p. 131.

이 인용문에 따르면, "말하기와 보이기 간의 차이"는 "언어가 표현하는 것"과 "문법이 말하는 것" 간의 차이이다. 가령 "지금 비가 온다"는 언어가 표현하는 것이며, "$\sim(p \ \& \ q) \equiv \sim p \lor \sim q$"가 동어반복이라는 것은 문법이 말하는 것이다. 논리적 구문론에서의 형성 규칙들은 모두 문법이 말하는 것이다. 여기에는 가령 "p를 부정하는 모든 명제들을 형성할 때 따라야 하는 규칙", "p 또는 q를 긍정하는 모든 명제들을 형성할 때 따라야 하는 규칙"(5.514) 등이 포함된다. 그리고 우리는 기호법에서 기호들 간의 연관을 보는데, 이는 언어가 표현하는 것과 다르다. 그리하여 문법은 사실들로부터 도출될 수 없다.

그렇다면 논리적 구문론에서 기호들은 구체적으로 어떻게 지칭하는가? 이 점에 관해서 비트겐슈타인은 다음과 같이 말한다.

> 그러므로 **유형들의 이론**(a THEORY *of types*)은 불가능하다. 그것은 우리가 상징들에 관해서 단지 이야기할 수 있을 때, 유형들에 관해 어떤 것을 말하려고 시도한다. 그러나 상징들에 관해서 우리가 말하는 **것**은 이 상징이 저 유형을 지닌다는 것이 아니며, 이는 동일한 이유로 무의미하게 될 것이다. 오히려 우리는, 오해를 방지하기 위해, 그저 **이것**은 상징이라고 말한다. 예를 들어, "aRb"에서, "R"은 상징이 **아니며**, 오히려 "R"이 한 이름과 다른 이름 사이에 있다는 **것**이 기호화한다[지칭한다]. 여기에서 우리는 이 상징이 저 유형의 것이 아니고 저 유형의 것이라고 말하지 **않았으며**, 단지 **이것**이 기호화하고 저것은 그렇지 않다고 말했을 뿐이다. 이는 다시 동일한 오류를 범하고 있는 것으로 보이는데, 왜냐하면 "기호화하다"는 "전형적으로 애매"하기 때문이다. 참된 분석은 다음과 같다: "R"은 고유 명사가 아니며, 그리고 "R"이 "a"와 "b" 사이에 있다는 것이 한 **관계**를 표현한다.[36]

비트겐슈타인에 따르면, "M은 사물이다", "F는 속성이다", "R은 관계이다"와 같은 것은 모두 말할 수 없는 것이며, 그렇기 때문에 유형들, 즉 가

---

36) Wittgenstein (1961), pp. 108-109.

령 사물들, 속성들, 관계들에 관해 말할 수 없고, 그리하여 "유형들의 이론은 불가능하다." 요컨대 "이 상징은 저 유형을 지닌다"는 무의미하다.[37] 그리고 예컨대, "aRb"에서, 기호화[지칭]하는 것은 "R"이 아니며, 오히려 "R"이 이름 "a"와 "b" 사이에 있다는 **것**이 기호화[지칭]한다. 마찬가지로 "fa"에서 지칭하는 것은 "f"와 "a"가 아니며, 오히려 "f"가 "a"의 왼쪽에 있다는 것과 "a"가 "f"의 오른쪽에 있다는 것이 지칭한다.[38] 그리하여 비트겐슈타인은 다음과 같이 말한다.

> "초록색이 아님이라는 속성은 초록색이 아니다"(the property of not being green is not green)가 **무의미**한 이유는 우리가 "초록색이다"(green)가 한 이름의 오른쪽에 있다는 사실에 의미를 단지 주었을 뿐이고, "초록색이 아님이라는 속성"은 명백하게도 **그러하지** 않기 때문이다.[39]

더 나아가 비트겐슈타인에 따르면, 대상이나 속성과 같은 것은 사이비 개념이다. 그리고 "x"는 대상이라는 사이비 개념의 고유 기호이다(4.1272). 그렇기 때문에, "대상", "사물", "속성"은 개념 표기법상으로는 가변적 이름에 의해 표현되며, 예를 들어 "…한 2개의 대상이 존재한다"는 명제에서 그것은 "(∃x, y)…"로 표현된다(4.1272). 그리하여 명제들을 분석할 때, "사물", "속성", "사실", 등의 낱말은 제거되고 사라진다.[40]

---

37) 비트겐슈타인은 또한 다음과 같이 말한다. "위의 표현 "aRb"에서, 우리는 단지 이 특수한 "R"에 관해 이야기했으며, 반면에 우리가 하고자 했던 것은 비슷한 모든 상징들에 관해 이야기하는 것이다. 우리는 다음과 같이 말해야 한다: 이 형식의 **어떤** 상징에서든, "R"에 대응하는 것은 고유 이름이 아니며, "R"이 "a"와 "b" 사이에 있다는 사실이 한 관계를 표현한다. 이는 다음과 같은 무의미한 주장에 의해서 표현되려고 추구되는 것이다: 이것과 같은 상징들은 어떤 한 유형으로 되어 있다. 그것을 당신은 말할 수 없는데, 왜냐하면 그것을 말하기 위해서는 당신은 먼저 그 상징이 무엇인지를 알아야만 하고, 또 이것을 알 때 당신은 그 유형을 **보며**, 그리하여 또한 기호화된 것의 유형을 보기 때문이다. 즉 기호화하는 **것**을 알 때, 당신은 알아야 하는 모든 것을 당신은 알고 있다. 당신은 그 상징에 **관해** 어떤 것도 말할 수 없다."(Wittgenstein (1961), p. 109)
38) 이는 『논고』의 대상 개념과 프레게의 맥락원리와 관련이 있다. 참고: 7장.
39) Wittgenstein (1961), p. 115.
40) Wittgenstein (1961), p. 110.

6. 논리적 문법의 임의성(자의성)과 선험성

　지금까지 우리는 비트겐슈타인이 논리학적 측면과 철학적 측면에서 러셀의 유형 이론을 어떻게 비판했는지를 살펴보았다. 이러한 비판은『논고』에서 비트겐슈타인이 프레게와 러셀의 동일성 진술에 대해서 등식 개념을 제시하는 것과 유사하다. 다시 말해 러셀이 동일성 진술을 한편으로는 표현(상징)의 규칙인 것으로 사용하고 다른 한편으로는 사물에 관한 것으로 사용하면서 거대한 혼동을 초래하고 있는 것과 마찬가지로,『수학 원리』의 유형 이론은 세계에 존재하는 개별자들과 속성들에 대해 논의함으로써 중대한 혼란을 불러일으키고 있다. 이러한 혼란을 잠재우는 것이『논고』의 논리적 구문론이다. 그리하여 비트겐슈타인은『논고』출판 이후, 1919년 8월 19일 러셀에게 보낸 편지에서 다음과 같이 말한다.

> "나의 견해로는, 유형들의 이론은 올바른 기호법의 이론이네: 한 단순한 상징은 어떤 복합적인 것도 표현하기 위해 사용되어서는 안 되네: 더 일반적으로, 한 상징은 그것의 의미와 동일한 구조를 지녀야만 하네." 바로 그것이 정확하게 우리가 말할 수 없는 것입니다. 선생님께서는 하나의 상징이 표현하기 위해 사용**될 수도 있는** 것을 그 상징에 부여할 수 없습니다. 하나의 상징이 표현**할 수 있는** 모든 것을, 그것은 표현**할 수 있습니다**. 이것은 짧은 대답이지만 참입니다![41]

여기에서 비트겐슈타인이 말하는 "정확하게 우리가 말할 수 없는 그것"이란 무엇인가? 이는 지금까지의 논의로부터 분명하다. 즉 "한 상징은 그것의 의미와 동일한 구조를 지녀야만 한다"라는 러셀의 언급이다. 논리적 구문론은 상징 또는 기호의 **의미**에 관해 이야기하지 않고서 수립될 수 있어야만 한다(3.33).

　이러한 러셀의 유형 이론에 대한 논의와 비판은 "논리학에 관한 단상

---

41)　Wittgenstein (1961), pp. 129-130.

들"(1913년 9월)에서 짧게 주어지고, "노르웨이에서 무어에게 구술한 단상들"(1914년 4월)에서는 핵심적인 논의 주제로 등장하고 있다. 약 5개월 후 『일기 1914-1916』가 시작되는 첫날인 1914년 8월 22일, 비트겐슈타인은 다음과 같이 말한다.

> 논리학은 자기 자신을 돌보아야만 한다.
>
> 만일 함수들에 대한 구문론적 규칙들이 **도대체** 세워질 수 있다면, 사물들, 속성들, 등등에 대한 전체 이론은 불필요하다. 또한 이 이론이 『근본법칙』이나 『수학 원리』에서 문제가 되었던 것은 아니라는 점은 모두 너무 명백하다. 한 번 더: 논리학은 자기 자신을 돌보아야만 한다. **가능한** 기호는 또한 지칭할 수도 있어야만 한다. 도대체 가능한 모든 것은 또한 합법적이다. (허용된다.) 왜 "소크라테스는 플라톤하다"(Socrates ist Plato)가 무의미한지 기억하기로 하자. 즉, 왜냐하면 **우리가** 임의적(자의적)인 규정(willkürliche Bestimmung)을 하지 않았기 때문이지, 우리는 이렇게 말할 것인데, 한 기호가 그 자체로 불법이기 때문은 **아니다.**[42]

이 언급은 『논고』에서는 다음과 같이 바뀐다.

> 논리학은 스스로를 돌보지 않으면 안 된다.
>
> **가능한** 기호는 또한 지칭할 수도 있어야 한다. 논리학에서 가능한 모든 것은 또한 허용되어 있다. "소크라테스는 동일하다"는, "동일하다"라고 불리는 속성이 존재하지 않기 때문에, 아무것도 뜻하는 것이 없다. 그 명제가 무의미한 것은 우리가 자의적인 확정(willkürliche Bestimmung)을 하지 않았기 때문이지, 그 기호 자체가 허용되어 있지 않기 때문은 아니다. (5.473)

위의 『일기 1914-1916』의 언급은 이제 비트겐슈타인이 러셀의 유형 이론에 대한 비판을 마무리하고 새로운 주제로 나아가고 있음을 말해주고 있다. 올바른 개념 표기법을 위한 논리적 구문론에서는 사물들, 속성들 등

---

42) Wittgenstein (1961), p. 2.

에 대한 논의는 필요하지 않다. 필요한 것은 "함수들에 대한 구문론적 규칙들"을 세우는 것이다. 우리는 논리적 구문론에서 형성 규칙들과 그 기호(상징)들이 어떻게 지칭하는지를 해명하면 충분하다. 바로 그렇기 때문에 논리학은 세계에 존재하는 사물들이나 속성들 등에 대한 논의 없이 구축될 수 있으며, 그리하여 "논리학은 자기 자신을 돌보아야만 한다."

이는 앞에서 지적했듯이, 문법은 사실들로부터 도출될 수 없다는 것을 뜻한다. 다시 말해 어떤 기호가 의미를 지니느냐 하는 것은 우리의 임의적인 규정(자의적인 확정, willkürliche Bestimmung)의 문제이지, 세계에 속하는 사실들로부터 결정되는 문제가 아니다. 그리하여 비트겐슈타인은 약 열흘 후 1914년 9월 2일, 『논고』의 5.4733에 해당되는 내용을 언급하고 있다.

> 프레게는 말한다. 정당하게 형성된 명제는 뜻을 가져야 한다고. 그런데 나는 이렇게 말한다. 즉 가능한 명제는 정당하게 형성되어 있으며, 만일 그것이 뜻을 가지고 있지 않다면, 이는 단지 우리가 그 명제의 몇몇 구성 요소들에 아무 **의미**를 주지 못했다는 데에 그 까닭이 있을 수 있다고. (5.4733)

자, 그렇다면 프레게와 비트겐슈타인의 차이는 정확하게 무엇인가? 프레게에는 정당하게 형성된 명제는 모두 뜻을 가져야만 한다. 그래서 그러한 뜻은 모두 결정되어 있다. 반면에 비트겐슈타인에게는 가능한 명제는 비록 정당하게 형성되어 있을지라도 뜻을 가지지 않을 수 있다. 왜냐하면 우리가 그 명제의 구성 요소에 의미를 부여하지 않았을 수 있기 때문이다. 그렇게 되면 그 가능한 명제는, 예컨대 "소크라테스는 동일하다"는 무의미하다. 다시 말해, 궁극적으로 한 명제에 뜻을 부여하는 것은 바로 **우리**이다. 문법은 사실로부터 도출될 수 없으며, 논리적 구문론은 우리의 임의적인 규정에 따르는 것이다.[43] 그런 한에서 문법은 임의적(자의적)이며,

---

43) Jolley(2004)는 5.4733을 근거로 비트겐슈타인이 "형성 규칙들을 거부"했다고 주장한

사용에 앞서 우리에게 주어지는 것이고, 그리하여 선험적이다.[44]

7. 맺는 말: 비트겐슈타인의 유형 이론 비판

지금까지 우리는 비트겐슈타인이 러셀의 유형 이론을 어떻게 비판했는지, 그 논리학적 측면과 철학적 측면에서 살펴보았다. 또한 그러한 비판의 가장 근원적인 근거는 말하기-보이기 구분이었고, 또 러셀의 유형 이론에 대한 비트겐슈타인의 대안이 논리적 구문론이었다는 것, 그리고 비트겐슈타인은 이에 대한 반성으로부터 논리적 문법의 임의성(자의성)과 선험성으로 나아갔다는 것을 살펴보았다. 그러나 이러한 비판은 성공적이었는가?

먼저 우리는 비트겐슈타인이 『논고』 출판 이후에 『논고』의 일반성 개념을 포기했다는 것을 알고 있다. 앞에서 살펴보았듯이, 『논고』의 일반성 개념은 러셀의 서술적 함수와 비-서술적 함수 구분을 거부하는 근거였다. 또한 지시어를 포괄적 자기 지시어로 해석하는 경우를 모두 거부할 필요는 없다는 것을 근거로 비트겐슈타인은 악순환 원리와 분지 유형 이론을 비판하였다. 그렇기 때문에 『논고』의 일반성 개념을 포기하였다는 것은 이제 분지 유형 이론에 대한 비판이 수정되어야 한다는 것을 뜻한다.[45]

다(p. 288). 그러면서 그는 러셀이 문장들을 잘 형성된(well-formed) 것과 잘못 형성된(ill-formed)된 것으로 구분한 반면 비트겐슈타인은 형성된(formed) 것과 형성되지 않은(unformed) 것으로 구분했다고 주장한다. 그러나 『논고』에서 논리적 구문론은 의미론과 대조되는 것으로서 "기호 규칙들"로 이루어진다. 그렇다면 형성 규칙들을 제외한 구문론이란 무엇인가? 여기에는 어떤 내용도 남지 않게 될 것이다. 또한 5.4733에 따르면, 가능한 명제는 모두 정당하게 형성되어 있지만 모두 뜻을 지니는 것은 아니다. 그럼에도 불구하고 가능한 명제와 명제가 아닌 것은 구분되어야 한다. 그렇기 때문에 형성 규칙은 필요하다.

44) 이 점에 관해서 비트겐슈타인은 Wittgenstein (1980)에서 다음과 같이 말한다. "문법적 규칙들은 임의적(자의적)이지만, 그것들의 적용은 그렇지 않다."(p. 58) "우리는 문법을 정당화할 수 없다. (…) 문법이 정당화될 수 없다는 뜻에서, 문법은 임의적(자의적)이다."(p. 49)

45) 비트겐슈타인은 『쪽지』 692에서 다음과 같이 말한다. "이런 문제를 제기해 보자: 러

또한 그는 『논고』를 포기한 후에 자기 지시 문장과 같은 것을 인정하고 있다.[46] 이는 거짓말쟁이 역설에 대한 『논고』의 해결책이 적절하지 않았음을 인정하는 것이다. 그렇게 되면 비트겐슈타인은 러셀의 역설에 대한 『논고』의 해결책에도 중요한 허점이 있음을 인정하지 않을 수 없다.

그럼에도 불구하고 나는 이렇게 생각하는데, 러셀의 유형 이론에 대한 비판은 비트겐슈타인의 독자적인 논리학관이 정립되고 있다는 것을 뜻한다는 점에서 매우 중요하다. 프레게와 러셀에게는 논리학은 가장 일반적이고 보편적인 진리를 다루는 학문이었다. 프레게에 따르면, "논리학은 가장 일반적인 진리의 법칙들의 학문이다."[47] 또한 러셀에 따르면, "논리학은 동물학과 마찬가지로 실제 세계를 다루며, 하지만 세계의 더 추상적이고 일반적인 특성들(features)을 다룬다."[48] 바로 이러한 프레게와 러셀의 논리학관은 동일성에 대한 그들의 생각에서, 그리고 러셀의 유형 이론에서 극명하게 드러난다. 반면에 비트겐슈타인은 이러한 논리학관을 거부한다. 『논고』에 따르면, 논리학은 동어반복들로 이루어지며, 동어반복은 아무것도 말하지 않는다. 그렇기 때문에 『논고』에서 논리학은 전혀 세계에 속하는 진리나 특성들을 다루지 않는다. 논리적 문법은 임의적(자의적)이고 선험적이다. 이러한 논리적 문법(구문론)이 주어질 때 우리는 비로소 세계의 사실들에 관해 말할 수 있다.[49]

셀의 유형 이론은 어떤 실천적 목적에 도움이 될 수 있는가?―러셀은 일반성 표현으로부터 바람직하지 않은 귀결들을 이끌어 내는 것을 피하기 위해서는 우리가 때때로 일반성의 표현을 제한해야 한다는 점에 우리의 주의를 환기시킨다."(비트겐슈타인 (2006d), p. 199)

46) 비트겐슈타인 (2010), pp. 317-320.
47) Frege (1997), p. 228.
48) Russell (2007), p. 169.
49) 이 자리를 빌려 이 논문의 초고에 대해 날카롭게 비판을 해준 세 분의 심사위원께 깊이 감사드린다.

13
전기 비트겐슈타인과
명제적 태도 진술

1. 들어가는 말

비트겐슈타인의 『논리-철학 논고』(이하, '『논고』'로 약칭함)에서 참으로 파악하기 어려운 생각 중 하나는 심리철학과 관련 있다. 더 구체적으로 말하면 이러하다: 우리는 『논고』의 다음 언급들을 어떻게 이해해야 하는가?

> 그러나 "A는 p라고 믿는다", "A는 p라고 생각한다", "A는 p라고 말한다"가 "'p'는 p라고 말한다"의 형식이라는 것은 분명하다. 그리고 여기서 중요한 것은 어떤 한 사실과 어떤 한 대상 사이의 짝짓기가 아니라, 사실들의 대상들 사이의 짝짓기를 통한 그 사실들 간의 짝짓기이다. (5.542)

> "A는 p라고 판단한다"라는 명제의 형식에 대한 올바른 설명은, 무의미한 것을 판단하는 일은 불가능함을 보여 주어야 한다. (러셀의 이론은 이러한 조건을 충족시키지 못한다.) (5.5422)

이 짧은 언급들은 결코 이해하기가 쉽지 않다.[1] 그리고 (앞으로 살펴보겠

---

[1] 가령 엄슨은 이 언급들에 대해 "거의 이해 불가능한 모호한 구절(a passage of almost impenetrable obscurity)"이라고 말한다. 참고: Urmson (1956), p. 133, 엄슨 (1983), pp. 160-161.

지만) 이 언급들에 대한 여러 비트겐슈타인 연구자들의 해석들은 중요한 점에서 상충한다. 이제 우리가 다루어야 할 문제들을 정리해 보자.

첫째, 비트겐슈타인은 (나중에 살펴보겠지만 5.54-5.541과 함께) 위의 언급에서 "A는 p라고 믿는다"와 같은 진술이 요소 명제들의 진리 함수인지를 문제 삼고 있다. 그렇다면 이 문제에 대한 비트겐슈타인의 대답이란 무엇인가? 그러한 진술은 요소 명제들의 진리 함수인가 아닌가?

둘째, 위의 언급에서 비트겐슈타인은 "A는 p라고 믿는다"가 "'p'는 p라고 말한다"의 형식이라는 것은 분명하다고 말하고 있다. 여기에서 우리를 멈춰 서게 만드는 것은 "'p'는 p라고 말한다"라는 표현이다. 도대체 "'p'는 p라고 말한다"는 무엇을 뜻하는가?『논고』에서 "'p'는 p라고 말한다" 형식의 명제는 진정한 명제인가 아니면 무의미한 사이비 명제인가?

셋째, 비트겐슈타인은 여기서 중요한 것은 "어떤 한 사실과 어떤 한 대상 사이의 짝짓기가 아니라, 사실들의 대상들 사이의 짝짓기를 통한 그 사실들 간의 짝짓기이다"라고 말하고 있다. 도대체 이 언급을 어떻게 이해해야 하는가? "사실들의 대상들 사이의 짝짓기"에서 "사실들"과 "대상들"은 각각 무엇인가? 또 왜 여기에서는 **두 가지** "짝짓기"가 중요한가?

넷째, 비트겐슈타인은 ""A는 p라고 판단한다"라는 명제의 형식에 대한 올바른 설명은, 무의미한 것을 판단하는 일은 불가능함을 보여 주어야 한다"라고 말하고 있다. 그렇다면 위의 언급에서 비트겐슈타인이 제시한 설명은 "무의미한 것을 판단하는 일이 불가능함"을 보여 주어야 한다. 그러나 비트겐슈타인은 이를 어떻게 보여 주었는가? 또한 비트겐슈타인은 "러셀의 이론은 이러한 조건을 충족시키지 못한다"라고 말하고 있다. 그렇다면 러셀의 (판단) 이론은 무엇이며, 이에 대한 비트겐슈타인의 비판의 요점은 무엇인가?

나는 다음의 순서로 논의하고자 한다. 먼저 우리는 첫 번째 문제와 두 번째 문제에 대해서 여러 비트겐슈타인 연구자들이 어떤 해석을 제시했는지를 살펴볼 필요가 있다. 앤스컴, 코피, 피처 등은『논고』에서 "A는 p라고 믿는다"와 같은 진술은 요소 명제들의 진리 함수이고 "'p'는 p라고 말한다"는 진정한 명제라고 주장한다. 반면에 케니와 퍼스직은 정반대의 해석을 제시한다(2절). 그렇게 되면 우리는 비로소 "'p'는 p라고 말한다"가 『논고』에서 정확하게 무엇을 뜻하는지를 문제 삼게 된다. 특히 우리는 『논고』에서 "'p'는 p라고 말한다"와 "A는 p라고 말한다"에서 "말한다"의 의미가 상이하다는 점을 주목하게 되며, "'p'는 p라고 말한다"가 생략적 표현이라는 것을 알게 된다(3절). 이를 바탕으로 우리는 "A는 p라고 생각한다"와 "A는 p라고 믿는다"의 형식이 무엇인지를 알 수 있는데, 이를 해명하기 위해서는 『논고』의 "사고" 개념에 대한 해명과 이와 관련된 램지의 언급을 주목해야 한다(4절). 이러한 논의를 종합하면 우리는 세 번째 문제와 네 번째 문제에 대해 대답할 수 있다(5절). 더 나아가 우리는 "A는 p라고 믿는다"와 같은 진술이 『논고』의 유아론과 깊은 관련이 있음을 주목하게 된다. 그렇게 되면 우리는 앤스컴과 케니의 주장은 둘 다 옳지 않다는 결론에 이르게 된다(6절).

2. 여러 학자들의 견해:『논고』에서의 명제적 태도 진술

우리는 "A는 p라고 믿는다"가 p의 진리 함수가 아니라는 것을 알고 있다. 다시 말해 ∼p나 ∼∼p와는 달리, "A는 p라고 믿는다"는 p의 진리치에 따라 그 진리치가 유일하게 결정되지 않는다. 잘 알려져 있듯이, 러셀은 믿음, 의심함, 숙고함, 욕구함 등과 같은 정신적 현상을 "명제적 태도"라고 불렀는데,[2] 이 글에서는 "A는 p라고 믿는다"와 같은 진술을 명제적 태도 진술이라고 부르고자 한다.

그렇다면 비트겐슈타인은 『논고』에서 명제적 태도 진술을 어떻게 파악했는가? 그는 다음과 같이 말한다.

---

2) 비트겐슈타인 (2006a), 이영철 옮김, p. 136, 러셀의 서론을 참고할 것.

일반적 명제 형식에서 명제는 오직 진리 연산들의 토대로서만 명제 속에 나타난다. (5.54)

　얼핏 보면, 하나의 명제는 다른 방식으로도 다른 한 명제 속에 나타날 수 있는 것처럼 보인다.
　특히 "A는 p가 사실이라고 믿는다", "A는 p라고 생각한다" 등과 같은 심리학의 어떤 명제 형식들 속에.
　왜냐하면 표면상으로는 여기서 명제 p는 대상 A에 대해 모종의 관계에 있는 것처럼 보이기 때문이다.
　(그리고 (러셀, 무어 등의) 현대 인식론에서 그 명제들은 실제로 그렇게 파악되어 왔다.) (5.541)

여기에서 비트겐슈타인은 "A는 p라고 믿는다"에서 "p"가 "진리 연산들의 토대"와는 다른 방식으로 나타날 수 있는 것처럼 보인다고 말하고 있다. 만일 "A는 p라고 믿는다"가 뜻 있는 명제라면, 이는 어떤 요소 명제들의 진리 함수여야 할 것이다. 또한 "A는 p라고 믿는다"가 "p"의 진리 함수가 아니라면, 명제적 태도 진술은 진정한 명제가 요소 명제들의 진리 함수여야 한다는 『논고』의 주장(5.54)에 대한 반례가 될 것처럼 보인다. 그렇다면 『논고』에서 "A는 p라고 믿는다"는 진정한 명제인가 아닌가? 명제적 태도 진술은 요소 명제들의 진리 함수인가 아닌가?

　이 물음에 대해 최초로 대답한 철학자는 램지이다. 그는 다음과 같이 말한다.

　형식 'A는 p라고 믿는다'가 아마도 의심스러운 것으로 제안될 것이다. 이것은 분명하게도 'p'의 진리 함수가 아니지만, 그럼에도 불구하고 다른 요소 명제들의 진리함수일 수도 있다.[3]

이 짧은 언급에서 램지는 "A는 p라고 믿는다"가 'p'가 아닌 어떤 **다른** 요소

---

3)　Ramsey (1931), p. 9, 각주.

명제들의 진리 함수일 **수 있다**고 주장하고 있다.[4]

앤스컴은 『논고』에서 "A는 p라고 믿는다"가 진정한 명제라고 주장한다. "A는 p라고 믿는다"는 "'p'는 p라고 말한다"의 형식이며(5.542), 후자는 앤스컴에 따르면 진정한 명제이다.

> 만일 이것이 우리가 이해해야 할 종류의 것이라면, 『논고』의 생각에 따르면, "'p'는 p라고 말한다"("'p' says that p")는 참-거짓 극들(true-false poles)을 지니는 진정한(genuine) 명제이다. 왜냐하면 그것의 참이나 거짓은 어떻게 명제 기호 'p'가 기술되기 위해서 이해되어야 하는지에 의존하기 때문이다.[5]

앤스컴은 『논고』 3.1432("'복합적 기호 'aRb'가 a는 b에 대해 R이라는 관계에 있음을 말한다"가 아니라, "a"가 "b"에 대해 어떤 관계에 있다는 **것**이 aRb임을 말한다.")에 의거해서, "'p'는 p라고 말한다"가 참일 수도 있고 또 거짓일 수도 있다고 주장한다. 그녀에 따르면, "'p'는 p라고 말한다"에서 'p'는 "그 명제를 구성하는 기호들의 배열을 기술하는 한 방법"으로 간주되어야 하며, 그리하여 "'p'는 p라고 말한다"는 "다양한 해석들을 허용한다." 가령, "'aRb'에서 'a'가 이탤릭체로 쓰여 있고 'b'가 로마체로 쓰여 있다는 것은 aRb임을 말한다"는 "'aRb'는 aRb임을 말한다"의 한 해석일 수 있지만, 거짓이다. 왜냐하면 3.1432에 따르면 'a'가 'b'에 대해 어떤 관계에 있다는 **것**이, 즉 'a'가 'R'의 왼쪽에 있고, 'R'이 'a'와 'b' 사이에 있고, 또 'b'가 'R' 오른쪽에 있다는 것이 aRb임을 말하기 때문이다.[6]

그런데 앤스컴은 명제적 태도 진술이 "'p'는 p라고 말한다"의 형식으로 되어 있다는 비트겐슈타인의 언급이 아주 옳은 것은 아니라고 주장한다.

---

4) 러셀은 『논고』 서론에서 이 문제에 대해 피상적인 논의를 하고 있을 뿐이다. 그는 'p'가 명제 기호로서 사실이고 이것이 실제 사실과 대응되는 관계라는 것, 그리고 "A는 p라고 믿는다"는 p의 진리함수가 아니라는 것만을 거론하고 있다. 참고: 비트겐슈타인 (2006a), 이영철 옮김, pp. 135-137.
5) Anscombe (1959), pp. 89-90.
6) Anscombe (1959), p. 89.

그녀에 따르면, 비트겐슈타인이 말해야 했던 것은 가령, 'A는 p라고 믿는다'는 "p의 그림인(일 수 있는) 어떤 것이 A에서 나타나거나 A에 의해 산출된다."[7)]이다.

블랙은 이러한 앤스컴의 주장에 대해서, 그녀는 "'p'는 p라고 말한다"가 어떻게 그 구성요소들의 진리함수로 해석될 수 있는지를 설명하지 않았다고 비판하면서,[8)] 어떻게 "'p'는 p라고 말한다"가 요소 명제들의 진리 함수일 수 있는지는 전혀 명백하지 않다고 주장한다. 그에 따르면, "A는 p라고 믿는다"에 대한 비트겐슈타인의 분석은 대충 이러하다: "A는 'p'를 발화하고 'p'는 p라고 말한다."[9)]

한편 피처는 앤스컴의 주장에 동조하면서, "A는 p라는 생각을 갖는다"(피처는 이것을 명제 Q라고 부르고 있다)와 같은 명제들이 진정한 명제이며, 요소 명제들의 진리 함수라고 주장한다.[10)] 그는 다음과 같이 말한다.

> 그러한 분석은 『논고』 5.542에 암시되어 있다. 그[비트겐슈타인]는 거기에서 그러한 명제들[Q와 같은 명제들]이 "'p'는 p라고 말한다"의 형식"이라고 말한다. 비트겐슈타인은 이것이 Q의 모든 의미를 제공하는 것이라고 의미할 수 없다. 왜냐하면 그것은 A라는 사람에 대해서 언급하지 않기 때문이다. "'p'는 p라고 말한다"라는 명제는 A가 존재하든 안 하든 참일 것이다. 그래서 그것은 사람 A에 대한 분명한 언급을 포함하는 명제 Q의 완전한 분석

---

7) Anscombe (1959), p. 88.
8) Black (1964), p. 301.
9) Black (1964), p. 299. 더 정확하게 말하면, 블랙이 제시하고 있는 것은 "A는 S를 발화하고 S는 p라고 말한다."(여기에서 'S'는 'p'와 같은 인용 문장이다)이다. 마운스는 블랙의 이러한 주장을 부분적으로 받아들이고 있다. 마운스의 분석은 이러하다: "A는 p라고 말한다 = A는 'p'를 말하고 'p'는 p라고 말한다."(Mounce (1981), p. 85). 이러한 블랙과 마운스의 주장은 엄슨의 주장으로부터 부분적으로 영향을 받은 것이다. 엄슨은 비트겐슈타인이 "믿음을 문장의 발화(uttering)와 동일화한 것처럼 보인다."고 주장하고 있다(Urmson (1956), p. 133, 엄슨 (1983), p. 161).
10) 피처 (1987), p. 169, pp. 148-149. Pitcher, G. (1964), p. 149, pp. 128-129.

일 수 없다. 그러므로 나는 비트겐슈타인이 일을 너무 쉽게 처리하는 과실을 범했으며, Q에 대한 그의 분석이 다음과 같은 두 명제를 포함할 것이라고 제시한다. (ⅰ) A는 명제 기호 'p'에 의하여 표현될 수 있는 사고를 갖는다. (ⅱ) 기호 'p'는 p를 말한다. 이제 보여야 할 것은 명제 (ⅰ)과 (ⅱ)가 둘 다 요소 명제들의 진리 함수라는 것이다. 나는 이것이 어떻게 이루어지는지 매우 간단하게 말하려고 한다.[11]

여기에서 피처는 Q가 (ⅰ)과 (ⅱ)의 연언이고 또 (ⅰ)과 (ⅱ)는 둘 다 요소 명제들의 진리 함수이기 때문에 결국 Q는 진정한 명제라고 주장하고 있다. 그 다음에 피처는 "기호 'p'는 p를 말한다"가 요소 명제들의 진리 함수라는 것을 앤스컴과 같이, 『논고』 3.1432에 의거해서 해명하려고 시도한다. 즉 피처에 따르면, "'aRb'가 aRb를 말하는 것은 순전히 규약의 문제이다. 그것은 사람들이 그들의 기호들을 그렇게 쓰고 해석하는 방식에 관한 우연의 사실에 불과하다. 그러므로 명제 (ⅱ)는 이 사실을 진술하는 기술 명제이며, 다른 기술 명제와 마찬가지로 요소 명제들의 진리 함수라고 가정될 수 있다."[12]

요약하자면, 램지는 "A는 p라고 믿는다"가 요소 명제들의 진리함수**일 수 있다**고 주장하는 반면, 앤스컴과 피처는 그것이 요소 명제들의 진리 함**수라고** 주장하고 있다. 또한 앤스컴과 피처는 『논고』 3.1432에 의거해서 "'p'는 p라고 말한다"가 요소 명제들의 진리 함수라고 주장하고 있으며, 이점에 대해서 블랙은 전혀 명백하지 않다고 보고 있다. 한편 앤스컴과 피처는 5.542에서 비트겐슈타인이 불충분한 논의를 하거나 중대한 과실을 범한 것처럼 간주하고 있다. 더 나아가 피처는 "'p'는 p라고 말한다"가 순전히 규약의 문제이고 "우연의 사실"의 문제라고 말하면서, 동시에 그 명제가 "A가 존재하든 그렇지 않든 참"이라는 양립 불가능한 주장을 하고 있

---

11) 피처 (1987), pp. 169-170. Pitcher, G. (1964), p. 149.
12) 피처 (1987), pp. 170-171. Pitcher, G. (1964), pp. 149-150.

다.

한편 케니는 이러한 앤스컴의 주장에 반대하면서 비트겐슈타인이 "'p'는 p라고 말한다"를 사이비-명제로 간주했다고 주장한다.

> "'p'는 p라고 말한다"는 비록 사이비-명제이지만, 물론 **옳은** 사이비 명제이다. 그것은 『논고』의 한 논제이다. 그것은 명제 'p'에 의해 보여진다. (4.022, 4.462)[13]

케니에 따르면, 『논고』 4.022에 따르면, "명제는 자신의 뜻을 보여주지만 자신이 그것을 가지고 있다고 말할 수는 없기 때문"[14]에 "'p'는 p라고 말한다"는 사이비 명제이며, 따라서 "A는 p라고 믿는다"와 같은 믿음 문장들도 사이비 명제이다. 그러면서 그는 『논고』에서 믿음 문장들은 "진정한 명제와 가짜 명제의 연언"이라고 주장한다. 가령 철수는 잔디가 녹색이라고 믿는다는 명제는 (i *) 철수의 마음속에 있는 어떤 정신적 요소들은 어떤 방식으로 관계를 맺고 있다는 명제와 (ii *) 그러한 방식으로 이루어진 그것들의 상호관계는 잔디가 녹색이라고 말한다는 사이비 명제와의 연언 명제라는 것이다.[15] 요컨대 케니는 Q가 (i)과 (ii)의 연언이라는 피처의 주장과 유사한 주장을 하고 있으며, 그럼에도 불구하고 (ii)가 진정한 명제라는 피처의 주장에 반대하면서 (ii)는 사이비 명제일 뿐이라고 말하고 있다.

퍼스직(Perszyk)은 이러한 케니의 주장에 동조하면서, 『논고』에서 명제적 태도 진술은 사이비 명제라고 주장한다. 그는 다음과 같이 말한다.

> 『논고』에서 비트겐슈타인은 외연성 논제가 중심적인 언어에 대한 일원화된 (unitary) 생각을 우리에게 제시하려고 하고 있으며, 이 목적을 달성하기 위해, 명제적 태도들의 표현들이 진정한 명제들이라는 것을 부정함으로써 제

---

13) Kenny (1981), p. 145.
14) 케니 (2001), p. 134. Kenny (1973), p. 101.
15) 케니 (2001), p. 134. Kenny (1973), p. 101.

거하려고 하고 있다.[16]

퍼스직은 'A는 p라고 믿는다'에 대한 피처와 케니 방식의 연언적 분석—
즉, 'A는 "p"라고 발화하고 "p"는 p라고 말한다'—이 오류라는 것을 보이
고자 한다. 그에 따르면, '"p"는 p라고 말한다'는 "선험적으로 참이기 때문
에 (cf. 2.225, 5.634) 말해질 수 없는 것"이다. 그에 따르면, '"p"는 p라고
말한다'에서 **말하기**(saying)는 비트겐슈타인에게는 발화가능하지 않거나
표현가능하지 않은데, 왜냐하면 그것을 표현하는 것은 우리가 묘사의 형
식을 표현하는 것을 요구하게 될 것이기 때문이다.[17]

3. "'p'는 p라고 말한다"의 형식

『논고』 5.542에 따르면, "A는 p라고 믿는다"는 "'p'는 p라고 말한다"의
형식으로 되어 있다. 따라서 "A는 p라고 믿는다"가 진정한 명제인지의 여
부는 "'p'는 p라고 말한다"가 진정한 명제인지의 여부에 달려 있다. 그러나
앞에서 우리는 바로 이러한 명백한 결론조차 부인하는 몇몇 학자들의 주
장을 살펴보았다. 앤스컴에 따르면, 5.542의 그러한 주장은 아주 옳은 것
은 아니다. 피처에 따르면, "A는 p라고 믿는다"는 사람 A에 대한 분명한
언급을 포함하고 있지만 "'p'는 p라고 말한다"는 그렇지 않으므로 비트겐
슈타인은 "일을 너무 쉽게 처리하는 과실"을 범했다. 마찬가지로 마운스
또한 "'p'는 p라고 말한다"는 "A는 p라고 믿는다"와 동등할 수 없으며, "비
트겐슈타인의 설명은 오도적으로 생략적"이라고 말한다.[18] 그러나 과연
이러한 앤스컴, 피처, 마운스 등의 주장은 옳은가? 나는 결코 그렇지 않다

---

16) Perszyk (1987), p. 121.
17) Perszyk (1987), p. 120.
18) Mounce (1981), p. 84. 이영철 교수는 (비트겐슈타인이 명제적 태도들을 다룰 때)
    "'A'의 인칭에 따른 차이는 구별되어 고찰되지 않는다"라고 말하면서 마운스의 주장에
    동의하고 있다(이영철 (2016), p. 267 각주, p. 268 각주, p. 274).

고 생각한다.

이제 이 지점에서 우리는 다음 두 가지를 유념해야 한다. 첫째, 『논고』 5.542에서 "A는 p라고 믿는다"와 동등한 것은 "'p'는 p라고 말한다"의 **형식**의 명제이지 명제 "'p'는 p라고 말한다"가 아니다. 피처와 마운스는 이를 엄밀하게 구분하고 있지 않다.[19]

둘째, "A는 p라고 말한다."에서의 "말한다"와 "'p'는 p라고 말한다."에서의 "말한다"는 의미가 **상이하다**. 만일 그것들의 의미가 동일하다면 피처와 마운스 등의 주장은 옳을 수도 있을 것이다. 이제 이 점에 대해 논의하기로 하자.

다음의 두 문장에 대해 생각해 보자.

(1) A는 p라고 말한다. (A says p.)
(2) 'p'는 p라고 말한다. ('p' says p.)

과연 (1)의 '말한다'와 (2)의 '말한다'는 의미가 동일한가? 나는 이렇게 생각하는데, 이 물음에 대해 숙고해 보면 어느 누구도 그 의미가 동일하다고 생각하지 않을 것이다. (1)의 "말하다"는 "발화하다"와 관련이 있다. 즉 발성 기관이 있는 사람이 p라고 말한다. 물론 발성 기관을 사용하지 않더라도, 그 사람은 속으로 말할 수도 있을 것이다. 한편 엄밀하게 말하면 (1)의 "말하다"는 "발화하다"와 동일하지 않다. 즉 우리는 (1)을 다음과 구분해야 한다.

(3) A는 "p"라고 말한다. (A says "p")

(3)의 "말하다"는 "발화하다"와 동일하다. 이제 다음과 같이 묻도록 하자: (2)에서 "말하다"는 (1)과 (3) 중 어느 "말하다"와 동일한가? 가령 (A가 p

---

19) 그래서 마운스는 다음과 같이 말한다: "어떻게 '헨리는 비가 오고 있다고 믿는다'가 "'비가 오고 있다"는 비가 오고 있다고 말한다'와 동등할 수 있는가?"(Mounce (1981), p. 85).

라고 말하는 것과 같이) 'p'는 p라고 말하는가? 'p'는 p라고 속으로 말하는가? 또는 'p'는 "p"라고 발화하는가?

(1)과 (3)의 '말하다'는 주체 A가 발화하는 것과 관련이 있다. 반면에 어느 누구도 (2)의 '말하다'의 주체가 'p'라고는 간주하지 않을 것이다. 다시 말해 (2)의 '말하다'의 주체가 'p'라고 간주하는 한 (2)는 그 자체로는 이해 불가능한 표현이 되어버린다. 이제 (2)의 '말하다'가 (1)과 (3)의 '말하다'와 전혀 의미가 다르다는 것을 깨닫게 되면, 우리는 (2)가 겉보기와는 달리 이해하기가 매우 어렵다는 것을 알게 된다. 그렇다면 "'p'는 p라고 말한다"는 무엇을 뜻하는가? 나는 이 물음에 대한 대답은 『논고』의 다음 두 언급을 주의 깊게 읽으면 주어진다고 생각한다.

> 지금까지 우리들이 참된 명제들을 가지고 의사소통해 온 것처럼, 우리들은 거짓된 명제들을 가지고도—다만 그 명제들은 거짓되게 뜻하여져 있다는 것을 알기만 한다면—의사소통할 수 없을까? 못한다! 왜냐하면 만일 사정이 우리가 어떤 한 명제에 의해 말하는 바와 같다면, 그 명제는 참이기 때문이다; 만일 우리가 "p"를 가지고 ~p를 뜻한다면, 그리고 사정이 우리가 뜻하는 바와 같다면, 이 새로운 파악 방식에서 "p"는 참이지 거짓이 아니다. (4.062)

> 그러나 "p"라는 기호와 "~p"라는 기호가 같은 것을 말**할 수 있다**는 것은 중요하다. 왜냐하면 그것은 "~"이라는 기호에는 현실 속에서 아무것도 대응하지 않음을 보여 주기 때문이다. (4.0621a)

여기에서 비트겐슈타인은 우리가 거짓 명제들로, 그것들이 거짓이라고 뜻해졌다는 것을 알고 있는 한에서, 의사소통할 수 있는지를 묻고 있다. 그 대답은 부정적인데, 왜냐하면 비트겐슈타인에 따르면 그러한 상황에서는 "**이 새로운 파악 방식에서**" 그 명제들은 거짓이 아니라 참이기 때문이다.

이제 ""p"라는 기호와 "~p"라는 기호가 같은 것을 말**할 수 있다**는 것은 중요하다."라는 언급을 주목하자. 기호는 "실로 자의적"(3.322)이며, 기호 "p"와 기호 "∼p"는 "파악 방식"에 따라 각각 p라고 말할 수도 있다. 더 나아가 "p"는 파악 방식에 따라 ∼p라고 말할 수도 있으며, 심지어 q라고 말할 수도 있다. 그렇기 때문에 "'p'는 p라고 말한다"가 항상 참인 것은 아니다. 요컨대 "'p'는 p라고 말한다"는 진정한 명제일 수 있다.

다음으로, **"만일 우리가 "p"를 가지고 ∼p를 뜻한다면, 그리고 사정이 우리가 뜻하는 바와 같다면"**이라는 표현이 나오는 언급을 주의 깊게 살펴보자. 이 표현은 위의 언급에서는 **"만일 사정이 우리가 어떤 한 명제에 의해 말하는 바와 같다면"**을 다시 해명한 것이다. 비트겐슈타인은 이 표현들에 이어서 **""p"라는 기호와 "∼p"라는 기호가 같은 것을 말할 수 있다"**라는 표현을 사용하고 있다. 여기에서 전자의 표현들에서는 "우리"라는 주어(주체)가 등장하지만, 후자에서는 "우리"라는 주체가 생략되고 기호 "p"와 "∼p"가 주어로 등장하고 있다. 따라서 『논고』4.062와 4.0621에서는 다음은 동일하다.

(2) 기호 'p'는 p라고 말한다.
(4) 우리는 기호 'p'를 가지고 p라고 말한다.
(5) 우리는 기호 'p'를 가지고 p라고 뜻한다.

위의 맥락에서 (2), (4), (5)가 동일하다면, 이로부터 우리는 (2), (4), (5)가 다음과 동일해야 한다는 결론에 이르게 된다.

(6) 기호 'p'는 p라고 뜻한다.

그런데 우리는 이러한 결론이 옳다는 것을 비트겐슈타인의 다음 언급으로부터 알 수 있다.

"p"에 대한 "나는 p라고 믿는다"의 관계는 p에 대한 "'p'는 p라고 뜻한다 (besagt)'의 관계에 비교될 수 있다: **나(I)**가 단순해야 한다는 것은 불가능하

며, 이는 "p"가 그러한 것과 마찬가지이다.[20]

이 언급은 「노르웨이에서 무어에게 구술한 단상들」(1914년 4월)에 나오는 것이며, 『논고』 5.542와 5.5421에 해당되는 내용이다. 여기에서 "besagt"라는 표현에 주목하자. 독일어 단어 "besagen"은 "의미하다"나 "뜻하다"를 의미한다. 다시 말해 『논고』 5.542의 "'p'는 p라고 말한다('p' sagt p)"와 위의 언급에 나오는 "'p'는 p라고 뜻한다('p' besagt p)"는 뜻이 같다.[21]

물론 (2)와 (5)가 동일하다는 것은 『논고』에서 일반적으로 "말하다"와 "뜻하다"가 동일하다는 것을 결코 의미하지 않는다. 또한 우리는 (4)와 (5)에서 주어가 "우리"라는 점을 주목할 필요가 있다. 다시 말해 (2)는 생략적 표현이다.[22] 따라서 우리가 아니라 주체 S의 파악 방식이 문제가 된다면, (2)는 "S는 기호 'p'를 가지고 p라고 말한다(뜻한다)"와 같게 될 것이다.

4. 『논고』의 사고 개념과 명제적 태도 진술

지금까지의 논의를 정리해 보자. 우리는 "'p'는 p라고 말한다"가 생략적인 표현이라는 것을 살펴보았다.[23] 우리가 p라고 말하듯이, 또 A가 p라고 말하듯이, 'p'가 p라고 말한다는 것은 문자 그대로는 이해 불가능하다. 그

---

20) Wittgenstein (1961), p. 118.
21) 그렇기 때문에 "A는 p라고 말한다 = A는 'p'를 말하고 'p'는 p라고 말한다"로 분석된 다는 블랙(Black (1964), p. 299)과 마운스(Mounce (1981), p. 85)의 주장은 옳지 않다. 그들은 무엇보다도 "A는 p라고 말한다"의 "말한다"와 "'p'는 p라고 말한다"의 "말한다"가 의미가 상이하다는 것을 간과하고 있다.
22) 그렇기 때문에 "'p'는 p라고 말한다"가 "기호의 의미에 관한 주장의 형식"이라는 Cohen (1974) p. 442의 주장은 오류이다. 마찬가지로 비트겐슈타인이 "모든 명제적 태도들이 "'p'는 p라고 말한다"의 형식으로 되어 있다고 말할 때 거부하고 있는 것은 러셀의 주체(subject)"라는 퍼스직(Perszyk (1987), p. 116)의 주장도 옳지 않다.
23) 물론 그것은 마운스(Mounce (1981), p. 84)가 주장하듯이 "오도적인" 생략적 표현이 아니다.

렇기 때문에 "'p'는 p라고 말한다"는 파악 주체 S에 대해서 "S는 'p'를 가지고 p라고 뜻한다(말한다)"와 같다. 또한 비트겐슈타인은 "'p'는 p라고 말한다"가 진정한 명제**일 수 있다**고 간주하였다. 앞에서 살펴보았듯이, 주체 S의 파악 방식에 따라 'p'는 가령 ~p라고 말할 수도 있기 때문이다.

이제 우리가 살펴보아야 할 문제는 다음과 같다. 『논고』에서 비트겐슈타인은 다음의 명제적 태도 진술을 어떻게 파악하고 있는가?

(7) A는 p라고 생각한다.
(8) A는 p라고 믿는다.

5.542에 따르면, (7)과 (8)은 모두 (2)의 **형식**으로 되어 있다. 다시 말해 (7)과 (8)의 형식은 (4), (5)와 같다. 그렇다면 (7)과 (8)은 각각 어떻게 (4)와 (5)의 **형식**으로 해석될 수 있는가?

이 물음에 대답하기 위해서는 우리는 『논고』에서 사고가 어떻게 논의되고 있는지를 살펴보아야 한다. 말컴이 지적하고 있듯이, 『논고』에서 그림 이론은 명제들이나 명제 기호들에 적용되기 전에 먼저 사고들에 적용된다. 그러니까 그림 이론은 명제 기호들과 관련하여 거론되기 전에 사고들과 관련하여 논의된다.[24] 또한 케니가 지적하고 있듯이, 『논고』에서 사고는 두 부분(3-4.002, 5.54-5.5423)으로 나누어 논의되고 있다.[25] 비트겐슈타인에 따르면, "사실들의 논리적 그림이 사고"(3)이고, "참된 사고들의 총체는 세계의 그림"(3.01)이다. "명제에서 사고는 감각적으로 지각될 수 있게 표현"(3.1)되며, 명제 기호는 "우리가 사고를 표현하는 데 쓰는 기호"이고 명제는 "세계와 투영 관계에 있는 명제 기호"(3.12)이다.

비트겐슈타인은 명제와 명제 기호, 그리고 사고에 대해서 다음과 같이 말한다.

---

24) Malcolm (1986), p. 64.
25) Kenny (1981), p. 140.

명제 속에서 사고는 명제 기호의 요소들이 사고의 대상들과 대응하도록 표현될 수 있다. (3.2)

이러한 요소들을 나는 "단순 기호들"이라고 부르고, 그 명제는 "완전히 분석되었다"고 부른다. (3.201)

명제 속에서 적용된 단순 기호들을 일컬어 이름이라고 한다. (3.202)

비트겐슈타인에 따르면, "명제 속에서 사고는 명제 기호의 요소들이 사고의 대상들과 대응하도록 표현될 수 있다." 여기에서 "사고의 **대상들**"은 우리가 어떤 것(가령, 킹스 칼리지에 불이 났다는 것)에 대해 생각할 때 그 생각하는 **대상**(킹스 칼리지에 불이 났다는 사실)을 뜻하지 않는다.[26] 그럼에도 불구하고 이 언급이 정확하게 무엇을 뜻하는지는 그 자체만으로는 파악하기가 매우 어렵다. 러셀은, 바로 이러한 이유 때문에, 『논고』 출판에 앞서서 비트겐슈타인에게 이 문제에 대해 단도직입적으로 다음과 같이 질문한다: "사고(Gedanke)는 단어들로 이루어지는가?" 비트겐슈타인은 1919년 8월 19일 편지에서 다음과 같이 대답한다.

아닙니다! 오히려 단어들과 같은 실재에 대한 동일한 종류의 관계를 갖고 있는 심리적 구성요소들로 이루어져 있습니다. 그러한 구성요소들이 무엇인지는 저는 알지 못합니다.[27]

마찬가지로 러셀은 다음과 같이 묻는다: "그러나 사고(Gedanke)는 사실

---

26) 케니가 지적하듯이, 3.2에서 "사고의 대상들"이라는 표현은 애매하다. 그것은 사고를 구성하는 대상들을 의미할 수도 있고, 사고가 관여하는 대상들을 의미할 수도 있다 (Kenny (1981), pp. 143-144). 케니는 『논고』와 『원논고』(*Prototractatus*)의 해당 언급들을 비교하면 전자가 옳다는 것을 알 수 있다고 지적한다. 물론 3.2에서 "사고의 **대상들**"은 사고를 이루는 구성 요소들이다. 한편 비트겐슈타인은 『청색책』에서 "사고의 **대상**"이라는 표현을 사용하고 있는데, 이는 A가 킹스 칼리지가 불타고 있다고 생각할 때, 킹스 칼리지가 불타고 있다는 사실이나 상황을 뜻한다. 참고: 비트겐슈타인 (2006b), pp. 62-63.

27) Wittgenstein (1961), p. 118.

(Tatsache)이다: 그것의 구성요소들(constituents)과 구성부분들(components)은 무엇이며, 그림 그려진 사실(the pictured Tatsache)의 구성요소들과 구성부분들에 대한 그것들의 관계란 무엇인가?" 비트겐슈타인은 다음과 같이 대답한다.

> 저는 사고(thought)의 구성요소들이 무엇인지를 알지 못하지만 그것이[사고가] 언어의 단어들에 대응하는 그러한 구성요소들을 지녀야만 한다는 것을 알고 있습니다. 다시 사고의, 그리고 그림 그려진 사실의 구성요소들의 관계의 종류는 무관합니다. [이를] 발견하는 것은 심리학의 문제가 될 것입니다.[28]

이러한 비트겐슈타인의 대답을 종합하면, 『논고』에서 사고는 심리적 구성요소들로 이루어져 있으며, 또 그러한 구성요소들은 언어의(또는 명제의) 단어들(이름들)에 대응된다는 것을 알 수 있다. 그렇기 때문에, "명제 속에서 사고는 명제 기호의 요소들이 사고의 대상들과 대응하도록 표현될 수 있다."(3.2)에서 "명제 기호의 요소들"은 "언어의 단어들"이고 "사고의 대상들"은 사고를 이루는 "심리적 구성요소들"이다. 말하자면, (이영철 교수도 지적하고 있듯이) 비트겐슈타인에게 사고는 일종의 언어였다. 그는 1916년 9월 12일『일기』에서 다음과 같이 말한다.

> 이제 왜 내가 사유(Denken)와 말(Sprechen)이 동일할 것이라고 생각했는지 분명해진다. 사유는 일종의 언어(Sprache)이기 때문이다. 왜냐하면 당연히 사고(Gedanke)도 명제의 논리적 그림이며, 따라서 마찬가지로 일종의 명제이기 때문이다.[29]

이러한 비트겐슈타인의 생각은 『논고』에서 "사고는 뜻이 있는 명제이다."(4)로 표현되어 있다. 사고는 뜻이 있는 명제이고, "명제들의 총체가

---

28) Wittgenstein (1961), p. 118.
29) Wittgenstein (1961), p. 82, 참고: 이영철 (2016), p. 269.

언어"(4.001)이듯이, 사고들의 총체 또한 일종의 언어이다. 그리하여 이제 우리는 다음 세 가지를 지적할 수 있다. 첫째, 우리가 통상적으로 부르는 언어—입말 언어, 글말 언어—와 대조해서 우리는 사고들의 총체를 정신적 언어라고 부를 수 있다.[30] 둘째, 우리는 『논고』에서 대상이 의미인 이름(3.203), 이름들의 연쇄인 요소 명제(4.22), 그리고 요소 명제들의 진리함수인 명제(5)로 구분되는 것과 같이, 사고에 대해서도, 심리적 구성요소, 구성요소들의 연쇄인 사고(이를 "요소 사고"라고 부르자), 그리고 요소 사고들의 진리함수인 사고를 생각할 수 있다. 셋째, 우리는 『논고』에서 명제와 명제 기호로 구분되는 것과 같이, 사고에 대해서도 사고와 사고 기호를 구분할 수 있다. 다시 말해 명제는 사고에, 그리고 명제 기호는 사고 기호에 대응된다. 그리하여 "적용된, 생각된 명제 기호가 사고이다."(3.5)

그러나 비록 『논고』의 '사고' 개념이 해명되었다 할지라도 여전히 우리의 최초의 물음은 해결되지 않는다. 어떻게 (7)과 (8)은 각각 (4)와 (5)의 형식으로 해석될 수 있는가? 더구나 (내가 아는 한) 이 문제에 대해서 『논고』뿐만 아니라 어떤 다른 저작에서도 비트겐슈타인은 5.542에 대해 명시적으로 언급하거나 해명한 바가 없다. 그렇지만 나는 이렇게 생각하는데, 우리는 그 결정적인 실마리를 램지의 논문 "사실들과 명제들(Facts and Propositions)"(1927)에서 찾을 수 있다. 램지는 다음과 같이 말한다.

> 오직 이름들에 의해 사유자(thinker)는 우리가 원자 문장들이라고 부를 수도 있는 것을 형성할 수 있는데, 이는 우리의 형식적인 관점에서는 아주 심각한 문제가 아니다. 만일 a, R, 그리고 b가 그의 언어와 관련해서 단순한 것들이라면, 즉 그가 이름들을 갖고 있는 사례들의 유형들로 되어 있다면, 그는 그의 마음속에 a, R, 그리고 b에 대한 이름들을 연결시키고 믿음의 느낌에 의해 동반되게 함으로서 aRb라고 믿을 것이다. 그렇지만 이 진술은 너무

---

30) 비트겐슈타인은 『청색책』에서 "정신적 언어"와 "말의 형태로 된 언어"라는 표현을 사용하고 있다. 참고: 비트겐슈타인 (2006b), p. 78.

단순하다. 왜냐하면 그 이름들은 bRa보다 aRb에 적절한 방식으로 통합되어
야만 하기 때문이다. 이것은 R의 이름은 낱말 'R'이 아니며 오히려 우리가
'aRb'를 씀으로써 'a'와 'b' 사이에 만드는 관계라고 말함으로써 설명될 수 있
다. 그렇게 되면 이 관계가 'a'와 'b'를 통합하는 뜻은 그것이 aRb라는 믿음인
지 또는 bRa라는 믿음인지를 결정한다.[31]

이 논문의 말미에서 램지는 "실용주의적 경향"을 띤 주장들을 제외하면
자신이 이 논문에서 말한 것은 모두 비트겐슈타인으로부터 연유한 것임을
명시적으로 밝히고 있다.[32] 그렇기 때문에 위의 인용문에 나오는 생각은
바로 비트겐슈타인 자신의 것이다. 이제 "A는 aRb라고 믿는다"가 위의 인
용문에서 어떻게 해명되고 있는지를 살펴보자. 램지는 이를 다음과 같은
방식으로 해명하고 있다.

> (9) A는 A의 마음속에 a, R, 그리고 b에 대한 이름들을 연결시키고
> 믿음의 느낌에 의해 동반되게 한다.

또한 "믿음의 느낌(feeling of belief)"에 대해서 램지는 "느낌(feeling)"이라
는 용어 대신에 예컨대 "특정한 성질(specific quality)", "주장의 작용(act of
assertion)"을 대입할 수 있다고 말하고 있다.[33]

이제 우리는 지금까지의 논의를 종합할 수 있는 지점에 이르렀다. (9)에
서 우리는 세 가지 과정을 구분할 수 있다. 첫째, 이름들에 대응하는 심리
적 구성 요소들이 결합하여 사고 기호가 형성되는 과정. 둘째, 사고 기호
가 "세계와 투영 관계에 있는" 사고가 되는 과정. 셋째, 이와 함께 믿음의
느낌(작용)이 동반되는 과정. 그리하여 우리는 이를 다음과 같이 정리할
수 있다.

---

31) Ramsey (1931), p. 145.
32) Ramsey (1931), p. 155.
33) 램지에 따르면, "믿지 않음의 느낌(feeling of disbelief)"에서 '느낌'은 "부정의 작용
   (act of denial)"으로 대체될 수 있다. 참고: Ramsey (1931), p. 145, 각주 2.

(10) A는 'aRb'와 함께 믿음의 느낌(작용)을 동반하고 aRb라고 뜻한다.(또는 "A는 믿음의 느낌(작용)이 동반되는 'aRb'와 함께 aRb라고 뜻한다.")

요약해 보자: 5.542에 따르면, "A는 p라고 믿는다"는 "'p'는 p라고 말한다"의 형식으로 되어 있다. "'p'는 p라고 말한다"는 A의 경우(A의 파악 방식이 문제가 되는 경우) "A는 기호 'p'를 가지고 p라고 뜻한다(말한다)"와 같다. 이제 믿음의 경우, "'p'를 가지고"는 "믿음 작용(느낌)이 동반되는 'p'와 함께"를 뜻한다. 다시 말해 "A는 p라고 믿는다(생각한다, 기대한다, 소망한다)"는 "A는 믿음 작용(생각 작용, 기대 작용, 소망 작용)이 동반되는 'p'와 함께 p라고 뜻한다"와 대등하다.[34]

5. 명제적 태도 진술과 러셀의 판단 이론

앞에서 우리는 『논고』에서 "A는 p라고 믿는다"는 "A는 믿음의 작용이 동반되는 'p'와 함께 p라고 뜻한다"와 대등하다는 것을 살펴보았다. 비트겐슈타인은 이러한 생각을 바탕으로 러셀의 판단 이론에 대해서 비판하고 있다. 그렇다면 러셀의 판단 이론에 대한 비트겐슈타인의 비판의 요점은 무엇인가?

이를 논의하기 위해서는 먼저 러셀의 판단 이론에 대해서 간략하게 살펴보는 것이 좋을 것이다. 『논고』 집필 이전 당시 러셀의 판단 이론은 크게 세 가지 상이한 형태를 취하고 있지만, 그럼에도 불구하고 그 기본 기

---

34) 『논고』 5.542에 대한 해명에서 램지의 견해가 결정적이라는 점을 최초로 주목한 학자는 설리반이다(이 점을 알려준 심사위원께 이 자리를 빌려 깊이 감사드린다). 그는 램지의 언급들을 인용하고 분석한 후에 다음과 같이 말한다: "어떤 사람에 관해서 '그는 aRb라고 믿고 있다'라고 말하는 것은 그의 마음속에 a, R, 그리고 b의 이름들의 한 조합이 일어나고 있다고 말하는 것이다." 그러면서 그는 다시 각주에서 "믿음의 느낌과 함께"라는 단서를 덧붙이고 있다(Sullivan (2005), p. 64). 나는 (10)과 설리반의 해명이 거의 대등하다고 생각한다.

조는, 이렇게 말할 수 있는데, 비트겐슈타인의 관점에서는 거의 동일하다.[35] 먼저 "a는 b를 사랑한다"를 "aLb"로 기호화하고, '판단하다'를 'J'로 기호화하기로 하자. 그러면 러셀의 1903년, 1910년, 1913년 판단 이론에서 "S는 a가 b를 사랑한다고 판단한다"는 각각 다음과 같이 도식화할 수 있다.

J(S, aLb)
J(S, a, L, b)
J(S, a, L, b, xRy)

1903년『수학의 원리들』(*Principles of Mathematics*)에서 러셀은 판단은 주체와 명제 간의 이항 관계라고 간주한다. 그렇기 때문에, "S는 a가 b를 사랑한다고 판단한다"는 "J(S, aLb)"로 기호화된다. 그러나 그는 이 생각을 밀고나갈 수 없었는데, 무엇보다도 거짓 명제를 판단하는 경우를 해명할 수 없었기 때문이다. 가령 aLb가 거짓이라고 하자. 그러면 aLb에 해당되는 사실은 존재하지 않는다. 그렇게 되면 아무것도 없는 것에 대해서 판단한다는 것은 불합리해 보인다.[36]

이러한 문제를 해결하기 위하여 러셀은 1910년 논문「참과 거짓의 본성에 관하여」("On the Nature of Truth and Falsefood")와『수학 원리』(*Principia Mathematica*, 1910-1913)에서 다중 관계 판단 이론(the multiple relation

---

35) 보다 더 자세하게 논의로는 Hanks (2007)을 참조할 것.
36) 이 점에 대해 러셀은『철학의 문제들』(1912)에서 다음과 같이 말한다. "**판단한다**나 **믿는다** 내에 수반되는 관계는 만약 거짓 가능성이 정당하게 허용될 수 있다면 두 개의 항 사이가 아니라 여러 개의 항 사이의 관계로 취급되어야만 한다. 만약 오델로가 데스데모나는 카시오를 사랑하고 있다고 믿는다면, 오델로는 그의 마음 속에 하나의 단일한 대상, 즉 "카시오에 대한 데스데모나의 사랑"이나, "데스데모나가 카시오를 사랑한다는 사실"을 떠올리지 않아야만 한다. 왜냐하면 그러한 경우는 어떤 마음과도 무관하게 독립적으로 존재하는 객관적인 거짓이 있어야만 한다고 요청하기 때문이다. 그리고 이러한 경우는 논리적으로 논박될 수 없을지라도, 가능하다면 비켜서 피해야 할 이론이다."(버트런드 러셀 (1989), p. 135)

theory of judgment)을 제시한다. 그 이론에 따르면, "S는 a가 b를 사랑한다고 판단한다"에서 "a는 b를 사랑한다"는 'a', '사랑한다' 'b'로 나누어지며, 그리하여 "S는 a가 b를 사랑한다고 판단한다"는 "J(S, a, L, b)"로 기호화된다.[37)

그러나 이러한 다중 관계 판단 이론은 결정적인 난점을 지니고 있다. 즉 "J(S, a, L, b)"는 "S는 a가 b를 사랑한다고 판단한다"와 "S는 b가 a를 사랑한다고 판단한다"를 둘 다 뜻할 수 있으며, 그 차이를 정확하게 해명하지 못한다.[38) 러셀은 1913년 수고 『지식의 이론』(*Theory of Knowledge*)—이 저작의 출판을 러셀은 비트겐슈타인의 혹독한 비판을 견디지 못하고 포기한다.[39)—에서 새로운 해결 방안을 찾는다. 그의 새로운 해결책에 따르면, "S는 a가 b를 사랑한다고 판단한다"는 "J(S, a, L, b, xRy)"로 기호화되는데, 이때 xRy는 "a는 b를 사랑한다"의 논리적 형식이다.[40) 이 당시 러셀에게 논리적 형식은 "아주 일반적인 사실들, 즉 어떤 것이 어떤 것에 어떤 관계를 지니고 있다는 사실"[41)이었다.

---

37) 참고: Russell & Whitehead (1910), pp. 43-44.
38) 러셀은 『철학의 문제들』(1912)에서 이 문제를 해결하기 위하여 "뜻"(sense)과 "지시 방향"(direction)을 제시한다. 그는 다음과 같이 말한다. "판단하는 행위에서 관계는 어떤 "뜻"이나 "지시 방향"을 갖는다는 것이 보여질 것이다. 비유적으로 말하면 관계는 그 대상들을 어떤 순서(order)로 배열할 것이며, 그 순서는 문장 속의 단어들의 순서에 의해 드러난다. (…) 카시오가 데스데모나를 사랑한다는 오델로의 판단은 데스데모나가 카시오를 사랑한다고 하는 판단과는 다르다. 물론 그 판단은 같은 구성 요소들을 가졌지만, 그러나 판단하고 있음의 관계가 두 경우에 있어 서로 다른 순서로 구성 요소들을 배치했기 때문이다."(버트런드 러셀 (1989), p. 136) 그러나 이러한 "뜻" 또는 "지시 방향" 개념은 단지 미봉책에 불과하다. 만일 그것을 반드시 도입해야 한다면, 그리고 그것을 D로 기호화한다면, 러셀에게 옳은 것은 "J(S, a, L, b)"가 아니라 "J(S, a, L, b, D)"가 될 것이다.
39) 비트겐슈타인은 1913년 7월 22일 편지에서 러셀에게 다음과 같이 말한다. "선생님의 판단 이론에 대한 저의 반대가 선생님을 마비시켰다니 아주 유감입니다. 저는 그것은 올바른 명제 이론에 의해서 제거될 수 있을 뿐이라고 생각합니다."(Wittgenstein (1961), p. 121)
40) 참고: Russell (1984), pp. 116-117.
41) 참고: 6장, Hanks (2007), p. 126. Russell (1984), p. 114, p. 129.

앞에서 확인하였듯이, 비트겐슈타인은 5.541에서 러셀이 "A는 p라고 믿는다"와 같은 명제를 "명제 p가 대상 A에 대해 모종의 관계에 있는 것"으로 파악했으며, 5.542에서는 중요한 것은 "어떤 한 사실과 어떤 한 대상 사이의 짝짓기가 아니"라고 지적하고 있다. 다시 말해 비트겐슈타인은 "A는 p라고 믿는다"를 대상 A와 명제 또는 사실 p와의 관계로, 또는 대상 A와 사실 p를 구성하는 요소들의 관계로 다루는 러셀의 판단 이론을 비판적으로 바라보고 있는 것이다. 그렇다면 5.542에서 "사실들의 대상들 사이의 짝짓기를 통한 그 사실들 간의 짝짓기"란 무엇을 뜻하는가? 그리고 5.5422는 어떻게 이해할 수 있는가?

이제 이러한 비트겐슈타인의 생각을 파악하기 위하여 다음의 명제적 태도 진술을 생각해 보자.

(11) 플라톤은 소크라테스가 현명하다고 믿는다.
(12) 플라톤은 나폴레옹이 워털루 전투에서 승리했다고 믿는다.

우리는 (11)은 참이지만, 플라톤은 나폴레옹이나 워털루 전투에 대해서 전혀 아는 바가 없기 때문에, (12)는 거짓이거나 무의미하다고 생각할 것이다. 반면에 다음은 무의미하다.

(13) 플라톤은 소크라테스가 동일하다고 믿는다.
(14) 플라톤은 "이 탁자 펜대들 그 책"(this table penholders the book)이라고 믿는다.

다시 말해 "소크라테스는 동일하다"[42]는 "이 탁자 펜대들 그 책"[43]과 마찬가지로 유의미한 명제가 아니다. 이제 비트겐슈타인이 이를 어떻게 해명할지를 생각해 보자.

앞에서 우리는 『논고』에서 "A는 p라고 믿는다"는 "A는 믿음 작용이 동

---

42) 참고: 5.473, 5.4733.
43) 참고: Wittgenstein (1961), p. 98.

반되는 'p'와 함께 p라고 뜻한다"와 대등하다는 것을 살펴보았다. 이제 'p'가 "소크라테스는 동일하다"나 "이 탁자 펜대들 그 책"일 때에는 다음과 같이 될 것이다.

(15) A는 믿음 작용이 동반되는 "소크라테스는 동일하다"와 함께 소크라테스는 동일하다고 뜻한다.

(16) A는 믿음 작용이 동반되는 "이 탁자 펜대들 그 책"과 함께 이 탁자 펜대들 그 책이라고 뜻한다.

명백하게도 (15)와 (16)은 문법에 맞지 않는 무의미한 문장이다. 다시 말해 "소크라테스는 동일하다"와 "이 탁자 펜대들 그 책"에 믿음 작용이 동반된다는 것은 무의미하며, 또 "소크라테스는 동일하다고 뜻한다"와 "이 탁자 펜대들 그 책이라고 뜻한다"도 무의미하다. 요컨대 "A는 p라고 믿는다"가 뜻 있는 명제이기 위해서는 p는 뜻 있는 명제여야만 한다.[44] p가 무의미한 경우, "A는 p라고 믿는다"는 무의미하다. 반면에 러셀의 판단 이론에서는 J(S, a, R, b)에서 알 수 있듯이, a, R, b로부터 어떻게 뜻 있는 명제가 형성되는지가 불분명하며, 이는 J(S, a, R, b, xRy)도 마찬가지이다. 특히 비트겐슈타인에게는 어떤 관계도 사물과 (논리적) 형식 간에 성립할 수 없다.[45] 그렇기 때문에 ""A는 p라고 판단한다"라는 명제의 형식에 대한 올바른 설명은, 무의미한 것을 판단하는 일은 불가능함을 보여 주

---

44) 그렇기 때문에 이 경우에 우리는 "A는 p라고 믿는다"로부터 p ∨ ~p를 도출할 수 있다. 이 점에 관해서 비트겐슈타인은 1913년 6월 러셀에게 보낸 편지에서 다음과 같이 말한다. "이제 저는 선생님의 판단 이론에 대한 저의 반대를 정확하게 표현할 수 있습니다: 저는 "A는 (가령) a는 b와 관계 R에 있다고 판단한다"라는 명제로부터, 만일 올바르게 분석된다면, "aRb ∨ ~aRb"라는 명제들이 **어떤 다른 전제의 사용 없이도** 직접 따라 나와야 한다고 믿습니다. 이 조건은 선생님의 이론에 의해서는 충족되지 않습니다."(Wittgenstein (1961), p. 121)

45) 이 점에 대해서 비트겐슈타인은 다음과 같이 말한다. "한 명제의 **형식**인 어떤 **사물**도 존재하지 않으며, 한 형식의 이름인 어떤 이름도 없다. 마찬가지로 우리는 또한 어떤 경우들에서 사물들 간에 성립하는 한 관계가 때때로 형식들과 사물들 간에 성립한다고 말할 수 없다. 이는 러셀의 판단 이론에 반한다."(Wittgenstein (1961), p. 99)

어야 한다. (러셀의 이론은 이러한 조건을 충족시키지 못한다.)"(5.5422)

그러면 이제 5.541과 5.542에서의 비트겐슈타인의 생각을 정리해 보자. 앞에서 우리는 "A는 p라고 말한다(믿는다, 생각한다)"가 "A는 발화 작용(믿음 작용, 사유 작용)이 동반되는 'p'와 함께 p라고 뜻한다"와 대등함을 살펴보았다. 여기에서 'p'에는 발화 작용, 믿음 작용, 사유 작용 등 다양한 것이 동반될 수 있다. 그렇기 때문에 'p'는 입말 또는 글말 명제 기호일 수도 있고, 믿음과 사유 작용의 정신 명제 기호(사고 기호)일 수도 있다. 그러한 'p'는 사실을 그리는 뜻 있는 명제이다. 그리고 그것은 명제 기호(사고 기호)로서 하나의 사실이다. 그렇기 때문에 "A는 p라고 말한다", "A는 p라고 믿는다", "A는 p라고 생각한다"와 같은 명제적 태도 진술이 뜻이 있기 위해서는 사실로서의 명제 기호 'p'를 이루는 대상들과 그것이 그리는 사실을 이루는 대상들 간의 짝짓기가 이루어져야만 한다. 그러한 짝짓기가 성립하지 않는다면 ("소크라테스는 동일하다"와 "책 펜대 의자"와 같이) 그러한 명제적 태도 진술은 무의미하다.[46]

또한 'p'가 뜻 있는 명제인 경우, p라고 뜻하는 'p'를 실제로 발화하거나 p라고 뜻하는 'p'에 동반되는 믿음 작용 또는 사유 작용이 실제로 일어났느냐 하는 것이 문제가 된다. 그러한 믿음 작용은 사실로서의 명제 기호 'p'와 그것이 그리는 사실을 대응시킨다. 즉 그러한 믿음 작용을 통해 "사실들 간의 짝짓기"가 이루어진다. 이는 결국 "A는 p라고 믿는다"라는 명제 기호로서의 사실과 실제로 A에게서 그러한 믿음 작용이 일어났다는 사실 간의 짝짓기와도 같다. 그러한 짝짓기가 성립하면 그 명제적 태도 진술은 참이고 그렇지 않으면(그 반대의 짝짓기가 성립하면) 거짓이다. 그렇기 때문에 『논고』에서 (12)는 거짓이다.[47]

---

46) 그리고 『논고』에서는 러셀 식의 난점이 발생하지 않는다. 램지가 지적하고 있듯이(앞 절 참조), aRb가 요소 명제이고, a, R, b가 대상이라면, 가령 "R의 이름은 낱말 'R'이 아니라 오히려 우리가 'aRb'를 씀으로써 'a'와 'b' 사이에 만드는 관계"이다.

47) 코피는 "A는 p라고 생각한다"에서 짝짓기 되는 두 사실은 "**A라는** 사실"과 "**p라는** 사

6. 명제적 태도 진술과 유아론

앞에서 우리는 『논고』에서 명제적 태도 진술이 요소 명제들의 진리 함수인가 하는 문제에 대해서 앤스컴과 피처가 긍정적으로 대답하였고, 케니와 퍼스직은 부정적으로 대답하였다는 것을 살펴보았다. 그렇다면 어느 쪽 주장이 옳은가? 이미 우리는 **어떤** 명제적 태도 진술은 뜻이 있는 진술이고 참 또는 거짓일 수 있다는 것을 확인하였다. 그렇기 때문에 케니와 퍼스직의 주장은 옳지 않다. 즉 **모든** 명제적 태도 진술이 무의미한 것은 아니다.

그렇다면 『논고』에서 모든 명제적 태도 진술은 뜻이 있는 진술인가? 나는 그렇지 않다고 생각한다. 『논고』에 따르면, "p가 동어반복이라면, "A는 p가 사실임을 안다"는 뜻이 없다(sinnlos)."(5.1362) 즉 명제적 태도 진술 "A는 p라고 믿는다"는 뜻이 없을 수 있는데, p가 동어반복이나 모순인 경우에 그렇다. 그렇다면 이제 남은 문제는 p가 뜻 있는 명제인 경우이다. 다시 말해, p가 뜻 있는 명제일 때 "A는 p라고 믿는다"는 **모두** 뜻 있는 명제인가? 나는 그렇지 않다고 생각한다. 그리고 이 문제는 『논고』의 유아론과 관련이 있다.

잘 알려져 있듯이 비트겐슈타인은 『논고』에서 유아론을 받아들인다. "요컨대 유아론이 **뜻하는** 것은 전적으로 옳다. 다만 그것은 **말해질 수는** 없고, 드러날 뿐이다."(5.62) 이 언급에서 주목할 것은 유아론의 주장은 보여질 뿐 말할 수 없는 것이며 그리하여 무의미하다는 것이다.[48] 그렇다면

실"이라고 주장한다(Copi (1958), p. 104) 그러나 이러한 코피의 주장은 기껏해야 부분적으로 옳을 뿐이다. 『논고』의 유아론에 따르면 "나"는 사실이 아니라 오히려 세계에 대응될 것이다. 그렇기 때문에 "A라는 사실"은 적절하지 않은 표현이다. 또한 Favrholdt (1964), p. 561은 5.542에서 짝짓기 되는 두 사실은 명제 기호 p와 사고 'p'라고 주장하는데, 이는 옳지 않다.

48) 혹자는 여기에서 다음과 같이 질문할 수도 있을 것이다. "어떻게 유아론이 뜻하는 것은 전적으로 옳은데, 이와 동시에 이는 말할 수 없는 것이고 무의미할 수 있는가?" 그러나 비트겐슈타인이 "유아론이 뜻하는 것"이라고 언급했을 때 그 말은 유아론이 뜻이

"유아론이 뜻하는 것"은 무엇인가? 비트겐슈타인은 『청색책』에서 다음과 같이 설명한다.

> 오직 나 자신의 경험만이 진정한 것이라고 말하고 싶은 유혹이 나에게는 존재한다: "나는 **내가** 보고, 듣고, 고통을 느끼고 등등을 한다는 것을 안다; 그러나 나는 다른 어느 누구도 그렇게 한다는 것을 알지 못한다. 나는 이것을 알 수 없다; 왜냐하면 나는 나이고 그들은 그들이기 때문에."[49]

> 밀접하게 유사한 그러한 또 하나의 골칫거리가 다음의 문장 속에 표현되어 있다: "나는 **내가** 개인적 경험들을 가지고 있다는 것만을 알 수 있고, 다른 누군가가 가지고 있다는 것을 알 수 없다." (⋯) 사실 유아론자는 다음과 같이 묻는다: "다른 사람이 고통을 가지고 있다는 것을 우리는 어떻게 믿을 **수 있는**가; 그렇게 믿는 것은 무엇을 뜻하는가? 그와 같은 추정의 표현이 어떻게 뜻을 가질 수 있는가?"[50]

요컨대 유아론이란 "오직 나 자신의 경험만이 진정한 것"이며, "나는 내가 개인적 경험들[즉 나의 의식 상태들]을 가지고 있다는 것만을 알 수 있고, 다른 누군가가 가지고 있다는 것을 알 수 없다"는 주장이다. 이제 우리가 주목해야 하는 것은 유아론의 주장이 명제적 태도 진술과 관련이 있다는 점이다.

(17) 오직 나만이 내가 아프다는 것을 안다.
(18) 나는 그가 아프다는 것을 안다.

있다는 것이 아니다. 이는 비트겐슈타인의 다음 언급을 살펴보면 알 수 있다. "만일 모든 동어반복이 아무것도 말하지 않는다면 그것들은 모두 동일한 것을 의미하지 않는가? p ⊃ p . ≡ . p ∨ ~p . ≡ . ~(p .~p)! 이것들은 모두 동일한 뜻을 지니고 있다. 다시 말해 아무런 뜻도 지니고 있지 않다!"(Wittgenstein (1979), p. 137) 여기에서 비트겐슈타인은 동어반복들이 모두 동일한 뜻을 지니는데, 다시 "아무런 뜻도 지니고 있지 않다"고 말하고 있다.

49) 비트겐슈타인 (2006b), p. 85.
50) 비트겐슈타인 (2006b), p. 89.

(17)은 명제적 태도 진술이지만 후기 비트겐슈타인의 입장에서는 무의미하다. 물론『논고』의 유아론자는 (17)을 전적으로 옳지만 말할 수 없는 것으로 간주할 것이다. (18)은 경험적 진술로 파악될 수도 있고 형이상학적 진술로 파악될 수도 있다.[51]『논고』의 유아론자는 (18)을 형이상학적 진술로 파악한 후에 (18)이 무의미하다고 간주할 것이다. 요컨대 "A는 p라고 믿는다"는 'p'가 "직접적인 경험을 기술"[52]하거나 내적인 경험을 보고하는 명제인 경우 무의미할 수 있다.

비트겐슈타인이 유아론이 뜻하는 것은 전적으로 옳지만 말할 수 없는 것이라고 보았다는 것은 "나는 내가 아프다는 것을 안다"나 "나는 그가 아프다는 것을 알 수 없다"와 같은 것이 무의미한 명제라고 간주했다는 것을 강력하게 암시한다.[53] 요약하면, "A는 p라고 믿는다"의 사례들은 매우 다양하다. 여기에서 'A'는 '나', '너', '그', '우리', '소크라테스' 등일 수도 있고, 'p'는 외적인 사실을 보고하는 명제뿐만 아니라 내적인 직접적 경험을 기술하는 명제일 수도 있다. 'A'가 '나'이고 'p'가 직접적 경험을 기술하는 명제일 때 명제적 태도 진술은 무의미한 명제일 수 있다. 비트겐슈타인은 이미『논고』에서 바로 이 점을 알고 있었을 것이다. 그리하여 그는 유아론이 뜻하는 것은 전적으로 옳지만 말할 수 없는 것이라고 주장했던 것이다. 따라서『논고』에서는 **어떤** 명제적 태도 진술은 뜻 있는 명제이고 **어떤**

---

51) 이 점에 대해서 비트겐슈타인은『청색책』에서 다음과 같이 말한다. "왜냐하면 그렇지 않다면, 이 문제에 관해 골치를 썩이는 가운데, 우리는 "나는 그의 고통을 느낄 수 없다"란 우리의 형이상학적 명제를 "우리는 다른 인물의 이에서 고통을 가질 수 없다(일반적으로 가지지 않는다)"란 경험적 명제와 혼동하기 쉬울 것이기 때문이다."(비트겐슈타인 (2006b), p. 90)
52) Wittgenstein (1979), p. 67.
53) 또한 비트겐슈타인은『논고』이후에 유아론에서 옳은 점을 다음과 같이 지적한다. ""나는 치통을 갖고 있다"와 "그는 치통을 갖고 있다"의 상이한 문법에로 돌아가기로 하자. 이는 그 진술들이 상이한 검증들을 지닌다는 사실에서, 또한 후자의 경우에는 "나는 이것을 어떻게 아는가?"라고 묻는 것은 유의미하지만 전자에서는 그렇지 않다는 사실에서 드러난다. 유아론자는 이 둘이 상이한 단계(level)에 있다는 것을 함축한다는 점에서 옳다."(Wittgenstein 1979b, p. 21)

명제적 태도 진술은 무의미하다. 그렇기 때문에 램지가 지적한 바와 같이, 명제적 태도 진술은 뜻 있는 명제**일 수 있다.** 또한『논고』에서 **모든** 명제적 태도 진술이 뜻 있는 명제이고 요소 명제들의 진리 함수라는 앤스컴과 피처의 주장은 옳지 않다.

7. 맺는 말

　지금까지 나는 비트겐슈타인이『논고』에서 명제적 태도 진술을 어떻게 다루었는지를 해명하고자 노력하였다. 사실상 이에 대한 논의는 비트겐슈타인 연구자들 사이에서 거의 합의된 바가 없기 때문에, 또 이와 관련된 비트겐슈타인 자신의 명시적인 전거가 없기 때문에, 이 글은 다소 논쟁적인 측면을 지닐 수밖에 없다. 뿐만 아니라 이 글에서 다루는 주제는 비트겐슈타인의 심리철학을 이해하는 데 매우 중요한 위치를 차지하고 있다. 그렇기 때문에 나는 이 글의 주장과 근거를 분명하게 다시 정리함으로써 이 글을 마무리하고자 한다.

　먼저 나는 "'p'는 p라고 말한다"는 문자 그대로 파악하면 이해 불가능한 문장이라는 것을 보이고자 했다. 그 문장에서의 '말하다'는 "A는 p라고 말한다"나 "A는 'p'라고 말한다"의 '말하다'와는 분명히 의미가 다르다. 그리하여 나는 "'p'는 p라고 말한다"가 생략적 표현이며, 이는 파악 주체 S에 대해서, "S는 'p'를 가지고 p라고 말한다(뜻한다)"와 동일하다는 것을 보이려고 노력했다.

　다음으로 나는 "A는 p라고 믿는다(생각한다, 기대한다, 소망한다)"는 "A는 믿음 작용(생각 작용, 기대 작용, 소망 작용)이 동반되는 'p'와 함께 p라고 뜻한다"와 대등하다는 것을 보이고자 하였다. 이러한 해석은 비트겐슈타인 자신이 해명한 사고의 개념과 또 이와 관련된 램지의 언급으로부터 주어진다. 그리하여 "A는 p라고 믿는다(말한다, 생각한다)"가 "'p'는 p라고 말한다"의 형식으로 되어 있다는 5.542의 언급은 이해 가능하다.

이러한 해석에서는 'p'가 동어반복일 경우 "A는 p라고 생각한다"는 뜻이 없다. 왜냐하면 이 경우에는 p라고 뜻하는 것이 불가능하기 때문이다. 또한 'p'가 가령 "소크라테스는 동일하다"와 같은 무의미한 문장일 경우에도 마찬가지이다. 이는 러셀의 판단 이론에도 그대로 적용한다. 러셀의 다중 관계 판단 이론에서 주장하는 바 J(S, a, R, b)는 가령 그러한 무의미한 문장에 대한 판단이 불가능하다는 것을 보여주지 못한다. "A는 p라고 믿는다"가 의미가 있기 위해서는 무엇보다도 명제 기호로서의 사실 'p' 또는 '~p'와 실제 사실 p의 대상들의 짝짓기가 문제가 된다. 그러한 짝짓기 테스트를 통해서 'p'가 무의미한 문장이나 단순한 단어들의 나열과 같은 경우는 배제될 것이다. 다음으로 그러한 믿음 작용에 따라 명제 기호로서의 사실 'p' 또는 '~p'와 실제 사실 p 간의 짝짓기가 이루어진다. 그리하여 그 문장의 진리치는 "A는 p라고 믿는다"라는 명제 기호로서의 사실과 실제로 그러한 일, 즉 믿음 작용이 일어난다는 사실 간의 짝짓기 테스트를 통해 결정될 것이다.

마지막으로 나는 "A는 p라고 믿는다"는 'p'가 객관적인 외적 사실을 보고하는 명제가 아니라 직접적인 경험을 기술하는 명제인 경우, 유아론과 관련이 있음을 보이고자 노력하였다. 전기 비트겐슈타인은 **어떤** 명제적 태도 진술은 무의미하며, 그렇지만 유아론이 뜻하는 것은 전적으로 옳다고 간주하였다.

14
『논리-철학 논고』의
그림 이론에 관하여

1. 들어가는 말

비트겐슈타인의 『논리-철학 논고』(이하, '『논고』'로 약칭함)에서 이른바 그림 이론은, 비록 지금까지 그렇게 수많은 비트겐슈타인 연구자들에 의해 논의되었음에도 불구하고, 전혀 명확하게 해명되지 않은 주제이다. 그렇기 때문에 『논고』의 그림 이론에 대한 논의는 피상적인 수준에 머물러 있으며, 여러 쟁점들에서 상충하는 해석들이 제기되고 있는 실정이다. 그렇다면 『논고』의 그림 이론이란 무엇인가? 또한 그러한 쟁점들은 무엇인가? 나는 『논고』를 중심으로 이 물음들에 대해 대답하고자 한다.

먼저 우리가 다루어야 할 문제들을 정리해 보자. 첫째, 『논고』에서 '그림' 개념은 2.1번 대와 2.2번 대에서 서술되고, 그 개념은 3번과 4번 대에서 '사고'와 '명제'와 더불어 다시 논의된다. 명제는 요소 명제들의 진리 함수(5)이고, 요소 명제는 이름들의 연쇄(4.22)이다. 그런데 『논고』의 근본 사상에 따르면, 논리적 상항들은 대표하지를 않는다(4.0312). 그러면 이제 우리는 참으로 어려운 문제에 봉착하게 된다. '그림'은 **요소 명제**에만 적용되는가 아니면 논리 상항을 지니고 있는 **복합 명제**에도 적용되는가? 코피(I. Copi), 블랙(M. Black), 박병철(2014) 등은 전자를 주장한다. 반면에 힌티카(J. Hintikka), 매리언(M. Marion), 이영철(2016) 등은 후자를 주장한다.

그렇다면 어느 쪽이 옳은가? 더 나아가 왜 동어반복과 모순은 요소 명제들의 진리 함수임에도 불구하고 그림이 아닌가?

둘째, 『논고』에서 '그림'은 (나중에 살펴보겠지만) 사실상 비유이다. 그러나 '그림'은 단순히 비유에 불과한 것이며, 그리하여 그림 이론은 어떤 실질적 내용도 지니고 있지 않은가? 아니면 그림 이론 또는 그림 비유는 어떤 중대한 철학적 문제를 해결하기 위해 제시된 것인가? 다이아몬드(C. Diamond)와 강진호(2009)는 전자를 주장한다. 반면에 글록(Glock)과 해커(P. M. S. Hacker)는 후자를 주장한다. 그렇다면 어느 쪽이 옳은가?

이 문제들을 정확하게 해결하기 위해서는 우리는 다시 다음의 세 가지 물음에 대해 대답해야 한다. 첫째, 『논고』에서 어떤 하나의 사실을 그림으로 만드는 것은 무엇인가? 다시 말해 어떤 하나의 사실이 그림인지의 여부를 결정하는 것은 무엇인가? 그것은 모사 관계(2.1513)뿐인가 아니면 어떤 다른 것이 더 있는가? 둘째, 그림의 대상(2.173)과 그림의 뜻(2.221)은 동일한가 아니면 다른가? 특히 거짓 명제의 경우 그림의 대상과 그림의 뜻은 각각 무엇인가? 셋째, 모사 관계(2.1513)와 투영 관계(3.12)는 동일한가 아니면 상이한가? 그것들은 각각 무엇과 무엇의 관계인가?

나는 다음의 순서로 논의하고자 한다. 먼저 우리는 『논고』의 이른바 그림 이론에서 '그림'이 무엇인지를 살펴보아야 한다. 이를 위해서는 p가 S의 그림일 때 p와 S의 관계가 무엇인지를 살펴보아야 한다. 그렇게 되면 우리는 그림의 대상과 그림의 뜻이 상이하다는 점에 주목하게 된다(2절). 더 나아가 우리는 모사 관계와 투영 관계가 상이하다는 것을 알 수 있는데, 모사 관계는 사실로서의 그림과 그림의 대상 간의 관계이며, 투영 관계는 사실로서의 그림과 그림의 뜻 간의 관계이다(3절). 이제 투영 관계에 주목하게 되면, 그리고 "내가 명제를 이해한다면, 나는 그 명제에 의해 묘사된 상황을 알기 때문"에 "명제는 현실의 그림"이라는 언급(4.021)에 주목하게 되면, 비로소 우리는 왜 요소 명제뿐만 아니라 복합 명제도 그림인지를 이해할 수 있다. 더 나아가 우리는 **명제가 현실과 공유하는** 명제의 논리적 형식과 **논리적 구문론적 사용에 따른** 명제의 논리적 형식이 상이하다는 것을 알 수 있으며, 복합 명제는 세계와의 "묘사 관계"에 의해서 참이거나 거짓이라는 것을 알 수 있다(4절). 또한 우리는『논고』에서 비트겐슈타인이 그림 이론을 통하여 해결하려고 했던 철학적 문제로서 의미 이론의 문제, 진리 개념의 문제, 그리고 부정의 수수께끼를 지적할 수 있다(5절). 비트겐슈타인은 통상적인 뜻에서의 '그림'도 염두에 두고 있지만, 그림 이론에서의 '그림'은『논고』고유의 개념으로서 논리적 그림이다. 물론 그것은 비유이기도 하다. 그럼에도 불구하고 그것은 청년 비트겐슈타인에게는 결정적인 착상이었다(6절).

2. 그림의 대상과 그림의 뜻

『논고』의 그림 이론을 정확하게 이해하기 위해서 반드시 주목해야 하는 것은 "그림의 대상"과 "그림의 뜻"이 동일한 개념이 아니라는 점이다. 사실상 이 두 가지를 정확하게 구분하지 않는 한, 그림 이론에 대한 해명은 피상적이거나 불가능하게 될 것이다. 먼저 "그림의 대상"과 "그림의 뜻"이 어떻게 규정되었는지를 살펴보자.

> 그림은 그것의 대상(Objekt, object, subject)[1]을 밖으로부터 묘사하며(그것의 관점이 그것의 묘사 형식이다), 그 때문에 그림은 그 대상을 올바르게 또는 그르게 묘사한다. (2.173)
>
> 그림은 그것이 묘사하는 바를, 그것의 참 또는 거짓과는 상관없이, 모사 형

---

1) 그림의 대상(Objekt)과 세계의 실체로서의 대상(Gegenstand)은 상이하다. 혹자는 Ogden이 2.173의 "Objekt"를 "object"로 번역하였고, 이 번역을 꼼꼼히 검토한 비트겐슈타인이 이를 수용하였다는 것을 근거로 그림의 "대상"이 사태를 이루는 "대상"이라고 주장할지도 모른다. 그러나 사태를 이루는 대상은 묘사의 대상이 아니라 그저 명명의 대상일 뿐이다(참고: 3.144, 3.22, 3.221). 그렇기 때문에 그림의 "대상"과 실체로서의 "대상"은 구분되어야 한다. 그리하여 Pears와 McGuinness는 2.173의 "Objekt"를 "subject"로 번역하고 있다.

식을 통해 묘사한다. (2.22)

그림이 묘사하는 것이 그림의 뜻이다. (2.221)

이제 "그림의 대상"과 "그림의 뜻"의 차이를 해명하기 위해서 예를 들어 보자. 지금 책상 위에 시계가 있다. 이를 보면서 갑은 도화지에 책상 위에 시계가 있는 그림을 그렸고, 을은 책상 위에 나침판이 있는 그림을 그렸다고 하자. 그러면 이 두 개의 그림에서 그림의 대상과 그림의 뜻은 각각 무엇인가?

책상 위에 시계가 있다는 **사실**이 갑과 을의 그림의 대상이라는 점은 분명하다("우리는 사실들의 그림들을 그린다."(2.1)). 즉 갑과 을은 모두 책상 위에 시계가 있는 것을 보고 그림을 그렸다. 단, 갑은 올바르게 그렸고, 을은 그르게 그렸다. 한편 갑과 을의 그림의 뜻은 상이하다. 갑의 그림의 뜻은 그 그림이 묘사하는 것, 즉 책상 위에 시계가 있다는 것이고, 을의 그림의 뜻은 그 그림이 묘사하는 것, 즉 책상 위에 나침판이 있다는 것이다. 그림의 대상은 그림에 의해 **올바르게 또는 그르게** 묘사되는 것(2.173)이며, 그림의 뜻은 그림이 그 그림의 대상을 올바르게 또는 그르게 묘사했을 때 묘사하는 것(2.221)이다.

그런데 혹자는 이 지점에서 다음과 같이 질문할 수 있을 것이다.『논고』에서는 "사실들의 그림들"이라는 표현뿐만 아니라 "현실의 그림"(4.01, 4.021, 4.06), "세계의 그림"(2.0212), "상황의 (논리적) 그림"(4.03, 4.032), "사태의 기술"(4.023)이라는 표현도 등장한다. 이제 "상황의 그림"이라는 표현에 주목하자. 을은 책상 위에 나침판이 있다는 논리적으로 가능한 상황을 그린 것 아닌가? 그렇기 때문에 그러한 논리적으로 가능한 상황이 곧 그림의 대상이고 동시에 그림의 뜻인 것 아닌가?

그러나 거짓이지만 논리적으로 가능한 상황은『논고』에서는 결코 그림의 대상이 될 수 없다.『논고』에서 세계는 일어나는 모든 것(1)이고, 사실들의 총체(1.1)이다. 거짓인 상황은 이 세계에 속하지 않는다. 그렇기 때

문에 그것은 그림의 대상이 될 수 없다("우리는 사실들의 그림들을 그린
다."(2.1)). 따라서 책상 위에 나침판이 있다는 (논리적으로 가능한) 상황
은 을의 그림의 대상이 아니다. 더 나아가 거짓이지만 논리적으로 가능한
상황을 그림의 대상으로 간주하는 것은『논고』의 존재론을 과도하게 부풀
리는 것이다.[2] 그렇기 때문에 그러한 상황은 세계에 속하는 그림의 대상
일 수 없으며, 오히려 그 그림이 묘사하는 것, 즉 그림의 뜻이다.

　지금까지의 논의를 정리해 보자. p가 S의 그림이라고 하자.『논고』에
서는 이를 p는 S를 모사한다(abbilden), 묘사한다(darstellen)., 표상한다
(vorstellen), 기술한다(beschreiben)로 표현하고 있다.『논고』에서 p의 자리
에 나오는 것은 그림(2.17), 논리적 그림(2.19), 사고(3), 요소 명제, 명제
(4.01)이다. 다음으로 S의 자리에 나오는 것은 사실(2.1, 3), 사태(4.023), 상
황(2.11, 2.203), 현실(4.01), 세계(2.19)이다. 그런데 여기에서 S가 항상 그
림 p의 대상인 것은 아니다. 다시 말해 S는 그림 p의 대상일 수도 있고, 그
림 p의 뜻일 수도 있다. S가 그림 p의 대상이라면,『논고』에 따르면, 그림
p는 그림의 대상 S를 올바르게 또는 그르게 모사(묘사)한다. 반면에 S가
그림 p의 뜻이라면, S는 그림 p가 그 그림의 대상(존립하는 사태, 사실, 세
계, 현실)을 올바르게 또는 그르게 모사(묘사)했을 때 그 묘사하는 것이다.

　p가 참인 요소 명제인 경우, 그리고 그림 p의 대상이 p와 일치하는 사태
인 경우, 그림 p의 대상과 그림 p의 뜻은 동일하다. 그리고 (앞으로 살펴보

---

2)　그림의 대상과 그림의 뜻을 분명하게 구분하지 않으면 Mácha(2015)와 같은 오류를 범하
게 될 것이다. 그는 다음과 같이 말한다. "반면에, 요소 명제들은 **가능한** 사태들을 모사
하고 복합 명제들은 **가능한** 사실들을 모사한다. 최상위 등급의 가벼운(slight) 용어상의
문제가 존재한다. 언어는 모든 가능한 사태들의 총체를 모사해야 한다. 그러나 비트겐
슈타인은 세계를 '존재하는 사태들의 총체'로 정의한다. '존재하는(existing)'은 여기에서
'실제의(actual)'를 의미한다. 따라서 우리는 오히려 언어가 생각된 세계[gedachte Welt]를
모사한다고 말해야만 한다. 왜냐하면 언어는 실제로 참이 아닌 명제들, 성립하지 않는
사실을 모사하는 명제들을 포함할 수 있기 때문이다."(Mácha (2015), p. 69) 그러나 현실
세계(2.022)는 그림의 대상이고, 현실 세계와 "상이하게 생각된 세계"(2.022)는 그림의
대상이 아니다. 또한 내적인 모사 관계는 언어와 세계 사이에 성립하는 것이며(4.014),
언어와 생각된 세계 사이에 성립하는 것이 아니다.

겠지만) p가 참인 복합 명제의 경우, 그림 p의 대상과 그림 p의 뜻은 동일하지 않지만 일치한다. p가 거짓인 요소 명제, 또는 복합 명제인 경우, 그림 p의 대상과 그림 p의 뜻은 동일하지도 않고 일치하지도 않으며, 그림 p의 뜻은 그림 p의 대상을 그르게 묘사할 때 그 묘사하는 것으로서, p라는 (논리적으로 가능한) 상황이다.

『논고』에서 "그림의 대상"과 "그림의 뜻"의 구분은 청년 비트겐슈타인이 그림이라는 비유를 통해서 도달한 것이다. 그는 『논고』 이전에 「논리에 관한 단상들」("Notes On Logic, September 1913")에서 다음과 같이 말한다.

> 모든 명제는 본질적으로 참-거짓이다. 따라서 한 명제는 (그것이 참인 경우와 그것이 거짓인 경우에 대응하는) 두 개의 극을 갖고 있다. 우리는 이것을 명제의 **뜻**(*Sinn*)이라고 부른다. 명제의 **지시체(의미,** *Bedeutung*)는 그 명제에 실제로 대응하는 사실이다. 나의 이론의 주요한 특징은 이러하다: p는 p-아니다 (not-p)와 동일한 지시체(의미, Bedeutung)를 지닌다.[3]

이 당시에 비트겐슈타인은 프레게의 영향 하에서 프레게의 용어 "뜻"과 "지시체"를 사용하고 있었지만, 그럼에도 불구하고 자신의 고유한 방식으로 명제의 뜻과 명제의 지시체를 구분하고 있었다. 위의 인용문에 따르면 한 명제의 뜻은 그 명제가 참인 경우와 거짓인 경우에 대응하는 두 개의 극이고, 한 명제의 지시체는 그 명제에 실제로 대응하는 사실이다. 그러나 이러한 규정은 불완전한 것이었으며, 이제 『논고』에서는 그림 이론과 더불어 그림의 뜻과 그림의 대상으로 수정된다. 명제는 그림이고 명제가 모사하는 대상은 그림의 대상, 즉 사실들이다. 또한 명제의 뜻은 그 그림이 묘사하는 것(2.221)이고, 명제가 사정이 그러하다고 말하는 것(4.022)이다.[4]

---

3) Wittgenstein (1961), p. 94.
4) 강진호(2009)는 "요소문장 각각이 갖고 있는 특정한 참-거짓 가능성이 바로 비트겐슈타

더 나아가 『논고』에 따르면, "명제는 사실들과 독립적인 뜻을 가진다."(4.061) 다시 말해 그림(명제)의 뜻은 그림의 대상(사실)과 독립적이다. 을의 그림의 뜻은 책상 위에 시계가 있다는 사실에 의해 결정되지 않는다. 을의 그림에서("명제 속에서") 그림의 뜻은(즉 그 그림이 묘사하는 "상황은") "말하자면 시험적으로 조립된다."(4.031) 그렇다면 어떻게 그러한 상황은 시험적으로 조립되는가?

3. 모사 관계와 투영 관계

앞에서 우리는 그림의 대상과 그림의 뜻이 어떤 관련을 맺는지를 살펴보았다. 그림의 대상은 그림이 올바르게 또는 그르게 묘사하는 것이고, 그림의 뜻은 그림이 올바르게 또는 그르게 묘사할 때 그 묘사하는 것이다. 참인 명제의 경우 그림의 대상과 그림의 뜻은 동일하거나 일치한다. 반면에 거짓인 명제의 경우 그림의 대상과 그림의 뜻은 동일하지도 않고 일치하지도 않는다. 이제 문제는 어떤 것을 그림이 되게끔 하는 것, 즉 사실로서의 그림(2.141)을 그림으로 만드는 것이 무엇이며, 또 그림이 어떻게 뜻을 지니느냐 하는 것, 특히 거짓 요소 명제의 경우 어떻게 뜻이 결정되는가 하는 것이다.

이 물음에 대답하기 위해서는 우리는 무엇보다도 "모사 관계"와 "투영 관계"를 정확하게 파악해야만 한다.

> 그러므로 이러한 파악 방식에 따르면, 그림에는 그것을 그림으로 만드는 모사 관계도 또한 속한다. (2.1513)

인이 요소문장의 뜻(sense)이라고 부르고 있는 것"(강진호(2009), p. 10)이고 "문장의 뜻(=특정 참-거짓 가능성)"(강진호(2014), p. 13)이라고 말하고 있는데, 이는 비트겐슈타인이 바로 이러한 생각들을 『논고』에서 완전히 수정하였다는 사실을 간과하는 것이다. 마찬가지로 Pitcher(1964) 또한 그러한 사실을 놓치고 있는데, 그에 따르면, 비트겐슈타인은 "명제의 뜻"을 두 가지 의미로 사용하고 있고, 첫 번째 의미의 사용에 따르면, "p"와 "~p"는 명제의 뜻이 동일하다(Pitcher (1964), pp. 54-56). 그러나 이는 "그림의 대상"과 "그림의 뜻"의 구분을 간과해서 발생한 오류에 불과하다.

모사 관계는 그림의 요소들과 실물들과의 짝짓기들로 이루어진다. (2.1514)
이 짝짓기들은 말하자면 그림 요소들의 촉수들이다; 그것들을 가지고 그림
은 현실과 접촉한다. (2.1515)
우리는 감각적으로 지각될 수 있는 명제 기호(음성 기호 또는 문자 기호 등)
를 가능한 상황의 투영으로서 이용한다.
　그 투영 방법은 명제의 뜻을 생각하는 것이다. (3.11)
우리가 사고를 표현하는 데 쓰는 기호를 나는 명제 기호라고 부른다. 그리
고 명제란 세계와 투영 관계에 있는 명제 기호이다. (3.12)

　먼저 나는 "모사 관계"와 "투영 관계"가 무엇인지를 예를 통해 해명하
고자 한다. 다음과 같은 반점을 보자.

이 반점을 a라고 부르자. a는 검다. 이제 철수가 이 반점을 보면서 "a는 검
다"("Ba")라고 말하고, 영희가 "a는 붉다"("Ra")라고 말한다고 하자. "Ba"
에서 모사 관계는 "a"와 위의 반점(a), 그리고 "B_"와 (a의) 검음 간의 짝
짓기에서 성립한다.[5] 이는 "Ba"에서의 투영 관계와 유사하다. 우리는
"Ba"라는 "명제의 뜻을 생각"하면서 "a"에 a, 그리고 "B_"에 (a의) 검음을
투영시킨다. 한편 "Ra"에서 모사 관계는 "a"와 a, 그리고 "R_"과 (a의) 검
음 간의 짝짓기에서 성립한다. 이는 "Ra"에서의 투영 관계와 전혀 다르다.
우리는 "Ra"라는 "명제의 뜻을 생각"하면서 "a"에 a, 그리고 "R_"에 [(a
의) 검음이 아니라] (세계에 속하는 어떤 것의) 붉음을 투영시킨다.
　이제 이러한 예를 바탕으로, 모사 관계와 투영 관계가 무엇인지 정리
하기로 하자. 『논고』에 따르면, 모사 관계는 (사실로서의) 그림과 그림
의 대상 간의 관계이다. 더 정확하게 말하면, 그림의 요소들과 **그림의 대**

---

[5] 더 엄밀하게 말하면, 비트겐슈타인에게는 "Ba"에서 기호화하거나 지칭하는 것은 단독
　으로 분리된 "B"와 "a"가 아니라, 오히려 "B"가 이름 "a" 왼쪽에 있다는 것과 "a"가 기호
　"B" 오른쪽에 있다는 것이다. 참고: 7장.

상(Objekt)의 실물들의 관계이다. 그렇기 때문에 "Ba"와 "Ra"라는 그림에서 각각의 요소들(즉 "a", "B_", "R_")은 a가 검다는 사실, 즉 그림의 대상의 실물들(a와 (a의) 검음)과 짝짓기 된다. "모사 관계는 그림의 요소들과 실물들과의 짝짓기들로 이루어진다."(2.1514) 반면에 투영 관계는 (사실로서의) 그림과 그림의 뜻 간의 관계이다. 더 정확하게 말하면, 그림의 요소들이나 구성 요소들과 **그림의 뜻**을 이루는 의미들 간의 관계이다. 우리는 "Ba"와 "Ra"라는 명제 기호를 "가능한 상황의 투영으로서 이용한다."(3.11) 이때 "그 투영 방법은 명제의 뜻을 생각하는 것이다."(3.11) 그렇기 때문에 우리는 "Ba"와 "Ra"의 명제의 뜻을 생각하면서 "a"에는 a를 투영시키고, "B_"에는 (a의) 검음을, "R_"에는 (어떤 것의) 붉음을 투영시킨다. 그리하여 "명제는 세계와 투영 관계에 있는 명제 기호이다."(3.12) 이제 이를 더 상세하게 고찰하기로 하자.

어떤 한 그림을 그림의 대상의 그림으로 만드는 것은 모사 관계이며 (2.1513), 모사 관계는 그림의 요소들과 (그림의 대상에 속하는) 실물들과의 짝짓기들로 이루어진다(2.1514). 이러한 의미에서 "그림에서 그림의 요소들은 대상들에 대응한다."(2.13) 모사 관계에서 "대응"과 "짝짓기"는 항상 사실로서의 그림과 그림의 대상과의 관계로 결정된다. 가령 "Ba"와 "Ra"의 모사 관계에서 "B_"와 "R_"에는 둘 다 각각 (a의) 검음이 짝짓기 된다. 이 지점에서 혹자는 다음과 같이 질문할 수 있다. "Ba"에서 "B_"가 (a의) 검음에 대응된다는 것은 당연하다. 그러나 어떻게 "Ra"에서 "R_"이 (a의) 검음에 대응될 수 있는가?

비트겐슈타인의 대답은 다음과 같다. 왜냐하면 ("Ba"뿐만 아니라) "Ra"는 a가 검다는 사실(또는 존립하는 사태)과 모사 형식 또는 현실의 형식, 다시 말해 논리적 형식이 동일하기 때문이다.

> 그림의 요소들이 특정한 방식으로 서로 관계를 맺고 있다는 것은 실물들이 서로 그렇게 관계 맺고 있다는 것을 표상한다.
> 그림 요소들의 이러한 연관은 그림의 구조라고 불리며, 그 구조의 가능성

은 그림의 모사 형식이라고 불린다. (2.15)

모사 형식은 사물들이 그림의 요소들처럼 서로 관계 맺고 있을 가능성이다. (2.151)

모든 그림이, 그 형식이 어떠하건, 아무튼 현실을—올바르게 또는 그르게—모사할 수 있기 위해 현실과 공유해야 하는 것은 논리적 형식, 즉 현실의 형식이다. (2.18)

"그림에서 그림의 요소들은 대상들에 대응"(2.13)하고, "그림은 그 요소들이 특정한 방식으로 서로 관계를 맺는다는 데 있다."(2.14) 이때 그림의 요소들의 이러한 연관이 "그림의 구조"이고, 그 구조의 가능성이 모사 형식이며, 바로 이것이 그림과 현실이 공유하는 "논리적 형식", 즉 "현실의 형식"이다. 이러한 논리적 형식은 한 명제의 상항들을 모두 변항으로 바꿀 때 주어진다(3.315). 그렇기 때문에 "Ba"와 "Ra"의 논리적 형식은 "Xx"이다. 반면에 "책상 위에 시계가 있다"와 같은 명제는 a가 검다는 사실과 짝짓기 될 수 없는데, 왜냐하면 논리적 형식이 상이하기 때문이다.

모사 관계는 그림이 그림의 대상(현실)과 공유하는 모사 형식, 현실의 형식, 논리적 형식이 동일할 때 비로소 성립하는 그림과 그림의 대상 간의 관계이다. 반면에 투영 관계는 그림과 그림의 뜻 간의 관계이다. "우리는 감각적으로 지각될 수 있는 명제 기호(음성 기호 또는 문자 기호 등)를 가능한 상황의 투영으로서 이용한다. 그 투영 방법은 명제의 뜻을 생각하는 것이다"(3.11). 우리는 "Ra"라는 명제 기호를 "가능한 상황의 투영으로서" 이용하며, 이때 그 투영 방법은 "Ra"라는 명제의 뜻을 생각하는 것이다. 그렇기 때문에 우리는 "a"에는 a를, 그리고 "R_"에는 ((위의 반점의) 검음이 아니라) (세계에 속하는 어떤 것의) 붉음을 투영시킨다. 그렇기 때문에 "명제란 세계와 투영 관계에 있는 명제기호"(3.12)이다.[6]

---

6) McGinn (2009), p. 91은 "모사 관계"와 "투영 관계"를 혼동하거나 동일시하는 대표적인 사례이다. 또한 그리핀은 그림과 명제 기호는 일반성의 차원에서 다르며, 전자는 유이고 후자는 종이라고 주장한다(Griffin (1964), pp. 87). 그러나 이는 전혀 옳지 않다.

그림 "Ba"와 그림 "Ra"의 그림의 대상은 a가 검다는 사실이다. 다시 말해 그것들의 그림의 대상은 동일하다. 반면에 그것들의 그림의 뜻은 상이하다. 그림 "Ba"의 뜻은 a가 검다는 사실이지만, 그림 "Ra"의 뜻은 a가 붉다는 (논리적으로) 가능한 상황이다. 그러한 가능한 상황은 세계와 현실에 존재하는 것이 아니라 우리가 "Ra"의 뜻을 생각함으로써 투영하는 것이다. 그러한 투영 관계에서 그러한 상황은 명제 속에서 시험적으로 조립된다.

> 명제 속에서 상황은 말하자면 시험적으로 조립된다.
> "이 명제는 이러이러한 뜻을 가지고 있다"고 하는 대신, 우리들은 곧바로 "이 명제는 이러이러한 상황을 묘사한다"고 말할 수 있다. (4.031)

Ra라는 논리적으로 가능한 상황은 투영 관계를 통해서 시험적으로 조립된 것이다. 그러한 상황은 "Ra"라는 그림의 대상이 아니라 그 그림의 뜻이다. "Ra"는 그 그림의 대상, 즉 a가 검다는 사실을 그르게 모사(묘사)하고 있으며, 그것이 묘사하는 것, 즉 Ra라는 가능한 상황은 "Ra"라는 그림의 뜻이다. "Ba"가 **그림의 대상**을 올바르게 묘사하고 있고 "Ra"가 그르게 묘사하고 있는 것처럼, "Ba"나 "Ra"가 **그림의 뜻**을 올바르게 또는 그르게 묘사(모사)한다고 말하는 것은 오류다. 그림의 뜻은 그림이 올바르게 또는 그르게 묘사하는 것이 아니라, 그림이 그림의 대상을 올바르게 또는 그르게 묘사할 때 그 묘사하는 것이다.

그리하여 이제 우리는 『논고』의 다음 언급을 이해할 수 있다.

> 명제에는 투영에 속하는 모든 것이 속한다 ; 그러나 투영된 것은 속하지 않는다.
> 그러므로 투영된 것의 가능성은 속하지만, 이 투영된 것 자체는 속하지 않는다.
> 명제 속에는 그러므로 명제의 뜻을 표현할 가능성은 포함되어 있지만, 명제의 뜻은 포함되어 있지 않다.

("명제의 내용"은 뜻이 있는 명제의 내용을 말한다.)

　명제 속에는 그 뜻의 형식은 포함되어 있으나, 그 뜻의 내용은 포함되어 있지 않다. (3.13)

비트겐슈타인에 따르면, 명제에는 "투영된 것의 가능성은 속하지만, 이 투영된 것 자체는 속하지 않는다."(3.13b) 이제 이 언급과 "그림은 그것이 묘사하는 상황의 가능성을 포함한다."(2.203)를 비교하면, 여기에서 "투영된 것"(3.13b)이 그림이 "묘사하는 상황"(2.203)과 동일하다는 것을 알 수 있다. 그림이 "묘사하는 상황"은 그 그림의 뜻이며, 세계에 속하는 사실일 수도 있고, 존립하지 않지만 논리적으로 가능한 상황일 수도 있다. 참인 명제의 경우 그 명제가 묘사하는 사실이 그 명제에 포함되어 있지 않은 것처럼, 명제에는 그것이 묘사하는 상황 자체가 포함되어 있지 않다. 오히려 명제와 명제가 묘사하는 상황은 그 그림의 대상과 모사 형식이 동일하므로, 명제 속에는 그 뜻의 형식, 즉 모사 형식이나 묘사 형식[7]은 포함되어 있으나, 그 뜻의 내용, 즉 그 상황 자체는 포함되어 있지 않다.[8]

　더 나아가 청년 비트겐슈타인은 『논고』에서 그림 비유 또는 그림 이론을 통하여 진리 개념의 문제를 해결한다. 명제는 뜻을 지닌다. 그 뜻이 현실과 일치하면 그 명제는 참이고, 현실과 불일치하면 그 명제는 거짓이다("그림의 참 또는 거짓은 그림의 뜻과 현실의 일치 또는 불일치에 있다"2.222). 그리고 "그림이 참인지 거짓인지 인식하려면, 우리는 그것을 현실과 비교해야 한다."(2.223) 그러나 왜 그러한 현실과의 비교는 가능한가? 왜냐하면 사실로서의 그림과 그림의 대상은 모사 형식(현실의 형식, 논리적 형식)이 동일하기 때문이다. 그렇기 때문에 그림의 요소들과

---

7)　이 "묘사 형식"은 다음 절에서 논의될 "논리적 구문론적 사용에 따른 명제의 논리적 형식"이다.
8)　결론적으로 한 명제는 그것이 묘사하는 상황(즉, 뜻)을 가지고 있으나 그 상황 자체는 명제에 포함되지 않는다. 이는 내가 자동차를 가지고 있으나 자동차가 나에게 포함되지 않는다는 것과 같다. "가지고 있다"와 "포함하고 있다"는 상이하다.

그림의 대상의 실물들 간의 짝짓기가 이루어진다. "이 짝짓기들은 말하자면 그림 요소들의 촉수들이다. 그것들을 가지고 그림은 현실과 접촉한다."(2.1515) 그러한 짝짓기를 통해서 비교가 이루어지고 그림의 참과 거짓은 결정된다.

4. 그림과 복합 명제

앞에서 우리는 참인 요소 명제와 거짓인 요소 명제가 왜 『논고』에서 그림인지를 살펴보았다. 가령 "Ba"와 "Ra"는 (이것들이 요소 명제라고 가정할 때) a가 검다는 사실, 즉 그림의 대상과 모사 관계에 있고, 또 그 사실과 그 명제들은 모사 형식(현실의 형식)을 공유하고 있기 때문에 그림이다. 그렇다면 "a는 검지 않다"("∼Ba"), "a는 붉지 않다"("∼Ra"), "a는 검거나 붉지 않다"("Ba ∨ ∼Ra")와 같은 복합 명제는 그림인가 아닌가?

이 문제에 대해서 코피(I. Copi), 블랙(M. Black), 박병철(2014)은 『논고』에서 그림 이론은 요소 명제에만 적용된다고 주장한다. 반면에 힌티카(J. Hintikka), 매리언(M. Marion), 이영철(2016)은 그림 이론은 복합 명제에도 적용된다고 주장한다. 먼저 요소 명제만 그림이라는 코피의 주장의 핵심 근거는 『논고』의 근본 사상이다. "나의 근본 사상은, "논리적 상항들"은 대표하지를 않는다는 것이다."(4.0312) 이에 따르면, 복합 명제를 이루는 "∼"과 "∨"와 같은 논리 상항들은 세계에 속하는 것을 대표하지 않는다. 요소 명제에는 그러한 논리 상항이 없고, 이름들은 세계에 속하는 대상들과 짝짓기 되므로 모사 관계가 성립하고 그리하여 요소 명제는 그림이다. 반면에, 코피에 따르면, "비-요소 명제들은 대상들을 대표하지 않는 요소들을 포함하지만 그림의 모든 요소들은 대상들을 대표해야만 하므로, 비-요소 명제들은 그림일 수 없다. 따라서 비트겐슈타인은 요소 명제들에 대해서만 그의 의미 그림 이론을 의도했다."[9]

그러나 과연 이러한 주장이 옳은지 의구심을 갖게 만드는 증거들이 있다. 『논고』에서 그림 이론은 다음과 같은 언급으로 시작된다. "우리는 사실들의 그림들을 그린다."(2.1) 여기에서 "사실들"은 복합 명제에 해당되는 것이다.[10] 더 나아가 분명한 것은 『논고』에서는 요소 명제뿐만 아니라 요소 명제들의 진리 함수인 복합 명제도 뜻을 지닌다는 점이다. 이는 다음의 언급을 확인하면 알 수 있다: "명제 "p"와 명제 "~p"는 대립된 뜻을 가지지만, 그것들에는 하나의 동일한 현실이 대응한다."(4.0621) "p의 진리 함수의 뜻은 p의 뜻의 함수이다."(5.2341) 다시 말해 요소 명제가 뜻을 지니는 것과 같이 복합 명제도 뜻을 지닌다면, 요소 명제와 마찬가지로 복합 명제도 그림으로 간주되었으리라고 생각하는 것은 자연스럽다. 또한 『일기 1914-1916』의 다음 기록은 이러한 생각이 옳다는 것을 강화시킨다: "무엇보다도 요소 명제 형식은 모사해야만 한다. 모든 모사는 그것을 통해 일어난다."[11] 그렇다면 『논고』에서 복합 명제는 어떻게 그림일 수 있는가?

이 물음에 대해서 이영철(2016)은 힌티카(Hintikka(1986))의 생각을 다음과 같이 요약한다.

이 점은 다음과 같이 좀 더 명확히 알 수 있다: 우선, 셰퍼가 증명한 바이지

---

9) Copi (1966), p. 171. 블랙은 그림 이론은 일차적으로 요소 명제들에 적용된다고 주장한다. 그는 다음과 같이 말한다. "그러므로 그림 이론은 진리 함수에 대한 비트겐슈타인의 논의가 제공하려고 시도할 논리적 기호들의 기능에 대한 설명에 의해 보충될 필요가 있다."(Black (1964), p. 220) 이러한 블랙의 주장과 박병철(2014)의 주장은 유사하다. 그는 다음과 같이 말한다. "바로 그런 이유에서 엄밀하게 말해 그림이론에서 그림적 성격이 적용되는 언어의 레벨은 요소명제와 원자사실 사이의 관계인 것이다."(박병철 (2014), p. 106) 또한 그는 "요소명제에 적용되는 그림적 성격을 요소명제 이외의 모든 명제로 확장할 수 있는 장치"(박병철 (2014), p. 116)를 거론하지만 그것이 정확하게 무엇인지는 해명하고 있지 않다. 따라서 나는 블랙(Black(1964))과 박병철(2014)은 명시적으로는 코피(Copi (1966))의 주장을 따르고 있다고 생각한다.

10) "사실과 사태 간의 차이란 무엇인가?"라는 러셀의 질문에 대해 비트겐슈타인은 "사태는 한 요소 명제가 참이라면 그것에 대응하는 것입니다. 사실은 요소 명제들의 논리적 곱에, 그 논리적 곱이 참일 때, 대응하는 것입니다."(Wittgenstein (1961), p. 129)라고 대답한다.

11) Wittgenstein (1961), p. 22.

만, 모든 복합 명제는 요소 명제들에 대한 연속적 부정의 연언이다(5.5). 그런데 부정은 부정된 명제의 그림 성격을 바꾸지 않는다. 왜냐하면 한 명제의 부정은 부정된 명제와 "대립된 뜻을 가지지만, 그것들에는 하나의 동일한 현실이 대응"(4.0621)하기 때문이다. 그리고 자명하게도, 연언은 연언된 명제 각각의 그림 성격을 합친다. 따라서 모든 복합 명제는 요소 명제들의 그림 성격을 보존한다.[12]

그러나 나는 이렇게 생각하는데, 이는 대단히 불충분한 해명이다. 연언은 연언된 명제 각각의 그림 성격을 합치고, 부정은 부정된 명제의 그림을 거꾸로 바꾸기(5.2341) 때문에 요소 명제의 그림 성격이 복합 명제에서도 보존된다는 설명은 기껏해야 요소 명제들이 뜻을 지니는 것과 같이 복합 명제들도 뜻을 지닌다는 것을 보이는 것—사실상 이것조차 성공적인지도 의문이지만—에 불과하기 때문이다. 본질적으로 더 중요한 것은 『논고』에 입각해서 "그림 성격의 보존"이 어떻게 이루어지는지를 보이는 것이다. 요소 명제는 현실과 모사 형식을 공유하기 때문에 그림이다. 이러한 요소 명제의 그림 성격은 어떻게 복합 명제에서도 보존되는가? 복합 명제는 현실과 모사 형식을 공유하는가? 힌티카의 논의에는 바로 이 점이 빠져있다.

뿐만 아니라 힌티카는 위의 논의를 한 후에 다음과 같이 말한다:

> 따라서, 비트겐슈타인에 따르면 『논고』에서, 만일 p가 '그림'이라면 ~p는 '그림'일 뿐만 아니라, 그것은 **동일한 그림**이고, 하지만 거꾸로 바꾼(reversed) 그것의 '뜻'(그것의 '논리적 극성(logical polarity)'을 지니는 그림이다.[13]

나는 이러한 힌티카의 언급은 지독한 혼동의 결과라고 생각한다. 그는 무엇보다도 그림의 대상과 그림의 뜻을 구분하지 못하고 있다. 이제 사실 p

---

12) 이영철 (2016), p. 144.
13) Hintikka, M. B. & Hintikka, J. (1986), p. 108. Hintikka, J. (1994), p. 242. Marion (2009)은 이러한 Hintikka (1994)의 생각을 그대로 받아들이고 있다. 참고: Marion (2009), p. 29, p. 117.

에 대해서 명제 "p"와 명제 "∼p"가 말해졌다고 하자. 그러면 명제 "p"와 명제 "∼p"의 그림의 대상은 같다. 즉 그것은 p라는 사실이다. 그러나 그림의 대상이 동일하면 동일한 그림이 되는가? 명백하게도 명제 "p"와 명제 "∼p"는 뜻이 다르다. 그런데 어떻게 동일한 그림일 수 있는가?

그렇다면 어떻게 "∼Ba", "∼Ra", "Ba ∨ ∼Ra" 등은 그림일 수 있는가? 먼저 이것들은 그림을 그림으로 만드는 모사 관계를 저 그림의 대상에 대해서 갖고 있**을 수 있다**. 단, 이 모사 관계에서는 "∼"와 "∨"와 같은 논리 상항은 대표하지를 않으므로, 이 명제들과 그림의 대상(현실)이 공유하는 모사 형식은 모두 Xx이다. 만일 이 명제들이 그림의 대상과 모사 형식을 공유하고 있고, 그리하여 그림의 대상과 모사 관계에 놓인다면 이 명제들은 그림**일 수 있다**.

그러나 이 지점에서 떠오르는 중요한 물음은 다음과 같다. "∼Ba"가 그림이라면 "#Ba"도 (여기에서 "#"는 반올림표이다) 그림 아닌가? 왜냐하면 "#Ba"의 모사 형식도 Xx일 것이기 때문에 말이다. 그러나 이는 그렇지 않다. 이는 우리가 그러한 "#"에 아무런 의미도 주지 않았기 때문이다.

> 그래서 "소크라테스는 동일하다"는, 우리가 **형용사**로서의 "동일하다"라는 낱말에 **아무런** 의미도 주지 않았기 때문에, 아무것도 말하지 않는다. 왜냐하면 만일 그것이 동일성 기호로서 등장한다면, 그것은 전혀 다른 방식으로 상징하며—그 지칭 관계가 다르며—따라서 그 두 경우에 그 상징은 전혀 다르기 때문이다. 그 두 상징은 단지 그 기호만을 우연히 서로 공유하고 있을 뿐이다. (5.4733)

형용사로서의 "동일하다"라는 낱말에 아무런 의미도 주지 않았기 때문에 "소크라테스는 동일하다"가 무의미한 것과 마찬가지로, 우리가 논리 상항으로서의 "#"에 아무런 의미도 주지 않았기 때문에 "#Ba"는 무의미하며 그리하여 그림이 아니다.

그렇다면 우리는 "∼Ba"에서 "∼"에 무엇을, 또는 어떤 의미를 부여했는가? 우리는 "Ba"의 뜻을 거꾸로 바꾸는 기능을 "∼"에 부여했다("부정은 명제의 뜻을 거꾸로 바꾼다."(5.2341)) 바로 그러한 기능이 "부정의 의미"(5.451)이다. 이제 투영 관계와 투영 방법에 대해 생각해 보자. "우리는 감각적으로 지각될 수 있는 명제 기호(음성 기호 또는 문자 기호 등)를 가능한 상황의 투영으로서 이용한다. 그 투영 방법은 명제의 뜻을 생각하는 것이다."(3.11) 또한 "∼Ba"라는 명제의 뜻을 생각해 보자. 그러면 "a"에는 a가 투영되고 "B_"에는 (a의) 검음이 투영되며, "∼"에는 "Ba"의 뜻을 거꾸로 바꾸는 기능이 부여된다.[14]

그런데 "∼"에 "Ba"의 뜻을 거꾸로 바꾸는 기능이 부여된다는 것은 논리적 공간에서 "Ba"에 대해서 "∼Ba"가 바깥 논리적 장소에 놓이게 하는 것과 같다.

> 우리들은 이렇게 말할 수 있을 것이다: 부정은 이미 그 부정되는 명제가 확정하는 논리적 장소와 관계된다.
> 부정하는 명제는 부정되는 명제가 확정하는 논리적 장소와는 **다른** 하나의 논리적 장소를 확정한다.
> 부정하는 명제는 부정되는 명제의 논리적 장소를 이용하여, 즉 부정하는 명제의 논리적 장소를 부정되는 명제의 논리적 장소 바깥에 놓여 있는 것으로 기술함으로써 하나의 논리적 장소를 확정한다. (4.0641)

결국 복합 명제의 모든 논리 상항에 어떤 기능을 부여하는 것은 그 복합 명제로 하여금 논리적 공간에서 어떤 한 장소를 확정하게끔 하는 역할을 한다.

그러면 이제 "#Ba"와 "∼Ba"에 대해서 왜 전자는 그림이 아니지만 후자는 그림인지를 정리하기로 하자. 『논고』에서 어떤 것이 그림인지 여부에 대한 논의는 먼저 "모사 관계"에 대한 언급부터 주어진다. "그러므로 이러한 파악 방식에 따르면, 그림에는 그것을 그림으로 만드는 모사 관계

---

14) 나는 5장에서 그러한 기능이 "의미체"라는 것을 지적한바 있다.

도 또한 속한다."(2.1513) "모사 관계는 그림의 요소들과 실물들과의 짝 짓기들로 이루어진다."(2.1514) 그러나 2.1513과 2.1514로부터 우리는 "#Ba"와 "∼Ba"가 각각 그림인지 여부를 알 수 있는가? 그렇지 않다! 왜냐 하면 2.1513과 2.1514는 어떤 것이 그림일 때에만 적용되는 언급이기 때문 이다. 가령 우리는 가령 "Ba"와 "Ra"가 그림이라고 인정되면 모사 관계에 대해 언급할 수 있다. 반면에 "#Ba"와 "∼Ba"가 각각 그림인지의 여부 자체가 문제되는 상황에서는 우리는 그것들의 모사 관계를 지적할 수 없다.

다음으로 『논고』에서 어떤 것이 그림인지 여부에 대한 논의는 모사 형식(모사의 논리적 형식, 현실의 형식)에 대한 언급으로 주어진다. "사실이 그림이 되려면, 그것은 모사된 것과 공통적인 어떤 것을 지녀야 한다."(2.16) "그림과 모사된 것 속에 뭔가 동일한 것이 있어야, 그 하나는 다른 하나의 그림이 될 수 있다."(2.161) "그림이 현실을 그림의 방식으로—올바르게 또는 그르게—모사할 수 있기 위해 현실과 공유해야 하는 것이 그림의 모사 형식이다."(2.17) 그러나 이러한 언급들로부터 우리는 "#Ba"와 "∼Ba"가 각각 그림인지 여부를 알 수 있는가? 그렇지 않다! 물론 우리는 "#Ba"와 "∼Ba"가 기호로서 둘 다 사실이라는 것을 알고 있다. 그러나 그것들이 사실이라면 왜 그것들의 모사 형식은 각각 #Xx와 ∼Xx가 아니고 Xx인가? 우리는 위의 언급들만으로는 이 물음에 대답할 수 없다.

그렇기 때문에 "#Ba"와 "∼Ba"가 각각 그림인지의 여부는 『논고』 2.1 번 대의 (모사 관계와 모사 형식에 관한) 언급으로부터 주어지지 않고 다른 곳에서 주어진다. 이제 다음을 살펴보자.

> 명제는 현실의 그림이다: 왜냐하면 내가 명제를 이해한다면, 나는 그 명제에 의해 묘사된 상황을 알기 때문이다. 그리고 명제의 뜻이 나에게 설명되지 않았어도, 나는 명제를 이해한다. (4.021)

> 한 명제를 이해한다는 것은, 그 명제가 참이라면 무엇이 일어나는가를 안다는 것을 뜻한다.

(그러므로 우리들은 명제가 참인지 알지 못해도 명제를 이해할 수 있다.)

명제는 그 구성 요소들이 이해된다면 이해된다. (4.024)

나는 바로 이 언급들이 왜 요소 명제뿐만 아니라 복합 명제도 그림인지를 해명하는 가장 결정적인 열쇠라고 생각한다. 우리는 "#Ba"를 이해할 수 없지만, "∼Ba"를 이해한다. 그리고 나는 "∼Ba"에 의해 묘사된 상황을 알고 있다(4.021). 다시 말해 나는 "∼Ba"가 "참이라면 무엇이 일어나는가를 안다."(4.024) 그렇기 때문에 "∼Ba"는 현실의 그림이지만 "#Ba"는 그림이 아니다. "∼Ba"는 그림이기 때문에 그림의 대상과 모사 형식을 공유하며, 그 모사 형식은 Xx이고, 이를 토대로 모사 관계가 주어진다. 반면에 "#Ba"는 그림이 아니므로 모사 형식을 말하는 것은 무의미하다. 그리고 "∼Ba"는 뜻을 지닌다. 왜냐하면 우리는 그 명제의 뜻을 생각하면서 "∼"에 어떤 기능을, "B_"에 (a의) 검음을, "a"에 a를 투영시키기 때문이다.

이제 "모사의 논리적 형식"(2.2)과 "기호의 논리적 형식"(3.327)이 상이하다는 것을 확인하기로 하자.

그림은 모사된 것과 모사의 논리적 형식을 공유한다. (2.2)

기호는 기호의 논리적·구문론적 사용과 더불어서만 비로소 논리적 형식을 확정한다. (3.327)

우리는 앞에서 "∼Ba"의 모사 형식이 Xx라는 것을 살펴보았다. 『논고』의 근본 사상에 따라, 논리 상항은 대표하지를 않기 때문에, 현실과 공유하는 현실의 형식, 즉 모사 형식, 다시 말해 "모사의 논리적 형식"은 Xx일 수밖에 없다. 반면에 우리는 "∼Ba"의 뜻을 생각하면서 "∼"이라는 기호에 어떤 기능을 부여(투영)하였다. 이러한 "∼"의 논리적·구문론적 사용과 함께, 기호 "∼Ba"의 논리적 형식이 확정되는데(3.327), 이는 ∼Xx이다. 마찬가지로 "Ba ∨ ∼Ra"라는 명제 기호의 형식, 즉 명제 형식은 Xx ∨ ∼Yx이다. 그렇기 때문에 **명제가 현실과 공유하는** 명제의 논리적 형식과 **논**

리적 구문론적 사용에 따른 명제의 논리적 형식은 상이하다.[15]

논리 상항을 포함하고 있는 복합 명제는 논리적 구문론적 사용과 우리의 투영에 따라 논리적 형식과 그 명제의 뜻이 확정된다. 그런데 요소 명제의 경우 그 참 또는 거짓은 모사 형식과 모사 관계(die abbildende Beziehung)에 따라 그 명제와 현실(그림의 대상)을 비교함으로써 결정된다. 반면에 복합 명제의 경우에는 그러한 모사 형식과 모사 관계만으로는 참 또는 거짓이 결정되지 않는다. 그렇다면 복합 명제의 참 또는 거짓은 어떻게 결정되는가?

이 문제에 대한 비트겐슈타인의 대답은 "묘사 관계들(die darstellenden Beziehungen)"이다. 그렇다면 묘사 관계란 무엇인가?

> 동어반복과 모순은 현실의 그림이 아니다. 그것들은 어떤 가능한 상황도 묘사하지 않는다. 왜냐하면 전자는 **모든** 가능한 상황을 허용하며, 후자는 **어떤** 가능한 상황도 허용하지 **않기** 때문이다.
>
> 동어반복에서는 세계와의 일치 조건들—묘사 관계들—이 서로 상쇄하기 때문에, 동어반복은 현실에 대해 아무런 묘사적 관계에 있지 않다. (4.462)

"(TTTT)(p, q)", 즉 "p ⊃ p", "q ⊃q"와 같은 동어반복(참고: 5.101)은 "무조건 참이기 때문"에 "아무런 진리 조건도 가지지 않는다."(4.461) 또한 "(FFFF)(p, q)", 즉 "p & ~p", "q & ~q"와 같은 모순은 "어떠한 조건에서도 참이 아니다."(4.461) 그리하여 "동어반복에서는 세계와의 일치 조건들—묘사 관계들—이 서로 상쇄"(4.462)된다.

또한 위의 언급으로부터 우리는 묘사 관계가 "세계와의 일치 조건"(4.462)이라는 것을 알 수 있다. 동어반복과 모순을 제외한 모든 진리 함수, 가령 "(TFFF)(p, q)", 즉 "p & q"는 "세계와의 일치 조건"을 가지고

---

15) 비트겐슈타인은 "러셀의 공적은 명제의 외견상의 논리적 형식이 반드시 그것의 실제 형식은 아니라는 것을 보여준 것이다."(4.0031)라고 말한다. 이 언급에서 명제의 실제 "논리적 형식"은 논리적 구문론적 사용에 따른 명제의 논리적 형식이다.

있다. 즉 그것은 "p"와 "q"가 둘 다 참일 때에만 참이고 그렇지 않으면 거짓이다. 우리는 "p & q"와 세계와의 투영 관계로부터, 특히 우리가 "&"와 같은 논리 상항에 어떤 기능을 부여함으로써, 그 "명제를 이해한다면, 그 명제에 의해 묘사된 상황을"(4.021) 알 수 있다. 더 나아가 우리는 "p & q"의 세계와의 일치 조건, 즉 묘사 관계를 통하여 그것의 참 또는 거짓을 결정할 수 있다. 반면에 동어반복과 모순에서는 그러한 묘사 관계가 없기 때문에, "동어반복과 모순은 현실의 그림이 아니다."(4.462)[16]

5. 부정의 수수께끼

그렇다면 그림 이론과 더불어 청년 비트겐슈타인이 해결하고자 하였던 철학적 문제는 무엇인가? 이를 살펴보기 위해 그가 그림 착상을 최초로 떠올린 1914년 9월 29일의 기록을 살펴보기로 하자.

명제라는 일반 개념은 명제와 사태 간의 대응이라는 아주 일반적인 개념과 함께 한다. 나의 모든 물음들에 대한 대답은 **극도로** 단순해야만 한다!

명제 속에서 세계는 말하자면 시험적으로 조립된다. (파리의 법정에서 자동차 사고가 인형 등으로 재현되는 것과 마찬가지로)

이로부터 (내가 눈멀지 않았다면) 진리의 본질은 곧바로 도출되어야 한다.

각각의 낱말이 그 의미[지시체]를 묘사하는 상형 문자에 대해 생각해보자.

---

16) White(2006)는 비트겐슈타인이 "그림은 **현실**을 모사(Abbildung)하지만, 그림은 **상황**을 묘사(Darstellung)한다"는 방식으로 '모사'와 '묘사'라는 용어를 항상 상이한 대상들에 사용하고 있다고 주장한다.(White(2006), p. 49) 그러나 이는 옳지 않다. 비트겐슈타인은 4.12에서 "명제는 전체 현실을 묘사할 수 있다"고 말하고 있기 때문이다. 또한 White(2006)는 "한 명제는 만일 그것이 묘사하는 것이 그것이 모사하는 것과 일치하면 참이고 그렇지 않으면 거짓이다."(White(2006), p. 50)라고 말한다. 이 또한 옳지 않다. 그럼에도 불구하고 『논고』에서 "모사"와 "묘사"가 차이가 있다는 White(2006)의 주장은 부분적으로는 옳다. 비트겐슈타인은 현실(그림의 대상)에 대해서는 "모사"와 "묘사"를 둘 다 사용하지만, 상황(그림의 뜻)에 대해서는 오직 "묘사"만을 사용하고 있다. 그렇기 때문에 나는 2.173의 "묘사 형식"은 4.462의 "묘사 관계"와 관련하여 복합 명제에 적용되는 것으로 해석될 수 있다고 생각한다

또한 사태들에 대한 실제의 그림들이 옳을 수도 있고 그를 수도 있다는 것에 대해 생각해 보자.

" 만일 이 그림에서 오른쪽 사람이 사람 A를 나타내고 왼쪽 사람이 사람 B를 지칭한다면, 그 전체는 "A는 B와 펜싱을 하고 있다"를 말할 수 있다. 그림 문자로 되어 있는 명제는 참일 수도 있고 거짓일 수도 있다. 그것은 그것의 참 또는 거짓과 독립해서 뜻을 지닌다. 이를 통해 본질적인 모든 것은 실증될 수 있어야만 한다.[17]

이 기록을 주의 깊게 살펴보면, 비트겐슈타인은 최초로 "그림"("사태들에 대한 실제의 그림들")이라는 표현을 사용하면서 이와 함께, 낱말의 "지시체(의미)", "진리의 본질"("명제의 참 또는 거짓"), 명제의 "뜻"(명제는 명제의 "참 또는 거짓과 독립해서 뜻을 지닌다.")을 문제 삼고 있다는 것을 알 수 있다. 결국 그가 문제 삼고 있는 것은 말하자면 의미 이론의 문제와 진리 개념의 문제인 것이다.

비트겐슈타인은 요소 명제뿐만 아니라 복합 명제도 그림이라는 것을 보임으로써 이러한 의미 이론의 문제와 진리 개념의 문제에 대한 자신의 해결책에 비로소 도달한다. 비트겐슈타인에게 명제는 프레게와 달리 어떤 것을 가리키지 않으며(진리치의 이름이 아니며) 오히려 그림의 대상을 모사하거나 묘사한다. 오직 명제만이 뜻을 가지며(3.3), 명제의 뜻은 그 그림이 묘사하는 것이다(2.221). 또한 그림의 참 또는 거짓은 그림의 뜻과 그림의 대상(현실)의 일치 또는 불일치에 있다(2.222).

그런데 비트겐슈타인에게는 자신의 그림 이론으로 해결하려고 하였던 또 다른 중요한 문제가 있었다. 그렇다면 그 철학적인 문제란 무엇인가? 비트겐슈타인에게 그림 착상이 떠오른 것은 1914년 9월 29일이었다. 우리는 『일기 1914-1916』에서 그날의 전후 맥락을 살펴보면 그 문제가 무엇인

---

17) Wittgenstein (1961), p. 7.

지 알 수 있다. 그는 6일 전(1914년 9월 23일) 다음과 같이 기록한다. "다음과 같이 질문할 수 있을 것이다. 사태 p는 만일 그 사태가 전혀 성립하지 않는다고 판명된다면 어떻게 한 속성을 지닐 수 있는가?" 그리고 다음 날(1914년 9월 30일) 다음과 같이 말한다. "그림은 존재하지 않는 관계들을 묘사할 수 있다! 어떻게 이는 가능한가?" 다시 한 달 보름 후(1914년 11월 15일) 다음과 같이 기록하고 있다. "그것은 부정의 수수께끼이다: 사정은 그러하지 않은데, 그런데도 우리는 **어떻게** 그러하지 **않은지** 말할 수 있다." 그리고 이는『논고』에서는 다음과 같이 표현되어 있다.

> "p"가 거짓이면 "∼p"는 참이다. 그러므로 참인 명제 "∼p"에서 "p"는 거짓인 명제이다. 그런데 어떻게 "∼"이란 선이 그 명제를 현실과 맞게 만들 수 있는가? (5.512)

요컨대 비트겐슈타인이 그림 이론을 통하여 해결하려고 했던 또 다른 문제는 "부정의 수수께끼"였다. 그는 그림이라는 비유를 통하여 부정과 관련된 철학적 물음을 제기하고 있는 것이다.

플라톤의『소피스테스』로 거슬러 올라갈 수 있는 부정의 수수께끼는 청년 비트겐슈타인에게는 러셀에게서 직접적으로 물려받은 것이다. 러셀은『수학의 원리들』(*Principles of Mathematics*, 1903)에서 판단은 주체와 명제 간의 이항 관계라고 간주한다. 그리하여 "S는 a가 b를 사랑한다고 판단한다"는 "J(S, aLb)"로 기호화된다. 그러나 그는 이 생각을 밀고나갈 수 없었는데, 무엇보다도 거짓 명제를 판단하는 경우를 해명할 수 없었기 때문이다. 가령 aLb가 거짓이라고 하자. 그러면 aLb에 해당되는 사실은 존재하지 않는다. 그렇게 되면 아무것도 없는 것에 대해서 판단한다는 것은 불합리해 보인다.[18] 그리하여 러셀은『수학 원리』(*Principia Mathematica*, 1910-1913)에서 다중 관계 판단 이론(the multiple relation theory of judgment)을

---

18) 참고: 버트런드 러셀 (1989), p. 135.

제시한다. 그 이론에 따르면, "S는 a가 b를 사랑한다고 판단한다"에서 "a는 b를 사랑한다"는 'a', '사랑한다' 'b'로 나누어지며, 그리하여 "S는 a가 b를 사랑한다고 판단한다"는 "J(S, a, L, b)"로 기호화된다.

요컨대 비트겐슈타인이 러셀에게서 직접 물려받은 부정의 수수께끼는 거짓인 명제를, 또는 사실이 아닌 것을, 판단하거나 생각하는 것이 어떻게 가능한가 하는 문제이다. 비트겐슈타인은 몇몇 저작에서 반복해서 이 문제를 언급한다. 『청색책』에서 그는 다음과 같이 말한다.

> 대단히 많은 철학적 난점들이 "소망하다", "생각하다" 등의 표현들이 지니는, 우리가 지금 고찰하고 있는 저 뜻과 연결되어 있다. 이것들은 모두 다음의 물음 속에 요약될 수 있다: "사실이 아닌 것이 어떻게 생각될 수 있는가?"[19]

> 사실이 아닌 것이 어떻게 생각될 수 있는가? 킹스 칼리지(King's College)가 불타고 있지 않은데 내가 그것이 불타고 있다고 생각한다면, 그것이 불타고 있다고 하는 사실은 존재하지 않는다. 그렇다면 어떻게 나는 그것을 생각할 수 있는가?[20]

또한 『비트겐슈타인의 케임브리지 강의 1932-1935』에서 그는 다음과 같이 말한다.

> 부정, 참, 거짓, 명제라는 관념들(ideas)에 관한 한 가지 특이한 어려움이 존재하는데, 이는 다음과 같은 엉성한 형식으로, 즉 한 명제는 어떤 사실도 그 명제에 대응되지 않을 때 거짓이거나 그것의 부정은 참이라는 것으로 표현된다. 그러나 만일 어떤 사실도 그 명제에 대응되지 않는다면, 왜 그 명제는 한 이름이 만일 그것이 어떤 것도 명명하지 않는다면 무의미하게 되는 것처럼 무의미하지 않은가?[21]

---

19) 비트겐슈타인 (2006b), p. 61.
20) 비트겐슈타인 (2006b), p. 62.
21) Wittgenstein (1979b), p. 108.

생각함, 소망함, 희망함, 믿음, 그리고 부정은 모두 어떤 것을 공통으로 지니고 있다. 동일한 종류의 당혹스러운 물음들은 그것들 각각에 대해서 다음과 같이 제기될 수 있다: 어떻게 우리는 일어나지 않는 것을 소망할 수 있는가, 또는 일어나지 않는 어떤 것이 일어날 것이라고 희망할 수 있는가? 어떻게 p가 사실이 아닐 수 있을 때, 즉 아무것도 p에 대응하지 않을 때 p-아니다(not-p)가 p를 부정할 수 있는가?[22]

부정의 수수께끼란 어떤 것이 사실이 아닐 때 어떻게 우리가 그것을 부정하거나 생각하거나 소망하거나 믿을 수 있는가 하는 문제이다. 비트겐슈타인에게 파리의 법정에서 자동차 사고가 인형과 모형으로 재현되는 것을 보여주는 신문 기사는 바로 이 문제의 해결의 결정적인 실마리를 던져주는 것처럼 보였을 것이다. "명제 속에서 세계는 말하자면 시험적으로 조립된다." 즉 파리 법정에서 길 모형, 건물 모형, 자동차 모형, 인형 등으로 자동차 사고를 재현할 때 어떤 것은 사실과 일치하고 또 어떤 것은 그렇지 않을 것이다. 그런데 후자의 경우, 그러한 사실이 존재하지 않는데도 우리는 모형들과 인형들을 시험적으로 조립한다. 그것은 우리가 그림을 그리는 것과 같다. 그렇기 때문에 명제 대신에 그림의 비유를 시각화하여 밝히면 부정의 수수께끼는 해결될 가능성이 있다.

그렇다면 부정의 수수께끼는 구체적으로 어떻게 해결되었는가? 또는 청년 비트겐슈타인은 이 문제를 어떻게 해결하려고 했는가? 어떤 것이 사실이 아닐 때, 아무것도 우리에게 주어져 있지 않은데, 어떻게 우리는 그것을 생각할 수 있는가? 가령 이 책상이 갈색이고, 그리하여 빨갛지 않을 때, 어떻게 우리는 "이 책상은 빨갛다"라고 생각하거나 그 문장을 부정할 수 있는가? 이 물음에 대해서 다음과 같이 대답하면 어떻게 될까? 즉 아무것도 주어져 있지 않은 것이 아니라 어떤 것이 주어져 있다고. 다시 말해 "시험적으로 조립"되는 상황이 존재하며, 그리하여 우리는 생각할 수 있

---

22)　Wittgenstein (1979b), p. 110.

다고 말이다.

그러나 이는 청년 비트겐슈타인의 대답이 아니다. 왜냐하면 이는 『논고』의 존재론과 정면으로 충돌할 것이기 때문이다. 앞에서 우리는 『논고』에서는 p가 S의 그림일 때 S가 거짓인 논리적으로 가능한 상황이라면 S는 그림 p의 대상이 아니라 그림 p의 뜻이라는 것을 살펴보았다. 이 경우에 S가 그림 p의 뜻이 아니라 그림 p의 대상으로 간주하는 것은, 다시 말해 그림의 뜻과 그림의 대상을 동일시하는 것은 『논고』의 존재론을 과도하게 부풀리는 것에 불과하며 이는 『논고』의 존재론에 위배된다. 거짓이지만 논리적으로 가능한 상황이 세계에 속할 가능성은 애초에 배제된다.

그렇다면 비트겐슈타인은 『논고』에서 부정의 수수께끼를 어떻게 해결했는가? 부정의 수수께끼는 크게 두 가지 측면을 지니고 있다. 하나는 논리 철학적 측면이고 다른 하나는 심리 철학적 측면이다. 먼저 논리 철학적 측면을 다루어 보자. 앞 절에서 우리는 왜 『논고』에서 복합 명제가 그림인지를 해명하였다. 특히 "Ra"는 거짓이지만 "〜Ra"가 왜 그림인지를 살펴보았다. 이는 Ra가 성립하지 않는 사태일 때 그림에도 불구하고 왜 "〜Ra"가 무의미하지 않고 그림인지(즉 뜻이 있는지)를 해명하는 것과 같다. 이 경우에 "〜Ra"가 그림인 이유는 우리가 "〜Ra"를 이해하며 그리하여 "〜Ra"에 의해 "묘사된 상황을 알기 때문"(4.021)이다. 그리하여 사실 Ba와 그림 "〜Ra"는 모사 형식(현실의 형식)이 일치하고 모사 관계에 놓이기 때문에, "〜Ra"는 그림의 대상 Ba의 그림이며, 그 그림의 뜻은 〜Ra라는 상황이다.[23]

---

23) 중기 비트겐슈타인은 "부정의 수수께끼"를 "현실(세계)과 사고의 조화 문제"로 재정립한다. 그는 『철학적 문법』에서 다음과 같이 말한다. "여기에서 우리는 오래된 문제, 다음과 같은 방식으로 우리가 표현하고자 하는 문제를 지닌다: "p가 사실이라는 생각은 그것이 사실이라는 것을 전제하지 않는다; 그럼에도 다른 한편으로 심지어 그 사고를 지님의 전제인 어떤 것이 사실에 존재해야만 한다(나는 만일 색깔 빨강이 존재하지 않는다면 어떤 것이 빨갛다고 생각할 수 없다)." 그것은 세계와 사고 간의 조화의 문제이다."(Wittgenstein (1974), p. 142-143) 또한 비트겐슈타인은 부정의 수수께끼에 대한 『논고』에서의 해결이 그림 성격(Bildhaftigkeit, 구상성)의 일치이고, 이는 다시 논리적

다음으로 심리 철학적 측면을 다루어 보자. 부정의 문제를 해결하기 위해서는 "생각하다", "소망하다", "믿다"와 같은 것이 무엇인지를 밝혀야 한다. 『논고』에서는 주로 "사고"에 대해서 논의되고 있다. 『논고』에 따르면, "사실들의 논리적 그림이 사고이다."(3) 또한 『논고』에서 사고는 심리적 구성요소들로 이루어져 있으며, 그러한 구성요소들은 명제의 이름들에 대응된다. 그리하여 "명제 속에서 사고는 명제 기호의 요소들이 사고의 대상들과 대응하도록 표현될 수 있다."(3.2)에서 "명제 기호의 요소들"은 "명제의 이름들"이고 "사고의 대상들"은 사고를 이루는 "심리적 구성요소들"이다. 말하자면, 사고는 일종의 언어이고, "사고는 뜻이 있는 명제이다."(4) 이로부터 우리는 다음 세 가지를 지적할 수 있다. 첫째, "명제들의 총체가 언어"(4.001)이듯이, 사고들의 총체 또한 일종의 언어이므로, 우리가 통상적으로 부르는 언어—입말 언어, 글말 언어—와 대조해서 우리는 사고들의 총체를 정신적 언어라고 부를 수 있다. 둘째, 우리는 『논고』에서 대상이 의미인 이름(3.203), 이름들의 연쇄인 요소 명제(4.22), 그리고 요소 명제들의 진리함수인 명제(5)로 구분되는 것과 같이, 사고에 대해서도, 심리적 구성요소, 구성요소들의 연쇄인 사고(이를 "요소 사고"라고 부르자), 그리고 요소 사고들의 진리함수인 사고를 생각할 수 있다. 셋째, 우리는 『논고』에서 명제와 명제 기호로 구분되는 것과 같이, 사고에 대해서도 사고와 사고 기호를 구분할 수 있다. 다시 말해 명제는 사고에, 그리고 명제 기호는 사고 기호에 대응된다. 그리하여 "적용된, 생각된 명제 기호가

형식의 일치였으며, 이러한 생각은 오류라는 것을 다음과 같이 지적하고 있다: "여기에서 사고와 실재의 조화 또는 일치 대신에 혹자는 사고의 그림 성격(Bildhaftigkeit der Gedanken, the pictorial character of thought)을 말할 수도 있을 것이다: 그러나 이 그림 성격은 하나의 일치인가? 『논고』에서 나는 다음과 같은 것을 말했다: 그것은 형식의 일치이다. 그러나 이는 오도적이다."(Wittgenstein (1974), p. 163) 해커는 부정의 수수께끼와 현실과 사고의 조화 문제를 동일시하면서 그림 이론이 이 문제에 대한 대답이었다고 주장한다(Hacker (1981). pp. 105-106). 글록은 "부정의 수수께끼"에 대한 해결이 그림 이론이며, 특히 "한 명제가 모사하는 것은 가능성"(Glock(1996), p. 299)이라는 것이 비트겐슈타인의 해결이었다고 주장한다. 그러나 그는 "그림의 대상"과 "그림의 뜻"을 명확하게 구분하고 있지 않다.

사고이다."(3.5)[24]

그렇게 되면 우리는『논고』의 사고 개념이 매우 특이한 것임을 알게 된다. 비트겐슈타인이 요소 명제와 대상의 예를 제시하지도 않았고 제시할 수도 없었다는 것은 잘 알려진 사실이다. 마찬가지로 그는 요소 사고와 그 구성요소의 예도 제시할 수 없다. 이제 내가 "밖에 비가 온다."라고 생각한다고 하자. 그리고 그 명제가 요소 명제가 아니라고 하자. 그러면『논고』에 따르면, 나의 사고에는 내가 지금 제시할 수 없는 구성요소들로 이루어진 요소 사고들이 진행된 것이다. 이는 "사고, 희망, 소망 등을 표현하는 과정"과 독립해 있는 "생각함, 희망함, 믿음 등의 정신적 과정"[25]이 있다는 것과 같다. 다시 말해 "우리의 사고를 표현하는 작용과 독립적이고 어떤 특이한 매체 속에 실려 있는 특이한 사유 작용"[26]이 있다는 것이다. 중기 비트겐슈타인은『청색책』에서 이러한『논고』의 심리 철학적 생각을 치열하게 비판한다.

6. 맺는 말

지금까지 우리는『논고』의 그림 이론을 살펴보았다. 그림 이론을 정확히 이해하기 위해서는 그림의 대상과 그림의 뜻을 명확하게 구분하는 것이 결정적으로 중요하다. 그림의 대상은 세계, 현실 또는 세계를 이루는 사태와 사실들이다. 세계에 속하는 사실이 아닌 그저 논리적으로 가능한 상황은 그림의 대상이 될 수 없다. 논리적으로 가능한 상황은 오히려 어떤 그림의 뜻이다. 모사 관계는 사실로서의 그림과 그림의 대상 간의 관계이며, 투영 관계는 사실로서의 그림과 그림의 뜻 간의 관계이다. 모사 관계가 성립하는 것은 사실로서의 그림과 그림의 대상(즉 사실) 간의 모사 형

---

24) 참고: 13장.
25) 참고: 비트겐슈타인 (2006b), p. 79.
26) 비트겐슈타인 (2006b), p. 81.

식이 동일하기 때문이다. 또한 명제는 투영 관계에 의해서 기호들이 투영됨으로써 의해서 뜻을 지닌다. 복합 명제가 그림인 이유는 복합 명제를 이루는 요소 명제들이 그림의 대상과 모사 형식을 공유할 뿐만 아니라 복합 명제를 이루는 구성 요소인 논리 상항에 우리가 일정한 의미를 투영시키기 때문이다. 요컨대 어떤 것을 그림으로 만드는 것은 그것이 그림의 대상과 모사 형식을 공유하고 있다는 것과 우리가 그림을 논리적 구문론적 사용에 따라 이해한다는 데 있다. 이러한 이해는 투영 관계에서 드러난다. 그렇기 때문에 하나의 사실을 그림으로 만드는 것은 모사 관계와 우리의 이해(그리고 그 이해를 가능하게 하는 우리의 논리적 구문론적 사용과 이에 따른 투영 관계)이다.

비트겐슈타인은 이러한 그림 이론을 통하여 의미 이론의 문제, 진리 개념의 문제, 그리고 부정의 수수께끼를 해결하고자 하였다. 그런데 코라 다이아몬드는 그림 이론에서 "우리 언어의 관계적 형식들"은 "공허"하며, 그리하여 그림 이론은 안으로부터 해체된다(dissolves)고 주장한다. 그녀는 다음과 같이 말한다.

> '그림-이론'은 명제들과 실재 간의 관계에 관한 이야기이다. 우리는 우리의 언어의 관계적 형식들을 사용하지 않고서는 그림-이론이 전달하고자 하는 것을 파악하려고 시도할 수 없으며, 하지만 우리에게 보이게 되는 것은, (⋯), 그것들[관계적 형식들]이 공허하다는 것이기 때문에, 그것[그림-이론]은 안으로부터 해체된다.[27]

강진호(2009) 또한 다이아몬드와 유사하게 『논고』에서 "'그림이론'은 단순히 비유일 뿐이며, 내용이 없다"[28]고 주장한다. 그러나 과연 이들의 주장은 옳은가?

물론 『논고』에서 "그림"은 비유이다. 이는 『논고』에서도 다음과 같이

---

27) Mácha. (2015), p. 67로부터 재인용함.
28) 강진호 (2009), p. 29, p. 37.

지적되고 있다.[29]

> 모든 비유(Gleichnis, 초상)의 가능성, 즉 우리의 표현 방식의 전적인 그림 성
> 격(Bildhaftigkeit, 구상성)의 가능성은 모사의 논리에 의거한다. (4.015)

앞에서 지적하였듯이, 비트겐슈타인은『논고』에서 그림 이론을 사고와 명제에 적용한다. 이는 바꿔 말하면, 명제와 사고를 그림에 비유하는 것과 같다. 그리고 명제와 사고뿐만 아니라 어떤 것이든 "모사의 논리"에 부합하면 그림일 수 있고 그림 성격을 지닌다고 말할 수 있다. 그렇게 해서 우리는 "모사의 논리"에 부합하는 것은 어떤 것이든 그림에 비유할 수 있다.[30] 그렇기 때문에 (동일한 곡의) 음반, 악상, 악보는 음파의 그림이다 (4.014, 4.0141).

또한『논고』에서 "그림"은 애매한 표현이다. 한편으로 그것은 "그려진 그림", 즉 "통상적인 뜻"에서의 그림(4.011)이고, 다른 한편으로 그것은 수학적 개념으로서의 그림(mapping, model)이다.[31] 그럼에도 불구하고『논고』고유의 개념으로서 그림 이론의 "그림"은 정확하게 말하면 후자이며, "그림"은 전문적인 용어이다.[32] 앞에서도 지적하였듯이 "모사의 논리에 의거"(4.015)해서, 모사 형식이 논리적 형식인(2.181) 참 또는 거짓인(다시

---

29) 또한 비트겐슈타인은『논고』의 "그림"이 비유였음을 다음과 같이 지적하고 있다. "이제 명제가 사실들을 모사한다는 생각으로 되돌아가자. 이 생각은 만일 그것이 그림글자들(Bilderschrift)의 언어를 기술한다면 옳고 적절한데, 왜냐하면 이것은 대표의 원리에 근거하기 때문이다. 그러나 만일 말해진 또는 인쇄된 명제가 그림이라고 불린다면 이에 대해 무엇을 말해야 하는가? 사실상, 그것은 하나의 비유이며, 또는 오히려 하나의 예이다."(Wittgenstein (2003), p. 511)

30) 글록은 "모사의 논리"를 "논리적 구문론의 규칙들"과 동일하다고 간주한다(Glock (1996), p. 302). 물론 이는 오류이다.

31) 이 점에 대해서 비트겐슈타인은 다음과 같이 말한다: "내가 "명제는 사실의 논리적 그림이다"라고 썼을 때, (…) 나는 이러한 그림의 개념을 두 관점으로부터 물려받았다. 첫째는 그려진 그림으로부터이고, 둘째는 이미 일반적인 개념인 수학자의 그림(picture)으로부터이다. 왜냐하면 수학자는 사상(picturing)에 관해 이야기하는데 이 경우에 화가는 이 표현을 더 이상 사용하지 않을 것이기 때문이다."(Wittgenstein (1979a), p. 185)

32) 여러 학자들이 지적하듯이 수학적 의미의 "그림"의 직접적 연원은 헤르츠의『역학의 원리들』이다. 참고: Hertz (1956), pp. 1-3.

말해 논리적인) 그림인 것이다. 그렇기 때문에 우리는 『논고』에서 "그림"이 『논고』 고유의 이론적 표현이라는 점에서 "그림 이론"이라고 말할 수 있고, 다른 한편으로 "그림"은 비유적 표현이라는 점에서 "그림 비유"라고 말할 수도 있다.[33]

비트겐슈타인은 명제와 사고를 그림에 비유하고 그림이라는 보다 더 구체적인 시각적 대상에 집중함으로써 자신의 철학적 사유를 수행하였다. 그렇게 해서 그는 (앞에서 살펴보았듯이) 프레게의 의미 이론을 극복하고 자신의 의미 이론에 도달했으며, 러셀의 진리 개념의 한계를 넘어서서[34] 자신의 진리 개념을 정립하였으며, 더 나아가 러셀에게서 물려받은 부정의 수수께끼를 해결하고자 하였다. 이 모든 것은 그림 비유, 또는 그림 이론이라는 결정적인 착상에 의해 가능했다. 그렇기 때문에 그림 이론이 공허하거나 내용이 없다는 다이아몬드(2002)와 강진호(2009)의 주장은 전혀 옳지 않다.

---

33) 물론 중기 비트겐슈타인은 "그림 이론"이라는 표현을 거부할 것이다. 왜냐하면 그에게는 "이론은 어떤 것을 기술하고 계산체계는 어떤 것도 기술하지 않기" 때문이다(참고: Wittgenstein (1979a), p. 168). 물론 나는 그러한 생각에 동의한다. 반면에 나는 "이론"을 전문적인 고유한 해명과 논증이라는 의미로도 사용할 수 있다고 생각한다. 그렇게 함으로써 우리는 부당하게 "그림 이론"을 폄하하면서, 내용도 없는 공허한 비유로 간주하려는 경향을 경계할 수 있을 것이기 때문이다.

34) 러셀에 따르면, "한 믿음은 그것과 관계된 어떤 연상된 복합체와 대응한다면 참이고, 그렇지 않으면 거짓이다."(러셀 (1989), p. 138-139) 그러나 이러한 진리 개념은 그의 다중 판단 이론에 기초한 것이었으며, 이 다중 판단 이론은 결정적인 난점을 지니고 있다. 참고: 13장.

참고문헌

강진호 (2009),「그림이론?」,『철학적 분석』, 제19호, pp. 1-41.

남경희 (2005),『비트겐슈타인과 현대 철학의 언어적 전회』, 이화여자대학교출판부.

박병철 (2014), 『비트겐슈타인 철학으로의 초대』, 필로소픽.

박정일 (2013a),「전기 비트겐슈타인의 프레게 의미이론 비판」,『논리연구』, 16집 3호, pp. 347-380.

박정일 (2013b),「전기 비트겐슈타인의 프레게 진리개념 비판」,『철학적 분석』, pp. 79-106.

박정일 (2014a),「『논리-철학 논고』의 '부정적 사실'에 관하여」,『철학사상』, 제51호, pp. 173-200.

박정일 (2014b),「『논리-철학 논고』의 일반성 개념에 관하여」,『논리연구』, 제17집 제1호, pp. 1-31.

박정일 (2014c),「비트겐슈타인의 '의미체'에 관하여」,『철학사상』, 제54집, pp. 131-165.

박정일 (2015a).「프레게와 전기 비트겐슈타인의 대상 개념」,『논리연구』, 제18집 제1호, pp. 1-38.

박정일 (2015b).「『논리-철학 논고』의 '완전히 일반화된 명제'에 관하여」,『철학』, pp. 101-124.

박정일 (2016a).「『논리-철학 논고』의 '논리적 공간'에 관하여」,『논리연구』, 제19집 제1호, pp. 1-47.

박정일 (2016b).「『논리-철학 논고』의 동일성 개념에 관하여」,『논리연구』, 제19집 제2호, pp. 253-293.

박정일 (2017a).「비트겐슈타인과 환원 가능성 공리」,『논리연구』, 제20집 제1호, pp. 69-96.

박정일 (2017b),「전기 비트겐슈타인과 러셀의 역설」,『논리연구』, 제20집 제2호, pp. 163-196.

박정일 (2018a),「전기 비트겐슈타인과 유형 이론」,『논리연구』제21집 제1호, pp. 1-37.

박정일 (2018b),「전기 비트겐슈타인과 명제적 태도 진술」,『논리연구』, 제21집 제2호, pp. 231-267.

박정일(2019), 「『논리-철학 논고』의 그림 이론에 관하여」, 『논리연구』, 제22집 제2호, pp. 253-290.

선우환 (2005), 「프레게와 함수적 표현」, 『철학』, 제83집, pp. 241-271.

이영철 (2016), 『비트겐슈타인의 철학』, 책세상.

정인교 (1999), 「유형론적 이론들과 표현력의 한계」, 『인문논총』, 제29집, pp. 191-205.

러셀 (2008), 『나는 이렇게 철학을 하였다』[나의 철학적 발전], 곽강제 옮김, 서광사

레이 몽크 (2000), 『루드비히 비트겐슈타인: 천재의 의무 1』, 남기창 옮김, 문화과학사.

버트런드 러셀 (1989), 『철학의 문제들』, 박영태 옮김, 서광사.

비트겐슈타인 (2006a), 이영철 옮김, 『논리-철학 논고』, 책세상.

비트겐슈타인 (2006b), 『청색책·갈색책』, 이영철 옮김, 책세상.

비트겐슈타인 (2006c), 이영철 옮김, 『철학적 탐구』, 책세상.

비트겐슈타인 (2006d), 이영철 옮김, 『쪽지』, 책세상.

비트겐슈타인 (2013), 이기흥 옮김, 『심리철학적 소견들』, 아카넷.

비트겐슈타인 (1997), 박정일 옮김, 『수학의 기초에 관한 고찰』, 서광사.

비트겐슈타인 (2010), 박정일 옮김, 『비트겐슈타인의 수학의 기초에 관한 강의』, 올.

안토니 케니 (2002), 최원배 옮김, 『프레게』, 서광사.

앤서니 케니 (2001), 김보현 옮김, 『비트겐슈타인』, 철학과 현실사.

앨런 재닉·스티븐 툴민 (2013), 『비트겐슈타인과 세기말 빈』, 석기용 옮김, 필로소픽.

엄슨 (1983), 『분석철학』, 이한구 옮김, 종로서적.

윌리엄 닐 & 마사 닐 (2015), 『논리학의 역사 2』, 박우석 외 옮김, 한길사.

죠지 피처 (1987), 『비트겐슈타인의 철학』, 박영식 옮김, 서광사

프레게 (2003), 『산수의 기초』, 박준용·최원배 옮김, 아카넷.

Anscombe, G. E. M. (1959), *An Introduction to Wittgenstein's Tractatus*, London: Hutchinson University Library.

Black, M. (1964), *A Companion to Wittgenstein's 'Tractatus'*, Ithaca, New York: Cornell University Press.

Boole, G. (1853), *An Investigation of The Laws of Thought*, Dover Publications, INC..

Cerezo, M. (2012), "Possibility and Logical Space in the Tractatus", *International Journal of Philosophical Studies* vol. 20(5), 645-659.

Cohen, M. (1974), "Tractatus 5.542", *Mind*, New Series, vol. 83, No. 331, pp. 442-444.

Copi, I. M. (1958), "Tractatus 5.542", *Analysis*, vol. 18, No. 5, pp. 102-104.

Copi, I. M. (1958), "Objects, Properties, and Relations in the Tractatus", *Mind*, No.266, pp.145-165.

Copi, I. M. (1966), "Objects, Properties, and Relations in the Tractatus", in I. M. Copi and R. W. Beard (eds.) *Essays on Wittgenstein's Tractatus*, Routledge, London, pp.167-186.

Davant, J. B. (1975). "Wittgenstein on Russell's Theory of Types," *Notre Dame Journal of Formal Logic*, volume XVI, No.1, pp. 102-108.

Favrholdt, D. (1964), "Tractatus 5.542", *Mind*, New Series, vol. 73, No. 292, pp. 557-562.

Floyd, J. (2005), "Wittgenstein on Philosophy of Logic and Mathematics," in *The Oxford Handbook of Philosophy of Mathematics and Logic*, ed. by Stewart Shapiro, Oxford University Press, pp. 76-128.

Fogelin, R. J. (1987), *Wittgenstein*, second edition, Routledge, New York.

Frege, G. (1997), *The Frege Reader*, edited by M. Beaney, Blackwell Publishing.

Frege, G. (1893), *Grundgesetze der Arithmetik*, Jena: Verlag von Hermann Pohle.

Frege, G. (1979), *Posthumous Writings*, edited by Hans Hermes, et al., Basil Blackwell, Oxford.

Geach, P. (2006), "The Tractatus is Not All Rubbish", *Analysis* 66(2): 172.

Glock, H. (1996), *A Wittgenstein Dictionary*, Blackwell.

Griffin, J. (1964), *Wittgenstein's Logical Atomism*, Oxford University Press.

Hacker, P. M. S. (1981), "The Rise and Fall of the Picture Theory", in *Perspectives on the Philosophy of Wittgenstein*, ed. by Ian Block, Oxford: Basil Blackwell, pp. 85-109.

Han, D. (2013), "Wittgenstein on Russell's Theory of Logical Types", *Journal of Philosophical Research*, vol. 38, pp.115-146.

Hanks, P. W. (2007), "How Wittgenstein Defeated Russell's Multiple Relation Theory of Judgment", *Synthese*, 154, pp. 121-146.

Hertz, H.(1956), *Principles of Mechanics*, D. E. Jones and J. T. Walley (tr.), Dover Publications, New York.

Hintikka, J. (1994), "An Anatomy of Wittgenstein's Picture Theory", in C. C. Gould and R. S. Cohen (eds.), *Artifacts, Representations and Social Practice*, Amsterdam: Kluwer, pp. 223-256.

Hintikka, M. B. & Hintikka, J. (1986), *Investigating Wittgenstein*, Basil Blackwell.

Ishiguro, H. (1981), "Wittgenstein and the Theory of Types," in Ian Block (ed.), *Perspectives on the Philosophy of Wittgenstein*, Oxford: Basil Blackwell, pp. 43-59.

Jolley, K. D. (2004), "Logic's Caretaker-Wittgenstein, Logic, and The Vanishment of Russell's Paradox," *The Philosophical Forum*, volume XXXV, No.3, pp. 281-309.

Kenny, A. (1973), *Wittgenstein*, Allen Lane The Penguin Press.

Kenny, A. (1981), "Wittgenstein's Early Philosophy of Mind" in I. Black(ed.) *Perspectives on the Philosophy of Wittgenstein*, Basil Blackwell. Oxford, pp. 140-147.

Kenny, A. (1986), "The Ghost of the Tractatus", in edited by S. Shanker, Ludwig Wittgenstein, *Critical Assessments*, Croom Helm, London, 1986.

Kremer, M. (1992), "The Multiplicity of General Propositions," *Noûs*, vol. 26, pp. 409-426.

Linsky, L. (1983), *Oblique Contexts*, The University of Chicago Press, Chicago and London.

Mácha, J. (2015), *Wittgenstein on Internal and External Relations*, Bloomsbury.

Malcolm, N. (1986), *Wittgenstein: Nothing is Hidden*, Basil Blackwell.

Marion, M. (2009), *Wittgenstein, Finitism, and the Foundations of Mathematics*, Oxford Philosophical Monocraphs.

McGinn, M. (2009), *Elucidating the Tractatus*, Oxford: Clarendon Press.

McGuinn, C. (2000), *Logical Properties*, Clarendon Press, Oxford.

Mounce, H. O. (1981), *Wittgenstein's Tractatus: An Introduction*, Basil Blackwell, Oxford.

Muehlmann, R. (1969), "Russell and Wittgenstein on Identity", *The Philosophical Quarterly*, vol. 19, No. 76 (Jul., 1969), pp. 221-230.

Patterson, W. A. (1993), *Bertrand Russell's Philosophy of Logical Atomism*, Peter Lang Publishing, Inc, New York.

Peach, A. J. (2007). "Possibility in the Tractatus: A defence of the old Wittgenstein", *Journal of the History of Philosophy* 45(4): 635-58.

Perszyk, K. J. (1987), "Tractatus 5.54-5.5422", *Philosophia* 17, pp. 111-126.

Pinkerton, R. J. and Waldie, R. W. (1974), "Logical Space in the Tractatus", *Indian Philosophical Quarterly*, vol.2, pp. 9-29.

Pitcher, G. (1964), *The Philosophy of Wittgenstein*, Prentice-Hall, Inc., Englewood Cliffs, N. J.

Ramsey, F. P. (1931), *The Foundations of Mathematics and other Logical Essays*, London: Routledge & Kegan Paul LTD.

Reinhardt, L. (2005) "The Impossible Bottom Line", *Analysis* 65(4): 341-2.

Rosenkrantz, M. (2009), "Tractatus 5.5302: A Case of Mistaken Identity", *History of Philosophy Quarterly*, vol. 26, number 2, April, pp. 175-188.

Ruffino, M. A. (1994), "The Context Principle and Wittgenstein's Criticism of Russell's Theory of Types," *Synthese* 98, pp. 401-414.

Russell, B. (1992), *The Principles of Mathematics*, London: Routledge.

Russell, B. & Whitehead, A. N. (1910), *Principia Mathematica*, volume 1, Merchant Books.

Russell, B. (2007), *Introduction to Mathematical Philosophy*, Cosimoclassics, New York.

Russell, B. (1910), "On the Nature of Truth and Falsefood", in *Philosophical Essays*, Simon and Schuster, New York, 1966, pp. 147-159.

Russell, B. (1984), *Theory of Knowledge*, The 1913 Manuscript, Routledge, London and New York.

Russell, B. (1956), *Logic and Knowledge*, The Macmillan Company, New York.

Russell, B. (1959), *My Philosophical Development*, George Allen & Unwin Ltd, London.

Russell, B. (1911), "On the Relations of Universals and Particulars", Russell (1956), pp. 105-124.

Russell, B. (1918), "The Philosophy of Logical Atomism", Russell (1956), pp. 177-281.

Russell, B. (1956), *Logic and Knowledge*, The Macmillan Company, New York.

Stenius, E. (1964), *Wittgenstein's Tractatus*, Cornell University Press, Ithaca.

Sullivan, P. M. (2005), "What is Squiggle? Ramsey on Wittgenstein's Theory of Judgement", in H. Lillehammer and D. H. Mellor(ed.), *Ramsey's Legacy*, Clarendon Press, Oxford, pp. 53-70.

Urmson, J. O. (1956), *Philosophical Analysis*, Oxford University Press, London.

Wahl, R. (2011), "The Axiom of Reducibility", *The Journal of Bertrand Russell Studies*, pp. 45-62.

Waismann, F. (1951), *Introduction to Mathematical Thinking*, London: Hafner.

Waismann, F. (1968), *How I See Philosophy*, London: Macmillan.

Waismann, F. (1977), *Philosophical Papers*, D. Reidel Publishing Company.

Waismann, F. (1986), "The Nature of Mathematics: Wittgenstein's Standpoint", in Shanker (1986), pp. 60-67.

White, R. (1978), "Wittgenstein on Identity", *Proceedings of the Aristotelian Society*, New Series, vol. 78 (1977 – 1978), pp. 157-174.

White, R. M. (2006), *Wittgenstein's Tactatus Logico-Philosophicus*, Continuum International Publishing Group.

Wittgenstein, L. (1961), *Notebooks 1914-1916*, translated by G. E. M. Anscombe, New York and Evanston: Harper & Row, Publishers.

Wittgenstein, L. (1922), *Tactatus Logico-Philosophicus*, translated by C. K. Ogden, London, Boson and Henley: Routledge & Kegan Paul LTD.

Wittgenstein, L. (1980), *Wittgenstein's Lectures, Cambridge, 1930-1932*, edited by Desmond Lee, The University of Chicago Press.

Wittgenstein, L. (1979a), *Wittgenstein and the Vienna Circle*, Translated by J. Schulte and B. McGuinness, Basil Blackwell.

Wittgenstein, L. (1979b), *Wittgenstein's Lectures, Cambridge, 1932-1935*, Edited by Alice Ambrose, Great Books in Philosophy, Prometheus Books.

Wittgenstein, L. (1958), *The Blue and Brown Books*, Basil Blackwell.

Wittgenstein, L. (1974), *Philosophical Grammar*, translated by A. Kenny, Basil Blackwell, Oxford.

Wittgenstein, L. (1975), *Philosophical Remarks*, edited by R. Rhees, translated by R. Hargreaves and R. White, Basil Blackwell.

Wittgenstein, L. (1993), *Philosophical Occasions 1912-1951*, Edited by J. C. Klagge and A. Nordmann, Hackett Publishing Company, Indianapolis & Cambridge.

Wittgenstein, L. (1964), *Philosophische Bemerkungen*, Ludwig Wittgenstein Schriften 2, Suhrkamp Verlag, Frankfurt am Main, Basil Blackwell, Oxford.

Wittgenstein, L. (2003), *The Voices of Wittgenstein*, translated by G. Baker, et al. Routledge, London and New York.

논리-철학 논고 연구

1판 1쇄 발행 2020년 2월 20일

지은이 ㅣ 박정일
펴낸이 ㅣ 김진수
펴낸곳 ㅣ 한국문화사
등 록 ㅣ 제 1994-9호
주 소 ㅣ 서울특별시 성동구 광나루로 130 서울숲 IT캐슬 1310호
전 화 ㅣ 02-464-7708
팩 스 ㅣ 02-499-0846
이메일 ㅣ hkm7708@hanmail.net
웹사이트 ㅣ hph.co.kr

ISBN 978-89-6817-780-4 93170

• 이 저서는 2014년 정부(교육부)의 재원으로 한국연구재단의 지원을 받아 수행된 연구임
  (NRF-2014S1A6A4024488)